Orbis

Sotheby's Grosser Antiquitäten-Führer

Möbel

VON DER ANTIKE BIS ZUM DESIGN DER GEGENWART

Herausgegeben von
Christopher Payne

Orbis Verlag

Die Originalausgabe erschien im Jahr 1989 unter dem Titel
„Sotheby's Concise Encyclopedia of Furniture" im Verlag
Conran Octopus Ltd., London.
Redakteur der Reihe: Polly Powell
Gestaltung: Helen Lewis
Redakteure dieses Titels: Paul Barnett, Patricia Bayer
Redaktionsassistent: Deborah Robertson
Bildredakteure: Nadine Bazar, Kathy Lockley
Illustrationen: Coral Mula
Herstellung: Michel Blake

Der Verlag möchte sich für ihre Hilfe bedanken bei:
Jonathan Bourne, Leslie Keno, John Taylor, Isobel Ozanne
und David Grollman.

Aus dem Englischen übersetzt von Karin Hein (S. 9–81 und S. 194–199) und Hans H. Barthel (S. 81–192).

Sonderausgabe 1995
Orbis Verlag für Publizistik GmbH, München

Redaktion: Dr. Dieter Struss, München
Satz: Fotosatz Stummer, München
ISBN 3-572-00775-5
Printed in Hongkong

Bildunterschriften für die Seiten 1–10

Seite 1 Detail von einem holländischen Sekretärskabinett, 18. Jahrhundert
Seite 2 Eßtisch und Stühle, Eliel Saarinen, 1930
Seiten 4 – 5 Bureau Mazarin, spätes 17. Jahrhundert
Seite 7 Das Wohnzimmer von Mary Ellen Best, etwa 1844
Seite 8 Hill House, C. R. Mackintosh, 1903/4
Seite 10 Bureau-Kabinett, Queen-Anne-Stil, etwa 1710

MEGAN ALDRICH
Barock (Europa)

Megan Aldrich ist an der Universität Toronto zum Dr. phil. promoviert worden und ist die Möbelexpertin im Works of Art Course der Sotheby's Educational Studies. Sie hat verschiedene Artikel über Möbel, Architektur und Inneneinrichtung veröffentlicht.

PATRICIA BAYER
Jugendstil (Europa)

Patricia Bayer ist Kunsthistorikerin und Schriftstellerin. Sie hat die folgenden Bücher veröffentlicht: »Art Deco Source Book«, »The Art of Réné Lalique« (Ko-Autorin), »The Antiques World Travel Guide to America« (Ko-Autorin) und »Lalique Perfume Bottles«. Ihre Beiträge sind in »Art and Antiques«, »The Connoisseur« und »Antiques World« erschienen. Sie hat im Metropolitan Museum of Art in New York und im Virginia Museum of Fine Arts in Richmond mitgearbeitet.

GEOFFREY BEARD
Renaissance (Europa)

Geoffrey Beard ist Mitbegründer der Furniture History Society. Er hat mehrere Bücher über Innendekoration im 17. und 18. Jahrhundert geschrieben, darunter ein Standardwerk über Georgianische Innendekoration und englische Stukkaturen, so z. B. »The National Trust Book of English Furniture«, »Stucco und Decorative Plasterwork in Europe« und »The Work of Robert Adam«.

ROBERT BOWMAN
Gegenwart

Robert Bowman gehörte elf Jahre Sotheby's London an und ist heute Abteilungsleiter für die dekorativen Künste. Er schreibt regelmäßig für »The Antique Collector«. Er hat mehrere Preisverzeichnisse zusammengestellt, darunter die jährlichen Überarbeitungen des Preisverzeichnisses in »Animals in Bronze« von Christopher Payne. Zuletzt hat er ein Buch über Art-Deco-Metall-Objekte geschrieben.

VICTOR CHINNERY
Renaissance und Barock
(Britannien und die USA bis 1675)

Victor Chinnery ist eine Autorität auf dem Sektor frühe Möbel. Er berät Sotheby's London, viele Museen und Privatsammler. Sein Buch »Oak Furniture: The British Tradition« ist das gültige Werk über diesen Abschnitt der Möbelgeschichte.

PETER DORMER
Das Maschinenzeitalter

Peter Dormer ist als Schriftsteller und Dozent spezialisiert auf zeitgenössische angewandte Kunst und Leiter der Design Analysis International Ltd. Er hat mehrere Bücher geschrieben, z. B. »New Furniture: Trends and Traditions«, »New Ceramics: Trends and Traditions« und, zusammen mit Ralph Turner, »New Jewellery: Trends and Traditions«. Seine Beiträge erscheinen in »Blue Print«, »Modern Painters«, »Art Monthly«, »Design« usw.

MALCOLM HASLAM
Jugendstil (Britannien und die USA)

Malcolm Haslam war Antiquitätenhändler, bevor er vor einigen Jahren Schriftsteller und Dozent mit dem Spezialgebiet angewandte Kunst wurde. Er schreibt regelmäßig für Zeitschriften und hat mehrere Bücher veröffentlicht, z. B.: »English Art Pottery 1865–1915«, »Marks and Monograms of the Modern Movement 1875–1930«, »Art Deco«, »Art Nouveau« und »Art and Crafts«.

LESLIE KENO
Barock ab 1675,
Rokoko und Klassizismus (USA)

Leslie Keno ist Vizepräsidentin und Leiterin der Abteilung American Furniture and Decorative Arts von Sotheby's North America. Am William College vollendete sie ihr Studium des frühen amerikanischen Möbels anhand der Charles M. Davenport Collection.

CHRISTOPHER PAYNE
Historizismus (Europa)

Christopher Payne ist Leiter von Sotheby's London, für das er nahezu seit zwanzig Jahren arbeitet. Er schreibt regelmäßig für Kunstzeitschriften. Zu seinen Büchern zählen u. a.: »19th Century European Furniture« und »Animals in Bronze: Reference and Price Guide«. Er unterrichtet Studenten und Sammler und tritt des öfteren in BBC's Antiques Roadshow auf.

PETER PHILIP
Frühe Möbel

Peter Philip ist seit fünfzig Jahren Antiquitätenhändler und Schriftsteller. Zu seinen vielen Büchern zählen »Antiques Today«, »Antique Furniture for the Smaller Home« und »Furniture of the World«. Er schrieb für »World Furniture« und schreibt heute für »The Antiques Dealer and Collection Guide« and »The Times«.

NOËL RILEY
Barock (Britannien ab 1675) and Rokoko (Britannien und Europa)

Noël Riley ist eine anerkannte Spezialistin für Möbel und Antiquitäten. Sie war Chefredakteurin und Mitarbeiterin von »World Furniture«, außerdem hat sie »Tea Caddies« und »Visiting Card Cases« geschrieben. Sie hat praktisch für alle britischen Antiquitätenzeitschriften und für viele weitere in Übersee geschrieben. Sie ist Mitglied der Furniture History Society und der Regional Furniture Society.

WILLIAM W. STAHL JR.
Barock ab 1675,
Rokoko und Klassizismus (USA)

William Stahl jr. ist Senior Vice President und Leiter von Sotheby's North America. Er hat umfassend über das Sammeln von Americana gelesen und ist Autor von »Collecting Americana« in Groliers »Year in Review« 1978 und von »Americana Furniture. A New Era of Collecting« in »Art at Auction« 1980. Zur Zeit schreibt er ein Buch über das Sammeln amerikanischer Möbel.

JOHN TAYLOR
(Klassizismus und Europa)

John Taylor studierte klassizistische Malerei und Architektur in Peterhouse, Cambridge. Er arbeitet in der Möbelabteilung von Sotheby's London, wo er sich besonders mit den klassizistischen Möbeln aus Kontinentaleuropa beschäftigt.

GILLIAN WALKLING
Historizismus (Britannien und USA)

Gillian Walkling arbeitete als Antiquitätenhändler, bevor sie in das Kuratorium der Möbel- und Holzbearbeitungsabteilung des Victoria und Albert Museums, London, aufgenommen wurde. Sie ist jetzt ausschließlich als Schriftstellerin tätig und ist Autorin von »Antique Bamboo Furniture«, »Tea Caddies« und »The Book of Wine Antiques«. Sie schreibt regelmäßig für viele Zeitschriften, z. B. für »The Antique Collector«, »The Connoisseur«, »Traditional Homes« und »Traditional Interior Decoration«.

INHALT

Vorwort

Es ist erstaunlich, wie sehr das Interesse an Möbeln in jüngster Zeit eskaliert – noch nie zuvor hatte Sotheby's in seinen zahlreichen Auktionsräumen mit einer solchen Vielfalt und Menge spektakulärer Möbelstücke aufwarten können. Da der Kunsthandel oftmals unseren Horizont übersteigt, wenden sich viele Sammler den Möbeln zu, die Schönheit und Nutzen vereinen und zugleich eine gute Investition darstellen. Das Wissen eingefleischter Sammler wird wieder anerkannt, daß die Kunstschreiner und Möbelbauer der Vergangenheit uns ebensoviel zu bieten haben wie die großen Künstler.

Es ist unser Wunsch, daß dieser Führer allen an der Geschichte der Möbel Interessierten ein wertvoller Ratgeber sein möge. Die Freuden – und Schwierigkeiten –, die aus der gründlichen Kenntnis von Möbeln erwachsen, werden von einem klaren, exakten Text begleitet. Das Buch mag als Grundlage für weitere Forschungen dienen oder einfach zur unterhaltsamen Auffrischung des Gedächtnisses. Die Fotografien erfreuen das professionelle Auge und helfen dem Anfänger, innerhalb einer immensen und oft verwirrenden Vielfalt an Möbelstilen zu unterscheiden. Die historische Abfolge führt uns durch die spannende Entwicklung der Meisterschaft in Kunsthandwerk, Stil und Geschmack.

Seine Exzellenz Earl von Gowrie

EINLEITUNG

In diesem Buch ist die Geschichte der Möbel von den frühesten handgefertigten Stücken der alten Mittelmeerkulturen bis zu den technologischen Entwicklungen von heute zusammengewoben. Besondere Betonung liegt auf der oft übersehenen, aber wesentlichen Beziehung zwischen Mobiliar und Architektur. Beispielsweise nahmen sich die italienischen Kunsthandwerker bereits im 15. Jahrhundert die klassischen Architekturperspektiven zum Vorbild. Im 18. Jahrhundert entwarf Robert Adam für seine Häuser komplette Einrichtungsprogramme. Im 20. Jahrhundert gestalteten viele namhafte Architekten wie Frank Lloyd Wright und Gerrit Rietveld Häuser und Mobiliar als aufeinander abgestimmte Einheit.

Ein weiteres Grundthema dieses Buches ist die anhaltende Faszination der Möbelschöpfer an der Vergangenheit. Die Bewunderung für die Möbel der klassischen Kulturen des Altertums schlug sich während des letzten Jahrtausends immer wieder in Imitationen nieder, besonders im 18. Jahrhundert, das wohl einige der besten Exemplare aller Zeiten hervorbrachte. Allerdings wurden das klassische Ideal in den unvermeidlichen Gegenreaktionen von Modetrends oft verworfen, etwa mit der kurzlebigen Rokoko-Welle im zweiten Viertel des 18. Jahrhunderts. Die Postmoderne führte das klassische Formengut wieder ein und brachte uns zu den sicheren, traditionellen Motiven zurück.

Viele dieser vertrauten Formen pflanzten sich traditionell durch die weithin benutzten Musterbücher fort. Das erste seiner Art, mit Entwürfen von DuCerceau, wird 1550 erwähnt, obwohl schon vorher Sebastiano Serlios »Fourth Book of Architecture« (Viertes Buch der Architektur) (1537), das in mehreren Sprachen vorlag, als Bibel der Möbelbauer galt. Im 19. Jahrhundert wurden die Vorlagensammlungen der vergangenen Jahrhunderte zusammen mit Handbüchern über veredelte Versionen früher Möbelstücke in umfangreichem Stil nachgedruckt und trugen somit zum Eklektizismus dieser Epoche bei.

Hinweise auf Möbel in Museen und anderen zugänglichen Sammlungen finden sich durchgängig im ganzen Buch, um den Wißbegierigen, der sich nach der aufschlußreichen Lektüre und den Fotos praktisch weiterbilden möchte, zum Besuch dieser Sammlungen oder der zahlreichen Auktionshäuser und Antiquitätenzentren anzuregen.

Frühe Möbel

Es scheint eine Sache des gesunden Menschenverstandes zu sein, daß der Möbelbau dort entstand und vorherrschte, wo es viele Bäume gab, die das Holz liefern konnten, und daß solche Gegenden die Weiterentwicklung primitiver Formen begünstigten. So überrascht es nicht wenig, daß die frühesten Anzeichen einer hochentwikkelten Möbelkunst aus Ägypten und Chaldäa stammen, also aus Ländern, die ganz und gar nicht mit Waldreichtum gesegnet waren. Aus Chaldäa haben wir zum Beispiel ein Siegel aus dem Königsgrab von Ur, datiert um 3500-2800 v.Chr. (zeitgenössisch mit den Anfängen der ägyptischen Dynastie), das einen Thronschemel mit tierförmigen Beinen und geschnitztem Fries als Verstrebung zeigt. Und aus Ägypten haben wir Belege eines kunstfertigen, hochentwickelten Tischlerhandwerks, die bis in die Zeit des Alten Reiches zurückgehen (2686-2181 v.Chr.). An Särgen aus dieser Epoche wurden neben Stoßfugen und mit Dübeln und Zapfen befestigten Gehrungsfugen auch Schwalbenschwanzverbindungen und Überblattungen festgestellt.

Natürlich mag es viele Gebiete in der Welt gegeben haben, wo reiche Waldbestände die Herstellung guter Möbel förderten, deren Spuren mit dem Verstreichen der Jahrtausende ausgelöscht wurden, aber das bleibt ungewiß. Selbst heute noch gibt es Waldbevölkerungen, bei denen sich die Möbelproduktion auf höchstens einen Zeremonialschemel als Thron für den Häuptling beschränkt. Wo Möbel rar sind, dienen sie häufig eher als Statussymbole denn als Zweckgegenstände.

Detail vom Thron Tutanchamuns, Neues Reich, um 1350 v.Chr.

Silber, Bergkristall, Lapislazuli und Karneol in Einlegearbeit in Goldfolie bilden die Rückenlehne dieses spektakulären Throns.

ÄGYPTEN

Das alte Ägypten war ein Land, in dem nur sehr wenige große Bäume wuchsen. Die Tatsache, daß Holz eine Seltenheit war, schien von Anfang an seinen besten Nutzen zu fördern. Die Vielzahl der frühen Möbelexemplare, die uns aus diesem Land bis heute erhalten sind, erklärt sich aus dem Brauch, Möbelstücke in die Gräber zu geben, da man glaubte, daß sie im Leben danach gebraucht würden. Die Trockenheit der Wüstenumgebung führte zusammen mit dem allerdings häufig umgestoßenen Tabu, sich von den heiligen Stätten fernzuhalten, dazu, daß viele Begräbnisstücke erhalten blieben.

Selbst Handwerker bekamen eine einfache Truhe und einen Hocker mit ins Grab. Aber die meisten altägyptischen Möbelstücke stammen aus den Grabstätten der Königsfamilien und der aristokratischen Klasse, insbesondere von der Königin der 4. Dynastie Hetepheres und aus der 18. Dynastie, Yuya und Thuyu (Großeltern Echnatons), dem Aufseher Kha und seiner Frau Meryet und dem Pharao Tutanchamun. Nach dem Selbstmord von Kleopatra VII. geriet Ägypten unter römische Herrschaft.

Eine hochgradige Handwerkskunst entstand in der 1. und 2. Dynastie. Die Konstruktionen verwendeten Zapfen-, Schwalbenschwanz- und Gehrverbindungen.

Kupfer- und Bronzebeschläge wurden aufgenagelt. Truhen hatten Riegelvorrichtungen, aber keine Schlösser. Als Werzeuge dienten unter anderm Hämmer, Kupfersägen (später Bronze), Äxte, Meißel, Dechsel (Querbeile) und Bohrer. Das Flugzeug war noch nicht erfunden, und zum Glatthobeln von Holz war das einzige Werkzeug die Dechsel. Einige Experten schreiben den Ägyptern die Erfindung der Drehbank zu, andere den Assyrern.

Aus Wirtschaftlichkeitsgründen wurden kleine Stücke Kante auf Kante zusammengeschnürt oder mit Stiften, Dübeln oder Nut und Feder verbunden und mit Furnier oder Farbanstrich überzogen, kunstvollere Arbeiten mit Intarsien aus Ebenholz, Elfenbein, Knochen, bunter Töpferware oder Halbedelsteinen. In der 18. Dynastie waren

BEINE AUS ELFENBEIN AUS DEM KÖNIGSGRAB VON ABYDOS, ÄGYPTEN, 1. DYNASTIE, um 3200-2980 v.Chr. *(LINKS)*
In Form der Hinter- und Vorderbeine eines Stiers geschnitzt, die bei späteren Versionen durch Löwentatzen ersetzt wurden. Die Löcher waren für Lederriemen zum Festbinden der Beine am Rahmen gedacht.

HÖLZERNER KLAPPSITZ, ÄGYPTEN, NEUES REICH, um 1250 v.Chr. *(LINKS)*
Die überkreuzten Beine enden in geschnitzten Entenköpfen mit Elfenbeinintarsien. Der Sitz war vermutlich aus Schnurgewebe, aber einige Schemel der Zeit hatten auch Kreuzrahmen mit massiven Sitzflächen. Beide Typen wurden später in Griechenland, Rom und im Europa des Mittelalters gebaut, mit unterschiedlichen Beinabschlüssen.

RELIEF DES KÖNIGS ASSURBANIPAL VON ASSYRIEN, 668-621 v.Chr. *(UNTEN)*
Der König lehnt auf einer Liegestatt mit einem Tisch an seiner Seite, seine Königin neben sich im Armstuhl. Die Tischbeine sind geschnitzt und die Füße offenbar gedrechselt.

DETAIL EINES KERAMIK-KYLIX (TRINKSCHALE), VULCI, ETRURIEN, um 500-470 v.Chr. *(RECHTE SEITE)*

viele der besten Stücke mit Gold oder Silber belegt. Bei den kostbarsten Arbeiten kam auch massives Elfenbein vor. Kisten und Truhen aus Korbegeflecht wurden aus gezwirnten Fasern von Palmen, Papyrus, Schilfrohr oder Alfagras (Esparto) gearbeitet. Verflochtene Schnüre oder Riemen gaben Sitzen und Matratzen Spannung.

Gewöhnlich schliefen die Leute auf Bodenmatten, aber Bettgestelle wurden auch gebaut. Während der 1. Dynastie hatten die erlesensten Exemplare Beine aus Elfenbein, die in Form von Stierfüßen geschnitzt waren; im Alten Reich wurden diese dann von Löwentatzen verdrängt. Mitunter waren zwar Fußlehnen vorhanden, aber Kopfbretter waren unbekannt. Stattdessen erfüllte oft eine geschnitzte Kopfstütze die Aufgabe von Kopflehne und Kissen.

Primitive Dreibeinschemel waren weit verbreitet, aber es gab auch andere mit geformten Sitzen und vier Rund- oder Vierkantbeinen, die durch Längs- und Querstreben gestützt wurden. Klappstühle mit kreuzförmigen Ständern, deren Füße geschnitzte Gänse- oder Entenköpfe darstellten, tauchten zur Zeit des Mittleren Reiches auf. Als Begleitstück zum Lehnstuhl wurden Fußschemel geschaffen, die hauptsächlich ein Statussymbol darstellten. Stühle ohne Armlehne in unterschiedlicher Höhe und mit Löwenbeinen waren im Mittleren Reich keine Seltenheit. In dieser Zeit nahmen die bis dahin senkrechten Rückenlehnen eine bequemere geneigte Form an.

Truhen gab es in vielen Größen, oft mit gewölbtem Deckel – dessen Form sich aus dem primitiven Brauch, Baumstämme auszuhöhlen, herleitete. Gleich welchen Stil sie hatten, wurden die Truhen meist mit Elfenbein und Ebenholz furniert.

Die Ägypter aßen nicht an großen Tischen. Ein niedriger Opfertisch für den persönlichen Gebrauch, gewöhnlich aus Alabaster, wurde ergänzt durch einen hohen Ständer, der oben einen Ring anstatt einer Platte aufwies und eine Schüssel oder einen Krug aufnehmen konnte. Ferner existieren Einlegearbeiten ähnlich einem Schachbrett. Manche dieser Tische haben abnehmbare Stierfüße oder später dann Löwenfüße. In einer seitlichen Schublade konnten die Spielsteine aufbewahrt werden.

GRIECHENLAND

Was wir über die Möbel des alten Griechenlands wissen, beruht auf den wenigen intakt erhaltenen Stücken, den Steinsitzen in den Theatern von Athen und Epidauros, die eindeutig in Anlehnung an Hausstühle gemeißelt sind, und den zahlreichen Abbildungen auf Keramiken und Skulpturen. Insgesamt haben wir genug Belegmaterial, uns eine Vorstellung über Umfang und Art des griechischen Mobiliars zu bilden. Während der mykenischen Kultur (um 1600-1200 v.Chr., ungefähr die Zeit des Neuen Reiches in Ägypten) entstand eine Menge an Ziermöbeln.

Bronze wurden in Verbindung mit Holz oder als Ersatz verwendet, und die besten Holzmöbel waren mit Intarsien aus Elfenbein, Ebenholz und Edelsteinen geschmückt, mitunter auch mit Füßen aus Silber. Geschnitzte und gemalte Dekorationen waren auf diesem reichhaltigen Markt fast alltäglich.

Zu den Geräten, die die alten Ägypter benutzten, gesellte sich der Hobel, und schon bevor die Drehbank vermutlich aus dem Osten nach dem 7.Jahrhundert v.Chr. eingeführt wurde, gab es anscheinend Methoden um Holz zu drechseln. Verbindungen waren mit Zapfen, Nägeln und Leim gearbeitet. Die Sitze waren mit parfümierten und farbenfrohen Kissen ausgestattet.

Nach dem Zusammenbruch der mykenischen Kultur, übernahm das hellenistische Griechenland Stile und Techniken aus Ägypten und dem Orient, die dann zu einem eigenen Stil weiterentwickelt wurden. Die Eroberungen Alexanders d.Gr. während des 4. Jahrhunderts v.Chr. verbreiteten den Hellenismus – einschließlich der Möbelkunst – in Kleinasien, auf der Krim, in Nordafrika und Italien.

In Griechenland gab es genug Wälder – Eichen, Ahorn, Buchen, Zitrus, Weiden – so daß Furnieren aus Sparsamkeitsgründen unnötig war; die Nutzung der Furniertechnik zu dekorativen Zwecken gewann erst in römischer Zeit an Bedeutung. Marmor und Homer bemerkte, daß die Schreiner überall auf der Welt willkommen seien.

Die Liegestatt, Kline, mit Kopf- und Fußlehne, wurde zum Schlafen und zum Zurücklehnen bei den Mahlzeiten benutzt. Einige Exemplare aus der Zeit vor dem 8. Jahrhundert v.Chr. haben in Tierform geschnitzte Beine. Als das Drehen populär wurde, waren die Beine meist einfach gehalten. Die Kopflehnen waren oft mit Bronzebeschlägen und Silberintarsien verziert.

Die einfachsten Schemel hatten vier Beine und waren unverziert. Eine Art Kastenform mit aufgemalten geometrischen Mustern oder Figuren diente als Fußbank oder Trittbrett, um auf die hohe Liegestatt zu

DETAIL EINER KERAMIKVASE, VERZIERUNG VON DEM ERETRIA-MALER, GRIECHENLAND, 5. JAHRHUNDERT v.Chr. *(LINKS)*
Die Frau sitzt auf einem Klismos – einem Stuhl mit ausgeformter Rückenplatte und geschwungenen Beinen, den später im Neoklassizismus des frühen 19. Jahrhunderts sogenannten Säbelbeinen.

MARMORSKULPTUR AUS MYRINA, um 100 v.Chr. *(RECHTS)*
Die beiden Frauen sitzen auf einer hohen, stoffbehängten Kline mit niedriger Kopfstütze und einem Fußschemel, wie er häufig als Trittsockel verwendet wurde.

steigen. Eines von diesen, das Diphros, ähnelte mit seinen vier durch Stege verbundenen Beinen der ägyptischen Form. Das Diphros okladias, ein Kreuzbeinschemel, war ebenfalls von Ägypten übernommen, die Vogelköpfe an den Beinenden waren allerdings durch Tierfüße ersetzt, während die Beine selbst oft stark geschwungen waren. Das Diphros okladias wurde sowohl im Haus als auch im Freien benutzt; wenn die Herren sich auf die Reise begaben, trug ihnen ein Sklave den Schemel durch die Straßen hinterher, so daß sie sich, wann immer ihnen danach zumute war, ausruhen konnten. Die grandiosesten Schemel waren reich verzierte Throne ohne Rücken.

Der Thronos oder Thronstuhl war stets der ranghöchsten Person unter den Anwesenden vorbehalten. Oft war auf dem Thron ein Gott abgebildet. Der Thron selbst hatte geschnitzte Widderköpfe an den Armlehnen oder die Form einer Schlange oder eines Pferdekopfes als Rückenlehne. Homer zufolge liebten die Göttinnen den Klismos, einen Stuhl ohne Armlehne mit nach innen geschwungenen Beinen und einem bequem geformten waagerechten Rückensteg. Der Klismos gelangte im 5. Jahrhundert v.Chr. zur Vollendung. Eine spätere, weit plumpere Version hatte eine übertrieben große Platte am Rücken befestigt.

Ein verbreiteter Holztisch war rechteckig und stand auf drei Beinen, von denen sich zwei an der einen Längsseite und das dritte in der Mitte gegenüber befand. Ein Beispiel eines späthellenistischen Modells – klein und rund, auf drei Beinen mit Schwanenköpfen und behuften Füßen – wurde in Ägypten gefunden und befindet sich heute im Musée Royaux des Beaux-Art in Brüssel. In Pergamon entdeckte man ein massives Ständerpaar für einen Serviertisch aus Marmor, das auf das 2. Jahrhundert v.Chr. datiert wurde. Tischbeine aus Holz und Bronze kamen ebenfalls vor.

Ähnlich wie die ägyptischen Truhen hatten die griechischen bemalte oder intarsierte Seitenpaneele, Beine mit Löwentatzen-Füßen und in Angeln bewegliche Deckel. Es gibt keine Schränke in der griechischen Kunst, und die Griechen hatten auch kein Wort für ein solches Möbel. Sie hängten ihre Sachen meist an Wandhaken auf oder legten sie in offene Regale.

ETRURIEN

In der Frühzeit erstreckte sich Etrurien über große Teile Norditaliens. Nachdem das Land im 4. Jahrhundert v.Chr. von den Römern unterjocht worden war, wurde es stark eingeschränkt. Hinweise und echte Möbel aus etruskischen Grabstätten, die wie Zimmer in weiches Gestein gehauen waren, lassen schließen, daß die Möbelkunst dieser Kultur bis zum 7. Jahrhundert v.Chr., als der korinthische Einfluß zunahm, dem Nahen Osten weit mehr verdankte als Griechenland.

Die Etrusker waren erfahrene Handwerker im Umgang mit Holz, Stein und Textilien. Die Grabmalereien weisen darauf hin, daß sie wie die Griechen in relativem Komfort und Luxus lebten. Ihr ureigenster Beitrag auf dem Möbelgebiet waren Bronzearbeiten. Es gibt eine Anzahl bemerkenswerter runder Bronzetruhen mit eingravierten Figuren und Klauenfüßen. Bei einem faßförmigen Stuhl aus zusammengenieteten Bronzeblechen bilden Rücken- und Armlehnen einen fortlaufenden Bogen, der in einen trommelähnlichen runden Sockel endet. Eine Grabstatue aus dem 5. Jahrhundert v.Chr., die sich heute in Florenz befindet, zeigt einen kunstvollen Armstuhl, der von geschnitzten Sphingen gestützt wird.

Große Kerzenhalter und Lampenständer aus Bronze aus der Zeit vom 7. bis zum 3. Jahrhundert v.Chr. haben Dreibeinsockel und mit emporstrebenden Tierfiguren verzierte Ständer. In dem Regolini-Galassi-Grab in Cervetri (dem alten Care) fand man einen Kesselständer aus dem 3. Jahrhundert, der aus geometrisch angeordneten Kupferstreifen konstruiert war.

WANDGEMÄLDE AUS HERCULANEUM, RÖMISCH, vor 79 n.Chr. *(LINKS)*
Darstellung einer Musikstunde. Die junge Dame und ihr Lehrer sitzen auf einer kunstvoll gestalteten Bank mit gedrechselten Beinen und Flügelfiguren an den Armlehnen. Stühle diesen Typs wurden sowohl in Holz als auch in Metall gefertigt.

SILBERNER DREIBEINSTÄNDER, AUS DEM HILDESHEIMER SILBERFUND, RÖMISCH, 1. JAHRHUNDERT n.Chr. *(UNTEN)*
Elegante, nach unten verjüngte Vierkantbeine tragen bärtige Masken, während die Füße menschlich geformt sind. Dank der überkreuzten Verstrebungen läßt sich der Ständer zu einem kompakten, leicht tragbaren Möbelstück zusammenklappen.

Über etruskische Liegestätten ist wenig bekannt, aber ein Steindenkmal im Grab des Volumnii in Perugia aus dem 2. Jahrhundert v.Chr. zeigt eine sehr griechisch anmutende Liegestatt, deren Fuß- und Kopflehnen als Schwanenköpfe gestaltet sind und nach unten in kunstvoll geschnitzten Beinen auslaufen.

ROM

Als Griechenland 146 v. Chr. endgültig unter römische Herrschaft fiel, übernahmen die Eroberer noch mehr Elemente aus dem Griechischen als zuvor, und graeco-romanisches Stilgut wurde bis in die Randbezirke des Imperiums getragen, wo man viele erhaltene Stücke entdeckte. In Rom selbst wurden auch Funde gemacht, ebenso in dem vulkanischen Gestein in Herculaneum und Pompeji vom Ausbruch des Vesuv im Jahre 79 n.Chr. Abbildungen eleganter Innenräume mit Marmorsäulen, Stuckdecken und Mosaikböden finden wir in Fresken und Marmorreliefs. Neben einer Vielfalt von Hölzern – von denen besonders die importierten so teuer waren, daß man sie meist in Form von Furnier verwendete – waren Bronze, Marmor und in den eroberten Gebieten auch einheimische Materialien verbreitet. Für Luxusartikel nahm man Silber, entweder massiv oder als Überzug für andere Metalle.

Liegestätten und Bänke bestanden vielfach aus Bronze und hatten kunstvoll verzierte Kopfstützen griechischer Prägung. Nach 100 n.Chr. verschwand viel von dem Schmuck, dafür kamen Rücken- und manchmal Seitenteile hinzu, und der Prototyp des Sofas entstand. Auf Reliefbildern dagegen sind Bänke mit Rückenlehnen zu sehen, die eher an frühe Wandbänke erinnern.

Die wuchtige Form des griechischen Klismos war Gemeingut geworden. Von den Frauen wurde ein meist aus Korb geflochtener Faß- oder Tonnenstuhl benutzt. Den Männern diente ein senkrechter, getäfelter Stuhl für den Hausgebrauch, aber daneben gab es auch prunkvolle Armstühle mit geschnitzten Tierfiguren oder den Darstellungen von Karyatiden, die denen der Vestalinnen im Erechtheion in Athen entlehnt waren. Der Kreuzgestell-Schemel genoß volkstümlichen und offiziellen Rang, seine gradbeinige Version (Sella curulis) wurde von den Magistraten benutzt.

Kastenförmige Truhen, teils rein funktional, teils kunstvoll mit Einlegearbeiten und Bronze- oder Silberbeschlägen verziert, waren sehr zahlreich vertreten. Bedeutender für die Entwicklung der Möbel war jedoch der Schrank, der erstmals im Westen nun sowohl Regalborde als auch Türen hatte.

Kleine runde Tische aus Bronze oder Silber hatten drei oder vier mit Löwen- oder Leopardenköpfen gekrönte Beine. Ein kostbares Beispiel ist ein Dreibeinständer aus dem Hildesheimer Silberfund. Im römischen Britannien waren die Tische aus Dorset-Schiefer mitunter mit Greifen verziert, während in Italien selber an den Traggestellen großer Marmortische geflügelte Löwen auftauchten. Ein Beispiel aus dem 1. Jahrhundert n.Chr. wurde im Haus des Cornelius Rufus in Pompeji gefunden. Die Mensa lunata, ein halbrunder Konsoltisch auf geschwungenen Beinen, bildete eine Spätentwicklung des reichhaltigen römischen Möbelrepertoires.

BYZANZ

Die althellenistische Stadt Byzanz am Bosporus hatte die römische Kunst und Architektur mit teils orientalischen, teils klassisch griechischen Einflüssen ein Jahrhundert lang bis 330 n.Chr. befruchtet, als Kaiser Konstantin d.Gr. die Stadt neu aufbaute, sie zu seinem Regierungssitz wählte und in Konstantinopel umbenannte. In dieser Stadt wurde die Tradition der Handwerkskunst lebendig gehalten, während der Westen von barbarischen Invasionen überschwemmt wurde. Hier war auch der Ort, wo die christliche Kunst erstmals zur Blüte gelangte. Selbst weit entfernt von Konstantinopel entstanden byzantinische Kirchen, deren Architektur und dekoratives Formengut sich auch in der Möbelkunst niederschlugen.

Wie Ägypten war die Umgebung des Bosporus nicht mit Holz gesegnet. Die Steinbauten zeichneten sich durch hervorragend gemeißelte Flächenornamente aus, und dieser Dekorationsstil fand sich auch an Möbeln wieder, die anstelle von Holz meist aus Stein und Metall gearbeitet waren. Für die wertvollsten Stücke verwendete man Elfenbein, meist in Form dicker Furnierschichten.

Truhen kamen in allen Größen vor. Eine Reihe geschnitzter Elfenbeinschatullen sind uns heute noch erhalten; es handelt sich um Miniaturausgaben der großen Holzkisten, die nicht nur zu Aufbewahrungszwecken, sondern auch zum Sitzen und sogar als Betten dienten.

Was die Sitzmöbel angeht, war im 6. Jahrhundert der Elfenbeinthron von Kaiser Maximian in Ravenna wie ein Kasten geformt, dem Rücken- und Armlehne zugefügt wurden – eine Konstruktion, die später weithin Verwendung fand. Auf einem etwas anderen Niveau gab es einen Klappschemel mit Kreuzgestell (eine Abbildung taucht in einem Manuskript des 12. Jahrhunderts auf), der aus Holz und Metall gearbeitet war. Bänke mit gedrechselten Beinen und gemalter Verzierung waren alltäglich.

Holztische hatten gelegentlich Schubladen, Fächer mit Türen und verstellbare Pulte für den Scholaren. Die Mahlzeiten wurden an großen runden Tischen nach römischem Vorbild und mitunter aus Stein eingenommen.

ELFENBEINTHRON, BYZANZ, 6. JAHRHUNDERT
Als Maximians Thron bekannt, ist dieser Stuhl reich mit Tieren, Vögeln und Blattwerkschnitzerei verziert. Die Tafelfelder zeigen Christus, den hl. Johannes und die Apostel.

Kennzeichnend waren klassische Bett- und Couchformen, auch wenn die eleganten Volutenornamente an den Enden fehlten. Nichtsdestoweniger ist auf Mosaiken in St. Markus in Venedig der Prototyp eines Himmelbetts zu sehen, komplett mit vier Säulenstützen und Himmel. Der Behang sollte eine zunehmend wichtige Rolle in der dekorativen Gestaltung von Betten einnehmen, insbesondere formeller Betten, und ein Großteil der Arbeiten war ausgesprochen kunstvoll und teuer.

Byzantinische Armoires mit architektonischen Giebelbogen und offene Buchregale auf einem Unterteil mit Türen sind auf Abbildungen so häufig, daß sie mit Sicherheit weit verbreitet waren.

SEITE AUS DEM BREVIER VON JOHANNES DEM FURCHTLOSEN, HERZOG VON BURGUND, FRÜHES 15. JAHRHUNDERT

ROMANIK

Die Festungen der Feudalherren waren karg eingerichtet; es gab Gobelins und einige wenige geschnitzte oder mit Farben verzierte Möbelstücke, die zum Teil fest eingebaut, zumeist aber transportabel bzw. beweglich waren – eine Mobilität, die sich in solchen Wörtern wie Mobili, Meubles und »Möbel« niederschlug. Ein Großteil des überkommenen romanischen Mobiliars ist Kirchengut, aber eigentlich gab es kaum einen Unterschied zwischen Kirchen- und Wohnmöbeln. Auch waren, in einer Zeit ständiger Grenzveränderungen, nicht unbedingt deutliche Unterschiede zwischen einem Land und dem nächsten festzustellen, wenn man von einigen allgemeinen Zügen einmal absieht.

In romanischer Zeit wurden gewöhnlich einheimische Hölzer verarbeitet. Die Zypresse kam nördlich der Alpen sehr selten vor, Nußbaum blieb überwiegend auf Italien, Spanien und Teile von Frankreich und Deutschland beschränkt, während in England, den Niederlanden, großen Teilen Frankreichs und Deutschlands die Eiche vorherrschte und Kiefer, Fichte und Tanne in Skandinavien. Ferner fanden regionale Gesteinsarten und Eisen Verwendung.

der Bayeux-Tapisserie aus dem 11. Jahrhundert sind drei kastenförmige Konstruktionen zu sehen – unterschiedlich im Design, aber alle mit Tierkopf- und Fußschnitzereien – die Wilhelm dem Eroberer, Eduard dem Bekenner und Graf Guy als Throne dienten. Dem Kreuzgestell-Schemel, der im Mittelalter als Faltstuhl, Katheder oder Bischofsstuhl bezeichnet wurde, kam noch mehr Autorität zu. Der Staatsstuhl, der dem Herrn und Meister vorbehalten war, hatte

HOCHLADE (STEHTRUHE) IN NUSSBAUM, MITTE 13. JAHRHUNDERT *Zwischen den beiden Reihen romanischer Rundbogen steht die Inschrift »Ave Maria Gratia Plena«. Die Eckpfosten mit Medaillons in Kerbschnitzerei sind von offenen Rundbogen durchbrochen.*

Zu den zahlreichen Truhentypen gehörten: der primitive Hohlbaum, der einfach durch Aushöhlen eines Baumstammes entstand, die Lade mit ihrem abnehmbaren Giebeldeckel, das Standardmodell mit gewölbtem Deckel, die Bretter- oder Sechsplankenkiste, die aus an massive Seitenteile genagelten Kopf- und Fußbrettern und zusätzlichem Deckelbrett bestand, und die Stehlade, die vorn zwei in breiten Eckpfosten sitzende Türen und zumeist auch gerahmte Seiten hatte. Zur Verzierung der Möbel dienten in England und im übrigen Europa Kerbschnitzereien in Rundscheiben- und romanischer Bogenform, die sich in manchen Gegenden bis zum Ende des 16. Jahrhunderts hielten.

Einige Armoires waren feste Einbauten, während andere frei standen.

Einfache Schemel mit gedrechselten Beinen waren weit verbreitet. Kunstvoller gearbeitete Versionen dienten, in einer von strengen Rangfolge-Regeln bestimmten Feudalgesellschaft, als Statussymbole: auf oft dieselbe Klappform und erfüllte sowohl zu Hause als auch auf Reisen oder Feldzügen seinen Zweck. Manche waren aus Eisen; bei den hölzernen Versionen kamen kostbare Verzierungen vor.

Armstühle mit Kastensitz waren bekannt, aber der Pfostenstuhl mit gedrehten Vertikalen (den Pfosten), in die Löcher gebohrt waren, um die Kreuzstreben aufzunehmen, war das übliche.

In ähnlicher Weise war das Himmelbett mit gedrehten Pfosten konstruiert. Von diesen hingen Vorhänge herab, so daß das Bett zum Raum im Raum wurde. Ein anderer Typus bestand aus Kopf- und Fußbrett und Seitenplanken, war aber ebenfalls mit Stoffbehang drapiert. Beide Modelle konnten abgeschlagen und im Notfall von einem Ort zum anderen transportiert werden. Üblich war allerdings eher, nur die Stoffdrapierung in Kisten verstaut auf die Reise zu nehmen. In den Inventarien werden häufig Betten auf Rädern und zusammenklappbare Feldbetten erwähnt.

GOTIK

Der Begriff Gotik wurde erstmals von Giorgio Vasari (1511-74) benutzt, und zwar als Schimpfwort. Vasari pries die Renaissance-Architektur auf Kosten der mittelalterlichen Bauten, die den Goten in Wirklichkeit überhaupt nichts verdankten. Die Goten waren ein germanisches Volk, das Rom eroberte, die Höhe seiner Macht im 6. Jahrhundert in Spanien erlangte und im Jahr 711 n.Chr. endgültig verlor – über vierhundert Jahre vor dem Bau der ersten gotischen Kirche durch Abt Suger in St. Denis in Frankreich in den Jahren 1140-44. Der Abt setzte vermehrt weltliche Arbeitskräfte ein, so daß nun auch ganz gewöhnliche Werkleute die bis dahin sorgfältig von den Mönchen gehüteten Fertigkeiten erlernen konnten. Dieser Brauch verbreitete sich im 14. und 15. Jahrhundert, während der gotische Stil allmählich überall in Europa die Romanik ersetzte.

Die Gotik unterschied sich von der Romanik in einigen wichtigen Aspekten, von denen der auffälligste wohl eine umfassende Eleganz war, die der Romanik abging. Der Spitzbogen, den die Kreuzfahrer von den Sarazenenbauten des Orients und die normannischen Invasoren aus Sizilien mitgebracht hatten, verdrängte den runden Bogen romanischer Prägung. Das Bogeninnere füllte sich mit Flechtwerk und durchbrochenen Musterbändern aus zusehends naturalistischeren Tiergestalten oder Blattwerk.

Die Holzarten der gotischen Möbel waren weitgehend dieselben wie die der Romanik. Eisen, geschmiedet oder kalt bearbeitet, diente zur Verstärkung wie als Dekor. Neben groben Schwalbenschwanzverbindungen wurden Verzapfungen mit Dübelbefestigung benutzt, besonders für Paneeleinfassungen.

Ausgezeichnet beherrscht wurden Drehen, Schnitzen und Malerei, aber nur wenige bemalte Stücke haben mehr als dünne Spuren ihrer ursprünglichen Pigmente bewahrt.

Die Bedeutung gotischer Truhen (oder Coffres) war so groß, daß im Jahr 1254 der Probst von Paris den Herstellern eine eigene, von der Schreinerzunft unabhängige Gilde erlaubte – eine Entscheidung, die die Zukunft der französischen Möbelmanufaktur nicht unerheblich beeinflussen sollte. Einige der besten französischen Stücke hatten die schon während der Romanik beliebte eingefaßte Konstruktion und waren mit kunstvollen Eisenvoluten verziert. Ein gutes Beispiel von ca. 1200-50 befindet sich im Musée des Arts Décoratifs in Paris. Ähnliche Stücke wurden in englischen Kirchen entdeckt, bei denen es sich womöglich um privates Eigentum handelt, das zur sicheren Aufbewahrung in den Kellergewölben deponiert wurde, wie es damals Brauch war.

Truhen mit drei Schlössern – eines für den Priester und je eines für die beiden Küster – waren vermutlich Kirchengut. Ein Beispiel ist die Stehlade mit gerahmten Seiten von 1480 in der Pyx-Kapelle in Westminster Abbey in London. Viele waren mit geschnitzten Bogen und Flechtwerk verziert und einige wenige sogar mit Turnierszenen, wie auf einer Kipplade aus dem 14. Jahrhundert im Victoria and Albert Museum in London.

Italienische Truhen (Cassoni) waren ganz anders. In feinem Relief gearbeitete Gessoflächen oder Paneelfelder mit Intarsien (in farbigen Hölzern) bestimmten das Bild. Der gotische Stil konnte in Italien allerdings nie recht heimisch werden.

Zu den grandiosen Sitzmöbeln dieser Epoche zählt der Thronstuhl von König Martin von Aragon aus dem späten 14. Jahrhundert, der nach seinem Tod 1410 an die Kathedrale von Barcelona ging. Er ist aus massivem Silber und hat drei stark gespitzte Bogen als Rückenabschluß. Der Krönungsstuhl in Westminster Abbey gehört zu den wenigen Stücken, die mit Sicherheit einem bekannten Hersteller zugeschrieben werden können, in diesem Fall dem Meister Walter von Durham, der den Stuhl im Auftrag von Eduard I. baute. Die Rückenlehne läuft in einem Spitzbogen zu, abwärts geschwungene Armstützen enden unten in geschnitzten gotischen Bogen, und unter dem Sitz ist ein Platz für den Stein von Sconce, der 1296 aus Schottland erworben wurde. Gestützt wird der Stuhl von vier Löwenformen, die 1509 hinzukamen. Diese standen nur der Königsfamilie zu.

Häufiger vertreten waren in England, Frankreich und den Niederlanden die Kastenstühle mit hohem Rücken und geschlossenen Armen, mit randseits abgeschrägten Paneelfeldern, die locker in Ausfalzungen im Rahmen saßen. Die Exemplare aus dem 15. und frühen 16. Jahrhundert waren häufig mit Vorhangfalten- oder Pergament-Mustern beschnitzt.

Ein beliebter Stuhltyp aus dem 15. und frühen 16. Jahrhundert hatte zwei Stützplatten mit ausgeformten Rändern und leichter Spreizung, die entweder durch einen breiten, senkrecht unter dem Sitz angebrachten Steg oder zwei an den Außenkan-

EICHENSCHEMEL, ENGLAND, 16. JAHRHUNDERT *(GANZ OBEN)*
Der geschnitzte Untersteg dieses Schemels ist mit Keilen befestigt – während der Gotik und Frührenaissance eine weithin übliche Konstruktionsmethode.

EICHENTRUHE, FRANZÖSISCH ODER ENGLISCH, 14. JAHRHUNDERT *(OBEN)*
Diese Koffertruhe wird von einer geschnitzten Ritterszene verziert, deren Helden einen Zweikampf oder Turnier ausfechten – ein beliebter Sport im Mittelalter. Truhen mit dieser Art Dekoration waren damals vermutlich sehr verbreitet, aber nur wenige Stücke blieben erhalten.

BEMALTER SCHRANK, DEUTSCH, SPÄTES 15. JAHRHUNDERT *(LINKS)*
Wie so viele Möbel der Gotik war dieser Schrank ursprünglich wohl insgesamt mit lebhaften Farben bemalt, wovon noch Spuren übrig sind. In seiner Konstruktion wurden verschiedene Holzarten verwendet. Die Schnitzerei ist im Stil gotischer Kirchenarchitektur.

ten angenagelten Brettern verbunden sein konnten. Einfache Stühle ohne Arme, jedoch mit rückseitiger Stütze, wurden in England als Backstool, also als Rückenstuhl oder Lehnstuhl bezeichnet.

Einige der eindrucksvollsten Schränke der Gotik stammen aus Deutschland. Ein architektonisch gestaltetes Modell aus dem späten 15. Jahrhundert mit Zinnenleiste über einem breiten, reich geschnitzten Fries und vier mit Paneelfeldern geschmückten Türen ist im Bayerischen Nationalmuseum in München zu sehen.

Während der frühen Tudor-Zeit in England waren die Schlafkammern mit einem Schrank ausgestattet, der zunächst als Aumbry (von Armoire), später als Futterschrank bezeichnet wurde, da er zur Aufbewahrung der nächtlichen Ration an Lebensmitteln und Erfrischungen diente, die notwendig waren, um den britischen Stoffwechsel bis zum Morgen aufrechtzuerhalten. Die Tendenz der Spätgotik in England ging eher zu einem schlichteren Schrankstil (und der Möbel allgemein). Im Gegensatz dazu neigte Frankreich, insbesondere das reiche Herzogtum Burgund und seine niederländischen Ländereien, zu zunehmendem Prunk.

Zwei verschiedene Typen von Buffet waren im 14. und 15. Jahrhundert vorherrschend. Das eine bestand aus einer riesigen Konstruktion von treppenförmig ansteigenden Etagen zur Auslage von Silber, wobei die Anzahl der Stufen der Ranghöhe entsprach: Marie von Burgund hatte beispielsweise fünf, die Herzogin von Amiens nur drei und Heinrich VIII. sogar zehn. Ein französischer Berichterstatter einer königlichen Hochzeit im Jahre 1486 nannte eines dieser Möbel Buffet, während ein Engländer, ebenfalls zu Gast bei dieser Hochzeit, dasselbe Möbel als Schrankbord beschrieb.

Das andre Buffet war kleiner, und seine Etagen waren nicht abgestuft, hatten jedoch, sofern der Rang des Besitzers es zuließ, einen Baldachin, wie er als Statussymbol auch als Überdachung von Thronen und Betten vorkam. Diese zweite Form des Halbschranks entwickelte sich im 16. Jahrhundert zum höfischen Kabinettschrank, der anfangs offen war, später dann mit Türen und Tafeln verschlossen wurde.

TRAGBARES SCHREIBPULT, NUSSBAUM, um 1525
Dieses Pult ist mit Leder bezogen und zeigt die gemalten Wappen von Heinrich VIII. und Katharina von Aragon, seiner ersten Gemahlin. Weitere Themen sind Mars und Venus, Profile der trojanischen Gestalten Helena und Paris und trompetenblasende Putten – deutliche Hinweise auf Renaissance-Einflüsse.

Außer dem aufgebockten Tisch, dessen Untergestell sich zum wuchtigen kreuzförmigen Sockel entwickelte, kamen gegen Ende des 15. Jahrhunderts noch eine Vielzahl anderer Tische auf. Im Vordergrund stand der Rundtisch mit einem Mittelständer.

In Frankreich und England kam der romanische Prototyp des Himmelbetts zur vollen Entfaltung, und die mit Vordach versehene Version wurde zum großen Staatsbett. Die Bezeichnung Vierpfoster für Baldachin- oder Himmelbetten ist im englischen sehr populär, aber oft ungenau, da viele Exemplare zwar zwei Pfosten am Fußende hatten, der Baldachin am Kopfende jedoch auf einem hohen Kopfpaneel auflag.

In Italien lief während dieser Zeit die Geschichte mit Betten wie mit anderen Möbeln etwas anders. Das Ospedale del Ceppo in Pistoia hat ein Bett aus dem 14. Jahrhundert, das keinen Baldachin hat, aber Kopf- und Fußpaneel, die beide mit religiösen Figuren bemalt sind. Die Verzierung gotischer Möbel war in Italien wie anderswo selten losgelöst vom Einfluß der kirchlichen Architektur und der christlichen Ikonographie. Manche Betten sollen auch Figuren aus der klassischen Mythologie gezeigt haben, als Vorwegnahme der Renaissance, die den griechischen und römischen Stil des Altertums wieder aufleben ließ, aber die Malereien könnten auch nachträglich aufgebracht worden sein.

Die Renaissance

Das 14. Jahrhundert erlebte eine künstlerische und kulturelle Revolution. Die tragende Kraft und Dringlichkeit dieser Revolution, die in den Stadtstaaten Norditaliens ihren Ausgang nahm, lag in dem wiedererwachten Vertrauen an die Macht und Würde des Menschen in Verbindung mit einer tiefgreifenden Suche nach dem Platz des zeitgenössischen Menschen unter den Künstlern und Denkern der klassischen Antike. Über Italien hinaus wurde dies Interesse an einer Wiederbelebung des klassischen Ethos und seiner Verwebung mit einer lebendigen mittelalterlichen Kultur in ganz Nordeuropa und der iberischen Halbinsel sichtbar. Der Realismus wurde leidenschaftlich begrüßt und gefördert von den führenden Künstlern, die für Philip den Kühnen am Hof von Burgund und in dem großartigen Karthäuserkloster von Champmol arbeiteten. Der Künstler wurde zunehmend als inspirierter Schöpfer bewundert, und sein Platz in der Gesellschaft gewann mit der an Michelangelo und andere in Rom gewährten Patronate der Päpste Alexander VI., Julius II. und Leo X. an Ansehen.

Der universelle oder Renaissance-Mensch war belesen in den klassischen Texten, aber er konnte ebensogut die komplexen Zusammenhänge der Technik, Wissenschaften und Militärkünste meistern. Das zunehmende Interesse für Anatomie und Perspektive ermöglichte Künstlern, Bildhauern und Architekten die Gestaltung dreidimensionaler Formen mit weit größerer Sicherheit als je zuvor.

Als der Renaissance-Stil von 1520 an allmählich vom Manierismus mit seiner gezielten Auflehnung gegen die Regeln der Klassik verdrängt wurde, war bereits genug zur Veränderung der Patronage geschehen, die alle künstlerischen Anstrengungen untermauerten.

Auf der Suche nach einer Alternative zu dem Geist der Gotik übte der Glanz der neuen italienischen Errungenschaften auf ganz Europa einen unwiderstehlichen Reiz aus.

Detail einer Intarsientruhe, Lorenz Stromair, Augsburg, 1560-55

Die Kunst, mit verschiedenen Obsthölzern Einlegearbeiten oder Intarsien zu gestalten, ist an dieser Truhe zur Vollkommenheit gereift. Das Innere ist nicht minder reich verziert als das Äußere. Die Dekoration kündet von den Fortschritten der Renaissance-Perspektivisten und der gekonnten Umsetzung eines großen Vorlagenrepertoires architektonischer Details.

ITALIEN

Im Florenz des frühen 14. Jahrhunderts begann die Vision einer neuen Kunst bei den italienischen Meistern Fuß zu fassen. Diese Vision befaßte sich mit menschlichen Werten und Errungenschaften und wurde überlagert von den Ideen und Formen, die man aus den vergangenen Kulturen des antiken Griechenlands und Roms schöpfte. Der erste, der die ganzen theoretischen Prinzipien darlegte, war der Architekt und Theoretiker Leon Battista Alberti (1404-72), der Schönheit definierte als die Harmonie und den Einklang aller Teile, hergestellt auf solche Weise, daß nichts hinzugefügt oder weggenommen oder verändert werden kann, ohne eine Verschlechterung herbeizuführen.

Ornamente erzielten seiner Ansicht nach einen zusätzlichen Glanz und eine Verfeinerung der Schönheit. Indem er weiter ausführte, daß das tragende Ornament aller Architektur die Säule sei, bestätigte Alberti aufs neue die Überlegenheit der Säulenordnungen des Altertums. Durch die Verwendung von Säulen, die durch die übrigen architektonischen Glieder seiner Gebäude ausgeglichen wurden, etablierte er nicht nur wichtige Proportionssysteme, in denen der eine Teil auf die anderen Rücksicht nimmt, sondern regte viele – unter ihnen die Möbelbauer – dazu an, Säulen, Pilaster und Giebel mit Motiven aus dem reichhaltigen klassischen Repertoire zu verbinden.

Alle Aspekte des kommerziellen Lebens der typischen spätmittelalterlichen Stadtstaaten Italiens waren von den Handwerksgilden beherrscht. Als selbstbestimmte und sich selbst erhaltende Mechanismen waren diese oftmals so restriktiv, daß sie jede Entwicklung hemmten. Infolgedessen wurden sie immer stärker von den Neidern ihrer Macht angegriffen. Zudem war häufig eine Anzahl bedeutender Künstler außerhalb des Rechtsbereichs der Zünfte tätig, die sich von der Malerei religiöser Themen auf Holz abwandten und dafür der lukrativeren Aufgabe widmeten, kunstvolle Cassoni (Hochzeitstruhen) zu verzieren. Diese meist paarweise angefertigten Truhen dienten zur Aufbewahrung der Aussteuer und waren nicht nur mit dem Familienwappen der Braut und des zukünftigen Bräutigams, sondern häufig auch mit Reliefornamenten, Fruchtgirlanden, Mosaiktäfelungen (Intarsien) oder religiösen Bildern geschmückt. Diese mit Gesso gearbeiteten und vergoldeten gearbeiteten Ziergegenstände, Symbole dynastischer Patronage und Errungenschaften, wurden gegen Ende des 16. Jahrhunderts durch Cassoni ersetzt, die allgemein für die Brautmitgift und nicht mehr speziell für eine bestimmte Braut angefertigt wurden.

Neben den Betten, Stühlen und Bänken gehörten die Cassoni zum Hauptinventar der Inneneinrichtung. Die Interieurs waren 16. Jahrhunderts mit ihren vornehmen, beeindruckenden Räumen waren stets sparsam möbliert, wenn auch mit Stücken hoher künstlerischer Qualität. Einige Stücke hatten eingearbeitete Pietra dura (harte Mosaiksteine). Im Jahr 1580 ließ Francesco I. de Medici Handwerker aus Mailand kommen, um in Florenz eine Hartsteinwerkstatt zu gründen, das Opificio delle Pietre Dure. Der englische Chronist John Evelyn besuchte 1644 diese Werkstatt und sah diverse unvergleichliche Tische aus Pietra commessa, was einen Marmorgrund bezeichnet, der mit verschiedenen Sorten Marmor und Stein in diversen Farben eingelegt ist,

CASSONE IN GESCHNITZTEM HOLZ UND GESSOMALEREI, FLORENTINISCH, um 1472

Diese Hochzeitstruhe ist mit den in Tempera auf Gesso gemalten Szenenfeldern und der teilweisen Vergoldung ein gelungenes Beispiel der Maler- und Vergolderkunst. Die Gemäldemotive stammen aus der Bibel und der klassischen Mythologie.

leuchtend und farbenfroh mit türkischen Unterlegteppichen und alexandrinischen Seidenstoffen, Wandbehängen aus Leder mit Goldprägung und luxuriösem Damast ausgestattet.

Obschon man in der Tat alle Fertigkeiten des Möbelbauers oder Silberschmieds an einer einzigen verschwenderisch ornamentierten Schatulle aus dieser Zeit vorfinden konnte, blieben diese Errungenschaften selten. Selbst die großartigsten Paläste des in Formen von Blumen, Bäumen, Tieren, Vögeln und Landschaften wie in der Natur. Das war ein Verfahren, das kommende hochherrschaftliche Reiselustige noch interessieren sollte.

Außer den meisterhaften Möbeln konnten auch die Räume selbst, mit sauber konturierten Täfelungen und geschnitztem Laubwerk, vielfache Musterbeispiele der Intarsienkunst abgeben. Das Studiolo des Federigo da Montefeltro zum Beispiel, von

SGABELLI IN GESCHNITZTEM NUSSBAUM, ITALIENISCH, 16. JH. *(OBEN)*

STUDIERZIMMER VON FREDERIGO DA MONTEFELTRO IM HERZOGSPALAST URBINO, um 1470 *(OBEN RECHTS)*
Der ungewöhnliche Intarsiendekor dieses Studierzimmers stammt von einem Unbekannten, der mit dem Architekten Luciano Laurana zusammenarbeitete.

TRAUM DER HL. URSULA, VITTORE CARPACCIO, 1495 *(RECHTS)*
Die Heilige schläft in einem Bett mit gedrechselten Pfosten und kunstvoll verziertem Baldachinbehang. Ein Tischtuch bedeckt den kleinen Tisch, an dessen Seite ein Schemel aufgestellt ist.

1470, im Herzogspalast in Urbino hat eine vorzügliche Intarsiendekoration von einem unbekannten Künstler. Intarsienarbeiten zogen eine eigene Gruppe von Handwerkern an: 1478 gab es in Florenz nicht weniger als 84 Werkstätten für Intarsien und ähnliche Holztechniken. Der Renaissance-Maler und Chronist Giorgio Vasari erwähnt Perspektivendarstellungen von Gebäuden als die frühesten Themen für Intarsien. Am bedeutendsten für diesen Typ sind vermutlich die Arbeiten des Chorgestühls der Kathedrale in Siena (1503) und der Türen von Raphaels Stanze im Vatikan (1514-21), die beide von einem der hervorragendsten Meister, Fra Giovanni da Verona, stammen. Die Türen der Stanze gestaltete er zusammen mit dem Schnitzer Giovanni Barile als Assistent. Wie sein Bruder Antonio zeichnete sich Giovanni Barile besonders im Bau von geschnitzten und vergoldeten Rahmen für Altare und Gemälde aus. Die Dekoration von Möbeln wurde von der Intarsienkunst nicht unerheblich beeinflußt.

GESCHNITZTER WALNUSSSCHRANK, HUGUES SAMBIN ZUGESCHRIEBEN, FRANZÖSISCH, um 1570
Von Sambin veröffentlichte Hermenfiguren (1572) erscheinen an mehreren Schränken des 16. Jahrhunderts.

KUPFERSTICH EINES BETTES, JACQUES ANDROUET DUCERCEAU, um 1560

FRANKREICH

Im Mittelalter war der Möbelbau insgesamt recht einfach, die meisten Artikel waren aus Eiche. Eichenholz läßt sich aber schlecht schnitzen, und die neue Vorliebe für italienische Ideen – die dank der Patronage so bedeutender Familien wie der Herzoge von Burgund Frankreich noch vor dem Beginn des 16. Jahrhunderts erreichten – verlangte nach einem dunkleren, glatteren Holz wie Walnuß.

1525 erlebte die Prunkdekoration mit der Rückkehr Franz I. aus seiner Gefangenschaft in Italien einen Aufschwung, als der wiedereingesetzte König seine entleerten Paläste in Augenschein nahm. Zwischen 1530 und 1532 lud er zwei bedeutende italienische Künstler, Giovanni Battista Rosso (Rosso Fiorentino) und Francesco Primaticcio in seinen Palast in Fontainebleau ein paar Meilen außerhalb von Paris ein. Die Leistungen dieser Männer und vieler anderer begabter Künstler, die für sie arbeiteten, veränderten schon bald den vorherrschenden Stil, zunächst vom französischen ins italienische, und dann, während der Herrschaft Henris II. von 1547 an zurück ins französische, diesmal jedoch erweitert mit vielen Anklängen an die Klassik.

Architekten und Dekorateure – insbesondere Jacques Androuet DuCerceau (um 1520-84), der 1550 wichtige Stiche veröffentlichte, die Möbel abbildeten – waren an Gegenständen mit diesen klassischen Proportionen interessiert, wollten sie aber mit geometrischen Mustern und Darstellungen exotischer Menschen- und Tierfiguren erweitern. Zu letzteren gehörten Sphingen, Greife, Adler, Löwen, Seepferde und verkleinerte Figuren, die durch die Plastiken von Jean Goujon (Arbeitsphase 1540-68) noch populärer wurden. Schreiner und Holzschnitzer der Ile-de-France, im Loire-Tal, in Burgund, in der Provence und anderswo gingen über die Vorlagenbücher hinaus, um beliebte mythologische Geschichten nach darstellenswerten Szenen auszuschlachten.

Der Architekt, Bildhauer und Möbelbauer Hugues Sambin (um 1515/20-1601/2), der besonders in Dijon wirkte, veröffentlichte ein Buch über die Vielfalt der in der Architektur verwendeten Hermen, das zusammen mit DuCerceaus Kupferstichen nicht nur das Erscheinungsbild vieler plastischer Möbelfiguren maßgeblich beeinflußte, sondern ebenso die Flach- und Tiefreliefschnitzerei.

Im Inneren eines französischen Hauses aus dem 16. Jahrhundert gab es in der Regel mehrere vorherrschende Möbelstücke. Seit dem Mittelalter hatten Truhen sowohl für Aufbewahrungszwecke als auch in abgewandelter Form als Reisekoffer Bedeutung. Nun jedoch, mit dem Bedarf an mehr Platz zum Unterbringen, kam der Büffetschrank auf, der aus einem auf Säulenständern ruhenden Oberteil bestand und zwei oder mehr Türen hatte, die mit Flachreliefs geschmückt waren.

Der Armoire, ein Vorläufer des Kleiderschranks, hatte zunächst gewöhnlich eine große Tür. Es ist zwar problematisch, genau zu definieren, was den eigentlichen Schrank ausmacht (denn der Armoire konnte zum Beispiel in die Raumtäfelung eingebaut sein), auf jeden Fall aber war er ein sehr nützliches Möbelstück.

Was Polstermöbel angeht, sind aus dem 16. Jahrhundert aus keinem Land viele Exemplare erhalten, wir wissen aber von den Abbildungen auf Gemälden oder Stichen, daß Polstermöbel recht verbreitet gewesen sein müssen. Samt wurde von durch feinen Bortenbesatz genagelten Messingstiften in Position gehalten. Den beweglichen Tisch, mit seinem kunstvollen, verstrebten Gestell schmückte meist ein Teppich oder eine Stoffdecke passend zum übrigen Interieur. Die Stühle waren entweder tragbar oder schwer und thronähnlich. Ein neuer Möbeltyp war das Lit de repos, eine Liege mit rückseitiger Lehne zum Ausruhen tagsüber.

Einige Stühle bekamen Armlehnen, andere, wie die Chaise caquetoire, der Plauderstuhl, hatten trapezförmige Sitze. Die rückenlose Bank war ebenso beliebt wie der Schemelstuhl (Sgabello). Eine Abart, die mit Gobelin bezogen und als Placet bekannt war, erlaubte es, wie auf einem Betkissen fast auf dem Boden zu sitzen. Dieses Möbel blieb am französischen Hof bis weit ins 17. Jahrhundert populär.

GESCHNITZTER EICHEN-KOMMODENSCHRANK, FRANZÖSISCH, um 1524 *(LINKS)*
Im frühen 16. Jh. behielt der Kommodenschrank die rechteckige oder sechseckige Form bei. Hier hat die obere Etage 2 Türen, während die Mitteltür darunter von 2 Paneelfeldern flankiert ist.

INTARSIENKABINETT, LORENZ STROMAIR, AUGSBURG, 1560-55 *(RECHTS)*
Das Intarsiendekor eignete sich für die freie Gestaltung und zeigte oft die unerfüllten Ambitionen für alles Architektonische: Ansichten imaginärer Bauwerke. Die Kontrastwirkung wurde durch verschiedenfarbig gebeizte Hölzer erzielt.

DEUTSCHLAND

Der starke Einfluß der italienischen Renaissance schlug sich, wie zu erwarten war, am deutlichsten in der Arbeit der zahlreichen deutschen Bildhauer, Schnitzer und Zeichner nieder, die in Italien gewesen waren. Obwohl Hans Holbein d.J. und Albrecht Dürer beide Italien besuchten, waren es die Holzschnitte solcher Leute wie Peter Flötner, der ebenfalls dort gewesen war, und des nur unter seinen Initialen als Meister H.S. bekannten Schrankbauers, die das reichhaltigste dekorative Formengut aufwiesen. Sie und andere wirkten in den Zentren Nürnberg und Augsburg, wo der Einfluß der Gilden allmächtig war, und lieferten viele lebendige Beispiele dafür, wie sich die klassischen architektonischen Motive mit umhertollenden Putten, Tiermasken, seltsamen Grotesken und Arabesken verbinden ließen.

Die Kunsthandwerker nördlich der Alpen, die keine direkte Erfahrung mit den neuen aus Italien entlehnten Dekorationselementen hatten, verließen sich auf die Arbeiten von Holzschneidern wie Flötner, um nicht nur mit ihren südlichen Konkurrenten Schritt zu halten, sondern ebenso mit den Kollegen, die unabhängig von jeder Gildenbeschränkung und ohne Sorgen um die Kosten an den herzöglichen Höfen oder für einen einflußreichen Abt arbeiten konnten. Der Norden Deutschlands war zu der Zeit von ausgesprochenem Konservatismus und Stagnation geprägt. Lindenholz, Esche und Walnuß waren zwar in Gebrauch, aber die Schirmherrn in dieser Region bevorzugten Eichenmöbel.

Im Süden des Landes hingegen – im katholischen Bayern z.B. – waren weiche Hölzer wie die Linde viel mehr verbreitet. Um Leben zu bekommen, muß Lindenholz bemalt oder mit kontrastierenden Hölzern abgesetzt werden. Es eignete sich hervorragend für die Arbeit von Bildhauern oder Altarbauern wie Tilman Riemenschneider (1460-1531) aus Würzburg, der eine der größten Werkstätten mit nicht weniger als zwölf Lehrlingen betrieb. Auch in Augsburg waren viele Intarsiatoren ansässig, die sich aus Büchern wie »Geometria et Perspectiva« von Lorenz Stöer mit seinen präzisen perspektivischen Ansichten vielfältige Anregungen holten.

Der Lebensstandard stieg im 16. Jahrhundert ständig an. In dem Maße, wie die Häuser komfortabler wurden, brauchte man auch neue Möbelarten. Die Betten erhielten größere Baldachine, die Pfosten wurden höher, und insgesamt wurde das Möbel mehr in den Vordergrund gerückt, da das Schlafzimmer auch als Empfangsraum diente und so den Status anzeigte. Truhen waren wie immer nützlich, ihre langen Paneele eigneten sich hervorragend für Schnitz- wie auch Intarsiendekor. Es dauerte nicht mehr lange, bis der Brauch, eine Truhe auf die andere zu stellen, die Entwicklung eines geräumigen Schrankes, auf einem Sockel ruhend, herbeiführte. Nürnberg war bekannt für seine Vielfalt an Schränken, während Augsburg sich auf kunstvolle Schreibmöbel spezialisierte. Letztere waren oft kombiniert mit Schreibtischen und vielen Schubladen und Fächern und dienten als Schaustücke für angewandte Marketerie, Einlege- und Metallarbeiten.

1577 stellte die Stadt Augsburg das Kön-

SCHRANK IN EICHE UND ESCHE, NACH EINEM ENTWURF VON PETER FLÖTNER, 1541 *(OBEN)*
Flötner war als Bildhauer, Zeichner, Holzschneider und Kabinettbauer tätig. Seine künstlerische Ausbildung erhielt er ziemlich sicher in Augsburg. Er gilt als einer der führenden Meister der deutschen Renaissance.

ZWEISTÖCKIGER HOCHZEITSSCHRANK IN EICHE UND AHORN, DEUTSCH, 1590 *(OBEN RECHTS)*
Im Gedenken an eine Heirat in der Familie Closen-Nothaft kündet dieses Kabinett neben den Einlegearbeiten von der starken Vorliebe für architektonische Formen.

nen ihrer Handwerker in aufsehenerregender Art unter Beweis, als sie Kaiser Rudolf II. einen von Thomas Rucker in Stahl ziselierten Stuhl (heute in Longford Castle, Wiltshire) zum Geschenk machte. Stühle für den Alltagsgebrauch waren weniger exotisch und gewöhnlich zwar kräftig, aber ohne Armlehnen gebaut. Den Komfort besorgten lose Kissen, die sich allerdings nicht leicht auf den zahlreichen Bänken, Schemeln und Klappstühlen italienischer Machart befestigen ließen, die sich überall in Europa durchgesetzt hatten. Die Stühle konnten einfach den großen Eßtischen (zumeist aufgebockte Platten) oder den vielen kleinen Ziertischen hinzugesellt werden, die in der Renaissance-Zeit allgemeine Verbreitung fanden. Die Gilden und Zünfte waren jedoch mehr mit der Herstellung prächtiger Ebenholzschränke mit eingelegten Edelsteinen befaßt, um die Kunst- oder Wunderkammern zu bestücken.

DIE NIEDERLANDE

Wie sich die deutschen Handwerksmeister in Augsburg und Nürnberg versammelten und so ihren Städten und Gilden zum Ruhm verhalfen, war in den Niederlanden Antwerpen der Ort, der schon bald einen internationalen Namen als Zentrum furnierter und bemalter Schränke erwarb. Diese Schränke waren aus Ebenholz oder Ebenholzfurnier gearbeitet, und die Maler spezialisierten sich auf Darstellungen mythologischer oder klassischer Szenen in den Paneelfeldern. Die Schränke wurden nach Frankreich, England, Holland, Österreich und Portugal exportiert. Abgesehen von diesen Prachtschöpfungen, erwiesen sich die Möbelbauer der nördlichen Niederlande – wo ein striktes Gildenregiment die einheimischen Stile förderte, Neuerungen aber eher hemmend entgegenwirkte – als Meister verschiedener

Schranktypen, unter anderem von Aussteuerschränken, einer Art Wandschrank, der zur Aufbewahrung der Wäsche diente. Die besten Exemplare haben von Karyatidensäulen flankierte Schnitzfiguren auf den Türfeldern. Die Einlegetechnik kam von Italien in die Niederlande, und Illusions- oder Trompe l'oeil-Perspektiven gehörten neben Vasen mit Blumen zu den Hauptmerkmalen der Dekoration.

Die Ausdehnung des Ideenguts der Renaissance auf die Niederlande scheint dem Italienbesuch des Malers Jan Gossaert, genannt Mabuse, im Jahr 1508 zu verdanken zu sein. Es waren jedoch die leicht erhältlichen Stiche von Leuten wie Cornelis Bos und dem Bildhauer Cornelis Floris (Cornelius de Vriendt), die den Fontainebleau/Italien-Typ von Grotesken und Riemenflechtwerk bis auf die Ebene der zahlreichen niederländischen Möbelwerkstätten durchsikkern ließen. Die Schirmherrn verlangten nach der flämischen Übersetzung von Sebastianos »4. Buch der Architektur« aus dem Jahr 1539 oder erwarben relevante Kupferstiche, die als Vorlage dienen konnten. Die Kunsthandwerker brauchten ihren Gilden nur klarzumachen, daß sie sich an die vorgeschriebene Arbeitsteilung hielten und die entsprechenden Hölzer und Furniere hatten, um die Darstellungen auf den Vorlagen ihrer Schirmherrn so weit möglich umsetzen zu können.

Die Stühle aus den Niederlanden bestanden gewöhnlich aus Nußbaum. Einige wenige waren aus Ebenholz, das außergewöhnlich fest und hart und, da man es dünner geschnitten verwenden konnte, auch kostengünstig war, obwohl es an sich zu den sehr teuren Hölzern zählte. Stuhlbeine hatten Vasenkonturen und die Lehnenpfosten endeten gewöhnlich in Löwenköpfen. Die niederländischen Sessel – gepolstert mit Leder, Samt oder Stoff,von großen Messingkopfnägeln gespannt – sagten sich von der italienischen und spanischen Bauweise los, zeigten aber dennoch deutliche Ähnlichkeiten, sogar die Armlehnen endeten in höchst eigenwillig geschnitzten Tierköpfen oder eng gerollten Voluten. Die Lehnenzungen wiesen deutlich architektonische Elemente auf, entweder durch die übereinandergelegten Bogen oder durch die Absetzung jeder Schnitzlage der Zunge vom Lehnenabschluß mittels einer Reihe von Balusterspindeln.

Die Tische waren im allgemeinen aus Eiche, und wenn weiteres Zierwerk erwünscht war, mit Ebenholz eingelegt. Einige hatten Ausziehplatten, so daß sich der Tisch auf die doppelte Länge erweitern ließ. Die Knollenbeine, die mit intarsierten Stegen verbunden waren, und die Flechtwerkstützen zwischen Fries und Beinen lehnten sich eng an die präzisen Bildvorlagen in Hans Vredeman des Vries's »Differents Pourtraicts de Menuiserie« (um 1580) an, das schon bald auch in Deutschland, England und Schweden erhältlich war. Der Kunde konnte sich dieses Buches bedienen und seinem Schreiner zeigen, was er brauchte.

SPANIEN UND PORTUGAL

Am Ende des 15. Jahrhunderts waren Spanien und Portugal beides wohlhabende Länder. Die Mauren waren 1492 endgültig vertrieben, in demselben Jahr war Amerika entdeckt worden und wurde nun ausgebeutet, damit waren Mexiko und Peru erobert. Zu Beginn des 16. Jahrhunderts erfreute Portugal sich eines blühenden Asienhandels und hatte seine Ländereien durch den Persischen Golf bis Goa und nach Siam und Japan ausgedehnt. Lissabon war die reichste Stadt Europas. Spanien hatte von der langen Herrschaft König Karls I. (Kaiser Karl V.) und Philips II. und deren Eroberungen profitiert. Künstlerische Aktivitäten hatten Hochblüte, als die spätgotischen und maurischen Einflüsse sich mit denen der italienischen Renaissance verbanden und den Anstoß gaben für den Gebrauch antiker Köpfe, Urnen, Cherubim, Masken, grotesker Figuren und Trophäen, die in Hochrelief geschnitzt wurden. Das beliebteste Holz war Walnußbaum, aber Kastanie, Pappel, Eiche, Orangenholz und Kiefer waren ebenfalls sehr verbreitet. Daneben waren exotische Arten wie Ebenholz, Rosenholz, Palisander und Mahagoni als Importe aus den überseeischen Kolonien vertreten. Reiche Vorräte an peruanischem

VARGUEÑO AUS NUSSBAUM MIT MARKETERIE, SPANISCH, ERSTE HÄLFTE DES 16. JAHRHUNDERTS
Die Reliefs sind aus Buchsbaum. Die geöffnete Klappfront enthüllt kleine Fächer und Schubladen mit Reliefs auf Samtgrund.

Silber von der Zeit um Mitte des 16. Jahrhunderts dienten für Möbelbeschläge wie Zierangeln oder Riegelschlösser.

Der spanische Beitrag zum Renaissance-Möbelstil bestand in verschiedenen Stuhltypen und dem aufklappbaren Schrank, der seit dem 19. Jahrhundert als Vargueño bekannt ist. Polsterungen fanden sich reichlich an robusten Stuhlsitzen, selten jedoch an dem zusammenklappbaren Hüftgelenkstuhl, der halbkreisförmig geschwungene, durch Stege verbundene Beine und geschwungene Armstützen hatte, die an einem rechteckigen Rücken befestigt waren. Gefärbtes Leder (Guadamecil) aus Cordoba kennzeichnete den Sillón de fraileros, den Mönchsstuhl, der von mittlerer Höhe war, vierkantige Beine mit Querstegen und ein durchbrochenes Frontbrett unter dem Sitz hatte, auf dem der Lederbezug mit großen Zierstiften befestigt war. Die beiden senkrechten Rückenpfosten, die mit Metallkugeln abschlossen, waren entweder ganz mit Leder oder Polster überzogen oder so, daß der Rahmen sichtbar blieb; schwer umsäumter Samt oder Brokat galt als akzeptabler Ledersatz. Allerdings schätzte man gerade die Stühle mit dem gefärbten und gerillten Leder im übrigen Europa als typisch spanische Erfindung.

Viele geläufige Formen des spanischen und portugiesischen Mobiliars waren aus den in Kirchensakristeien verwendeten Stücken entstanden, die Altarteller und Meßgewand beherbergten. Schränke, die hoch genug auf ihrem Ständer ruhten, daß man bequem in sie einsehen konnte, und mit Klappfronten, die auf Ausziehbügeln auflagen, erfreuten sich bald großer Beliebtheit. Bezeichnet wurden sie als Vargueños, ohne Klappfront als Papeleiras. Die große Zahl der Schubladen und der kleine Mittelschrank waren oft reich mit Holz- oder Elfenbeinintarsien auf einem Samtgrund verziert und wiesen mitunter architektonische Elemente wie Bogen, Säulen und Giebel in einer Umrandung von Relief-Porträtköpfen auf.

Die Möbel Portugals waren stark von französischen und spanischen Formen beeinflußt. Eine aktive Gruppe von Möbelherstellern und Drechslern war in Lissabon tätig. Diese Handwerker arbeiteten überwiegend mit Nußbaum, manchmal auch mit Kastanie. Der Einfluß aus Portugals Asienhandel förderte die Nachahmung lakkierter und vergoldeter Möbel. Der laufende Nachschub an Silber, Elfenbein, Perlmutt und Edelsteinen führte zu häufigen Einlegearbeiten in Ebenholz. Leider hat wenig von der Produktion des 16. Jahrhunderts die zerstörische Gewalt der Kriege und das große Erdbeben von 1755 überstanden.

Die Vereinigung von Spanien und Portugal unter Philip II. im Jahr 1580 hatte auf künstlerischem Gebiet zur Folge, daß, obwohl die frühsten Einflüsse der Renaissance aus Italien und Frankreich nach Portugal gekommen waren, der voll ausgeformte Stil allein von Spanien ausging.

Die Vorherrschaft der Gilden reichte sogar bis Mexiko, so daß die vereinten iberischen Einflüsse einen mexikanischen Möbelbauer der späten sechziger Jahre des 14. Jahrhunderts veranlassen konnten, einen Vargueño, einen intariserten Gelenkstuhl und ein gedrechseltes Bett und einen Tisch anzufertigen, ganz als ob er sein Handwerk in Toledo oder Lissabon ausüben würde.

GROSSBRITANNIEN

Die Zeit des Mittelalters hielt sich auf den britischen Inseln länger als irgendwo sonst in Europa, was nicht nur an deren Isolierung lag, sondern auch an dem natürlichen Konservatismus ihrer Einwohner.

Die Neoklassik, um 1525-75

1511 holte Henry VIII. den Florentiner Bildhauer Pietro Torrigiano (1472-1528) nach London, um das Grabmal seines Vaters für Westminster Abbey zu gestalten. Dieser Italiener und seine Landsleute und später der deutsche Maler Hans Holbein (1497/8-1543) brachten die ersten Einblikke in klassisch inspirierte Ornamentik einem breiteren englischen Publikum näher.

Diesen vereinzelten Arbeiten folgten die ersten Stich- und Druckvorlagen schnell hinterher und lieferten den englischen Handwerkern neuartige Modelle. Die architektonischen Musterbücher des Sebastiano Serlio (1475-1554) waren ins Flämische übersetzt und in England bereits Mitte des Jahrhundert erhältlich. Andere wie

Nachschöpfung eines kieferngetäfelten Zimmers im Schweizerischen Landesmuseum Zürich, frühes 17. Jh. *(rechts)* *Das mit einfacher Marketerie furnierte Bett geht seitlich über in einen kunstvollen dreistöckigen Schrank mit eingelassenem Bronzewaschbecken.*

Eichenlehnstuhl, um 1520-25 *(ganz rechts)* *Dieser vermutlich in London gebaute Stuhl ist ein Vertreter des höfischen Stils unter Henry VIII.*

»Das 1. Buch« von Hans Vredeman de Vries von 1505 folgte bald nach. 1540 waren einige klassische Motive wie die römischen Porträtfelder oder Groteskenornamente in enger Anlehnung an italienische Originale bereits oberflächlich an englischen Gebäuden, Holzbaukonstruktionen und Möbeln sichtbar geworden. Wenig später folgten die Säulenordnungen. Das Faltmusterpaneel blieb allerdings das ganze 16. Jahrhundert hindurch in Gebrauch und selbst die Schweifenden des gotischen Flechtwerks hielten sich halbherzig einige weitere Jahre.

Im Mittelalter hatten die Handwerksgilden sich im Laufe von drei Jahrhunderten zu einer wirksamen Struktur entwickelt, die Ausbildung, Fertigkeiten und Verhalten ihrer Mitglieder bestimmte und Preis und Qualität der Produkte regulierte. Mit der Reformation und der Auflösung der Klöster gerieten die Gilden in Aufruhr und fielen schließlich auseinander.

Dennoch arbeiteten die Handwerker selber weiter und der Markt bot zunehmende Möglichkeiten auf interessanten neuen Gebieten, was eine Folge der Bereicherung der herrschenden Klassen und der heranwachsenden wohlhabenden Mittelschicht aus Kaufleuten und Freibauern war. Für den Dienst an diesen neuen Herren organisierten sich die Handelsleute neu und empfingen unter Elizabeth I. und später James I. neue Privilegien. An Stelle der Gilden traten die neuen Handelsgesellschaften, was zur Vorherrschaft der Schreiner führte, die 1570 in London ihre Gesellschaft gründeten.

Das Zeitalter des Schreiners

In der zweiten Hälfte des 15. Jahrhunderts entwickelten sich in diesem Handwerk die Paneel-Rahmentechnik. Die Möbel bestanden aus einem kräftigen Rahmen aus verzapften Längs- und Querhölzern, deren Verbindungsfugen sicher mit Dübeln zusammenhielten.

Der von dem Rahmen definierte Raum konnte offen bleiben, wie es bei einer Reihe von leichten Stühlen, Tischen und Schemeln der Fall war, oder mit locker in Nuten oder Ausfalzungen gesetzten Eichenpaneelen gefüllt sein. Der endgültige technische Durchbruch erfolgte etwa 1540 mit der echten Gehrung, die den Rahmenbau wesentlich vereinfachte.

Obschon das Gros der aus dieser Epoche

Nussbaumtisch, 1560-1600 *(oben)*
Die Seehund-Ständer beruhen auf Entwürfen von Jacques Androuet DuCerceau. Vermutlich handelt es sich um eine Anfertigung für den englischen Königshaushalt.

Eschenlehnstuhl, 16. Jahrhundert *(oben links)*
Dieser Stuhl wurde von einem Drechsler in Anlehnung an mittelalterliche Stilformen, die sich bis ins 18. Jahrhundert hielten, gebaut.

Schemel aus Rosenholz und Paduk mit Walnusssitz um 1580 *(links)*
Möglicherweise eine Anfertigung für das elisabethanische Haus in Chatsworth, bot dieser Schemel das Neueste an exotischen Importhölzern.

überkommenen Möbel aus Eiche besteht, wurde von den reicheren Familien neben einer Anzahl anderer heimischer Harthölzer besonders Nußbaum bevorzugt. Weichhölzer waren bis auf die heimische Eibe, die hoch im Kurs stand, im England des 16. Jahrhunderts weniger verbreitet als im übrigen Europa.

Der technische Fortschritt der Möbelschreinerei erreichte Mitte des 16. Jahrhunderts seinen Höhepunkt. 1575 waren alle Formen und Techniken entwickelt, die den englischen Möbelbau für das nächste Jahrhundert bestimmen sollten. Abgesehen von der Schwalbenschwanzverzinkung, bezogen sich die späteren Entwicklungen fast nur noch auf stilistische Elemente.

SCHRANKKOMMODE AUS EICHE, um 1588 *(LINKS)* *Arbeit eines deutschen Immigranten für den Londoner Ratsherrn Hugh Offley.*

HÖFISCHE EICHENKREDENZ, 1606 *(UNTEN LINKS)* *Sie stammt vermutlich aus Exeter und ist mit Schildern verziert, die königliche Abzeichen zeigen.*

DEKORATION

Um das Grundhandwerk herum entstanden ganze Berufszweige, die sich spezialisierten und den Schreinern zuarbeiteten, etwa die Dreher, Intarsiatoren, Maler-Beizer, Schmiede, Messinggießer und Polsterer.

Gedrechselte Verzierungen wurden zum häufigsten Ausdrucksmerkmal der Möbelschreinerei. Gedrehte Baluster tauchten erstmals 1535 an der von italienischen Handwerkern geschaffenen Trennwand in der Kapelle des King's College in Cambridge auf, aber seine prägende Stellung nahm der gedrechselte Dekor erst ab 1560 ein. Seitdem waren bei der Mehrzahl der Möbel mit offenen Rahmengestellen die Beine und die anderen Stützstreben aus massiven Teilen gedreht, oft in einfacher Säulen- oder Balusterform der klassischen Architektur.

Trotz dieser Entwicklung blieb die Bedeutung des Schnitzdekors unangetastet. Im Mittelalter wurden Möbel und ähnliches Holzwerk meist bemalt, aus Liebe zur Farbe ebenso wie zum Schutz.

Im 16. Jahrhundert erlebte England die Einführung der Intarsie mit einer begrenzten Palette dunkler und heller Hölzer und grünen oder roten Beiztönen. Intarsierte Paneele und Querfriese in guter Qualität kamen an elisabethanischen Möbeln recht sparsam und im folgenden Jahrhundert kräftiger an den typischen Stücken aus dem Norden Englands vor.

Kunstvolle Beschläge waren für englische Möbel relativ selten. Die einzigen Ausnahmen bildeten wohl die reich skulpturierten und emaillierten Bronzekronen einiger Polstersessel.

Lose Kissen wurden für Stühle und Bänke seit frühester Zeit benutzt, aber Polstermöbel, zuerst in Form ausgepolsterter Sitze, wurden im 16. Jahrhundert entwickelt. Die Polsterer kauften die Stuhlgestelle meist von den ortsansässigen Schreinern und bezogen sie in eigenen Werkstätten mit türkischen Stoffen und Stickereien, Leder, Samten und anderen kostbaren Geweben.

DER MANIERISMUS

Während des 16. Jahrhunderts breiteten sich die englischen Eroberer und Kaufleute ähnlich wie die Holländer, Spanier und Portugiesen in der ganzen bekannten Welt aus und knüpften Kontakte in Rußland, der Türkei, Indien, Japan, China und Amerika. Immer auf der Suche nach Neuheiten wurde London zum Durchgangstor für eine riesige Woge faszinierender neuer Produkte. Seltene exotische Hölzer wie Paduk, Rosenholz, Ebenholz, Mahagoni und Guajak wurden gelegentlich für Einlegearbeiten und manchmal sogar massiv verwendet. In stilistischer Hinsicht ließ sich die englische Möbelkultur jedoch nur vom Orient beeinflussen, in erster Linie von den chinesischen und japanischen Lackwaren.

Neugewonnene Stabilität, Einigkeit und Unternehmungsgeist feuerten die Elisabethaner an, der Welt die Zähne zu zeigen, Handel zu treiben oder wenn sich Gelegenheit dazu bot, zu plündern. Diese ungezähmte Lebenskraft blühte auch in Künsten wie Literatur, Musik, Architektur, Innenausstattung und Konversation auf. Die Aristokratie steckte ihre Ressourcen in die Gründung neuer Landsitze, wo entweder nach den letzten Plänen neue Häuser errichtet oder alte Klosteranlagen umgebaut wurden. Gesichtspunkte wie Komfort, Privatsphäre und sogar Effizienz begannen Grundrisse und Ausstattungen der Bauten mitzubestimmen.

Die Wertschätzung von Komfort und Stil sickerte auch in die unteren Gesellschaftsschichten. Nicht nur Edelleute, sondern auch Freibauern, Händler und Handwerker konnten ihre Häuser mit kostbaren (oder zumindest gediegenen) Möbeln und Zubehör ausstatten.

Die Konzentration der Möbelherstellung in Provinzzentren wie Norwich, York, Bristol und Exeter führte schnell zu einer Polarisierung. Die Schreiner kamen den Vorlieben und Bedürfnissen des lokalen Marktes nach, so daß sich im scharfen Kontrast zu dem Internationalismus des Patriziermarktes bald ein deutliches Muster regionaler Stilrichtungen abzeichnete.

Auf einer etwas vornehmeren Ebene folgten die kleinstädtischen Kaufleute den Trends aus London. Als Hauptströmung schlug sich in der Architektur und Inneneinrichtung der Manierismus nieder, für den Musterbücher die Vorlagen boten. Eine Anzahl dieser in Frankreich, Flandern und Deutschland veröffentlichten Werke, u. a. die von Jacques Androuet DuCerceau d. Ä. und Hans Vredeman de Vries, wurden jetzt den englischen Schnitzern zugänglich.

Form und Symbolismus

Die meisten Möbelstücke des Mittelalters nahmen in ihrer statischen Funktion oft vereinfachte Form an, so daß sie mehrere Aufgaben erfüllen konnten. Truhen dienten auch als Tisch oder Bett, und Sitzmöbel hatten vielfach Kastensockel für Aufbewahrungszwecke.

Im 16. Jahrhundert nahm die Beweglichkeit zu. Der alte kastenförmige Herrenstuhl, der auf einem Tischpodium seinen festen Platz hatte, wurde durch leichtere Armstühle mit offenen Rahmen ersetzt, die sich ohne viel Aufwand im Zimmer oder, falls erforderlich, auch im ganzen Haus umstellen ließen. Das Rückenpaneel eines Armstuhls bot den besten Platz für ansehnliche Dekorationen, oft in Form des Familienwappens oder einer Kartusche.

EICHEN-BALDACHINBETT, um 1580
Das bei Shakespeare erwähnte große Prachtbett ist ein Wunderwerk englischer Möbelkunst. Vermutlich wurde es von einem deutschen Einwanderer in London oder Southwark für einen reichen Londoner Kunden gefertigt.

Gedrechselte Stühle blieben weiterhin in Gebrauch, unter anderm ein Stuhltyp ohne Arme, aber mit Rücken. Geschreinert wurden diese erst gegen Ende des 16. Jahrhunderts, und schon die ersten von Schreinern gefertigten Modelle waren vermutlich als Polsterstühle geplant. Das gewöhnliche Sitzmöbel für Einzelpersonen war der lehnenlose Stuhl oder Schemel, der in verlängerter Form zur Bank wurde.

Lange Eßtische gab es noch, sie waren aber meist nicht mehr auf beweglichen Böcken, sondern auf gediegenen Rahmengestellen befestigt. Eine Neuentwicklung war der Ausziehtisch mit zusätzlichen Platten unter der Tischfläche, die sich im Bedarfsfall herausziehen ließen.

Zu den Tischen gesellten sich passende Stuhl- oder Bankgruppen, mit einem Armstuhl für den Hausherrn und manchmal auch für seine Frau. Die großen Tafeln wurden um zahlreiche kleine Beistelltische erweitert, die speziellen Aufgaben wie Austernessen vorbehalten waren.

Die Aufbewahrung stellte in jedem geschäftigen Haushalt ein Problem dar, das die Entwicklung von mit Türen verschließbaren Möbeln förderte. Ältere Bezeichnungen wie Aumbry, Press oder Locker lassen sich alle unter dem Begriff Schrank zusammenfassen. Ein Merkmal des Familienzimmers war der große Wäscheschrank, der im Wettstreit mit dem Kamin und dem oft kunstvollen Kaminaufsatz den Mittelpunkt der Einrichtung bildete. Vom europäischen Festland kam die Idee der Vitrine oder Kredenz, die man auf einen Tisch stellte.

Truhen mit Deckel waren immer noch bei weitem das üblichste Behältnis für Haushaltsartikel, von Wäsche und Kleidung bis zu Dokumenten und Büchern. Fast jedes Inventar zählte Truhen, Koffer oder Kisten aller Art und Größe auf, besonders in Schlafzimmern. Die Abgrenzung der Begriffe bleibt unklar, auch wenn einem zeitgenössischen Autoren zufolge Truhen im allgemeinen flache Deckel hatten und Koffer oder Kisten dagegen gewölbte Deckelformen. Das wichtigste und kostbarste Möbelstück war das Bett, dessen Wert oft eher in den reichen Vorhängen, Volants, Bezügen und Drapierungen als in der hölzernen Bettstatt selbst bestand.

Der Barock

Die Zeit des Barocks begann Anfang des 17. Jahrhunderts im südlichen Europa und datierte in Nordeuropa bis ins erste Drittel des 18. Jahrhunderts. Wenn man die Künste dieser Epoche untersucht, muß man zwei Aspekte in Betracht ziehen, die im Europa des 17. Jahrhunderts wirksam waren. Erstens gab es einen umfangreichen und komplizierten Handel an exotischen und Luxuswaren aus dem Fernen Osten und den von den europäischen Mächten in Amerika und Afrika gegründeten Kolonien. Als zweites verlor die römisch-katholische Kirche in dieser Zeit an Macht, während sich die Idee des souveränen Staats und der absoluten Monarchie durchsetzte.

Im 17. Jahrhundert diente die Kunst oft nur dem einen Zweck, das Prestige eines Papstes oder Monarchen zu erhöhen, in geringerem Maße allerdings in den Ländern des Nordens, wo bereits eine feste Schicht von Kaufleuten und eine mächtige Aristokratie etabliert waren, insbesondere in den Niederlanden und England, wo Kunst und Luxusobjekte sich an den wohlhabenden Privatbürger richteten.

Die Barock-Möbel haben viele Züge mit der Architektur und Malerei des Barocks gemeinsam, besonders die Vorliebe fürs Theatralische und die starken Hell-Dunkel-Kontraste. Die betont skulpturelle Prägung der italienischen Möbel stand in demselben Verhältnis zu den leiseren und naturalistischeren Schnitzereien der holländischen Barock-Möbel wie die kraftvoll lebendigen Gemälde von Caravaggio als Vertreter des südlichen Barock zu dem leiseren Stil eines Rembrandt mit seinem größeren Interesse für den Realismus. Mit der Architektur teilen die Möbel des Barocks ihre Vorliebe für Textur- und Formkontraste, wie an den aus einer Vielfalt exotischer Materialien kombinierten Vitrinenschränken jener Zeit sichtbar wird.

Nussbaumfurniertes Ständerkabinett, um 1675

Sämtliche inneren Sichtflächen von Schubladen und Türen sind mit Stickereien konventioneller Motive bespannt.

SPANIEN UND PORTUGAL

Anfang des 17. Jahrhunderts war Spanien noch die mächtigste Nation Europas, aber das änderte sich mit der schwindenden Bevölkerungsgröße und dem ebenfalls sinkenden Pro-Kopf-Besitz. Bis zum Ende des 17. Jahrhunderts hatte die spanische Möbelherstellung viel von ihrer Vitalität eingebüßt. Die Handwerker wandten sich daher zunehmend zuerst nach Portugal und dann auch dem anglo-niederländischen und französischen Bereich zu. Der Einfluß portugiesischer Möbel dehnte sich über Spanien weiter nach Holland und England aus, den zwei hauptsächlichen Handelspartnern Portugals zu dieser Zeit.

José Churriguera (gest. 1725) gilt als Vertreter der einen Hauptrichtung iberischer Möbelherstellung, die andere vertritt Francisco de Herrera (1622-85), auch wenn keinem von beiden mit Sicherheit ein bestimmtes Möbelstück zugeschrieben werden kann. Churriguera war Architekt und Zeichner, dessen Stil menschlich-figürliche Darstellung und architektonische sowie rein ornamentale Elemente kombinierte. Die Ergebnisse des churrigueresken Stils waren oft fantastisch. De Herrera war ein erfolgreicher Maler, Architekt und Zeichner, der vielleicht mit dem Architekten von Philip II., Juan de Herrera, verwandt war.

Im 16. Jahrhundert hatten spanische Möbel das übrige Europa stark beeinflußt; viele der in dieser Zeit entwickelten Formen setzten sich im 17. Jahrhundert fort. Verallgemeinert gesprochen, war das spanische Mobiliar frontal und formell, und die Grundformen von Tisch, Stuhl und Kommode hatten sich seit ihrer Einführung im Mittelalter wenig geändert. Dekorationen waren überwiegend abstrakt, was dem dauerhaften Einfluß der maurischen Kultur zu verdanken ist. Verflochtene, nichtbildliche Darstellungen machen die übliche Ornamentik aus. Zudem waren die spanischen Möbel seit Anbeginn stets in Beziehung zu den Räumen, in denen sie standen, entworfen und gestaltet worden. Während des 16. Jahrhunderts kam die Idee auf, Wandtische und Ständerkabinette ebenso wie Stühle an

NUSSBAUM-VARGUEÑO, FRÜHES 17. JH.
Dieser spanische Vargueño hat in Knochen gearbeitete Schubfächer und architektonische Ornamente.

genau definierten Positionen im Zimmer aufzustellen, so daß sie den Raum strukturierten. Dieses Konzept sollte bei der Gestaltung und Funktion europäischer Barock-Möbel eine zentrale Rolle spielen. Das formelle Element spanischer Interieurs wurde durch die höfische Mode der schwarzen Kleider mit weißen Kontrasten noch unterstrichen. Die Kombination von Schwarz und Weiß dehnte sich während des 17. Jahrhunderts über ganz Europa aus.

Die kleinen, tragbaren Dokumentenkästen früherer Epochen wurden Anfang des 17. Jahrhunderts noch einige Jahre lang hergestellt. Zu anderen Kastenmöbeln zählte der Reliquienschrein, der gewöhnlich reich mit architektonischen Motiven und kostbaren Materialien verziert war.

Buffetschränke entstanden als Weiterentwicklung der mittelalterlichen Truhe und waren rechteckig, meist mit geschnitzten geometrischen Paneelen verziert. Sie waren meist aus Eiche und hatten mit ihren Türen und Eisenbeschlägen mehr funktionalen Charakter.

Das Ständerkabinett, seit dem 19. Jahrhundert als Vargueño bezeichnet, ist einer der Hauptbeiträge Spaniens zur europäischen Möbelgeschichte. Man konnte es entweder auf einen geschnitzten Ständer oder auf ein anderes Kastenmöbel stellen. Im 16. Jahrhundert galt der Vargueño als Luxusgegenstand, er verbreitete sich während der Barock-Zeit jedoch allgemein. Im 17. Jahrhundert wurden diese Kommoden aus Holz, überwiegend aus Nußbaum, hergestellt. Viele Exemplare hatten dekorativ durchbrochene Metallbeschläge außen an der Vorderseite und eine Reihe kleiner Schubladen, die mit Schnitzerei in Knochen, Elfenbein oder Hartholz verziert waren. Frühe Schränke des 17. Jahrhunderts neigten zu mehr abstrakter Verzierung, während später architektonische Motive wie gebrochene Giebel, Balustraden und barocke Spiralsäulen vorherrschten. In der zweiten Hälfte des 17. Jahrhunderts wandten sich die spanischen Schrankbauer als Reaktion auf die Entwicklung in Nordeuropa Furniertechniken mit Elfenbein und Schildpatt zu.

Der spanische Brauch, als Bestandteil der Einrichtung einen länglichen Wandtisch aufzustellen, führte im Barock zur Entwicklung des europäischen Konsoltisches, der sich bis weit ins 19. Jahrhundert hielt. Zahlreiche Beispiele spanischer Wandtische mit gedrehten Beinen und stark geschwungenen Eisenstegen, die die Querstreben zwischen Vorder- und Hinterbeinen verbanden, sind erhalten. Bei vielen scheint es sich um Klapptische und daher Zweckmöbel gehandelt zu haben, die man zusammen mit den Vargueños nach Bedarf aufstellte. Sie bestanden aus Eiche, Nußbaum oder Kastanie. Ein solches Exemplar, das sich heute im Victoria and Albert Museum in London befindet, stammt aus dem letzten Viertel des 17. Jahrhunderts und ist bemerkenswert wegen seiner aufgemalten Dekoration in Form von farbiger und vergoldeter Chinoiserie, die auf den Einfluß der orientalischen Lackkunst hinweist. Den ausgeprägten Ornamenten nach zu urteilen, war dieser Tisch vermutlich auf eine bestimmte Inneneinrichtung abgestimmt.

Ein andere Art von Wandtisch, die für das Spanien des 17. Jahrhunderts typisch war, stand entweder auf ausdrucksvoll geschnitzten Böcken an jedem Ende oder auf vier gedrehten und mit Stegen verbundenen

KLAPPTISCH MIT EISENSTEGEN, SPÄTES 17. JAHRHUNDERT *(LINKS)* *Die Chinoiserien dieses spanischen Tisches imitieren orientalische Lackarbeiten.*

KASTANIENSTUHL, um 1675 *(RECHTS)* *Dieser spanische Stuhl im portugiesischen Stil mit Sitz und Rücken in geprägtem Leder inspirierte gegen Ende des Jahrhunderts englische und holländische Sitzmöbel.*

Beinen, während die Platte langgestreckt war und überstand. Oft gehörten auch zwei geräumige Schubladen mit passenden Metallgriffen dazu, deren Vorderseiten mit abstrakten Schnitzereien in Form von manieristischem Flechtwerk verziert waren. Der fortgesetzte Gebrauch manieristischer Ornamente an Barock-Möbeln, der sich in allen Ländern Europas fand, war in Nordeuropa und auf der iberischen Halbinsel besonders ausgeprägt.

Der typisch spanische Stuhl des frühen 17. Jahrhunderts war streng und frontal im Aufbau, mit vierkantigen oder blockförmigen Senkrechten und Horizontalen und einfachem Lederbezug als Sitz und Lehne. Beispiele dieses manchmal als Mönchsstuhl bezeichneten Möbels finden sich auf verschiedenen spanischen Barock-Gemälden. Eine spätere verfeinerte Stuhlform war direkt von Portugal beeinflußt. Die Rückenlehne, als volutenumranktes Medaillon oder Kartusche gestaltet, war vom Sitz abgesetzt. Bei diesen Stühlen aus Kastanie oder Nußbaum waren Sitz und Lehne häufig aus geprägtem Leder, das meist aus Cordoba kam, das für seine maurischen Lederwaren berühmt ist.

Später in diesem Jahrhundert kamen volutenförmige oder leicht geschwungene Armlehnen französischen Stils in Mode, während durchbrochene Vorderstege mit Voluten und Blattschnitzerei dem portugiesischen Kronendekor entlehnt waren. Der alte Stil der spanischen und portugiesischen Beine mit gedrechselter Verzierung und spiraliger Säule wurde durch Block- und Balusterformen ersetzt. Bis zum Ende des Jahrhunderts nahm der Einfluß der iberischen Halbinsel auf Euopa allmählich zugunsten neuen dekorativen Formenguts aus den Niederlanden und Frankreich ab.

Der Contador, das portugiesische Ständerkabinett, bestand aus einem senkrechten rechteckigen Schrankteil auf einem Ständer, der viele Beine haben konnte und entweder zum Kabinett gehörte oder nicht. Kunstvolle Contadores mit vielen kleinen, verschließbaren Schubfächern entstanden in der zweiten Hälfte des 17. Jahrhunderts. Die Vorderseiten waren oft mit einem bestimmten Riffelmotiv, dem Tremido, beschnitzt. Der Contador wurde aus Eben- oder Rosenholz gebaut. Die Beine hatten die Form einfacher Spiralsäulen mit gelegentlich tellerartigen Profile an den Beinen und Querstegen, ein Dekorationstyp, der sich später in Spanien verbreitete.

Wandtische aus Rosenholz wurden in Anlehnung an spanische Modelle auch in Goa, Brasilien und Portugal selber gebaut. Beine und Stege hatten Kugel- und Tellerformen, die auf der Drehbank entstanden. Portugiesische Handwerker stellten wunderbare Drechselarbeiten her, die im 17. Jahrhundert die Betten schmückten. Ein bedeutendes Beispiel für den portugiesischen Bettyp, das vermutlich von portugiesischen Handwerkern in Spanien hergestellt wurde, befindet sich heute im Museo de Artes Decorativas in Madrid.

Portugal unterhielt schon lange Handelsbeziehungen mit dem Osten; eine Reihe faszinierender Möbelstücke des 17. Jahrhunderts kam daher aus Goa. Die dort gebauten Ebenholzstühle standen in Europa hoch im Kurs. Ebenholz war ein Luxusmaterial, das aus tropischen Ländern entweder roh oder in Form von Möbeln nach Europa eingeführt wurde, hergestellt in Kolonien wie Goa, wo es geschulte Handwerker gab. Das von Natur aus dunkle Ebenholz paßte gut zur der barocken Vorliebe für dramatische Hell-Dunkel-Kontraste. Als ausgesprochen hartes Holz kann Ebenholz auf Hochglanz poliert werden und ist sehr haltbar. So hat eine überraschend große Zahl solcher Möbel überdauert, die allerdings schwer genau zu datieren sind. Wegen seiner Härte wurde Ebenholz meist in Flachrelief in zierlichen geometrischen Rapportmustern geschnitzt, die den östlichen Einfluß spiegeln. Typisch für die Stühle aus Goa sind die spiraligen Säulenbeine mit ihren Stegverbindungen.

Ein Kennzeichen portugiesischer Möbel waren die sorgfältig arrangierten und reichen Reben- und Blattrankenschnitzereien (die an den Sitzfriesen goanesischer Stühle auftauchten).

EBENHOLZ-STÄNDERKABINETT, um 1675 *(LINKS)* *Mit ebeniertem Holz, Pietra-dura-Paneelen und Achatsäulen war dieses portugiesische Stück von zeitgenössischen italienischen Vorbildern beeinflußt. Möglicherweise waren die Paneele sogar aus Italien importiert.*

EBENHOLZSTUHL, ZWEITE HÄLFTE DES 17. JAHRHUNDERTS *(GANZ LINKS)* *Beine und Schnitzwerk dieses indo-portugiesischen Stuhls demonstrieren die abstrakte, östliche Wiedergabe portugiesischer Formen.*

Eine Schule für stilisierte, aber lebendige Blattschnitzerei entstand in Nordportugal. Am oberen Lehnenabschluß bildeten diese Ranken eine abgerundete Pyramidenform, die oft als Krone oder Bekrönung bezeichnet wurde und gewöhnlich das Familienwappen inkorporierte. Bekrönung und Blattranken sind zwei Merkmale portugiesischer Möbel, die die Holländer und Briten im 17. Jahrhundert übernahmen.

DIE NIEDERLANDE

Im Jahr 1581 erklärten die sieben Vereinigten Provinzen der Niederlande – die protestantischen – ihre Unabhängigkeit von Spanien. Die zehn Südprovinzen blieben unter spanischer Verwaltung. Im südlichen Teil lag Antwerpen, das im 17. Jahrhundert seinen blühenden Exporthandel mit Kunstgegenständen und Luxusgütern fortsetzte. Hierzu gehörten auch prächtige, repräsentative Möbel aus exotischen Materialien aus Afrika und Asien. Im Laufe der Zeit wurde Antwerpen an Bedeutung durch Amsterdam ersetzt, das in der zweiten Hälfte des 17. Jahrhunderts zur wichtigsten Hafenstadt in Europa und zum Mittelpunkt des Welthandels wurde.

Gegen Mitte des 17. Jahrhunderts hatten sich die Niederlande in der Möbelherstellung einen Namen gemacht. Um 1640 war besonders Antwerpen für seine prunkvollen, mit Ebenholz- und Schildpatt furnierten Schränke berühmt, die in alle Teile Europas gingen. Furnierung und Marketerie waren die Markenzeichen der niederländischen Handwerker, und gegen Ende des Jahrhunderts produzierten holländische Schrankbauer in Amsterdam die spektakulärsten Exemplare bildlicher Floralmarketerie.

DIE SPANISCHEN NIEDERLANDE

In Antwerpen war die Herstellung von Barock-Schränken als Paradestücke reicher Haushalte mittlerweile eine Großindustrie geworden. Vordem hatten die Handwerker kleine Kastenkabinette aus gewöhnlichen Hölzern wie Eiche und Kiefer mit luxuriösem Furnier aus importiertem Ebenholz verschönert. Frühe Exemplare (um 1620)

bezeichnete man gelegentlich als Tischkabinette, da sie auf separate Tische oder Ständer gestellt wurden. Derartige Kabinette hatten meist zwei Türen, die im aufgeklappten Zustand prächtig verzierte Schubladen oder Fächer enthüllten.

Bis zur Mitte des Jahrhunderts waren diese in Antwerpen gebauten Tischkabinette zu spektakulären Ständerkabinetten herangewachsen, furniert mit Ebenholz und Schildpatt und oft ohne Türen, die die verschwenderische Dekoration der Vorderfront verdecken konnten. Türen kamen an Kabinetten dieser Art immer seltener vor.

Bei vielen der Antwerpener Kabinette waren die Schubladen vorn mit großen, konvexen Ovalen, den sogenannten »Bossen«, verziert, ein Dekormotiv aus dem Manierismus.

Viele flämische Kabinette aus den vierziger und fünfziger Jahren des 15. Jahrhunderts hatten sechsbeinige Ständer aus ebeniertem Holz (durch Schwarzfärben auf Ebenholz getrimmtes Holz). Ein offener, rechteckiger Steg verstärkte die Beine, die in Kugel- oder Rundfüßen endeten. Spätere Exemplare aus den sechziger Jahren haben geschnitzte Ständer mit Karyatiden oder Stützfiguren, die teilweise oder ganz vergoldet waren. Die Vergoldung konnte den für Barock-Möbel so kennzeichnenden Hell-Dunkel-Kontrast noch verstärken.

Ein spektakuläres Beispiel dieses späteren Antwerpener Modells, heute im Rijksmuseum, Ansterdam, hat einen Traggestell mit vier geschnitzten und teilvergoldeten Negersklaven als Stützfiguren. Der Sklavenhandel war einer der unerfreulichen Aspekte des damaligen Lebens, und die Mohren tauchten häufig an Möbeln wie Ebenholzschränken oder ebenierten und vergoldeten Torchères auf.

Prunkvolle Tische entstanden gegen Mitte des 17. Jahrhunderts aus Antwerpen. An vielen waren nur drei Seiten mit Dekor geschmückt, da die vierte gegen die Wand gestellt wurde. Einige Exemplare waren äußerst farbenprächtig mit Einlegearbeiten

STÄNDERKABINETT IN SCHILDPATT UND EBENHOLZ, MITTE 17. JAHRHUNDERT *(OBEN)*

EBENHOLZ-TISCHKABINETT, um 1625 *(GANZ OBEN LINKS)*
Dieses Antwerpener Kabinett besteht aus Ebenholzfurnier, ebeniertem Holz und Paneelen in Öl mit Szenen aus dem Leben Cupidos.

MOHRENSTÄNDER (BLACKMOOR), ANTWERPEN, um 1650 *(OBEN LINKS)*

aus Elfenbein, Ebenholz und anderem Holz in rotem Schildpattfurnier verziert. Tische diesen Typs bringt man mit dem in Flandern geborenen Schrankbauer Leonardo Van der Vinne (Schaffenszeit 1662-93) in Verbindung, der zwischen 1667 und 1693 Marketier in der großherzoglichen Werkstatt der Familie Medici in Florenz war.

Für den Alltagsgebrauch waren Tische aus geschnitzter Eiche üblich. Ausziehtische mit Zusatzplatten waren sehr beliebt, da man die Tischfläche bei Bedarf vergrößern konnte. Sie sind zusammen mit anderen praktischen Möbelstücken auf Stichen von Crispin de Passe, dem Sohn eines Utrechter Schrankmachers desselben Namens, abgebildet. Die Beine waren mitunter stark ausgebaucht und mit einem offenen Längssteg verbunden. Ein Tisch diesen Typs mit manieristischen Schale-und Dekkel-Ständern und geschnitztem Flechtwerk ist im Haus von Peter Paul Rubens in Antwerpen zu sehen. Einfach geschreinerte Holzmöbel, wie sie in vielen bescheidenen niederländischen Haushalten vorkamen, sind vielfach auf den Gemälden von Künstlern wie zum Beispiel Jan Steen zu sehen.

mit bemerkenswerten Blumenstilleben in Marketerie aus. Ein hervorragendes Marketerie-Ständerkabinett im Rijksmuseum wird Jan van Mekeren (Schaffenszeit 1690-1735) zugeschrieben, der als Kunsthandwerker gegen Ende des 17. Jahrhunderts in Amsterdam ein blühendes Geschäft unterhielt. Wenigstens drei weitere Kabinette mit Blumenmarketerie hält man für seine Arbeit. Wie die Firma Forchont (auch als

entstand ein mehr holländisch geprägter Tisch mit reichem, naturalistischen Schnitzwerk. Einen Entwurf für einen Tisch mit Beinen in ausladender Volutenform veröffentlichte Crispin de Passe d.J. bereits 1642, der allerdings lange nicht so reichhaltig geschnitzt ist wie das Exemplar (um 1680) im Rijksmuseum. Die markante Schnitzerei holländischen Stils schlug sich in England in den sehr fein detaillierten Arbeiten des

NUSSBAUMTISCH, um 1640 *(LINKS)*
Mit schlichten Säulenbeinen und Kugelfüßen war dieser flämische Tisch ein Vorbild für französische Tische dieser Zeit.

DIE VEREINIGTEN PROVINZEN

Unter den Entwürfen von Crispin de Passe d.J. fand sich ein Schrank, der mitunter als Utrecht-Kabinett bezeichnet wurde. De Passe hatte mit seinem Vater in Utrecht gearbeitet, bevor er 1639 nach Amsterdam übersiedelte. Der Name Utrecht-Kabinett ist vielleicht ein Hinweis darauf. Er hat eine senkrechte Form, mit angesetzten Säulen, erhabenen Paneelen oder Bossen auf den Schubladen und runde oder zwiebelförmige Füße. Gewöhnlich bestanden diese Kabinette aus Rosenholz und Ebenholzfurnier und hatten drei große waagerechte Schubladen. Ein ähnlicher Typ war mit zwei großen, in Angeln sitzenden Türen ausgestattet, die sich aufklappen ließen. Oft wurde blau-weiße Keramik auf dem oberen Rand ausgestellt. Die Kabinette dienten vermutlich der Aufbewahrung von Wäsche und Haushaltstextilien.

Die holländischen Handwerker drückten ihre heimatlichen Faszination an der Natur

Fourchoudt bekannt) zuvor Schildpatt- und Ebenholzkabinette von Antwerpen exportiert hatte, gingen nun die Blumenmarketerie-Kabinette von van Mekeren in die übrigen Länder Europas. Die Holländer sammelten auch Antwerpen-Kabinette, wie eine von Hieronymus Jansen gemalte Einrichtung beweist.

Blumenmarketerie war aber nicht nur Kabinetten vorbehalten. Möbelgarnituren im französischen Stil bestanden aus Wandtischen mit zwei seitlichen Torchères, die ebenfalls in Floralmarketerie verziert waren. Ein kunstvoll dekorierter Wandtisch (um 1680) mit Floralmotiven in Rosenholzfurnier steht im Victoria and Albert Museum, London. Die Beine sind balusterförmig im Louis-XIV.-Stil mit in Holz geschnitzten und teils vergoldeten Quastenformen gearbeitet. Das auffallendste ist jedoch die Schwarz-weiß-Einfassung aus ebeniertem Holz und Elfenbein in klassischem Eierstabmuster. Zur gleichen Zeit

HOLLÄNDISCHE HAUSSZENE, PIETER DE HOOCH ZUGESCHRIEBEN, um 1660-70 *(OBEN)*
Bemerkenswert die Verwendung des Orientteppichs sowie der Stuhl und das Utrecht-Kabinett.

MARKETERIE-STÄNDERKABINETT, JAN VAN MEKEREN ZUGESCHRIEBEN, um 1690 *(LINKS)* *Van Mekerens Amsterdamer Werkstatt erzeugte Blumenmarketerien von außergewöhnlicher Qualität.*

NUSSBAUMSTUHL, um 1690 *(RECHTS)* *Die reiche Schnitzerei an diesem holländischen Stuhl läßt auf eine bedeutende Auftragsarbeit schließen. Die verlängerte Lehne mit durchbrochenem Rankenwerk und Bekrönung zeugt von Stil Daniel Marots.*

berühmten Grinling Gibbons (1648-1721) nieder, der selber in Rotterdam geboren war, und später in den Arbeiten seiner Nachahmer.

Eine Vielfalt von Sitzmöbeln fand im Alltag Gebrauch, unter anderem auch die einfach geschreinerten Schemel und Stühle mit Rückenlehne. Sie sind auf zeitgenössischen Gemäldern der holländischen Meister zu sehen, gewöhnlich mit glatten Gerblederbezügen auf dem Sitz und einem Lederband in der Rückenlehne. Dank des portugiesischen Einflusses kamen in den sechziger und siebziger Jahren des 15. Jahrhunderts auch in den Niederlanden die neuen Stühle mit Medaillonrücken ebenso in Mode wie der Gebrauch von exotischen Hölzern wie Rosen- und Ebenholz.

Prunkvollere Sitz- und Schrankmöbel entstanden im letzten Viertel des 17. Jahrhunderts nach der Ankunft des Hugenotten Daniel Marot (um 1663-1752), der nach der Widerrufung des Edikts von Nantes 1685 in die Vereinigten Provinzen übersiedelte. Marot war ein Neffe des französischen Hofschreiners Pierre Golle (Schaffenszeit 1644-84) und brachte den französischen Hofstil der siebziger Jahre nach Nordeuropa. Er arbeitete für den Prinzen von Oranien und seine englische Frau Mary sowohl vor als auch nach deren Thronbesteigung, und war eine Weile in England, bevor er sich in den Vereinigten Provinzen niederließ. Marot war konservativ und ließ sich nie auf das Rokoko ein.

Der neue Stil der von Daniel Marot geprägten Sitzmöbel wird an einer Stuhlgarnitur aus Nußbaum mit reich geschnitzten hohen Rückenlehnen aus der Zeit um 1690 deutlich. Die Dekoration eines dieser Stühle, heute im Victoria and Albert Museum, bediente sich reicher Quellen. Mehrere Züge weisen auf portugiesisches Mobiliar aus den sechziger und siebziger Jahren des 15. Jahrhunderts hin, etwa der bekrönte Lehnenabschluß und die vielfältigen, tief gearbeiteten Blattranken. Insgesamt hat die Rückenlehne die Form einer durchbrochenen Kartusche, deren Mitte eine etwas plumpe von zwei C-förmigen Voluten umrahmte Renaissance-Büste ausfüllt. Daneben finden sich in der Lehne noch ein Muschel- und Bandornament nach Art des 16. Jahrhunderts, entworfen von dem Franzosen Jean Bérain (1640-1711), der von 1679 an für Louis XIV. als königlicher Möbelgestalter arbeitete. Die Beinform, mit in Holz geschnitzten Quasten, ist ebenfalls französischer Prägung, während die Füße als stilisierte Chrysanthemen eher ein frühes Beispiel des direkt von Japan übernommenen Formenguts darstellen. Trotz der auffälligen Stilvielfalt ist der Stuhl mit seiner verlängerten Lehne (nur die englischen Stühle waren zu dieser Zeit noch höher, den naturalistischen Ornamenten und dem senkrechten Profil eindeutig ein holländisches Produkt des ausgehenden 17. Jahrhunderts.

DIE DEUTSCHEN LÄNDER UND DER OSTEN

Während die Vereinigten Provinzen der Niederlande im 17. Jahrhundert sich zunehmenden Wohlstands erfreuten, erlebten die deutschen Länder und der Osten genau das Gegenteil. Osteuropäisches Mobiliar zeichnete sich häufig durch eine naive, volkstümliche Art aus, die bei einigen Sammlern heute besonders begehrt ist. Die anspruchsvollen Hofmöbel deutscher Produktion kamen im 17. Jahrhundert meist aus dem Süden. Augsburg, bis zum Ende des vorhergehenden Jahrhunderts eine reiche Handelsstadt, hatte im 17. Jahrhundert viele gute Kunsthandwerker, die ähnlich den Meistern in Würzburg und München prachtvolle Schrankmöbel in kostbaren Materialien herstellten.

Die große Ausnahme dieses allgemeinen Niedergangs bildete Schweden, das zur mächtigsten Nation im Ostsee-Bereich wurde. Karl XI. von Schweden, der 1655 den Thron bestieg, bewunderte besonders den autokratischen Regierungsstil von Louis XIV. in Frankreich mit dem sensationellen Bauprogramm und dem Mäzenatentum, das Versailles im letzten Viertel des 17. Jahrhunderts zum uneingeschränkten Mittelpunkt europäischer Kunst machten. Karl XI. schickte einen schwedischen Architekten, Nicodemus Tessin d.Ä. (1615-81), an den französischen Hof, um die Bauten von Versailles zu studieren und über künstlerische Entwicklungen zu berichten, mit dem Ergebnis, daß in schwedischen Hofkreisen barocke Möbel in Versailles ebenbürtiger Qualität entstanden.

Wie Schweden war Bayern im 17. Jahrhundert ein bedeutendes regionales Zentrum. Insbesondere wurden dort reich furnierte und große geschnitzte Kabinette gebaut, exportiert und von den Provinzschreinern anderer Regionen nachgeahmt.

Die süddeutschen Kabinette des 16. Jahrhunderts, besonders die aus Augsburg, galten als wertvolle Luxusgüter. Kleine Kabinette mit Elfenbein- und Bernsteinfurnier auf Ständern oder kleinen Tischen führten zu dem furnierten Ständerkabinett des 17. Jahrhunderts. Ein wundervolles Reliquienkabinett, heute in der Residenz in München, entstand 1642 in dieser Stadt und ist ein gutes Beispiel für die bis ins 17. Jahrhundert andauernde Möbelbautradition Bayerns. Er war mit Elfenbein furniert und mit Edelsteinen und Bernsteinbossen in vergoldeten Volutenrahmen verziert, die auf seltsame Art das Rokoko des nächsten Jahrhunderts vorwegnehmen. Mit Engeln geschmückte große Ovale vorn aus geätztem Glas gestatten einen Blick auf die innen aufbewahrten Reliquien. Die ganze Konstruktion wird von einem gebrochenen Giebel mit vorstehender Cupola gekrönt, der mit einer Urne auf einem von Engeln gezierten Sockel abschließt.

ELFENBEIN-RELIQUIENKABINETT, 1642
Ein Kabinett aus München mit Edelsteinen, Bernsteinbossen und Einsätzen aus Ätzglas.

Zentralisierte, architektonische Formen sind ein durchgehendes Merkmal barocker Kabinette, aber deutsche Arbeiten zeichnen sich in erster Linie durch die verwendeten Materialien aus. Flämische Produktionen machten reichhaltigen Gebrauch von Schildpatt und Ebenholz, hingegen war Deutschland besonders bekannt für die Vielfalt an Materialien einschließlich Glas.

Gegen Mitte des 17. Jahrhunderts machte sich Erlau (heute Ungarn) einen Namen als Zentrum für Kabinette mit vielen Schubladen oder Fächern und einer äußeren Doppeltür mit fein geschnitzten Reliefpaneelen, die oft allegorische Figuren wie die »Vier Jahreszeiten« abbildeten, ein beliebtes Motiv anglo-holländischer Drucke. Am weniger kostspieligen Ende der Skala exportierte Erlau Kästen und Spielobjekte in großen Mengen. Seine Kabinette waren mit feinen Schnitzereien in dichtgemaserten Glanzhölzern, insbesondere Buchsbaum, und Riffelrändern verziert, mitunter auch mit Ebenholzfurnier oder ebeniertem Holz.

Ein deutsches Ständerkabinett mit Chinoiserie, das heute im Schloß Charlottenburg in Berlin steht und von etwa 1690 stammt, zeigt Japan-Lackdekor auf weißem Grund. Es war für Friedrich Wilhelm, den Kurfürsten von Brandenburg, gemacht worden, vermutlich von Gerhard Dagly (Schaffenszeit 1687-1714), dem Schatzmeister des Kurfürsten.

Weiße oder Elfenbeinschränke waren zu Beginn des 17. Jahrhunderts in Deutschland recht verbreitet. Das Berliner Kabinett hatte ein leicht gewölbtes Dach und zwei Vordertüren, die im offenen Zustand ein von zahlreichen Schubladen umgebenes Mittelfach enthüllten. Es stand auf spiraligen Säulenbeinen mit Kugelfüßen, verstärkt durch einen H-förmigen Steg mit einer Mittelscheibe, auf der ein Porzellangefäß Platz hatte.

Ohne Zweifel war der »Schrank«, der die verschiedensten Zwecke erfüllte, eines der typischsten Möbel aus Deutschland und dem Baltikum. Eine Reihe geschnitzter Nußbaumschränke entstanden im 17. und frühen 18. Jahrhundert im südlichen Deutschland. Einige von diesen waren kühn in betont regionalem Stil geschnitzt oder bemalt. Diese Gruppe kommt am ehesten den Utrecht-Kabinetten oder den französischen Armoires der Provinz nahe.

BUREAU-KABINETT AUS NUSSBAUM, um 1725 *(UNTEN)*
Barocke Elemente hielten sich in Deutschland bis weit ins 18. Jahrhundert

STÄNDERKABINETT, GERHARD DAGLY ZUGESCHRIEBEN, um 1690 *(LINKS)*
Dagly arbeitete in Berlin mit dem Schwerpunkt auf japanisch beeinflußten Möbeln.

SILBERTISCH, um 1690 *(UNTEN RECHTS)*
Diese schwedische Arbeit lehnt sich an die für Versailles entworfenen Silbermöbel an, die der schwedische Möbelbauer Nicodemus Tessin 1687 besichtigte.

Der Einfluß der französischen Möbelkunst rückte im letzten Viertel des Jahrhunderts in den Vordergrund, als deutsche Möbel mit einer Marketerietechnik in Metall dekoriert wurden, die nach ihrem Erfinder André Charles Boulle den Namen Boulle-Arbeit erhielten. Deutsche Kunsthandwerker machten Boulle-Marketerie mit Messingfurnier über einem Holzgerüst, und in die Messingfolie wurden Schildpatt und Perlmutt eingelegt. Friedrich Luchtenstein aus Düsseldorf arbeitete in dieser Technik zu Beginn des 18. Jahrhunderts.

In den nordeuropäischen Landen hielt sich der Barock-Stil bis weit ins 18. Jahrhundert, was teilweise auf das deutsche Gildensystem zurückzuführen ist. Die Gilden schrieben vor, daß die Junghandwerker zum Abschluß ihrer Ausbildung eine Arbeit nach traditionellem Vorbild anfertigten. Ein bemerkenswertes Beispiel eines solchen Gesellenstückes ist ein Kabinett des Spätbarocks, heute im Victoria and Albert Museum, der 1716 von zwei Würzburger Gesellen, Jacob Arend aus Koblenz und Johannes Wittelm aus Wien, fertiggestellt wurde. Beide arbeiteten damals als Wandergesellen für den Hofschreiner Servatius Arend.

Um 1588 veröffentlichte Hans Vredeman de Vries aus Flandern (1526-1604) Tischentwürfe, die im 17. Jahrhundert von vielen Kabinettbauern, in erster Linie den eher konservativen deutschen und baltischen, als Vorlagen verwendet wurden. Daß die Entwürfe für diese Tische aus dem 16. Jahrhundert stammen, wird an ihrer Recheckform, der kugeligen Deckel-und-Schale-Beinform und den glatten, offenen Stegen deutlich. Das manierierte Deckel-und-Schale-Motiv war am nordeuropäischen Barock-

EICHENTISCH, um 1700
Dieser russische Tisch mit Klapp-Platten ist mit Intarsien und ebenierten Paneelen dekoriert. Ein ähnliches Stück befindet sich in der Eremitage, Leningrad.

Mobiliar häufig vertreten. Deutsche Stücke waren aus Hölzern wie Ahorn mit seiner leicht erkennbaren marmorierten Maserung, die der barocken Vorliebe für reiche Texturen entsprach. Manche dieser Rechtecktische ließen sich aufklappen, um beispielsweise einen Einsatz mit Spielsteinen für Schach oder Puff freizugeben.

Primitive und dabei faszinierende Beispiele barocker Tischmöbel wurden bis nach Rußland gefertigt. Ausgefeilte Entwürfe aus den größeren Zentren Europas gelangten bis in die entlegensten Gebiete und wurden dort von den ansässigen Handwerkern ausgearbeitet.

Die Sitzmöbel aus Deutschland und dem Baltikum lehnten sich während des 17. Jahrhunderts an französische oder anglo-niederländische Modelle an. Ein Stich von Eric Graf Dahlberg, der das Zusammentreffen des dänischen und schwedischen Königs 1658 wiedergibt, enthält gepolsterte und fransenumsäumte Stühle mit Armlehnen, die sich in nichts von den zeitgenössischen französischen und englischen Stükken unterscheiden. Zu Ende des Jahrhunderts kam ein neuer anglo-niederländischer Stuhl nach Nordeuropa, der eine hohe Rükkenlehne mit Mittelzunge chinesischer Prägung hatte.

Im Schloß Rosenborg in Dänemark steht ein Silberthron, der etwa 1715 für Frederick IV. von Dänemark in Augsburg gefertigt wurde. Dieser Thronstuhl hat die verlängerte Rückenlehne, den gewölbten Abschluß und die leicht geschwungenen Armstützen, die man an französischen Barock-Stühlen von 1700 erwartete. Der Thron hat allerdings verjüngt zulaufende kannelierte Vorderbeine, die auf Sphinxstützen ruhen, und den Rücken ziert ein Wappen mit Krone und zwei flankierenden Löwen.

ITALIEN

Italien war im 17. Jahrhundert wie Deutschland ein Land, das sich aus halbautonomen Stadtstaaten und Herzogtümern zusammensetzte. Dieser Regionalcharakter schlug sich in der Kunst nieder. Venedig, Rom und Neapel waren die bedeutendsten Zentren der Möbelproduktion. Das Umland Roms wurde vom Vatikan beherrscht und unterlag der Autorität der katholischen Kirche. Das klassische Erbe der Stadt fand im römischen Stilgut seinen Niederschlag. Süditalien stand bis Mitte des Jahrhunderts unter spanischer Herrschaft. Deren Einfluß zeigte sich am deutlichsten in den schwarz-weiß gestalteten Kabinetten, die in Neapel für die spanische Aristokratie gefertigt wurden. Piemont mit Turin unterhielt enge Beziehungen zum benachbarten Frankreich. Norditalienische Möbel waren häufig an französischen Modellen orientiert. Spuren des Reichtums von Florenz und Venedig während der Frührenaissance hielten sich noch eine Weile. In Florenz unterstützte der Großherzog der Toskana Werkstätten, wo herrliche Einlegearbeiten aus Stein, die Pietra-dura-Arbeiten, entstanden und nach ganz Europa verschifft wurden.

Um 1600 machten neapolitanische Handwerker prachtvolle Ebenholz- und Elfenbeinkabinette für gutsituierte spanische Herren. Der strenge Schwarz-weiß-Kontrast paßte gut zum spanischen Barock-Geschmack, zumal die spanische Hofmode schwarze Kleidung bevorzugte. Ein wunderbares neapolitanisches Kabinett aus Ebenholz mit geschnitzten Elfenbeinpaneelen spanischen Stils, der heute im Victoria and Albert Museum steht, hat die Form eines langgestreckten Kastens mit schwarzweißen architektonisch geprägten Ornamenten.

Gegen Mitte des Jahrhunderts wurden die Kabinette aus Neapel größer und bekamen Ständer oder tragende Unterteile. Tischkabinette waren in der zweiten Hälfte des Jahrhunderts nicht mehr so üblich. Zwei Ebenholzkabinette aus Neapel von etwa 1650 gehören heute zur Sammlung im Palazzo Barberini in Rom. Trotz ihres betont architektonischen Charakters zeigt sich der flämische Einfluß an dem zum Ebenholz in Kontrast gesetzten Schildpattfurnier ebenso wie an der gemalten Dekoration der Schubladenfronten. Ähnlich ist der flämische Stil auch an Florentiner Stücken aus der Mitte des 17. Jahrhunderts deutlich. Diese ebenholzfurnierten Ständerkabinette hatten kunstvoll angeordnete Fächer und Schubladen, in denen Kostbarkeiten oder Sammlerstücke aufbewahrt werden konnten. Florenz war zum Zentrum der Mosaiktechnik in Stein geworden (Pietra dura); die intarsierten Paneele zeigten meist stilisierte Szenen mit Vögeln oder Blumen und wurden in großer Zahl als Luxusware exportiert. Häufig fanden sie an Kabinettfronten Verwendung. Der Ruf flämischer Kunsthandwerker zu dieser Zeit ist wohl daran abzulesen, daß die großherzogliche Werkstatt in Florenz für Pietra-dura-Herstellung von einem Flamen, nämlich Leonardo Van der Vinne (Schaffenszeit 1662-93) geleitet

wurde. Diese Werkstatt stand unter der Schirmherrschaft der mächtigen Familie der Medici.

Auf dem Gebiet der Tische, Sitzmöbel und Ornamentschnitzerei waren die italienischen Handwerker besonders hervorragend. Ein gutes Beispiel ist der Empfangssaal im Palazzo Reale in Turin, der zwischen 1659 und 1663 entstand. In diesem Raum befindet sich einer der vielen geschnitzten und vergoldeten Wandtische aus dem letzten Viertel des 17. Jahrhunderts, an dem der Einfluß französischer Hofmöbel sichtbar wird, besonders an den pilasterartigen Beinen mit betonten Auskragungen in der Form ionischer Voluten.

Die reich geschnitzten Turiner Wandtische bilden einen interessanten Gegensatz zu einem Tisch im Palazzo Spada in Rom, der zwei große geschnitzte Adler mit ausgebreiteten Flügeln als Ständer für eine Marmorplatte zeigt. Eine Reihe römischer Tische scheint gegen Ende des Jahrhunderts entstanden zu sein. Ihre eindrucksvolle, aber strenge Formgebung inspirierte die britischen Palladianer im 18. Jahrhundert.

Um 1700 kam in Rom ein neuer Tischtyp auf, der reiche Schnitzereien und vergoldete Ornamente in lebhaften, aber nicht unbändigen Blattranken und klassischen Masken zeigte.

Rahmen für Gemälde und Spiegel waren ein wichtiges Betätigungsfeld der Kunst-

SCHREIBTISCH, um 1700 *(OBEN)*
Mit Elfenbeinintarsien und Abbildungen von Jagdszenen ist die Form dieses Tisches aus Piemont dem französischen Schreib-Bureau entlehnt.

TISCHKABINETT IN EBENHOLZ, ELFENBEIN UND PALISANDER, um 1600 *(OBEN LINKS)*
Dieses Stück wird Giacomo Fiammingo zugeschrieben, der in Neapel tätig war, vermutlich für einen spanischen Mäzen.

EBENHOLZ-STÄNDERKABINETT, GIOVANNI BATTISTA FOGGINI, 1707-09 *(LINKS)*
Dies Florentiner Modell hat Paneele in Pietra dura, vergoldete Bronzebeschläge und rote Marmorpilaster. Foggini lehrte in Rom als Bildhauer.

schnitzer im barocken Italien. Im Palazzo Brignole in Genua befindet sich ein fantastischer Spiegeltisch, bestehend aus Konsole und Spiegelaufsatz, aber als ein durchgehendes Stück gearbeitet,mit Putten, Blattranken und Muschelwerk. Er wurde auf etwa 1700 datiert und dem Bildhauer Domenico Parodi zugeschrieben. Spiegel galten im Barock als zusätzlicher Luxus, da Glas ausgesprochen teuer war. In Murano, dem Glasbläserzentrum von Venedig, wurden ornamentale Spiegel auch für den Export hergestellt.

Einer der hervorragendsten Schnitzer Italiens war ein Venezianer, Andrea Brustolon (1662-1732). Er schnitzte eine Vielzahl verschiedener Möbel, unter anderm auch Rahmen, Tische und einen berühmten Ständer für den Palazzo Venier, der aus Ebenholz und Buchsbaum war und einen Mohren auf einem Dreibeinsockel mit drei Drachen darstellte. Seinen eigentlichen Ruhm erlangte Brustolon jedoch als Sitzmöbelbauer. Im Brustolon-Zimmer der Ca'Rezzonico, Venedig, sind Beispiele seiner Armstühle aus der Zeit von 1700 zu sehen, die er auf lebhafte, organische Art in Vorwegnahme des späteren Rokoko aus Buchsbaum und anderen Harthölzern schnitzte.

GESCHNITZTER UND VERGOLDETER THRONSESSEL, VERMUTLICH VON ANTONIO CORRADINI, um 1720

Insgesamt spiegeln die Sitzmöbel Italiens gegen Ende des 17. Jahrhunderts den französischen Einfluß, aber mit den kräftigen Schnitzereien dieser thronähnlichen Armstühle entfernten sich die italienischen Möbelbauer radikal von den französischen Gegenstücken.

FRANKREICH

Im 17. Jahrhundert waren Frankreichs Handelsmacht und allgemeiner Wohlstand beachtlich. Henri IV. hatte 1598 das Edikt von Nantes in Kraft gesetzt, das den Protestanten Freiheit in ihrer Religionsausübung zusicherte. Die Bevölkerung Frankreichs war riesig, etwa dreimal so groß wie die von Großbritannien und betrug das Vierfache der Vereinigten Provinzen Hollands. Der Handelsmarkt war potentiell ebenfalls groß. Frankreich war stabil und wohlhabend, als 1661 der junge Louis XIV. auf den Thron kam.

Die in Frankreich unter der Herrschaft von Louis XIV. geschaffenen Möbel gelten als Quintessenz des Barocks. Die von den Hofkünstlern in den Gobelin-Werkstätten entworfenen Formen beeinflußten ganz Europa. Wir dürfen allerdings nicht vergessen, daß ein Großteil der am französischen Hof arbeitenden Künstler aus dem Ausland kam. So gesehen haben die großen französischen Möbelschöpfungen des Barocks aus der Zeit von Louis XIV. internationalen Charakter.

Das französische Wort für den Kabinettbauer ist Ébénist – was wörtlich den Ebenholzschreiner bezeichnet. Ebenholz war von den versierten Kunsthandwerkern Spaniens und Portugals und in erster Linie der Spanischen Niederlande eingeführt worden.

Die französischen Kabinette der ersten Hälfte des 17. Jahrhunderts zeigen den unverkennbaren Einfluß flämischer Gestalter, insbesondere in der Übernahme der ebenholzfurnierten Ständerkabinette, die die älteren zuvor sehr beliebten zweiteiligen Armoires allmählich verdrängten. In Paris entstanden zwischen 1640 und 1660 eine Reihe solcher Ebenholzkabinette nach flämischem Modell. Einige Exemplare stehen im Louvre, im Victoria und Albert Museum und dem dänischen Schloß Frederiksborg. Der Name Jean Macé (Schaffenszeit 1640-60) wurde mit dem Kabinett im Victoria und Albert Museum in Verbindung gebracht. Der Franzose Macé lernte in Antwerpen, bevor er sich Anfang 1640 in Paris ansiedelte und 1644 eine Werkstatt im Palais du Louvre erhielt. Macé fertigte Ebenholzmöbel für Anne von Österreich, Regentin anstelle des jungen Louis XIV. Das Stück im Victoria und Albert Museum ist mit Riffelbändern und polygonen, in Flachrelief geschnitzten Medaillons verziert, die klassische Szenen von Endymion abbilden.

1663 gründete Colbert die Gobelin-Werkstätten als Produktionszentrem für Möbel und andere Dekorationsartikel, die zur Ausstattung der geplanten spektakulären Wohnsitze für den neuen König gebraucht würden, namentlich für Versailles. 1682 war Versailles schließlich für den Empfang des französischen Hofes bereit. Charles Le Brun (1619-90) wurde zum ersten Direktor der königlichen Manufaktur ernannt. Der wichtigste Möbelschöpfer war Jean le Pautre (1618-82), ein Pariser Kupferstecher, dessen zahlreichen Veröffentlichungen es in erster Linie zu verdanken ist, daß wir so gut über die üppigen Barock-Möbel und Interieurs Bescheid wissen.

Le Pautre lieferte vermutlich die Anregung für eine Gruppe beachtenswerter Marketerie-Kabinette, die tiefe dreidimensionale Schnitzfiguren in verschiedenen Haltungen als Stützen für einen Oberbau mit zahlreichen reich ornamentierten Fächern haben. Das größere Kabinettpaar zeigt muskuläre, gedrechselte Figuren in wehender Drapierung, während die kleineren beiden auf frontal plazierten Hermen ruhen. Nachdem sie zuerst André Charles Boulle (1642-1732) zugeschrieben wurden, vermutet man als Hersteller nun eher Pierre Golle (Schaffenszeit 1644-84), einen holländischen Kunstschreiner und Marketeur, der 1644 in den Louvre-Werkstätten arbeitete. Die Frage kam auf, ob Boulle seine berühmte Metallmarketerie womöglich unter Golles Anleitung in den Gobelin-Werkstätten entwickelt habe. Fest steht, daß Metallmarketerie in Flandern im dritten Viertel des 17. Jahrhunderts angewandt wurde, und Golle und Domenico Cucci (1635-1705) benutzten beide diese Technik an den für den französischen Hof produzierten Möbeln. Letzten Endes war es aber Boulles genialer Umgang mit dieser Technik, so daß sie als Boulle-Marketerie berühmt wurde. Einfach formuliert sind Boulle-Arbeiten durch aus Messing oder Zinn geschnittenen Mustern gekennzeichnet, die in Schildpattfurnier eingelegt und oft mit Ebenholzfurnier umrahmt wurden.

Boulle war gebürtiger Pariser und Sohn eines flämischen Schreiners, dessen Name vermutlich Bol geschrieben wurde. 1672 bekam er die einflußreiche Stellung eines Ébéniste du Roi und war somit in den Louv-

INTÉRIEUR IM SCHLOSS DRUMLANRIG MIT EINEM MARKETERIE-STÄNDERKABINETT, VERMUTLICH VON PIERRE GOLLE, UM 1675 *(OBEN)*
Schildpatt, vergoldete Bronzebeschläge, ebenierte und vergoldete Figuren zieren dieses Kabinett, das vermutlich ein Geschenk von Louis XIV. an Charles II. von England war.

EBENHOLZ-STÄNDERKABINETT, JEAN MACÉ ZUGESCHRIEBEN, um 1640 *(LINKS)*
Das Innere dieses Pariser Modells besteht aus gebeizter Holzmarketerie. Die Schnitzereien außen stellen Szenen aus dem Roman »L'Endymion« von 1624 dar.

KUPFERSTICH, JEAN LE PAUTRE, um 1675 *(OBEN)*

re zugelassen. Um 1720 wurden acht seiner Entwürfe von dem französischen Verleger Mariette veröffentlicht. Später erschienen sie auch in Nürnberg und wurden mehrmals während des 19. Jahrhunderts wiederaufgelegt, da die Boulle-Möbel sehr großes Ansehen genossen und gern nachgebaut wurden. Seine frühen Arbeiten geben den schweren, formellen Stil von Le Pautre wieder. Später geriet Boulle dann unter den Einfluß des Hofzeichners Jean Bérain, so daß seine Arbeiten feiner wurden, mit Dekorationen im Stil der neuen, leichten Arabesken, die das Rokoko vorwegnahmen. Boulle zog sich 1718 zurück, aber nachdem 1720 ein verheerender Brand einen Großteil seines Besitzes zerstört hatte, scheint er noch einmal zu seiner Arbeit zurückgekehrt zu sein, vermutlich zusammen mit seinem Sohn, und beide stellten bis Mitte des 18. Jahrhunderts weitere Möbel unter dem Namen Boulle Fils her.

Trotz seiner Berühmtheit können Boulle nur zwei Stücke mit Sicherheit zugeschrieben werden, nämlich ein prachtvolles Kommodenpaar, das heute in Versailles steht und ursprünglich um 1708-9 für den Grand Trianon angefertigt wurde. Die beiden Kommoden zeichnen sich durch eine gerundete Truhenform aus, deren vier Beine geflügelte weibliche Hermen in Goldbronze und Löwentatzen-Füße zieren. Etwas weniger gesichert gilt eine Gruppe von Ebenholz-Armoires mit Schildpattfurnier und eingelegtem Zinn und Goldbronzebeschlägen als authentische Boulle-Arbeit. Mehrere dieser Exemplare befinden sich im Musée du Louvre, Paris, während ein schlichter und zurückhaltender gestaltetes Stück in der Sammlung Jones des Victoria und Albert Museums und ein weiteres in der Sammlung Wallace, London, zu sehen sind. Ziemlich sicher stammen diese Schränke aus den frühen Jahren des 18. Jahrhunderts.

Bevor die üppigen Barock-Möbel aus der Manufaktur der Familie Gobelin auf den Markt kamen, waren französische Interieurs relativ schlicht ausgestattet. Einfache, nach den Gesetzen der Würfelgeometrie konstruierte Möbel wurden durch kostbare Textilien bereichert. Die Entwürfe des Pariser Jean du Breuil um die Jahrhundertmitte zeigten beispielsweise einfache Holztische mit Säulenbeinen, offenem Quersteg und Zwiebelfuß – ein Typ von Tisch, der sich eindeutig von dem spanisch-niederländischen Wandtisch der ersten Hälfte des 17. Jahrhunderts ableiten ließ. Zur Dekoration wurden diese Stücke dann meist völlig mit Textilien bedeckt, wie in du Breuils Buch »Perspective Pratique« von 1649 zu sehen ist.

Ähnliches gilt für du Breuils kastenartige Betten. Anfang des 17. Jahrhunderts waren in den genügsameren Barock-Haushalten Betten in jedem Zimmer des Hauses zu finden, boten doch die schweren Vorhänge ihren Benutzern ein ausreichendes Maß an Privatsphäre.

Später im Jahrhundert wurden die Tische in Spiegelung des höfischen Geschmacks zusehends kunstvoller. Ein reich geschnitzter und vegoldeter Konsoltisch (um 1680) im Hotel Lauzun, Paris, trägt Züge des niederländischen Barocks, etwa in der Gestaltung der naturalistischen Blumengirlanden und beschwingten Hermen an Volutenstützen. Zierlich elegante Konsoltische in Boulle-Marketerie tauchen am Anfang des 18. Jahrhunderts auf. Ein Beispiel, früher in der

EBENHOLZ-ARMOIRE, VERMUTLICH VON ANDRÉ-CHARLES BOULLE, um 1700 *(OBEN LINKS)*
Diese Armoire ist ein Pendant zu einem zweiten. Zu der Dekoration in Schildpatt und Metallmarketerie gehören die Figuren der Weisheit und Religion.

EBENHOLZKOMMODE, ANDRÉ CHARLES BOULLE, 1708-09 *(OBEN)*
Ein Pendant eines in den Gobelin-Werkstätten hergestellten Paars.

Sammlung der Duchesse de Talleyrand, war mit grüngefärbtem Schildpattfurnier und eingelegten Arabesken und Figuren aus Messing verziert, die deutlich auf den Einfluß von Bérain hinweisen. Die Beine hatten die Form von Doppelvoluten auf einem H-förmigen Quersteg.

Eine andere Art von Tischmöbel entwickelte sich gegen Ende des 17. Jahrhunderts, vermutlich in den Gobelin-Werkstätten, das sogenannte Bureau Mazarin. Diese Stücke tauchten erst nach dem Tode von Kardinal Mazarin (1661) auf, aber der Name bezeichnet manchmal einfach einen Schreibtisch mit Schubladen, einem kniefreien Mittelteil und einer mittigen verschließbaren Schublade, die von Volutenbeinen mit H-förmigem Steg und Balusterfüßen gestützt war. In den achziger Jahren des 15. Jahrhunderts entstand eine Gruppe dieser luxuriösen Schreibtische mit Messing- und Schildpattverzierung.

Kleine Tischchen waren ein wesentlicher Bestandteil der barocken Einrichtung, besonders um Kerzen abzustellen. Barock-Tischchen hatten gewöhnlich Dreibeinsokkel mit Volutenfüßen, einem balusterförmigen Mittelbein und kleiner Rund- oder Vieleckplatte. Jean Le Pautre gilt als Schöpfer des französisch barocken Ensemble, das aus einem Wandtisch mit zugehörigem Spiegel und zwei Seitentischchen bestand. Die Nachbarschaft von Spiegeln und Kerzen trug dazu bei, den Lichtschein zu verstärken.

Paradebetten und prunkvolle Schlafräume waren wesentliche Kennzeichen der Barock-Einrichtung, entstanden als Ableger des königlichen Zeremoniells am Hofe von Louis XIV. Die barocke Vorstellung von einer Galawohnung muß einem Betrachter aus dem 20. Jahrhundert recht unverständlich anmuten, da ganze Zimmerfluchten, die kaum eine erkennbare Funktion erfüllten, sehr kostspielig mit üppigem Barock-Mobiliar ausgestattet wurden und lediglich dazu dienten, zu imponieren. Da sie wenig genutzt wurden, sind viele solcher Stücke noch bestens erhalten.

Die einfachen Würfelformen der ersten Hälfte des Jahrhunderts rückten zugunsten spektakulärer, geschnitzter und drapierter Betten im letzten Viertel des Jahrhunderts in den Hintergrund. Die neuen Betten waren höher und imposanter. Das Lit d'ange, wörtlich Engelbett, war mit reichen, Wol-

GESCHNITZTER ARMSTUHL MIT VERGOLDETEM HOLZ, um 1700 *(UNTEN)*
Ein Beispiel für spätbarocke Beinformen und geschwungene Armlehnen, dessen hoher Rücken auf die Zeit der Jahrhundertwende deutet.

NUSSBAUM-SCHREIB-BUREAU MIT METALL-MARKETERIE, um 1685 *(LINKS)*
Das Schildpatt ist hier mit verschiedenen Pigmenten verstärkt. Das Wappen gehört zur Familie di Porcia aus Mailand.

KUPFERSTICHE, JEAN DU BREUIL, 1649 *(LINKS)*
Die Stiche unterstreichen die Bedeutung der Geometrie in Interieurs des frühen 17. Jahrhunderts.

MAHAGONI-ARMSTUHL, um 1617 *(RECHTS)*
Dieses Stück trägt das Wappen von Nicholas Roope aus Dartmouth, England, der dieses Holz aus dem Amazonas-Gebiet importierte.

EICHENTRUHE, FRÜHES 17. JAHRHUNDERT *(RECHTS)*
Eine kunstvoll gearbeitete Truhe der Mittelklasse mit franko-italienischen Elementen des Klassizismus rein englischer Prägung.

ken ähnelnden Behängen drapiert und ist auf einer Skizze des schwedischen Architekten Nicodemus Tessin zu sehen, der 1687 in Frankreich zu Besuch weilte.

Französische Sitzmöbel der ersten Hälfte des 17. Jahrhunderts bestanden überwiegend aus Holzschemeln und Stühlen in Würfelform mit einfach gepolsterten Sitzen und manchmal auch Polstern an der Rükkenlehne. Wenn sie nicht gebraucht wurden, standen sie aufgereiht an der Wand. Stühle mit Kreuzrahmen (Tabourets) kamen auch vor. Um 1660 entstand ein Sesseltypus, der sich zum klassisch französischen Barock-Stuhl entwickelte. Die geschwungene oder gerade Rückenlehne und der Sitz waren gepolstert und fransenumsäumt, hatten leicht wellige Armlehnen und Volutenbeine oder auch senkrechte Beine mit einer Variante des H-Stegs. Etwas später kamen Beine in Form von Obelisken oder abgeflachten Säulen in Mode. Die Lehnen wurden mit beginnendem 18. Jahrhundert zunehmend höher und kurviger in den Konturen. Die Rahmengestelle waren aus Holz, das entweder naturbelassen oder auch völlig vergoldet sein konnte.

ENGLAND

Die Vorherrschaft und Prägung des elisabethanischen Zeitalters blieb noch lange nach dem Tode Elizabeths 1603 lebendig. Während der Herrschaft James I. von England war wenig Neues an den Möbeln festzustellen, obwohl der Grund für umwälzende Veränderungen bereits gelegt war. Die Regierung von James' Sohn Charles I. erhielt durch die Arbeit des Architekten Inigo Jones (1573-1652) neuen Glanz. Jones studierte in Italien bei dem großen Sammler Lord Arundel und kehrte mit tiefen Einblicken in die Arbeit von Andrea Palladio zurück.

Jones hatte auch eine Schreinerausbildung, aber nur wenige seiner Entwürfe für Möbel, darunter große und kunstvolle Kabinette, blieben erhalten, und wir wissen auch nicht, ob diese jemals gebaut wurden. Auch herrscht keine Klarheit darüber, wie seine ehemals italienischen Räume wirklich möbliert waren.

Auf der Suche nach geeigneten Pendants zu Jones' Stil aus englischer Produktion finden wir einige wahrscheinliche Beispiele in einer mit dem Erzbischof Laud in Verbindung gebrachten Möbeln. Laud gab einige Arbeiten im Lambeth Palast (einschließlich der kürzlich restaurierten Kapellwand) und seinem Oxford College in St. John in Auftrag. Diese stehen deutlich mit der in Greenwich und Whitehall angestrebten Ästhetik in Verbindung. Ein Kabinett – das große Ähnlichkeit mit einem anderen heute in Arbury Hall befindlichen hat und Lauds Wappen aus seiner Zeit als Bischof von London (1628-33) zeigt – ist für seine Zeit sehr bemerkenswert, sowohl in seiner kontinentalen Konstruktionsweise (Schwalbenschwanzverbindungen und geschnitzte und aufgesetzte Ornamente) sowie der klar palladianischen Prägung. Selbst hier findet sich allerdings ein Zug englischer Kompromißbereitschaft oder von Opportunismus, denn die beiden kunstvollen Türrahmen sind mit einem Minimum an Änderungen aus einem deutschen, etwa 1598 erschienenen Vorlagenwerk übernommen.

Diese deutschen Entwürfe von Johann Jakob Ebelmann waren Teil einer Serie, die Johann Bussemacher aus Köln veröffentlichte und die die Laudschen Möbel sicht-

KUPFERSTICHENTWURF FÜR EINEN SCHRANK, JOHANN JAKOB EBELMANN, VERÖFFENTLICHT VON JOHANN BUSSEMACHER, 1598 *(LINKS)*

DETAIL EINES EICHENSCHRANKES, um 1628-33 *(LINKS)*
Die Kartuschenrahmen auf den Türen sind dem Stich entnommen (ganz links), während das Gesamtbild mehr dem Palladianismus verdankt.

KLAPPTISCH AUS EICHE, um 1660 *(UNTEN)*
Er wird mit seinem Gestell aus gedrechselten Kugelbeinen im Inventar des Colonel Richard Pickering, Willow House, Darton, Yorkshire, erwähnt.

EICHEN-BALDACHINBETT, um 1612 *(LINKS)*
Dieses Bett, heute in Montacute House, zieren fein geschnitzte und gemalte Manierismus-Ornamente. Gebaut wurde es für eine Devoner Familie und trägt die Wappen von König James I, seinem Sohn Henry, Prinz von Wales und Pfalzgraf Friedrich.

lich beeinflußte. Sie bediente sich der architektonischen Thematik, die den Barock so grundlegend kennzeichnet, und kombinierte Pilaster, klassische Säulen und Bogen mit anthropomorphen Ständern, fantastisches Flechtwerk, geschnitzte Ornamentbänder, Volutenranken, Kartuschen und kunstvolle Bekrönungen. Aber wie immer war die englische Version von einer Ausgewogenheit und Zurückhaltung bestimmt, die auf dem europäischen Kontinent oft fehlte. Eine Zeichnung für einen Schrank von Inigo Jones, heute in der Radcliffe Bibliothek, Oxford, enthüllt die Vertrautheit mit denselben Vorlagen und Entwürfen.

Ein weiteres Anzeichen für den wachsenden Einfluß ausländischen Kunsthandwerks in London war die Verwendung der Schwalbenschwanzverbindung. Diese Art Verzinkung war trotz ihrer langen Geschichte im übrigen Europa von britischen Schreinern nie recht geschätzt worden. Die Handelsgesellschaften waren noch in der Lage, sich die Fremden fernzuhalten, aber die begabten Handwerker aus dem Ausland waren entschlossen, das Monopol der Engländer zu unterwandern.

Die Herrschaft von Charles I. war gekennzeichnet von einem neuen Geist im Mäzenatentum für die Künste. Abgesehen von den konservativeren Gebieten des Landes, wo die alte Überschwenglichkeit elisabethanischen Geschmacks anhielt, verlor sich die Begeisterung für reiche Schnitzereien erheblich. Eine gepflegte Gedämpftheit kam zum Ausdruck, einfache oder verzierte Flächen wurden mit einem klaren Gespür für Kontrast, Harmonie und Proportion gestaltet. Glatte Flächen waren unterteilt und mit Leistenprofilen strukturiert. Ein ähnliches Mittel, das sich zunehmender Beliebtheit erfreute, war die Längsteilung einer kleinen gedrechselten Spindel, um beide Hälften dann mit ihrer glatten Rükkenfläche auf ebene Teile wie Paneele und dergleichen aufzuleimen. Die Wirkung dieser gedrechselten Ornamente wurde oft noch unterstrichen, indem man sie zur Imitation von Ebenholz schwarz färbte. Kurz, die Details im Möbeldekor begannen, den Einfluß der holländischen Stile zu spiegeln, eine Tendenz, die später noch deutlicher hervortrat.

EICHEN-SIDEBOARD, um 1665-85 *(LINKS)* *Dieses englische Tischmöbel zeigt eine ungewöhnliche Konstruktion mit stark holländischem Einfluß. Deutliche Parallelen finden sich an den zeitgenössischen Arbeiten ostenglischer Siedler in Essex County, Mass.*

INTARSIERTER EICHENSCHRANK, um 1675 *(LINKS)* *Die frühere Vorliebe für Einlegearbeiten deutschen Stils hielt sich in den konservativeren Gebieten Nordenglands noch lange, wie dieses Stück aus Halifax, Yorkshire, beweist.*

Der Geschmackswandel war begleitet von einer Erweiterung der Möbeltypen, an denen sich eine Vorliebe für intimere gesellschaftliche Umgangsformen abzeichnete. Allgemeinere Verbreitung fanden Polstermöbel, die mit Stoffen oder Leder bezogen waren. Die Stühle hatten meist niedrige quadratische Rückenlehnen, während die Armsessel geschwungene Armlehnen hatten oder gerade Arme mit passendem Polster. Sofas oder Sitzbänke tauchten als Garnitur in Verbindung mit Sesseln auf. In einigen Inventarien sind bis zu ein Dutzend passender Stühle erwähnt.

Geschreinerte Eßtisch-Stühle tauchten auf, und eine Reihe von Kleider- und Speiseschränken hielten zusammen mit ergänzenden kleinen Wandtischen und Kerzenständern auf Kreuzfüßen Eingang in die Eßzimmer.

BÜRGERKRIEG UND INTERREGNUM

Der künstlerische und technische Fortschritt in der Zeit Charles' I. wurde durch den Bürgerkrieg, der 1642 begann, erheblich beeinträchtigt. Der zukünftige Charles

II. floh nach Paris und dann nach Brüssel und überließ England Oliver Cromwell. Die Puritaner führten eine Reihe von Reformen zur Förderung einer neuen Nüchternheit im kulturellen Leben durch, einschließlich Theaterschließungen. Allerdings war es nicht so, daß etwa ein vollständiges kulturelles Embargo das England zur Zeit des Interregnums lahmgelegt hätte.

1646 hatte man Inigo Jones verziehen, daß er sich zuvor mit der königlichen Familie eingelassen hatte. Er arbeitete mit seinem Schüler John Webb (1611-72) für den Parlamentarier Lord Pembroke an den einflußreichen neuen Interieurs in Wilton House.

Extravagante Dekoration war aber keineswegs auf Gebäude beschränkt. Farbenprächtige Handarbeiten aus dieser Zeit sind in großer Zahl erhalten, unter anderm auch Tischdosen, Bilder und Spiegelrahmen. Aus der Zeit zwischen 1640 und 1650 stammt eine bemerkenswerte Gruppe von Kommoden, die mit lebhaften Ornamenten einschließlich Intarsien in Bein und Perlmutt verziert sind. Sowohl der Dekor als auch die Form waren neuartig, die wenigen Schubladen, die vor diesem Datum gefertigt waren, waren meist glatt und hinter Türen verborgen, während die Schubladenfronten dieser Kommoden nicht nur sichtbar waren, sondern gleichzeitig die Hauptdekoration zeigten.

Restauration

Charles II. kehrte 1660 aus dem Exil zurück. Seine Reisen in Frankreich und den Niederlanden verstärkten seine Vorliebe für die Stile Kontinentaleuropas, und der neue Hof ermutigte eine Revolution des englischen Geschmacks.

Pläne für Häuser entwickelten sich zunehmend nach den Gesetzen der Symmetrie und Harmonie, und eine Vorliebe für großflächige Zimmertäfelungen kam auf. Das Gesellschaftsleben wurde lockerer, ein neuer Sinn für Fröhlichkeit, Luxus und kreative Vergügungen ließ weitere Möbelschöpfungen entstehen. Walnußholz setzte sich in allen Gesellschaftsschichten durch, und Hölzer wie Kirschbaum, Zeder, Olive, Eibe und Goldregen wurden wegen ihrer reichen Maserung und guten Polierfähigkeit geschätzt. Die Ausdehnung der Handelsinteressen führte dazu, daß importierte Möbel Allgemeingut wurden. Eine neue Welle europäischer Kunsthandwerker brachte neue Formen und Techniken wie Furniere, Spiraldrechseln, Ballenfüße und die chinesische Methode des Rohrflechtens für Stuhlsitze und -lehnen ins Land. Rohrmöbel hielten 1664 ihren Einzug und waren sofort sehr begehrt.

Die Gate-leg-Klapptische werden erstmals 1660 von Samuel Pepys erwähnt, und damit wurde die Sitte, das Mahl an langen Tafeln einzunehmen, nun schnell von kleinen Kreisen von sechs bis acht Personen verdrängt, die sich am Gate-leg-Tisch zusammenfanden. Kleinere Klapptische waren ebenfalls sehr zahlreich.

Frisiertische, verglaste Bücherschränke, Schreib-Bureaux, Bureaux-Buchregale und Wanduhren bereicherten zu dieser Zeit erstmals das Bild. Kastenmöbel wurden eher mit Messung als den bisherigen schmiedeeisernen Beschlägen verziert.

Eichenstuhl, Kerzenständer und Glasregal, alle spätes 17. Jahrhundert
Möbel und Zubehör dieser Art werden in englischen Haushaltsinventaren aus dieser Zeit oft erwähnt.

1665 war London noch immer eine große mittelalterliche Stadt mit Fachwerkbauten. Die Häuser waren zumeist überfüllt, unhygienisch und unpraktisch gebaut, eigneten sich kaum für Modernisierungsmaßnahmen, und Bauland war in der Stadt unmöglich zu bekommen. 1666 war der große Brand in London, bei dem neben 13.000 Häusern auch viele Kirchen und öffentliche Gebäude wie die St.-Pauls-Kathedrale, die Londoner Börse, das Rathaus sowie zahlreiche Handelshäuser zerstört wurden. Wollte man die Bedeutung und das Prestige der Metropole aufrechterhalten, mußten diese

ENTWURF FÜR EIN HIMMELBETT, DANIEL MAROT, um 1690 *(LINKS)*

MARKETERIE-BUREAU MAZARIN, GERRET JENSEN, um 1700 *(UNTEN)*

heitlich behandeln. Die kontinentalen Künste der Filetfurnierung und Floralmarketerie waren in London frei zugänglich, ebenso wie die chinesischen und japanischen Importe die Japan-Lackarbeiten wieder aufleben ließen. Daneben fanden auch andere chinesische Ideen wie der Mittelzungenstuhl, der Bogenlehnenstuhl und das Cabriole-leg Eingang in das Möbelrepertoire.

Die Polsterer profitierten von dem blü-

Bauten mitsamt allem Zubehör in kurzer Zeit ersetzt und neugestaltet werden.

Die Gelegenheit ließ man nicht ungenutzt. Das Wiederaufbaugesetz von 1667 bot den Zünften revolutionäre neue Bedingungen für die Neuschaffung der weltgrößten Stadt. Das Gesetz erlaubte den fremden Handwerkern in London, sieben Jahre lang ohne die ehemaligen Auflagen der Handelsgesellschaften zu arbeiten, und gewährte zudem anschließende Freirechte für jeden, der von dieser Regelung Gebrauch machte. 1669 wurde unter demselben Gesetzeserlaß der Architekt Christopher Wren (1632-1723) zum Oberaufseher der King's Works ernannt.

Mit fortschreitendem Wiederaufbau traten die Londoner Möbelhersteller in eine allmähliche, aber unvermeidliche Periode des Wandels ein, der ebenso tiefgreifend war wie die Umstrukturierung ein Jahrhundert zuvor, obwohl die Firmen überlebt hatten. Die Mode verlangte andere Handwerkskünste als die der Schreiner und Drechsler, und reiche Gönner sahen sich anderswo um. Anstelle der sichtbaren rechtwinkligen paneelgerahmten Konstruktionen forderte der neue Geschmack gefälligere, glatte Flächen, wie sie der Kabinettbauer mit Hilfe verborgener Schwalbenschwanzfugen bieten konnte. Diese Flächen ließen sich mit Profilleisten definieren und ein-

henden Handwerk der Zeit. Sie und die Kabinettbauer-Zunft nahmen um 1675 eine mächtige Position ein. Die Schnitzer – angefacht von der Beliebtheit von Grinling Gibbons (1648-1721), der 1671 entdeckt wurde – verbanden sich mit den Kabinettbauern, und als verwandtes Handwerk entwickelte sich die Stuhlmacherzunft. Während die Kabinettbauer sich auf Kastenmöbel, aber auch Tische und Ständer spezialisierten, lieferten die Schreiner strukturelles Holzwerk und häusliches Zubehör wie Betten und die billigeren Ausführungen von Holzverkleidungen. Die Bühne war nun frei für den Auftritt integrierter Unternehmen von Kabinettbauern und Polsterern, die das

Handwerk im 18. Jahrhundert beherrschten.

William und Mary

Der holländische Einfluß war bereits jahrzehntelang sehr ausgeprägt, als William und Mary 1688 aus Holland ankamen und Daniel Marot mitbrachten. Sein Hauptimpuls betraf Betten und ihre Behänge und mit diesen gleichzeitig die Entwicklung der Polsterei. Der flämische Möbelschöpfer Gerret Jensen hatte sich bereits die königliche Schirmherrschaft gesichert und führte seine charakteristischen Marketerie-Arbeiten für William und Mary weiter aus.

Zu dieser Zeit genoß England eine Periode relativen Friedens und Wohlstands, und die neureiche Mittelklasse bevorzugte einen Stil schlichter Eleganz, der ihren weltlichen Erfolg ohne allzu großen Pomp zur Schau stellte. Geschwungene Beine, die keine Querstege brauchten, waren häufig mit kleinen Schnitzereien verziert, oder man verließ sich gänzlich auf die anmutigen Kurvenlinien von Lehnen und Beinen. Klauen-Kugel-Füße und Scheibenfüße waren sehr häufig, während die Sitze meist gerundet waren.

Kastenmöbel waren so praktisch wie elegant. Das frühere Ständerkabinett hatte sich zum Bureau-Kabinett (Schreibtisch) entwickelt. Der Aufsatz hatte bei den prachtvollsten Exemplaren zwei Türen, hinter denen verschiedene Anordnungen von Regalen und Schubfächern verborgen waren und die oben von Kuppeln oder Giebelaufsätzen abgeschlossen wurden. Unter dem Aufsatz befanden sich aufklappbare Schreibplatten und weitere Schubladen.

Zweckmäßigkeitsaspekte brachten viele kleinere Möbel hervor, wie den kniefreien Schreibtisch, der die zunehmende Vorliebe für eine intime Umgebung spiegelt.

Die Tischmöbel waren gleichermaßen vielfältig und erfüllten die verschiedensten Aufgaben. Nußbaum blieb das begehrteste Holz, aber Eiche wurde besonders in ländlichen Gegenden viel benutzt. Luxusstücke wurden dekorativ mit Furnierholz ausgestattet.

Nussbaumfurnierter Sammler-Kabinett, um 1700 *(links)*
Der obere Teil hat vierundvierzig Schubfächer, einige davon sind hinter der Mitteltür verborgen, und dient zur Aufbewahrung von Wertobjekten.

Eichenarmstuhl, um 1675 *(rechts)*
In Essex County, Massachusetts gebaut, folgt dieser Stuhl englischem Muster, gehört aber trotzdem eindeutig zu einer amerikanischen Gruppe.

Die Vereinigten Staaten

Die englischen Siedler in Nordamerika brauchten viele Jahre, um Fuß zu fassen. Bis zur Gründung von Jamestown 1607 und der Ankunft der Pilgerväter in Plymouth, Massachusetts im Jahr 1620 blieb keine Ansiedlung von Dauer.

In Virginia wurde im 17. Jahrhundert wenig unternommen, eine wirkungsvolle Selbstversorgung oder Autonomie zu schaffen. Die Plantagenbesitzer wandten sich an England, wenn sie Möbel und Luxusgüter brauchten. Die Herstellung niveauvoller Güter wurde sogar vom englischen Gesetz behindert, und die Agrarwirtschaft konnte keine Städte von Bedeutung tragen. Die Kolonie bestand aus der üblichen Ansammlung von Händlern, Abenteurern, Söldnern und ähnlich Unternehmungslustigen, die ihre Arbeitskräfte, Einheimische oder Kriminelle als Sklaven, ausnutzten und die Profite gewöhnlich in ihr Heimatland zurückfließen ließen.

EICHENKOMMODE, ESSEX COUNTY, MASSACHUSETTS, 1678 *(LINKS)*

TRUHENKOMMODE AUS EICHE, CONNECTICUT, SPÄTES 17. JAHRHUNDERT *(UNTEN)*

Neuengland war allerdings anders. Es stand einzigartig unter den englischen Kolonien dieser Zeit da, weil seine Bevölkerung von Anfang an fast ausschließlich aus Männern, Frauen und Kindern bestand, die für sich selbst eine neue Gesellschaft aufbauen wollten. Die Siedler waren eine Mischung aus ehrgeizigen und unterprivilegierten Farmern, Handwerkern und Kleinhändlern, die ihren Vorteil suchten oder vor religiöser Unterdrückung flohen.

PILGERMÖBEL

Die frühen Mythen über die auf der »Mayflower« und anderen Schiffen aus England mitgebrachten Möbel sind genau das, nämlich Mythen. Kästen und Truhen dienten als Reisegepäck, aber ansonsten hatten die Schiffe wenig Platz für Möbel. Viel sinnvoller war es, einen Handwerker und seine Kiste mit Werkzeug hinüberzuschiffen.

Besonders die Dreher hatten gute Aussichten in der Neuen Welt, da sie grünes (ungelagertes) Holz bearbeiten konnten.

Darin ist auch eine handfeste Erklärung für die Beliebtheit gedrechselter Stühle in den frühen Kolonien zu finden. Schreiner hingegen brauchten einen Vorrat an gelagertem Holz für ihre Arbeit, der sich jedoch nicht so schnell anlegen ließ. Die unberührten Wälder waren eines der größten Geschenke für die frühen Siedler, das der Ausbeutung harrte. Einige Holzarten wie die Weißeiche und Amerikanische Esche waren ihnen vertraut, aber Roteiche oder Hikkory waren neu. Alle waren als breite Bretter erhältlich, die in Euopa längst verschwunden waren.

1642 bemerkte der Schreiner Edward Johnson, daß die Orte in Massachusetts sich schnell zu zivilisierten Gemeinschaften heranbildeten und daß sich die Wigwams und Hütten, die den Engländern nach ihrer Ankunft zunächst als Behausung dienten, in ordentliche, schöne und wohlgebaute Häuser verwandelten, viele von ihnen gut möbliert. Diese Häuser waren nach dem Vorbild der Fachwerk-Farmhäuser Ostenglands gebaut, mit verputzten Rauchabzügen, Steinkaminen und Holzverkleidung, um den kalten Neuengland-Winter abzuhalten. Auch die Möbel lehnten sich eng an die Stile der englischen Provinz an, folgten derselben Konstruktion und den alten Dekorationsmotiven. Boston lag jedoch nur ein paar Wochen Seereise entfernt von den modernen Stileinflüssen aus London, so daß hier gesellschaftliche Sitten und häusliche Einrichtungen relativ parallel mit denen in England liefen. Wie zu erwarten, hielten sich die traditionellen Stile bedeutend länger in den kleinen Hafenstädten und Siedlungen der Gegenden wie Essex County (nördlich von Boston), Plymouth und New Haven.

Daß diese Gebiete ursprünglich englische Provinzen waren, spiegelt sich in den vor 1675 hergestellten Möbeln. Eine Gruppe aus Essex County ist beispielsweise eindeutig von ihrem Mutterstil in South Devon, England, abgeleitet, mit komplexen, in Bogen eingefaßten Blattornamenten. Die Übertragung dieses Stils läßt sich vermutlich auf den Schreiner William Searle zurückführen, der in Otters St. Mary in South Devon gelernt hatte und 1663 in Ipswich, Massachusetts, Kommoden und Stühle im Stil seiner Heimat baute. 1668 kam ein weiterer Schreiner, Thomas Dennis, nach Ips wich und heiratete William Searles Witwe. Er arbeitete ganz ähnlich weiter.

Die Möbel aus New Haven sind nicht von derselben hervorragenden Qualität wie die Stücke aus Essex County, aber ihre Schnitzmuster sind eindeutig von Modellen des englischen Westens und Ostenglands abgeleitet, wo die meisten Auswanderer Neuenglands herstammten.

Als sich die Kolonialisierung entlang dem Connecticut River nach Norden ausdehnte, entwickelte die zweite Generation der Möbelbauer ihre eigenen Stile und die Schnitzarbeiten entfernten sich immer weiter von ihren englischen Vorlagen. Obwohl sich zu dem typischen und einfachen Motiv der Tulpenblüten und -blätter an einer Gruppe von Truhen und Kästen aus der Gegend von Hadley, Massachusetts, englische Parallelen finden, zeigt eine andere Gruppe von Truhen- und Schrankmöbeln aus Wethersfield, Connecticut, ein Sonnenblumenmotiv und Drechselarbeiten, die scheinbar wirklich in der Kolonie ihren Ursprung hatten.

Als Charles II. den britischen Thron bestieg, schwappten neue Konzepte aus Europa herüber: später Manierismus und frühe Barock-Vorstellungen aus Frankreich und den Niederlanden beeinflußten den englischen Geschmack und somit auch den nordamerikanischen bis nach dem ersten Viertel des 18. Jahrhunderts. Bei ihrer Heirat mit Charles II. 1662 brachte Katherina von Braganza portugiesische und goanesische Möbel als Teil ihrer Mitgift mit und lieferte so begehrte Modelle für zeitgenössische Möbelschöpfer. Der zunehmende Handel mit China ließ eine orientalische Welle entstehen, die Dekor mit Chinoiserien in den Vordergund rückte. 1689 führten William und Mary weitere Neuerungen ein.

William und Mary, 1690-1725

Der Stilwandel zu leichteren, schlankeren Modellen machte neue, bessere Konstruktionstechniken erforderlich. Fein gearbeitete Schwalbenschwänze tauchten an Schubladenfugen und Kastenteilen auf und ersetzten die früheren Verbindungen mit Dübeln und Nägeln. Dünnes Walnuß- oder

Highboy in Ahorn und Walnuss, frühes 18. Jahrhundert *(oben)*
Als Bostoner Arbeit spiegelt dieser Highboy die holländischen und englischen Vorlieben der Zeit wieder, die man auch in Boston zu schätzen wußte.

Ahornfurnier schmückte die Schubfachfronten und Möbelfassaden. Die neuen Techniken führten zu neuen Möglichkeiten der Gestaltung, und die Bezeichnung Schreiner wurde im kolonialen Wortschatz meist durch Kabinettmacher ersetzt.

Mit dem Wandel der Gesellschaftsstrukturen kam eine neue Einstellung zur Raumausstattung und damit auch zu den Möbelfunktionen auf. Tagesliegen, Frisiertische, Lehnstuhl, Gewürzschrank und Highboy bereicherten das Bild.

Boston war eine der ersten Städte, die den neuen Stil durchsetzten. Die Kabinettmacher entwickelten die doppelstöckige Kommode, den Highboy, der von trompetenförmigen Beinen mit recht barocken Stegen und Kugelfüßen getragen wurde. Die Vorliebe für höhere und schlankere Möbel schlug sich deutlich an Stuhllehnen nieder, die immer länger wurden und gelegentlich mit Rohr oder Leder gearbeitet waren. Die Kronen oder Lehnenabschlüsse zeigten geschnitztes Blattwerk und C-Voluten. Obwohl meist aus Ahorn, basierten diese Stühle auf den beliebten englischen Buchenmodellen und hielten sich während des ganzen 18. Jahrhunderts. Sie wurden in großen Mengen produziert und entlang der Küste in viele nordamerikanische Orte verschifft.

Während dieser Zeit trat ein portugiesisches Element in Erscheinung, die Fußform, die als spanischer oder Braganza-Fuß bezeichnet wird.

Die zunehmende Bildung führte zu weiteren Schreibtischmöbeln mit Klappfronten. In New York entstand ein geradliniger Schreibtisch mit Einlegearbeiten in Form von Weinranken und Beeren. Neben Nußbaum wurde in New York Zedernholz und Eukalyptus verarbeitet. Möbelbemalung war in Neuengland und im oberen Connecticut-Flußtal in der Gegend von Hadley, Massachusetts, beliebt. Die Paneele von Kommoden und Schränken wurden vielfarbig mit geometrischen Mustern verziert. Wie anderswo vollzog sich der Wandel recht langsam,so wurde die Hadley-Chest noch bis mindestens 1730 in der traditionellen Nagelkonstruktion gebaut. In New York erschienen Grisaille-Kleiderschränke mit Trompe l'oeil-Motiven sowie Frucht- und Blattornamenten in abgestuften Grau- oder Beigetönen.

An der Küste Connecticuts und in Ostmassachusetts waren die Kiefern-, Magnolien- oder Ahornkommoden mit ihrer Betonung der senkrechten Proportionen manchmal mit polychromen Blattranken und Fleur-de-lis-Motiven verziert, die sich von den Arbeiten aus Philadelphia oder Chester, Pennsylvanien, unterschieden, die überwiegend Nußbaum verwandten. In Chester County liebte man geometrische Fassaden, Weinbeerranken und Tulpenornamente.

Boston tat sich als Zentrum für Japan-Lackarbeiten hervor. Ebene Flächen wurden in Blattgold und Farben auf einem Gesso-Grund im orientalischen Stil mit Motiven wie Blüten, Pagoden, Vögeln und exotischen Tieren verziert.

Das Rokoko

Die Widerrufung des Edikts von Nantes 1685 hatte dramatische und langanhaltende Auswirkungen auf die Handwerkskünste. Große Zahlen hugenottischer Handwerker verließen Frankreich und suchten in befreundeten protestantischen Ländern wie Holland, England, der Schweiz und einigen deutschen Ländern Zuflucht. Im 18. Jahrhundert wanderten weitere Künstler und Handwerker, die nicht unbedingt zu den Hugenotten zählten, aus Frankreich aus, um an den Höfen der modebewußten europäischen Monarchen zu arbeiten. Gleichermaßen kamen viele von auswärts nach Paris, um sich dort in französischen Vorlieben und Stilen zu bilden. Das europäische Möbeldesign der ersten Hälfte des 18. Jahrhunderts war so auf jeden Fall von den französischen Impulsen beherrscht. Wie unterschiedlich das Rokoko sich in den andern Ländern auch äußerte, gilt es doch als ursprünglich französisches Phänomen.

Es ist schwierig zu sagen, wann der Barock endet und das Rokoko beginnt, denn das eine erwuchs in einem allmählichen Prozeß aus dem andern. Die Bezeichnung Rokoko war eine Schöpfung des 19. Jahrhunderts, eine Kombination aus Rocaille (Muschelwerk) und Barocco, die zunächst als Schimpfwort für einen veralteten Stil verwendet wurde und möglicherweise auch auf den Maler Federico Barocci (1528-1612) hinweist. Erst 1940 erhielt der Begriff seine heutige Bedeutung im Sinne der reichen ornamentalen Ausschmückung der ersten Hälfte des 18. Jahrhunderts.

Rokoko-Ornamente an Möbeln entwickelten sich in drei deutlich abzugrenzenden Stufen. Die erste wurde von Jean Bérain (1637-1711) befruchtet, dem Hauptmöbelschöpfer am Hofe Louis XIV. Bérain gehörte zu den ersten, die eine neue Zartheit und Finesse in ihren aus dem grotesken Formenschatz der Renaissance übernommenen Ornamenten zeigten – die wiederum auf das antike Rom zurückgehen – und seine späteren Entwürfe für Messingeinlagen, Kaminaufsätze, Decken und Wandtäfelungen sind hochfliegende Kom-

Madame de Pompadour, F. H. Drouais, 1763 (Ausschnitt)

Die naturalistische Zeichnung des Kleides und die Floralbeschläge an den Möbeln sind typisches Rokoko. Die Mäander nehmen jedoch bereits klassizistische Formen vorweg.

positionen mit antiken Göttergestalten, Fabelwesen und mitunter auch chinesischen Figuren, die sich in einer Umgebung aus symmetrischen Arabesken und fein geflochtenen Spitzenbandornamenten wiederfanden. Bérains Karriere als königlicher Designer fand ihren Niederschlag in der Veröffentlichung einer Sammlung seiner Entwürfe unter dem Titel »Oeuvre de Jean Bérain, recueilliés par les soins du Sieur Thuret« im Jahr 1711.

Claude Audran (1657-1734), der für die Einrichtung mehrerer Königspaläste verantwortlich war, gestaltete die Groteskornamente in bisher ungewohnter Freiheit mit Affengestalten unter den Fabelwesen – was zu der Bezeichnung Singerie führte . Pierre Le Pautre (1648-1716) war ein weiterer namhafter Künstler am Königshof, dessen spielerisch assymetrische Formenschöpfungen wohl als Reaktion auf den gewichtigen Louis-XIV-Stil gelten können.

Diese Auflockerung des Barocks trat Anfang des 18. Jahrhunderts immer stärker in Erscheinung. 1715 starb der Sonnenkönig und hinterließ seinen fünfjährigen Großenkel, den zukünftigen Louis XV. als Erben. Hiermit kündigte sich die zweite Stufe des Rokoko an. Während der Regentschaft (1715-23) kam unter Philip, dem Herzog von Orléans, die neue Phase des französischen Rokoko, das Régence, zur vollen Blüte.

Die klassische Prägung verschwand zugunsten mythologischer Fabelgestalten, fröhlicher Chinesenfiguren und spielerischen Tierwesen. Blumen und Pflanzenmotive betonten die kurvige Linienführung, die zunehmend asymmetrischer wurde. Während die Grotesken Bérains, so extravagant sie auch waren, noch von symmetrischen Anordnungen gerahmt waren, folgten die Regency-Designer, angeführt von Gilles-Marie Oppenord (1672-1742) der Vorgabe von Pierre Le Pautre, der die Symmetrie aufgab und sich den Bewegungen C- und S-förmiger Voluten, aus dem Gleichgewicht gebrachter Buketts, Festons und Figuren widmete.

Um 1730 entstand aus dem Regency das Genre pittoresque, eine recht extreme und frivole Form des Rokoko – die dritte unterscheidbare Phase, deren Hauptvertreter Nicolas Pineau (1693-1750), Germain Boffrand (1667-1754) und Juste-Aurèle Meissonnier (1693-1750) waren. Ihre Entwürfe beseelten das Rokoko mit heiterer Lebendigkeit: von Drachen und Reptilien bewohnte Felskluften, tosende Wasserfälle mit Muschelranken und wuchernden Pflanzen, pausbäckige Putten zwischen naturalistischen Girlanden und Bocages – all diese romantischen Kompositionen waren verflochten und verwoben in endlosen Kartuschen und Wellenranken.

Vorlagenbücher und Kupferstiche der einflußreichen französischen Gestalter sorgten dafür, daß der neue Stil erfolgreich ins übrige Europa vordrang. Zu den Veröffentlichungen zählten auch die Stiche von Jean-Bernard-Honoré Toro (1632-1731), in Paris zwischen 1716 und 1719 erschienen, die neben den Motivskizzen für Kartuschen oder Arabesken auch Tische und anderes Mobiliar abbildeten. Ein anderes Werk war das »Oeuvre« (1734) von Juste-Aurèle Meissonnier, dessen Entwürfe für Architektur, Möbel und Metallarbeiten die Rokoko-Künstler ganz Europas beeinflußte.

Nicolas Pineau war einer der einflußreichsten Rokoko-Designer überhaupt. Er verbrachte die Frühzeit seines Schaffens in Rußland, wo er um 1720 geschnitzte Holztäfelungen (Boiseries) für Peter d. Gr. entwarf. Seine Stiche behandeln alle Aspekte der Innenausstattung von Möbeln und Bettvorhängen bis zu Wanddekorationen und wurden viel kopiert. Jean Pillement (1728-1808) prägte später als Pineau, aber ebenso folgenreich alle Aspekte der gestaltenden Künste. Im Laufe seiner Karriere war er in Frankreich, Spanien, Portugal, Italien, Österreich, Polen, Deutschland und England tätig, mit dem Schwerpunkt auf Chinoiserien. Der Architekt Jacques-François Blondel (1705-74), der sein zweibändiges Werk »De la Distribution des Maisons de Plaisance« 1737-38 veröffentlichte, bekräftigte das Interesse des Rokoko-Architekten an allen Aspekten der Hausinnengestaltung – bis zur Aufteilung der Räume und ihrer Anordnung sowie den aufgestellten Möbeln.

Die frivolen antiklassischen Tendenzen des Rokoko waren den ernsteren Geistern zwangsläufig zuwider, sogar in Frankreich, und es gab eine parallel verlaufende Anti-Rokoko-Bewegung, die sich für die klassischen Regeln einsetzte, besonders auf dem Gebiet der Architektur – in Frankreich in Form einer konservativen Betonung der Barock-Elemente – während in England, wo der Palladianismus des Richard Boyle, des dritten Earl von Burlington, schon vor der Ankunft des Rokoko Wurzeln gefaßt hatte, die Möbelbauer den rein klassischen Elementen den Vorrang gaben. William Kent (1685-1748) war für diese Bewegung tonangebend. Er entwarf ausdrucksvolle palladianisch-barocke Möbel, die den Puristen sehr zusagten, gleichzeitig aber auch den um sich greifenden Rokoko-Ornamenten einen Platz einräumten.

SCHLAFZIMMERENTWURF, JACQUES-FRANÇOIS BLONDEL, 1737-38 *(OBEN)*

HOTEL SOUBISE, PARIS, ARCHITEKT GERMAIN BOFFRAND *(RECHTS)*
Um 1730 war die Ausstattung des Hôtel Soubise, der Stadtsitz des Prinzen de Rohan, das Gesprächsereignis in Pariser Architekten- und Möbelbauerkreisen.

Die erste Hälfte des 18. Jahrhunderts war geprägt von ungekannten Fortschritten der Möbelbautechnik und der Bildenden Künste allgemein. Das Polsterhandwerk erlangte einen Rang unter den höheren Künsten mit demselben Prestige wie dem der Kabinettbauer. Die Techniken wurden feiner, und Textilien wegen ihrer prachtvollen Effekte geschätzt. Betten und Bettausstattungen waren für jeden Haushalt das wichtigst; in die Prunkbetten des frühen 18. Jahrhunderts wurde ein Vermögen investiert. Die wichtigste Neuerung fand jedoch im Polsterhandwerk statt. Mit der zunehmenden Zwanglosigkeit des Rokoko lag der Schwerpunkt mehr auf der Bequemlichkeit denn auf dem optischen Eindruck. Die Stühle waren dick gepolstert mit abgerundeten Konturen und Daunenkissen, ohne dabei jedoch unelegant zu wirken. Ziernägel, geschnitztes und oft auch vergoldetes Holzwerk und Seidendamast-Bezüge ergänzten das Bild.

FRANKREICH

Anders als das übrige Europa war Frankreich von einem streng kontrollierten Gildensystem gekennzeichnet. Die Unterscheidungen zwischen Ébéniste (Hersteller furnierter Möbel), Menuisier (Massivholzschreiner), Fondeur (Metallgießer), Ziseleur (Bronzetreiber), Vernisseur (Lackierer), Marketeur (Hersteller von Marketerie-Paneelen) und Doreur (Goldarbeiter, Vergolder) waren klar definiert. Es war sogar strafbar, die definierten Grenzen zu überschreiten, was besonders den vielseitig begabten unter den Möbelbauern und Kunsthandwerkern große Schwierigkeiten bereitete. Um so bemerkenswerter ist die optische Kohärenz der französischen Möbel, an denen ganz verschiedene Handwerker beteiligt waren. Das meiste war den Ebenisten zu verdanken, die die verschiedenen Arbeiten an einem Stück vereinheitlichten.

Zwischen 1743 und 1751 wurden die Statuten der Pariser Corporation de Menuisier-ébénistes revidiert. Von da ab mußten alle Kabinettmacher, mit Ausnahme der für die Krone tätigen, ihre Erzeugnisse mit ihren Namen oder Initialien und den Buchstaben J.M. E. (»juré des menuisiers et ébénistes« signieren. Als Folge dieser Vorschrift können wir einen Großteil der französischen Möbel identifizieren, wenn auch die Hofanfertigungen allgemein unmarkiert blieben.

Gegen Ende des 18. Jahrhunderts verkauften die Ebenisten ihre Möbel durch Händler (Marchands-merciers), deren Bedeutung für die Entwicklung des französischen Geschmacks nicht zu unterschätzen ist, da sie nicht nur die Handwerker belieferten, sondern auch auf allen Gebieten der Innenausstattung beratend mitwirkten.

In den frühen Jahren des 18. Jahrhunderts war das französische Möbelschaffen von André-Charles Boulle beherrscht (1642-1732), dessen Spätwerk den unverkennbaren Einfluß von Jean Bérain verrät. Boulle-Möbel wurden in dem von Louis XIV. geschätzten Monumentalstil für Versailles gefertigt, mit massiven Goldbronze-Reliefs; die wirbelnden Arabesken der eingelegten Messingarbeiten wirkten dagegen leichter und kündigten eine neue Freiheit im Stil des Régence an. Als Boulle starb, war das Prestige des Ebenisten auf dasselbe Niveau wie das des Malers gestiegen, und die aristokratische Eleganz seiner Arbeit machte ihn in ganz Europa zum gefeierten und vielkopierten Künstler. Messingintarsien im Boulleschen Stil wurden noch bis Ende des 19. Jahrhunderts hergestellt. Mehr als jeder andere hatte Boulle der Schubladenkommode zu Rang und Namen verholfen. Nach seinem Tod übernahmen sein Sohn André Charles und sein Nachkomme (vermutlich Enkel) Charles Joseph seine Werkstatt. 1751 schloß sich der in Deutschland geborene Jean-François Oeben (1720-63) mit Charles-Joseph zusammen.

Oeben folgte der Mode der Jahrhundertmitte und baute kleinere, intimere und weiblichere Möbel, die oft mit Floralmarketerie und genialen mechanischen Erfindungen, wie Geheimfächern u. ä., ausgestattet waren. Solche Meubles à secret oder Meubles à surprise fanden besonderen Anklang bei der Maitresse von Louis XV., Madame de Pompadour, Frankreichs fabelhafter Patronin der schönen Künste während der Jahrhundertmitte. Möglicherweise wurde Oeben nach dem Tod von Charles-Joseph Boulle durch ihren Einfluß 1754 zum Hof-Ebenisten. Sein neuer Status befreite ihn von den strengen Auflagen der Pariser Gilde, die verhindert hätten, daß er als Ebenist und gleichzeitig auch als Mechaniker tätig war. Mechanische Spielereien und kunstvolle Marketerie waren Markenzeichen der deutschen Kunsthandwerker dieser Zeit, von denen einige wie Oeben nach Paris kamen und in höfischen Kreisen wirkten.

Oeben war eine Zentralfigur der französischen Hofmöbel-Manufaktur. Nachdem er selber die Fackel bester Handwerkskunst getragen hatte, die er mit den Boulle-Werkstätten übernahm, gab er sie an Jean-François Leleu (1729-1807) und Jean-Henri Riesener (1734-1806) weiter, die beide bei ihm gelernt hatten. Oeben heiratete die Schwester eines anderen bedeutenden Ebenisten, Roger Lacroix (1728-99), und Oebens Schwester heiratete Martin Carlin (1730-85). Nach Oebens Tod heiratete seine Witwe Riesener, der das Atelier in der bisherigen Vortrefflichkeit weiterführte.

Obwohl Boulle und seine Nachfolger die Höhepunkte der Handwerkskunst repräsentierten, waren sie kaum die Hohenpriester des Rokokos. Namhafte Vertreter des Louis-XV-Möbelstils waren Charles Cressent (1685-1758), Antoine-Robert Gaudreau (1680-1751) und etwas später Bernard II. van Risen Burgh (1700-65).

Cressent, der als Kabinettmacher und Bildhauer ausgebildet war, war der Ebenist, der mehr als alle andern das Rokoko auf den Möbelbau übertrug. Der gewichtige Pomp seiner marmorbelegten Kommoden ist verwoben mit der verhaltenen Bombé-Form und den geschwungenen Beinkonturen, die zu dieser Zeit höher waren als zuvor, als eher drei statt zwei Schubfächer üblich waren. Die meisten der Cressentschen Kommoden verbergen die Trennleiste zwischen den beiden Schubfächern oder haben gar keine, so daß die Fassade durchgehend und einheitlich wirkt. Man bezeichnete sie als Commodes sans traverses. Die Kurvenlinien der Beschläge vermitteln einen Eindruck von Bewegung und elfenhafter Heiterkeit, die nach der wuchtigen Formalität des Louis-XIV-Stil wahrhaft erfrischend gewirkt haben muß. Cressent hat nach Entwürfen von Nicolas Pineau gearbeitet, war aber ebenso vertraut mit großformatigen Kastenmöbeln und goldbronzierten Standuhren. Er spezialisierte sich auf elegante, typisch französische Schreibmöbel mit länglicher Platte in Arc-d'arbalête-Form.

Cressent war für den Regenten Philip Herzog von Orléans sowie dessen Sohn tätig. Als der in Europa in der Zeit von 1720-1730 am meisten gefeierte Kabinettbauer genoß er auch die Patronage anderer Herrscher wie João V. von Portugal und Kaiser Karl VIII.. Auch Madame de Pompadour zählte zu seinen Kunden. Seine meisterhaften Goldbronze-Beschläge brachtem ihm mehr als einmal Ärger mit den französischen Gilden ein.

Als Cressents wichtigster Gegenspieler galt Antoine-Robert Gaudreau, der ebenfalls für königliche Kundschaft arbeitete, insbesondere für Louis XV. und Madame de Pompadour, und dessen kennzeichnendsten Arbeiten ebenfalls marmorbelegte Kommoden mit prächtigsten Goldbronze-Beschlägen waren.

KOMMODE IN SATINHOLZ UND PARKETERIE, CRESSENT, um 1745 *(OBEN)*
Vermutlich übernahm Gaudreau den Auftrag für dieses Stück von Cressent. Die Beschläge sind mit einem gekrönten C markiert, um anzuzeigen, wann das Möbel gebaut wurde.

BOULLE-KOMMODE, DEKOR IM STIL BÉRAINS, um 1700 *(GANZ OBEN LINKS)*

FURNIERTER ECKSCHRANK, um 1760 *(GANZ OBEN RECHTS)*
Ein frühes Stück aus der Übergangszeit.

MARKETERIE-KOMMODE, GAUDREAU, 1739 *(OBEN)*
Für das Schlafzimmer Louis' XV. in Versailles entworfen, zeigt sich das Rokoko hier zurückhaltend und elegant.

SCHREIBTISCH IN PALISANDER UND TULPENBAUMHOLZ, um 1740 *(LINKS)*
Das parkettierte Äußere und die Marketerie innen sind ein Hinweis auf die Vorliebe für kunstvolle Holzverzierung im 18. achtzehnten Jahrhundert.

VERNIS-MARTIN-KOMMODE, um 1745 *(UNTEN)*
Die Goldbronze-Beschläge an diesem Möbel sind signiert mit M. Criaerd und L.B. Die bauchige Form und die geschwungenen Floralranken sind bezeichnend für das späte französische Rokoko.

Einige der Gaudreau-Kommoden waren von Sebastien-Antoine Slodtz entworfen, der mit seinen beiden Brüdern Paul-Ambroise und René Michel Mitte des Jahrhunderts als bedeutender Hofdesigner galt. Die Goldbronze-Beschläge an Gaudreaus berühmtesten Stücken waren die Arbeit von Jacques Caffiéri (1678-1755), vermutlich der größte Fondeur-Ziseleur des Rokokos.

Bernard van Risen Burgh war eine etwas dunkle Figur, vermutlich holländischer Herkunft, dessen Signatur B.V.R.B. die Möbelhistoriker lange herumrätseln ließ, bis er 1957 schließlich als Urheber einiger höchst bedeutsamer Kommoden und Tische sowie einer Reihe kleinerer, aber exklusiver Stükke identifiziert werden konnte. Hierzu gehören ein Schreibtisch und ein Nachttisch für Madame de Pompadour und ein Videpoche (ein kleines Nachttischmodell zur Aufnahme des Tascheninhalts), der dem Maler François Boucher gehörte. Als Schöpfer von Möbeln aus exotischen Hölzern und Goldbronze-Reliefs, interessierte sich van Risen Burgh auch für Dekorpaneele in japanischer oder Lackarbeit, und er war der erste Ebenist, der seine Möbel auch mit Porzellantafeln verzierte, was erst später weitere Verbreitung fand.

Namhaft unter den französischen Ebenisten zu dieser Zeit waren ferner der Spezialist für Kleinmöbel Pierre Migeon (1701-58), der Stuhlmacher und Polsterer Louis Cresson (1706-61), der Lackmöbel-Hersteller Jacques Dubois (1693-1763), der Stuhlmacher Jean-Baptiste Tilliard (1685-1766) sowie der einflußreiche königliche Kabinettmacher Gilles Joubert (1689-1775).

Eine bedeutende Entwicklung auf dem Gebiet der Japanlack-Technik fiel in die Zeit des Rokokos. Die Gebrüder Martin – Guillaume (gest. 1740), Etienne Simon (gest. 1770), Julien (gest. 1783) und Robert (1706-65) – entwickelten und vervollkommneten eine Lacktechnik, die ihnen zu Ehren den Namen Vernis Martin erhielt. Als Grundlage dienten ihnen die von dem italienischen Pater Filippo Bonanni Anfang des 18. Jahrhunderts veröffentlichten Öllack-Rezepturen, die in der Folge hochwertige Kopal- und Bernsteinlacke zu solcher Verbreitung führten, daß der Begriff Vernis Martin als Synonym für alle Japanlack-Waren im Rokoko-Stil, besonders auch im 19. Jahrhundert, verwendet wurde. 1730 erhielten die Gebrüder ein Monopol zur Herstellung chinesischer und japanischer Relieflacke, aber allgemein brachte man ihren Namen mehr mit ihrem Glattlack in Verbindung, der oft auf einem Grund aus Pappmaché (das eine neue Festigkeit und Härte entwickelte) verwendet wurde. Die Dekorationen – auf glänzendem Grund in Grün, Grau, Blau oder Violett – wurden meist polychrom aufgemalt, nicht unbedingt in Form von Chinoiserien, sondern mitunter auch als zarte Goldtüpfelung in japanischer Art. Alle möglichen Gegenstände, von Wandpaneelen über Kutschen und Kommoden bis hin zu Schnupftabaksdosen und Fächern wurden in Vernis Martin dekoriert, von reichen und modebewußten Touristen gekauft und im übrigen Europa verbreitet.

ENTWICKLUNG DER MÖBELTYPEN

Der Trend des Königshofs verlagerte sich in dieser Zeit von Prunk und Pomp immer mehr zu der lockeren Zwanglosigkeit, wie sie typisch für das Rokoko ist, und führte infolgedessen auch zu kleineren, intimen gemütlichen Räumen anstelle der großen Paradesalons. Hierzu passend mußten auch neue Möbeltypen in den Vordergrund treten, die vielfach weibliche Zartheit und Zweckmäßigkeit zum Ausdruck brachten. Die französischen Kabinettbauer genossen

LOUIS-XV-NUSSBAUM-WANDKABINETT *(LINKS)*
Französische Provinzarbeit mit Rokoko-Motiven, die Cabriole legs und die Seitenpaneele sind von früheren Louis-XIV-Möbeln übernommen.

LOUIS-XV-STUHL MIT VERGOLDETEM HOLZ, IM STIL CRESSONS *(GANZ LINKS)*
Dieser Stuhltyp heißt à la reine, weil die flache Lehnenform von Königin Marie Leczynska bevorzugt wurde.

das gleiche Ansehen wie andere Künstler und entfalteten ihren Einfallsreichtum und ihre Schaffenskraft an zahlreichen Neuschöpfungen von Kleinmöbeln (Spiel-, Näh-, Blumen-, Schreib- und Toilettentischchen), aber auch an Sekretären (Secrétaire en pente, en tombeau, à abattant, à cylindre, de voyage), Vitrinen- und Schmuckschränken, Ofenschirmen und Spiegeln. In dieser Zeit wurde auch das Bonheur-du-jour wie das Table de chevet geboren. Unter den größeren Möbeln waren neben dem Armoire besonders das Bureau von Bedeutung. Betten und Stühle gab es in allen Formen, mit wachsendem Textildekor und Polsterungen.

REGIONALSTILE

Wie zu erwarten weisen die Möbel der Gegenden um Paris – Ile-de-France, Anjou, Touraine und Orléans – den gößten Einfluß der Metropole auf, während weiter entfernte Gebiete wie die Provence, das Baskenland, Burgund und Auvergne individualistischere Stile entwickelten. Überraschenderweise zeigen auch die Möbel der Normandie eine markante Unabhängigkeit. Allerdings ahmten viele provinzielle Hersteller Formen und Stil der Großstadt nach, und manchmal sind ihre Stücke nicht von den Pariser Modellen zu unterscheiden. Pierre Nogaret aus Lyon baute beispielsweise Stühle im allermodernsten Stil. Da er seine Arbeiten signierte, wurde uns viel Verwirrung erspart. Ländliche Möbel bestanden in Nordfrankreich meist aus Eiche, während die südlicheren Gebiete im allgemeinen Nußbaum verwandten. Obsthölzer galten vielfach als gute Alternative, besonders in der Normandie, der Auvergne und Burgund.

Wie bei ländlicher Produktion meistens der Fall, waren die Möbel durch Konservativismus gekennzeichnet. Das konzentrierte Barock von Louis XIV. hielt sich das 18. Jahrhundert über in den meisten Gegenden, während die Möbelbauer der Auvergne an noch archaischeren Formen festhielten. Erst relativ spät im 18. Jahrhundert erweiterten Rokoko-Elemente wie Kartuschen und geschwungene Beine an Schränken, Kommoden oder Stühlen, wellige Zierfriese und mit Spiralranken verzierte Schloßbeschläge und Griffe die althergebrachten Möbelformen.

Die Bretagne, der Nordosten der Lorraine und die Franche-Comté übernahmen einen mehr folkloristischen Stil mit blumigem Schnitzwerk auf ansonsten glatten Flächen. Die Schnitzerei war auch für das Baskenland bezeichnend, aber hier waren die Formen auf geometrische Medaillons und Zickzackmuster maurischer Prägung beschränkt.

Die Möbel der Provence, fast ausschließlich aus Nußbaum, zeugen von der genialen Schaffenskraft des Provinzhandwerkers. Zu den Spezialitäten dieser Region zählen die Buffets à glissants, Anrichtenschränke mit aus seitlichen Schiebefächern konstruiertem Aufsatz, sowie eine robuste und dabei gefällige Version des Armoire als zeitloser Klassiker unter den Möbeln.

ITALIEN

Ein Großteil der italienischen Möbel des 18. Jahrhunderts war zwischen 1730 und 1740 betont konservativ, aber in einigen Gebieten der Halbinsel – die damals eine lockere Ansammlung unabhängiger Staaten bildete – wurde das Rokoko, ähnlich wie in Frankreich das Regency, zur vollen Blüte getrieben. In Turin kreierten der sizilianische Architekt Filippo Juvarra (1678-1736), der zuvor auch großartige Barock-Möbel gestaltet hatte, und der Kabinettmacher des Königs von Savoyen, Pietro Piffetti (1700-77), gemeinsam einen überwältigen Siegeszug des Rokokos. Jede greifbare Fläche wurde mit Ornamenten überladen: Wände mit Spiegelrahmen und geschnitzten und vergoldeten Girlanden und Kartuschen, Paneelmalereien quollen von Blumen über und Möbel wurden nicht nur mit wuchtiger Goldbronze beschlagen (vielfach Arbeiten des in Frankreich ausgebildeten Bildhauers Francesco Ladatte, 1706-87), sondern auch mit einer Überfülle an Intarsien aus Elfenbein und seltenen Hölzern dekoriert.

Viele Möbelformen fielen der ungezügelten Begeisterung zum Opfer, wobei kopflastige Schränke auf Konsolen ruhten, deren übertrieben geschwungenen Cabriole-legs aussahen, als ob sie jeden Moment unter der Last zusammenbrechen würden. Doch im Gegensatz zu vielen Möbelstücken aus dieser Zeit, bei denen oft mehr Wert auf wirkungsvolles Aussehen als auf gediegene Ausführung Wert gelegt wurde, waren die Arbeiten Piffettis in jeder Hinsicht meisterhaft, auch wenn die Ornamentfülle manchmal schwer verdaulich ist.

Regionalstile

In der Lombardei und der Toskana waren Obsthölzer, Kastanie und Walnuß verbreitet. Intarsien wurden aus Elfenbein, Zinn und Perlmutt oder exotischen Hölzern gearbeitet. Der typische Barock-Dekor der klassischen Götter und Göttinnen wich mitunter frivolen Putten oder Chinesenfiguren, und die umgebenden Gewächsranken und Muschelmotive eigneten sich gut für die Vorlieben an bewegtem und asymmetrischem Ausdruck. Die Möbelformen wurden runder und kurvenreicher.

In Venedig und Umgebung wurde die Bombé-Form mehr als irgendwo anders bevorzugt, meist in Verbindung mit Malerei und Lackdekor. Die Möbelflächen (meist aus Kiefer) erhielten einen Überzug aus Gesso, in den spielerische und zumeist überfüllte Chinoiserien in Relief gearbeitet

MARKETERIE-KABINETT, PIETRO PIFFETTI, 1731
Im Auftrag des Königs von Piemont für den Palazzo Reale, Turin, gearbeitet, entfaltet dieses Kabinett der Königin das Rokoko in vollster Blüte mit Marketerie in Ebenholz, Feige, Akazie, Buchsbaum, Elfenbein und Permutt.

WANDTISCH, VERGOLDETES HOLZ, um 1720 *(RECHTS)* *Die Hermenbeine sind mit Kreuzstreben verbunden, die Schmuckleiste oben zeigt stilisierte Blattvoluten. Die Scagliola-Platte ist 19. Jahrhundert.*

BEMALTE KOMMODE, um 1750 *(UNTEN RECHTS)* *Die Lacca-contrafatta-Technik kommt an diesem Stück wirksam zur Geltung.*

LACCA-KOMMODE, um 1740 *(GANZ UNTEN LINKS)* *In Form und Ornamentik ist diese Kommode kennzeichnend für venezianische Möbel. Feine, lebendige Malerei und nach oben gebauchte Form waren Mitte des 18. Jahrhunderts äußerst beliebt.*

wurden. Anschließend wurden sie stets vergoldet, während der Hintergrund einfarbig (entweder grün, rot oder gelb) blieb oder später in Tempera bemalt wurde. Typisch für die venezianischen Lackmöbel ab Mitte des 18. Jahrhunderts sind zarte, vergoldete Reliefszenen, meist Figuren in Landschaften und einer Rahmung aus Girlanden und Blumenbuketts, die polychrom auf einen hellen Untergrund gemalt waren.

Orientalischer Lack – oder Lacca, wie der italienische Japan-Lack genannt wurde – regte zu einer weiteren, billigeren Dekorationsart an, die besonders um Venedig Verbreitung fand. Das war Lacca contrafatta (auch Arte povera genannt), bei der Papierschnipsel oder ausgeschnittene Druckmuster auf die Möbelflächen geklebt und mit Lackschichten überdeckt wurden. Ohne etwas anderes vorzutäuschen, wirkten diese Stücke stets heiter, besonders mit Hintergründen in hellen, klaren Farben.

Möbelmalerei war eine Spezialität der gebirgigen Regionen Norditaliens, während Lacca überall vorkam. Piemont und Ligurien waren dezenter und hatten gleichzeitig eine höhere Qualität als andere Erzeugnisse der italienischen Halbinsel. Der Einfluß des benachbarten Frankreich war am deutlichsten an dem Piemonter Möbeln sichtbar, einem Gebiet mit langer Intarsientradition, denn die Hugenotten, die sich hier und in

Ligurien ansiedelten, brachten französische Stile und Fachkönnen mit.

Die Möbel der Emilia Romagna, der Gegend südlich von Venedig, zeichnen sich durch gediegene Robustheit aus, die anderen Regionen fehlt. Hier wurde neben Nußbaum auch Eiche verwendet. Typische Ornamentformen waren Metallblüten und -knäufe in geometrischer Anordnung, und gedrehte Holzmedaillons.

Der spanische Einfluß ist an den Möbeln um Genua abzulesen, wo importierte Hölzer wie Palisander in Verbindung mit dem heimischen Nußbaum angewendet wurden. Hinweise auf Spanien sind auch an sizilianischem Mobiliar deutlich, wo Elfenbeinintarsien nach Vorbild des spanischen Vargueño entstanden. Bemalte Stücke waren ebenfalls typisch, und Olive oder Pappel verraten die sizilianische Herkunft.

Die Möbelmalerei Umbriens und der Toskana war viel zurückhaltender und eleganter als die venezianische. Florenz hatte eine ganz eigene, kostbare und gefeierte Tradition des Steindekors (Pietra dura) aufzuweisen, die noch durch das 18. Jahrhundert hindurch die Welt in Erstaunen und Entzücken versetzte. Farbenprächtige Tisch- und Schrankpaneele wurden immer leichter erreichbar, als sich gegen Jahrhundertmitte eine höchst wirkungsvolle Scagliola-Imitation entwickelte.

SPANIEN UND PORTUGAL

Dynastisch gesehen stand Spanien mit Frankreich und Italien in Verbindung, und die Einflüsse auf die Landesmöbel kamen in der ersten Hälfte des 18. Jahrhunderts zum größten Teil aus diesen beiden Ländern. Kunstvoll geschnitzte und vergoldete Konsoltische mit Marmorplatten und riesigen Spiegeln darüber galten als wesentlicher Bestandteil jeder Palasteinrichtung. Philip V. gründete in San Ildefonso 1736 eine Fabrik, die den

ROSENHOLZSTUHL, um 1750
Der durchbrochene und geschnitzte Dekor zeigt die Übernahme französischer und englischer Einflüsse in den portugiesischen Stil dieser Zeit.

Spiegelbedarf sichern sollte. Die Kommode drängte den traditionellen Vargueño in den Hintergrund, blieb aber bis zur zweiten Hälfte des Jahrhunderts weit hinter der Kunstfertigkeit der französischen Vorbilder zurück.

Die Möbelstile Portugals waren von den Handelsbeziehungen mit England und dem Ostindien- und Südamerikahandel geprägt. Englische Rohrstühle und japanierte Bureau-Kabinette wurden zahlreich in der ersten Jahrhunderthälfte eingeführt. Der englische Queen-Anne-Stil und später Chippendale wurden auf unmißverständlich portugiesische Art interpretiert, manchmal in Harthölzern wie brasilianischem Jakaranda statt Nußbaum.

Auch als gegen Mitte des Jahrhunderts sich das französische Rokoko in Portugals Möbelherstellung einschlich, wurde es auf eigene, dezente Art und mit vielen englischen Elementen umgestaltet. Nur am Königshof von João V. konnte das Rokoko sich voll entfalten.

DEUTSCHLAND UND OSTEUROPA

Zu Beginn des 18. Jahrhunderts beherrschte das Barock, der in dieser oder jener Form in Deutschland gefeiert war, die meisten Länder des Heiligen Römischen Reiches. Seit dem Ende des 17. Jahrhunderts war der Einfluß des Louis-XIV-Stils nicht zu übersehen und sollte noch lange Zeit anhalten, besonders im Norden. Seine deutsche Ausprägung war vielleicht am spektakulärsten an den zahlreichen Veröffentlichungen von Johann Jakob Schübler (1689-1741) abzulesen, dessen Entwürfe alle Arten von Haushaltsmöbeln, aber auch Kirchenmobiliar, Gartendekor und verschiedene mechanische Erfindungen betrafen.

Wien als Hauptstadt des Reiches war ein Zentrum der Künste, das Kunsthandwerker aus Italien ebenso anzog wie es eigene Talente hervorbrachte. Herrliche Barock-Paläste entstanden in Wien, Pommersfelden, Prag und Würzburg, und die gediegene Qualität des Barocks sprach auch die reichen Kaufleute an, deren Möbel zwar nicht so prunkvoll wie die der Fürstenhöfe waren, aber immerhin zu einer gewissen Grandiosität neigten.

Die monumentalen, getäfelten und mit Giebeln verzierten Schränke als typische Vertreter des deutschen Wohlstands wurden in vielen Gegenden, besonders in Frankfurt, Aachen und Würzburg, bis weit ins 18. Jahrhundert hergestellt.

Die Entwicklung des französischen Stilguts wirkte sich allmählich aus, so daß bis 1720 neue Moden in einige Gegenden eingedrungen waren, in erster Linie nach Bayern, wo der Kurfürst zwei Architekten beschäftigte, nämlich Joseph Effner (1687-1745) und François Cuvilliés (1695-1768), die vor ihrer Rückkehr nach München in Paris studiert hatten und im Rokoko Louis XV. gründlich beschlagen waren. Französische Elemente drangen auch auf dem Wege der überall erhältlichen Veröffentlichungen von Kupferstichentwürfen seit Anfang des 18. Jahrhunderts in das deutsche Stilgut ein. Als Folge davon gab es einen Rokoko-Ausbruch in den Kirchen und Palästen Süddeutschlands, der alles übertraf. Die Arbeiten von Cuvilliés in und um München lieferten von 1730 an sowohl einen Maßstab als auch eine Inspirationsquelle für zukünftige Rokoko-Designer in ganz Deutschland – und Cuvilliés Entwürfe für Ornamente und Möbel trugen seinen Einfluß weit über die Landesgrenzen hinaus.

In Sachsen hatte Kurfürst August der Starke, gleichzeitig König Augustus II. von Polen, 1710 die Meißener Porzellanmanufaktur gegründet, deren Produkte zum Inbegriff des Rokokos auf dem Gebiet der Keramik wurden. Als Folge davon zog es auch Rokoko-Möbelhersteller höchsten Kalibers an seinen Hof.

Würzburg, Mainz, Ansbach, Bayreuth, Mannheim, Berlin und Potsdam waren weitere wichtige Zentren für höfische Rokoko-Möbel. Die unter Anleitung des Hofarchitekten Friedrichs d.Gr., Georg Wenzeslaus von Knobelsdorff (1699-1753), gebauten Möbel für die Paläste in Berlin und Potsdam waren unübertroffen in ihrer Genialität und handwerklichen Gestaltung. Unter ihm waren der Kabinettmacher Johann August Nahl (1710-85), die beiden Spindler Johann Friedrich (1726-99) und Heinrich Wilhelm (1738-99) beschäftigt, die beide zuvor in Bayreuth tätig gewesen waren, ferner die Gebrüder Hoppenhaupt, Johann Michael (1709-55), Johann Christian (1719-86) sowie Melchior Kambli (1718-73).

Berlin war zu dieser Zeit schon mit den Arbeiten von Gerhard Dagly (1687-1714) gesegnet, gebürtig aus Spa in Belgien, des-

NUSSBAUM-SEKRETÄRKABINETT, FRANZ ANTON HERMANN ZUGESCHRIEBEN, um 1758 *(LINKS)*
Die gebogte Außenfläche der Schreibplatte, profilgerahmte Türen, ausgeprägte Bekrönung und symmetrische Marketerie sind typische Merkmale für die Kabinette der Mainzer Gilde aus der Mitte des 18. Jahrhunderts.

PALISANDER-KABINETT, MARTIN SCHNELL, um 1730 *(RECHTS)*
Das Monogramm im von zwei weiblichen Figuren flankierten Cabochon ist von August dem Starken, für den dieser Schrank gefertigt wurde. Ein Beispiel für die während des Rokoko beliebte Asymmetrie.

NUSSBAUM-BUREAU, um 1740
(UNTEN RECHTS)
Der recht verhaltene Ausdruck dieser deutschen Arbeit steht im Gegensatz zu den kunstvollen französischen Bureaux derselben Zeit. Sanft geschwungene Linien werden durch die schöne Holzmaserung wirksam betont.

sen orientalische Lackimitationen im 17. und Anfang des 18. Jahrhunderts unübertroffen waren. Sein Schüler Martin Schnell (1703-40) gehörte zu einer Gruppe hervorragender Lackierer, die nach Dresden gingen und für König August den Starken tätig wurden.

Es überrascht kaum, daß in einem so riesigen und abwechslungsreichen Gebiet wie den deutschen Landen die regionalen Unterschiede im Möbelbau ganz erheblich waren. Im Norden kam der Haupteinfluß aus Holland, während der Süden gewisse Züge wie die Bombé-Form der Kommoden eindeutig Italien verdankte. In ähnlicher Weise war auch die Möbelmalerei für Süddeutschland genauso kennzeichnend wie für Norditalien und die Schweiz.

Englische Möbel waren in vielen Teilen Deutschlands sehr geschätzt. Ihr namhaftester Befürworter war Abraham Roentgen (1711-93), der die Anfangsjahre seiner Laufbahn in England verbrachte und 1750 schließlich in Neuwied eine Werkstatt einrichtete, die bald in ganz Europa zu Ruhm und Ehren gelangte. Seine Arbeiten führte er überwiegend in Nußbaum oder Obsthölzern aus, aber seine besondere Spezialität war eine Marketerie mit exotischen Hölzern und Messsing, Elfenbein und Perlmutt.

Intarsien solcher schwer zu bearbeitetenden Materialien waren schon über ein Jahrhundert eine deutsche Spezialität gewesen und wurden besonders in Braunschweig noch lange gepflegt. Während der Jahrhundertmitte tauchte dort ein Typ von Schreibschrank mit welligen Konturen auf, der in Nußbaum furniert und mit eleganten Elfenbeinschnörkeln intarsiert war.

DIE NIEDERLANDE

Die erste Hälfte des 18. Jahrhunderts hatten englische und holländische Möbel sehr viel gemeinsam. Englische Möbel waren sogar so beliebt in Holland, daß die holländischen Kunsthandwerker sich selber aus Prestigegründen gern als Englische Kabinettbauer betitelten. Nußbaum war für wertvolle Stücke vorbehalten, zur Dekoration der Schranktüren und Tischplatten diente hochwertiges Muschelfurnier. Alternativen für Nußbaum waren Goldregen, Akazie oder exotische Hölzer. Das Bureau mit Doppelkuppel, das ursprünglich eine englische Erfindung war, war bis zum Beginn des 18. Jahrhunderts in beiden Ländern weitgehend vertraut. Stühle mit furnierten Zungen in Vasenprofil und mit Cabriole legs mit geschnitzten Knien kamen in beiden Ländern mit nur geringen Stilschwankungen vor, und Rohrgeflecht war häufig an Lehnen und Sitzen von Stühlen und Bänken zu finden.

Japan-Lack bot farbenprächtigere Dekorationsmöglichkeiten als geformtes Holz allein, so exotisch es auch sein mochte.

In Belgien war Spa seit über hundert Jahren bereits ein berühmtes Zentrum für orientalische Lackimitationen, und seine Erzeugnisse, vom geräumigen Schrank bis zur kleinen Schnupfdose, waren im 18. Jahrhundert bei den Touristen sehr begehrt, die den Kurort besuchten. Die Lackierer außerhalb der Niederlande entwickelten in dieser Zeit ebenfalls einen hohen Standard. Die holländische Variante des ausgehenden 17. und frühen 18. Jahrhunderts bestand gewöhnlich aus sparsam arrangierter Chinoiserie in Gold auf schwarzem Grund.

Wie in England zeitigte das Rokoko vor 1740 kaum Auswirkungen auf das holländische Mobiliar. Erste Anzeichen waren bauchige und wellenförmige Konturen, die allmählich stärker ausgeprägt wurden, und weitere Verzierungen in Form üppig sprießender Spiralen und Ranken traten hinzu. Nun behauptete sich einmal mehr der französische Einfluß, und die Nachfrage nach luxuriösen mit Or moulu beschlagenen Kommoden führte zu einigen kunstvollen, daheim entstandenen Exemplaren, deren hervorstechendes Merkmal die Floralmarketerie war. Typischer für Holland war eine Art von Tallboy, der aus einem Bombé-Unterteil und einem in Regale eingeteilten Kleiderschrankaufsatz mit zwei Türen bestand. Das kurvenreiche Oberteil war meist mit Simsen für das Porzellan versehen.

NUSSBAUMSTUHL, um 1720
Vasenform der Mittelzunge und geschweifte Cabriole legs sind typisch für die Niederlande.

RUSSLAND UND SKANDINAVIEN

Außerhalb Frankreichs fand einer der ersten Exkurse ins Rokoko in Rußland statt, wo der französische Rokoko-Pionier Nicolas Pineau zwischen 1716 und 1726 tätig war. Rußland importierte französische und deutsche Möbel der neuesten Mode, die die einheimischen Handwerker kopierten. Die veröffentlichten Entwürfe, die überall in Umlauf waren, halfen dem russischen Adel, mit den neuesten Entwicklungen Schritt zu halten.

Um die Jahrhundertmitte war die vorherrschende Variante des Rokokos in Rußland eindeutig deutscher Prägung. Sein wichtigster Vertreter war Graf Bartolommeo Francesco Rastrelli (1700-71), der Sohn eines italienischen Bildhauers, der als Architekt am russischen Hof reiche und bunte Interieurs gestaltete, insbesondere den Zarenpalast und Winterpalast in St. Petersburg, einschließlich Möbel und Eisenarbeiten sowie Stuck und kunstvolle Wanddekoration.

Der riesige Bedarf an Bauholz nach dem großen Brand in London 1666 führte in Skandinavien nicht nur zu größerem Wohlstand, sondern zu einem verstärkten kulturellen Austausch mit England, dessen Möbelstile im späten 17. und 18. Jahrhundert immer mehr Einfluß gewannen. Diese Verbindungen zu englischen und holländischen Möbeln verliehen den skandinavischen Produkten eine anglo-holländische Prägung. Wie in anderen Teilen Europas waren Stuhl- und Schrankbau ganz getrennte Handwerke, und die Stuhlmacher waren im allgemeinen die konservativeren. Queen-Anne- und frühe georgianische Stuhlstile blieben in Skandinavien sogar noch lange populär, nachdem sie in England längst dem Rokoko gewichen waren.

Während dieser Zeit hingen Dänemark und Norwegen politisch und kulturell zusammen, und aufgrund ihrer Interessen und geographischen Lage unterhielten sie enge Verbindungen mit dem nördlichen Deutschland. So holten sich die Möbelbauer viele Anregungen aus dieser Richtung, und es ist nicht erstaunlich, daß die deutsche Form des Rokoko in Norwegen und Dänemark den meisten Anklang fand. Die Gilden beider Länder waren nach deutschem Modell aufgebaut. Es wurden hauptsächlich Schränke und bauchige Kommoden hergestellt.

In Skandinavien insgesamt war das Rokoko eine höfische Erfindung der dreißiger und vierziger Jahre des 16. Jahrhunderts. Am ausgeprägtesten und frankophilsten war es in Schweden, dessen führende Architekten und Möbelschöpfer in Paris ausgebildet waren. Erst später im 18. Jahrhundert verbreiteten sich Rokoko-Ornamente auch beim skandinavischen Bürgertum.

ENGLAND

Der Londoner Möbelhandel konzentrierte sich um den Kirchhof von St. Pauls. Obwohl die Industrie blühte, können wir leider nur wenige Hersteller identifizieren. Gelegentlich tauchen heutzutage Stücke auf, die als Hersteller die Firmen Coxed & Woster, Hugh Granger, William Old & John Ody oder Giles Grendey angeben, was zu großer Aufregung unter den Möbelhistorikern führt, aber solche oberflächlichen und leicht zu fälschenden Hinweise sind mit Vorsicht zu genießen. Eine weitere bedeutende Firma war John Gumley & James Moore, die den königlichen Haushalt zwischen 1714 und 1725 mit Spiegeln und anderen Einrichtungsgegenständen belieferte.

Vergoldung wurde gern und viel angewandt, nicht nur an Spiegelrahmen, sondern ab 1720 auch zunehmend an anderen Möbelstücken, was dem Einfluß von William Kent (1684-1748) zu verdanken war, Maler und Entwurfszeichner, der auf praktisch allen Gebieten tätig war und den Möbelbau nachhaltig prägte. Sein Schirmherr Richard Boyle, der dritte Earl von Burlington, war der maßgebliche englische Befürworter des palladianischen Architekturstils, und Kent lieferte die dazupassenden Einrichtungen. Seine Möbel waren architektonisch und wuchtig, überladen mit klassischen Ornamenten und eigneten sich am besten für die palastähnlichen Bauten der Aristokratie. Seine berühmtesten Intérieurs waren die für Chiswick House (für Lord Burlington) und Houghton Hall (für Sir Robert Walpole), aber seine Entwürfe für Kabinette, Konsoltische, Settees, Sockel, Spiegelrahmen und Stühle wurden in der Zeit zwischen 1730 und 1740 vielfach kopiert, so daß sein architektonischer Stil auch auf gewöhnliche Möbel überging. Zu seinen bedeutendsten Zeitgenossen zählen John Vardy (gest. 1765) und der königliche Kabinettmacher Benjamin Goodison (1700-67). Ein Großteil der Kentschen Möbel war vergoldet; die in Gold hervorgehobenen Zierranken an den Sockeln, Kapitellen und seitlichen Säulen der Kabinette, die Schnitzereien an Spiegeln oder Kniee von Tisch- und Stuhlbeinen konnten eine besonders prunkvolle Wirkung erzielen. Noch reicher gestaltet waren die ganz vergoldeten Konsoltische mit Marmorplatten, die in den Galaräumen an Fenster-Zwischenwänden aufgestellt wurden und wie die vergoldeten Spiegel darüber gewöhnlich aus Buchenholz oder Kiefer gemacht waren – Hölzer, die sich gut schnitzen und vergolden ließen. Sie wurden ergänzt von vergoldeten Stühlen, Ständern und Tischen. Die Weichhölzer fielen allerdings leicht dem Holzwurm zum Opfer, und nur ein geringer Prozentsatz dieser Goldmöbel ist noch erhalten. Vielleicht waren sie viel verbreiteter, als die heute noch existierenden Stücke vermuten lassen.

Ab 1730 wurde Nußbaum als wichtigstes Schrankholz allmählich von Mahagoni verdrängt, einer Holzart aus Westindien, die sich durch den satten dunklen Ton und große Festigkeit und Vielseitigkeit auszeichnete. Mahagoni paßte vorzüglich zu dem architektonischen Stil eines William Kent mit seinen klar definierten klassischen

NUSSBAUM-OHRENSESSEL, um 1720 (OBEN LINKS)
Zeitgenössische Gros- und Petit-point-Stickereien sind bezeichnend für die Rokoko-Vorliebe für ausgefeilten, übertriebenen Naturalismus. Das einladende Sitzpolster kam den Komfortansprüchen der Zeit George I. nach.

KONSOLTISCH IN VERGOLDETEM HOLZ, um 1750 (OBEN)
Die Marmorplatte wird von den typischen Volutenranken des Rokoko gestützt, während die Maske und Prince-of-Wales-Federbusch bereits den Beginn klassischer Einflüsse anzeigen, der für die Möbel im Kent-Stil typisch ist.

HIMMELBETT, CALKE ABBEY, FRÜHES 18. JAHRHUNDERT
Das kunstvoll gearbeitete Kopfbehang weist auf die Stiche von Daniel Marot hin, die Anfang des 18. Jahrhunderts sehr beliebt waren. Der gradlinige Himmel spiegelt jedoch eher die Vorliebe für architektonische Züge des zweiten Jahrzehnts. Die leuchtenden Farben der Chinoiserie-Stickerei lassen auf seltenen Gebrauch schließen.

Randornamenten und war auch ideal für Stühle, die nun dekorativ und stabil zugleich sein konnten. Die allmähliche Verbreitung des Mahagoni-Holzes in England fiel zeitlich mit einem neuen Hauch frischer Luft aus dem Ausland zusammen, dem französischen Rokoko, der mit Einwanderern, Künstlern und Handwerkern über den Kanal geweht kam.

Der einflußreiche Rokoko-Maler Jean-Antoine Watteau war bereits 1719 nach England gekommen. Im folgenden Jahrzehnt eifertem ihm Maler wie Philip Mercier und Pieter Angellis nach, die bereits in England ansässig waren. Kupferstecher wie der französische Einwanderer Hubert Gravelot trugen während der dreißiger Jahre des 16. Jahrhunderts viel zur Verbreitung des Genre pittoresque bei, und französische, italienische und deutsche Skizzen- und Vorlagensammlungen kursierten überall. Entwürfe von Pineau, Bérain, Toro, Meissonnier, Brunetti und Cuvilliés wurden rege unter den Handwerkskünstlern der verschiedensten Fachrichtungen ausgetauscht.

Die Akademie St. Martin's Lane, die von William Hogarth 1735 gegründet wurde, war das Hauptzentrum des englischen Rokokos. Hier wurde die Schönheit und Anmut geschlängelter Wellenlinien und die Betonung naturalistischen Ornamentes von Lehrmeistern wie Gravelot, Francis Hayman und Louis-Francois Roubiliac an die nachstrebende Generation weitergegeben. Daß St. Martin's Lane den Kirchhof von St. Paul als wichtigstes Möbelquartier Londons ersetzte, war für die Entwicklung englischer Rokoko-Möbel sehr bedeutsam. Die Nähe der Akademie führte dazu, daß die Kunstrichtung des Rokokos bald von den Kabinettbauern assimiliert wurde.

An Silberwaren, besonders den Arbeiten von George Wickes und des Hugenotten Paul de Lamerie, wurde das Rokoko in der Kunst zuerst sichtbar. Wenig später folgten Schnitzerei und Möbelhandwerk. Schon bald war der Markt übersät mit Musterbüchern, die das Rokoko in seiner typisch englischen Ausprägung priesen. Zu den ersten dieser Art gehörte »The Gentleman's or Builder's Companion« (1739) von William Jones und »The City and Country Builder's and Workman's Treasury of Designs« (1740, mit weiteren Auflagen 1745, 1750, 1756 und 1770) von Batty Langley mit Zeichnungen seines Bruders Thomas. Zwar feierten die Entwürfe in erster Linie den Palladianismus, aber von Europa geborgte Rokoko-Elemente sind auch erkennbar.

Der Lehrer und Meisterschnitzer Matthias Lock (Schaffenszeit 1740-70) war vermutlich der wichtigste Exponent des englischen Möbel-Rokokos. Seine beiden Werke »Six Sconces« (1744) und »Six Tables« (1746) waren gefolgt von weiteren Entwürfsbüchern wie »A New Book of Ornaments in the Chinese Taste« und »The Principles of Ornament«. Locks Schöpfungen basieren auf asymmetrischen C-Voluten, Kartuschen und welligen Akanthus-Blättern, aber Wasserelemente, Felsgestein, Tiere und rustikale Baumstämme tauchen auch regelmäßig auf.

Um 1750 waren sowohl chinesische als auch gotische Elemente in den Formenschatz des Rokokos eingedrungen, entweder als Konglomerat romantischer Schwärmerei oder aber als bestimmendes Thema. Lock arbeitete mit Henry Copland (erste aufgezeichnete Arbeit 1738, gest. 1761) zusammen, und beide produzierten gemeinsam das Werk »A New Book of Ornaments« (1752), das Entwürfe für Kamine, Wandleuchter, Tische, Ständer, Girandolen, Kronleuchter und Uhren enthielt.

Eine noch leichtere Form des Rokoko fand sich in den etwa 1750 erschienenen Veröffentlichungen von Thomas Johnson (1714-1778), der wie viele andere englische Rokoko-Künstler oder Schirmherren Mitglied der Anti-Gallican Society war, die 1745 gegründet wurde, um Englands Handel zu erweitern und die Einführung französischer Moden abzulehnen und die Importe französischer Kommoditäten zu verhindern. In Antwort auf die Vorliebe der Öffentlichkeit für den ursprünglich französischen Stil waren viele Rokoko-Künstler und Handwerker in England so überzeugt, daß sie die antigallische Philosophie unterstützten. Johnsons wichtigste Veröffentlichung, »One Hundred and Fifty New Designs« (1761), stellte eine ganze Serie von Schnitzereien in höchst lebendigem Rokoko vor. Es fehlte nicht an Chinoiserie, rustikalen Kompositionen, Vögeln, Fischen und anderen Tieren sowie Szenen aus Aesops Fabeln, alles angeordnet zwischen spritzenden Fontänen und herrlichen Wasserfällen, Blattwedeln und Kartuschen mit üppigen Spiralranken.

Ein weiterer Kupferstecher, Matthias Darly (Schaffenszeit 1750-78), gab 1750-51 »A New Book of Chinese, Gothic and Modern Chairs« heraus, 1754 gefolgt von »A New Book of Chinese Designs«, aber besser bekannt war er wohl für seine Zusammenarbeit mit Thomas Chippendale (1718-79) an dem Band »The Gentleman and Cabinet-maker's Director« (1754, mit weiteren Auflagen 1755 und 1762), für den er die meisten Stiche fertigte. Er trug noch zu zwei weiteren bedeutenden Entwurfssammlungen bei, zu Ince und Mayhews »The Universal System of Household Furniture« (1759-63) und »Household Furniture in the Genteel Taste for the Year 1760 by a Society of Upholsterers, Cabinet-Makers etc.«. Die letzten der englischen Rokoko-Bücher (abgesehen von den vielen Wiederauflagen der früheren Veröffentlichungen) bestanden aus den Arbeiten des Kabinettbauers Robert Manwaring (Schaffenszeit 1760-66): »The Cabinet and Chair-Maker's Real Friend and Companion« (1765) und »The Chair-Maker's Guide« (1766).

Unter all diesen Sammlungen war Chippendales »Director« ohne Zweifel das wichtigste. Als erstes Musterbuch behandelte es alle Arten von Haushaltsmöbeln, und sein Erfolg war so durchschlagend, das Chippendale zum Sammelbegriff für praktisch alle Mitte des 18. Jahrhunderts gefertigten Mahagoni-Möbel wurde. Chippendale selber war nur einer von vielen Geschäftsleuten und Kabinettmachern, aus deren Werkstätten in und um St. Martin's Lane zwischen 1750 und 1760 Möbel in verläßlich hoher Qualität hervorgingen. Das »Director« war eigentlich weniger eine Sammlung von Originalentwürfen als eher ein Überblick über die Möbelarten und Vielfalt der Stile, die während der Mitte des 18. Jahrhunderts erhältlich waren.

Stühle wurden ornamentaler gestaltet als

MAHAGONI-STUHL, um 1755 *(OBEN)*
Wie viele Stühle aus Chippendales »Director« ist auch dieser nicht einem einzigen Entwurf treugeblieben.

ENTWURF AUS »A NEW BOOK OF ORNAMENTS«, MATTHIAS LOCK, 1752 *(RECHTS)*

ENTWÜRFE AUS EINER SAMMLUNG VON THOMAS JOHNSON, 1758 *(GANZ RECHTS)*
Diese Uhren sind ein hervorragendes Beispiel für Johnsons einfallsreiche und lebendigen Möbelentwürfe.

MAHAGONI-KABINETT, JOHN CHANNON, um 1740 *(LINKS)*
In der strengen, architektonischen Form den deutschen Kabinetten dieser Zeit ähnlich, spiegeln die Goldbronze-Beschläge jedoch den englischen Geschmack.

PFEILERSPIEGEL IN VERGOLDETEM HOLZ, um 1760 *(RECHTS)*
Spiralige Ranken und Chinoiserie-Motive sind kennzeichnend für das englische Rokoko.

BOMBÉ-LACKKOMMODE, um 1750 *(RECHTS)*
Dezente Bombeé-Front und typisch englische Ausführung der Lackarbeit sind Hinweise darauf, daß das Stück aus der Mitte des 18. Jahrhunderts stammt.

je zuvor. Typisch für die Zeit waren die geschnitzten Lehnenzungen, die oben in anmutig geschwungenen Bügeln abschlossen, ebenso wie geschnitzte Knie und Cabriole legs. Die Schnitzornamente konnten die Form Rokoko-typischer Kartuschen oder Akanthusvoluten annehmen, mitunter in gotische Bogen, chinesische oder Flechtbandornamente integriert.

Die französischen Stühle, die außer dem Sitz auch die Lehne gepolstert hatten, zeigten kartuschenförmige Rückenlehnen und Blattornamente an Beinen und Sitzrahmen. Bei manchen kontrastierte das glänzende Mahagoni mit farbenprächtigen Polsterbezügen, während andere vergoldet waren. Zu diesem Zeitpunkt stand das Polstererhandwerk den Kabinettmachern in nichts nach, und viele Firmen bezeichneten sich selbst als Polsterer und Kabinettmacher.

Chinoiserie kam an Tischeinfassungen oder den pagodenähnlichen Kabinetthauben vor, während das Schnitzwerk an Beinen und Querstreben mit welligen Pflanzenformen bereichert oder zu gotischen Säulen zusammengeballt war. Gotisches Flechtwerk verzierte die Glasleisten an Schranktüren, die zudem von mittelalterlichen Zinnen gekrönt waren.

Kastenmöbel fielen dem Rokoko-Zauber verschieden stark zum Opfer. Die Spitze des Marktes hielten lackierte oder intarsierte französische Kommoden in Bombé-Form und reichen Goldbronze-Beschlägen, die der aus Frankreich immigrierte Ebenist Pierre Langlois (geb. 1738) fertigte. Andere Stücke aus makellos verarbeitetem Mahagoni mit Wellenkonturen und Schnitzerei wurden für Königin Charlotte von William Vile (1700-67) und John Cobb (1710-78) angefertigt. John Channon (Schaffenszeit 1740) war bekannt für seine massiven Schreibtische und Kabinette mit Messingintarsien.

Weitere nahmhafte Kabinettbauer der Epoche waren William Hallet (1710-81), James Whittle (Schaffenszeit 1742-61), Samuel Norman (Schaffenszeit 1754-66) und John (gest. 1796) und William (gest. 1763) Linnell, die alle durch die königlichen Kontenbücher oder Archive adliger Haushalte identifiziert wurden. Kaum einer von diesen, ebensowenig wie Chippendale selber,

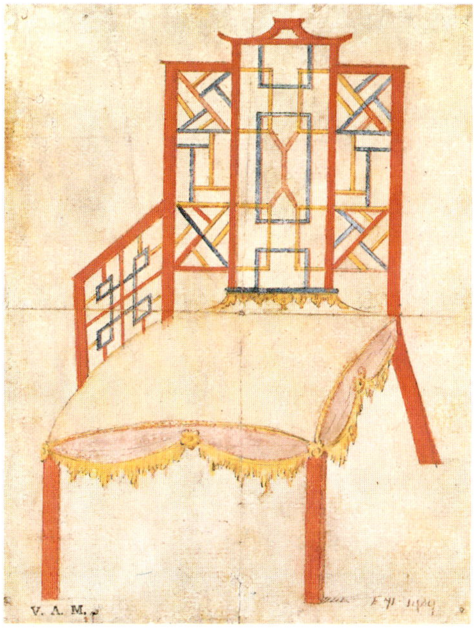

ENTWURF FÜR EINEN STUHL, JOHN LINNELL, um 1750 *(OBEN)*
Linnells Modell zeigt die Anpassung orientalischer Elemente an europäischen Geschmack und Möbelgestaltung.

WINDSOR-LEHNSTUHL AUS EIBEN- UND ULMENHOLZ, um 1760 *(OBEN)*
Ein besonders großartiges Beispiel für provinzielle Form mit durchbrochener Vasenzunge, geschwungenen Armstützen und kräftigen Cabriole legs.

signierte seine Möbel, so daß wir auf erhaltene Dokumente wie Rechnungen und Inventarien angewiesen sind, die auf bestimmte Möbelbauer hinweisen.

Ähnlichkeit mit einem Chippendale- oder Linnell-Modell beweist an sich noch nicht, daß das Stück auch in deren Werkstätten angefertigt wurde. Die Mehrzahl der im 18. Jahrhundert entstandenen Möbel blieb anonym, ohne dabei an Qualität einzubüßen. In den Provinzen wie in London selbst gab es buchstäblich hunderte von Möbelbauern, die gute Facharbeiten von dauerhaftem Nutzen und Eleganz auf den Markt brachten.

Landmöbel blieben von den Modeschwankungen relativ unberührt, und das Rokoko als Ornamentalstil konnte sich wenig auf Möbel auswirken, die zweckdienlich und preiswert sein mußten. Der Windsor-Stuhl jedoch, ein seit 1730 allgemein vertretener Stuhl, hatte eine gotische Bogenlehne mit aufgesetztem Kronenbügel in der geschwungenen Form der typischen Chippendale-Stühle der fünfziger bis sechziger Jahre des 16. Jahrhunderts.

DIE VEREINIGTEN STAATEN

Nach der Widerrufung des Edikts von Nantes 1685 kamen zahlreiche französische Protestanten nach England, unter ihnen auch viele Kunsthandwerker, die den englischen Stil mit kontinentalen Vorlieben vermischten. Englands zunehmende Macht in der Welt, gestützt von dem Utrechter Abkommen (1713), führte zu blühenden Exporten von Haushaltstextilien und Einrichtungsgegenständen – insbesondere natürlich in die eigenen Kolonien.

Die beiden Ausgaben der »Oeuvres« des Franzosen Daniel Marot, 1702 und 1712 erschienen, beeinflußten erst England und dann Nordamerika erheblich. Marots Entwürfe machten die Cabriole legs ebenso populär wie Muschelwerk und Spiralranken. Die S-Linie wurde zum wichtigen Bestandteil der Queen-Anne-Ästhetik. In seiner Veröffentlichung« Analysis of Beauty« (Analyse der Schönheit, 1753)) bemerkte

William Hogarth, daß diese S-Form auf Bewegung hinweist, das Auge auf eine freudige Suche führt, und dank des Vergnügens, das der Geist daraus ableitet, ist es berechtigt, von Schönheit zu sprechen.

Queen-Anne-Periode

Die Möbelgestaltung der nordamerikanischen Queen-Anne-Periode (um 1725-60) war, wie zuvor, großenteils von zeitgenössischen Modellen aus Großbritannien, besonders England, vorgegeben. In diese Zeit fiel auch das Bestreben, die Möbelformen den Bedürfnissen und Gegebenheiten des menschlichen Körpers anzupassen, was besonders an den Stuhllehnen zum Ausdruck kam, deren wellenförmige Konturen und niedrigere Höhe sich dem Rücken des Benutzers fügten. Auch Kastenmöbel wurden anmutiger und zarter, ruhten meist auf Cabriole legs und Ballen- oder Dreizehenfüßen, die die zerbrechlich aussehenden Beine der William-und-Mary-Zeit ablösten. Waren die Schrankaufsätze der Highboys oder Sekretäre bis dahin eher geradlinig, tauchten in der Queen-Anne-Periode nun S-förmige Hauben mit geschnitzten oder gedrehten Bekrönungen auf. Nußbaum und Mahagoni waren die wichtigsten Hölzer dieser Zeit, aber Ahorn, Kirschbaum, Eukalyptus und Zeder wurden auch verarbeitet. Zweitrangig waren Kiefer, Mahagoni, Kastanie und Esche.

In der frühen Zeit wurden Kastenmöbel vielfach furniert, doch ab Mitte des Jahrhunderts zog man massives Mahagoni oder Nußbaum vor. Die Fassaden waren sorgfältig gestaltet und bestachen durch die Ausgewogenheit zwischen den glatten Flächen und durch die Ornamentierung, die meist aus Muschelwerk, manchmal vergoldet, Akanthus-Blättern, C-Voluten oder Filetfurnier bestand.

Die Queen-Anne-Periode wird manchmal das Zeitalter des Regionalismus genannt. Mit dem Wachstum und steigender Bildung entwickelten die Niederlassungen der verschiedenen ethnischen Gruppen ihre eigenen kennzeichnenden Möbelstile, die sich der regionalen Materialien bedienten, alte Traditionen fortführten und den Wünschen der Schirmherrn nachkamen. Newport, Boston, New York und Philadelphia wurden zu bekannten Möbelzentren, die jeweils den Charakter ihrer Region repräsentierten.

Während der ersten drei Viertel des 18. Jahrhunderts war Boston ein blühendes Handelszentrum, das sich gleichzeitig zu einem Stilzentrum entwickelte und benachbarte Möbelorte wie Salem, Newburyport und Portsmouth prägend beeinflußte. 1740 gab es entlang dem Bostoner Hafengebiet 160 Warenhäuser, und zum Zeitpunkt der Revolution waren hier mindestens 150 Kabinettbauer, Stuhlmacher und Schnitzer tätig. Zahlreiche hervorragende Arbeiten entstanden aus Aufträgen an verschiedene Handwerker – Kabinettmacher, Drechsler, Intarsiatoren und Furnierer –, die sich zusammentaten und manachmal noch Bildschnitzer, Vergolder und Lackierer hinzuzogen. Der Grad der Kunstfertigkeit war meist von den Auftraggebern bestimmt. Typisch für Bostoner Mobiliar waren die Teetische mit Cyma-förmigem Rand, Karniesartigen Leisten und leicht ausladenden abgeflachten Füßen. Blockfront-Möbel waren sehr zahlreich, häufig mit sternenförmigen

MAHAGONI-KARTENTISCH, um 1740 *(LINKS)*
Die Begeisterung fürs Kartenspiel in der Queen-Anne-Zeit führte zu vielen Spieltisch-Varianten.

NUSSBAUM-STUHL, um 1760 *(RECHTS)*
Muschelornamente und Klauen-Kugelfüße an diesem regionalen Queen-Anne-Stuhl sind kennzeichnend für die New Yorker Schule.

Mustern oder Fischgräten-Furnier. Die Stühle aus Neuengland waren schlank und hatten gedrehte Querstege.

Die große Hafenstadt Newport brachte die Quäkerfamilien der Möbelbauer hervor, die Goddards und Townsends, die sich mit ihren einzigartigen Blockfronten und mit Muschelschnitzerei verzierten Frisiertischen und Sekretären einen Namen machten.

In Connecticut arbeiteten einige Kabinettbauer mit dem einheimischen Kirschholz. Ihre Stile waren sehr originell, mit kunstvollen bis exzentrischen Schnitzereien. Häufig weisen diese Arbeiten auch auf Einflüsse aus den anderen Zentren, in erster Linie Newport und Philadelphia, hin.

Die holländischen Siedler in New York trugen viel dazu bei, den Möbelstil dieser Stadt zu prägen. Die Proportionen waren ausladend, das Schnitzwerk war flacher und weniger detailliert. Der zunehmende Asien-Handel brachte neue Elemente wie die Vasenform der Lehnenzunge, mit. Die Zungen und Sitze waren niedriger und breiter als anderswo, dafür mit gedrehten oder glatten Stegen verbunden.

Die Integration der S-Kurve war nirgends vollendeter als in Philadelphia. Die Stühle hatten meisterhafte Profile, mit schalenförmigen Sitzen und nach innen gebogten Stützstreben und Beinen. Konstruktionsmerkmale wie die sichtbaren Verzapfungen an der Rückseite der hinteren Beine und spezielle Verbindungstechniken der Sitzteile sind typische Hinweise auf die Machart dieser Gegend, wenn es auch Ausnahmen gibt. Zwei der bekannteren Kabinettbauer aus Philadelphia waren William Savery (1721-88) und John Elliott (1713-91). Unter den vielen neuen Erfindungen befanden sich kippbare Kerzenständer und Teetische mit Vogelbauer ebenso wie zusammenklappbare Kartentische.

Sekretäre, Highboys und andere zweistöckige Kommoden bekamen nun einen gebrochenen Giebelaufsatz. Mit zunehmendem Reichtum der Kolonien trat der Wunsch nach mehr Eleganz und Komfort in den Vordergrund, und Polstermöbel aller Art kamen dem nach, einschließlich ausladender Ohrensessel und Sofas.

Die Chippendale-Periode

Die Rivalität zwischen Frankreich und England im 18. Jahrhundert führte 1754 bis 63 zum Siebenjährigen Krieg. Mit der Unterzeichnung des Pariser Vertrages 1763 gaben die Franzosen ihre Vorherrschaft in Kanada an England ab. Die Kolonisten waren begeistert. Zum ersten Mal schien ihre Zukunft gesichert. In dem Maße, wie ihre militärische Abhängigkeit von England abnahm, entwickelten die Kolonien neue Zuversicht und Unabhängigkeit.

Der Möbelhandel Nordamerikas war im 18. Jahrhundert lebhaft. Haushaltswaren, insbesondere Möbel, machten zu einem viel größeren Teil den Besitz und damit Reichtum einer Person aus als heute. Einige Stücke kamen als Importe von England und wurden durch Polster- und Kabinettgeschäfte in den Süden verkauft. Im Norden kam dieser Handel (mit Ausnahme von Spiegeln) kaum zur Geltung.

Thomas Chippendale bot mit seiner Erstausgabe des Werkes »The Gentleman and Cabinet-makers Director« (1754) den städtischen Möbelbauern der Kolonien ein

EDWARD STILES' WOHNZIMMER, 1762
Chippendale-Einrichtungen dieses Typs waren nicht unüblich unter wohlhabenden Einwohnern Philadelphias. Alle Möbel sind aus Mahagoni und haben die für Philadelphia typischen Akanthus- und Voluten-Ornamente. Der Highboy von Michael Gratz mit seinem haubenförmigen Aufsatz ist ebenfalls philadelphisch.

MAHAGONI-HIGHBOY MIT HAUBENAUFSATZ, PHILADELPHIA, um 1760
Prächtige Rokoko-Stücke dieser Art zeigen die Übernahme der Entwürfe aus Chippendales »Director« in überarbeiteter Form. Die geschnitzten Knie und der feingearbeitete Giebel sind Chippendale-Merkmale.

höchst aktuelles Handbuch, das 1762 ergänzt, revidiert und neu herausgegeben wurde. Chippendales Entwürfe kombinierten drei Hauptgestaltungselemente, nämlich die Chinoiserie, die mittelalterliche Gotik und die Raffinesse des Rokokos, die eine ganze Generation nordamerikanischer Möbelhersteller nachhaltig beeinflussen sollten. Allein die Tatsache, daß eine dreißig Jahre lange Periode nordamerikanischer Möbelgeschichte nach diesem gesegneten Geschäftsmann benannt wurde, beweist seinen außerordentlichen Einfluß.

Heimische Holzarten – Nußbaum, Ahorn, Kirsche, Weymouthskiefer und Tulpenbaum – standen in großen Mengen zur Verfügung. Als Ergebnis des Dreieckshandels war auch das westindische Mahagoni nicht rar. Die Vorliebe für Massivhölzer anstelle von Furnier leitete sich nicht nur aus dem Holzreichtum ab, sondern die Massivbauweise war auch besser dem strengen Klima angepaßt. Es kostete nicht sehr viel, ein Kabinettgeschäft aufzubauen (wenigstens im Vergleich zu den Preisen in Europa), während die Verschiffung sperriger Artikel über den Atlantik ohne Frage sehr kostspielig war.

All dies bedeutete, daß die nordamerikanischen Möbel im allgemeinen preiswerter waren als ihre importierten Gegenstücke aus England.

Da die Arbeiten des 18. Jahrhunderts kaum signiert wurden, ist über ihre Hersteller wenig bekannt geworden. Die meisten Möbelwerkstätten waren klein – sie bestanden aus einem Meister, ein bis zwei Lehrlingen und ein oder zwei Gesellen. Lehrlinge wurden für einen festgelegten Zeitraum, gewöhnlich sieben Jahre, verpflichtet, während die Gesellen kamen und gingen, wie sie wollten. Da es kein strenges Gildensystem gab, konnte ein einziges Stück den Händen vieler verschiedener Handwerker entsprungen sein. Dennoch wissen wir ein wenig von einigen Herstellern. In Philadelphia produzierte William Savery eine große Reihe von Stühlen in verschiedenen Designs und Konstruktionstechniken, die er dann etikettierte. John Townsend (1732-1809) aus Newport, Mitglied der berühmten Quäkerfamilie Goddard-Townsend, signierte und/oder beschilderte über vier Jahrhzehnte lang eine große Anzahl von Möbelstücken. Außerdem können wir Townsends Arbeit häufig erkennen, auch wenn sie nicht signiert ist, da sie durchgängig eigene Design- und Konstruktionstechniken verfolgte.

Obwohl die nordamerikanischen Möbel so wenig Hinweise auf ihre Hersteller geben, hat die jüngere Bau- und Holzforschung einige Schlüssel geliefert, so daß wir oft die Region der Herstellung bestimmen können. Beispielsweise kann man an einem Klauen-Kugelfuß des Stuhlbeins ablesen, ob er aus Philadelphia oder Boston kommt, während ein seitlicher Steg, der durch das Hinterbein verzapft wurde, ein sicheres Zeichen für die Philadelphia-Möbelschule ist. Wissenschaftliche Mikroanalysen des Holzes und das Wissen, in welchen Regionen einzelne Holzarten heimisch waren, helfen bei der Entscheidung, ob das Kiefernbrett einer Schubladenseite aus den mittleren Atlantik-Staaten (Pinus taeda) oder aus Neuengland (Pinus strobus) stammte. Dieser Forschungszweig trug auch viel zur Klärung bei, wenn die Frage auftauchte, ob bestimmte Stücke englischer, nordamerikanischer oder anglo-irischer Herkunft waren.

Die Hauptzentren dieser Zeit lagen an der östlichen Küste. Ihre Formen – der Highboy (hoher Kommodenaufsatz) und sein Pendant, der Lowboy (niedrige Kommode), Spiel- und Kartentische (sowohl glatt als auch ausgepolstert und bezogen), Betten, Sekretärschränke, hohe Standuhren und runde Teetischchen – änderten sich wenig in dieser Zeit. Einige wenige Neuerungen wie der Pembroke-Tisch oder kleine Klapptische im Chippendale-Stil kamen hinzu.

Die Ornamentik legte den Schwerpunkt auf Schnitzwerk. Schnitzerei wurde meist nachträglich angebracht und nicht aus dem Massivteil herausgearbeitet. Mahagoni war in den städtischen Zentren uneingeschränkter Favorit.

Einige der besten nordamerikanischen Möbel aus dem dritten Viertel des 18. Jahrhunderts kommen aus Boston und Umgebung. Hier blühten zwei verschiedene Stile, die beide nicht von Chippendales »Director« beeinflußt waren, die Blockfront- und die Bombé-Form. Kommoden, Bücherschränke und zweistöckige Kommoden betonten die Schubladenstruktur der Fassade. Eine weitere typisch Bostoner Möbelgruppe aus dieser Zeit hatte eine bauchige Form und war geprägt von einer kuriosen Mischung englischer und französischer Stilelemente. Die Kesselform, die etwa 1750 in Boston auftauchte, war an Kommoden und anderen Kastenmöbeln bis in die achziger Jahre sehr begehrt, als sie in Europa längst aus der Mode gekommen war. Das Holz dieser Stücke war oft von besonderer Qualität und Maserung.

Abgesehen von der Blockfront beeinflußte der Bostoner Stil das zweite große Möbelzentrum Newport, Rhode Island, nicht wesentlich. 1740 tauchte in Newport eine neue Möbelschule auf, die für ihr originelles Design berühmt werden sollte. Wie in Boston gab es in Newport um die Jahrhundertmitte ein blühendes Möbelhandwerk, aber ausschlaggebend waren die beiden durch Heirat verbundenden Quäkerfamilien Townsend und Goddard. John Goddard (1723-85) besaß Chippendales »Director«, aber wie in Boston hatte das Werk auch hier keinen unmittelbaren Einfluß auf die Möbelherstellung. In Newport wurde die Bostoner Blockfront weiterentwickelt und zu ihrer typisch nnordamerikanischen Ausprägung abgerundet. Dreißig Jahre lang fertigte John Townsend Kastenmöbel mit Block- und Muscheldesign in nahezu unveränderter Form. Die Muschelornamente tauchten an Bekrönung und Beinen von Stühlen ebenso auf wie an der Innenseite von Schreibmöbeln. Aus kostbarsten Honduras-Mahagoni gefertigt, wandten sich seine Möbelprodukte an Newports Geschäftselite.

Mit Ausnahme einiger Stuhltypen der Queen-Anne-Zeit hatte die Möbelkunst von New York wenig mit Rhode Island gemeinsam. die New Yorker folgten der englischen Tradition. Die Königstreuen liebten ihre Möbel nach englischer Art, mit wuchtigen und schweren Proportionen. Der Highboy mit seinen langen geschweiften Beinen wurde in New York während dieser Zeit kaum hergestellt. Im dritten Viertel des 18. Jahrhunderts war der Kartentisch mit seiner wellig konturierten Platte, fünf Cabriole legs und Klauen-Kugelfuß sehr beliebt. Ein Großteil der New Yorker Möbelproduktion blieb, trotz der Brände von 1770, die die Stadt weitgehend zerstörten, erhalten.

Der Einfluß des Chippendaleschen »Director« war am ausgeprägtesten in Philadelphia in der Zeit zwischen 1760 und 1770. In London ausgebildete Handwerker kamen scharenweise hierher, in Nordamerikas reichste und am dichtesten bevölkerte Stadt. Benjamin Randolph, Thomas Affleck (1740-95), Hercules Courtenay und Thomas Johnson arbeiteten alle im vollem Chippendale-Stil, der unter anderem Rokoko-Schnitzwerk, Akanthus-Knie an Cabriole legs und Klauen-Kugelfüße hervorbrachte. Dank der außerordentlich gedeihenden Wirtschaft konnten sich einige Individuen diese kostbaren Möbel auch leisten. Unter ihnen war auch General John Cadwalader, der zwischen 1769 und 1771 eines der grandiosesten Häuser Philadelphias bauen ließ. Cadwalader erhielt am 13. Oktober 1770 von Thomas Affleck eine Rechnung, die uns eine genaue Vorstellung liefert, wie das Wohnzimmer dieses Hauses ausgesehen haben muß. Einige der Möbel, die alle im Besitz der Familie Cadwalader waren, sind bis heute erhalten, darunter auch ein Armsessel, der im Inventar als Teil einer kompletten Garnitur mit Sofa verzeichnet ist.

MAHAGONI-SEKRETÄR-BÜCHERSCHRANK, WERKSTATT NATHANIEL GOULD, BOSTON, um 1779 *(LINKS)*

MAHAGONI-SESSEL, THOMAS AFFLECK, 1776 *(UNTEN)*
Dieser Sessel mit Löwentatzen-Füßen gehörte General John Cadwalader. Die Schnitzerei führten vermutlich Bernard und Jugiez aus Philadelphia aus.

MAHAGONI-KOMMODE, CONNECTICUT, um 1779 *(OBEN)*
Dieses elegante Möbel aus Connecticut hat eine gekurvte Front und Bombé-Seiten. Griffe und Schloßbeschläge sind Beispiele feinster Rokoko-Metallarbeiten.

Der Klassizismus

Schon Mitte des 18. Jahrhunderts hatte der Rokoko-Stil seinen Höhepunkt erreicht. Kritiker in den fortschrittlicheren Pariser Kreisen sprachen sich gegen die extravagante, kurvenreiche Möbelsilhouette aus und forderten die Rückkehr zu einem edlen und eher nüchternen Klassizismus. Die unvermeidliche Abkehr vom Rokoko nahm ihren Lauf. Diese Abkehr fand ihren Niederschlag in einer Neubewertung des Erbes der klassischen Antike. Im Jahre 1738 begann man mit den ersten organisierten Ausgrabungen der Ruinen von Herculaneum, und 1755 standen mit der Veröffentlichung des ersten, reich bebilderten Bandes der »Antichità d'Ercolano« jedermann verläßliche archäologische Aussagen über diese Stadt zur Verfügung. Obwohl bei den Ausgrabungen in Herculaneum auch antike Möbel gefunden wurden, ließ sich die neue Generation der Möbelschöpfer viel stärker durch die vielen Wandmalereien inspirieren.

Vor allem der in Venetien geborene Architekt Giovanni Battista Piranesi (1720-78) – seine ersten Arbeiten stammen aus den vierziger Jahren des 18. Jahrhunderts – übte einen großen Einfluß auf zahlreiche Möbelschöpfer der damaligen Zeit aus.

Der Besuch Roms war jetzt allgemein als Höhepunkt der Studienreisen wohlhabender junger Aristokraten aus England anerkannt, die durch Auslandsreisen ihre Bildung in Sachen Kunst vervollständigen sollten und vielleicht sogar die eine oder andere Skulptur und einige Bilder erwerben konnten. In den fünfziger Jahren des 18. Jahrhunderts traten diese jungen Männer im Anschluß an ihre Rückkehr nach London der dortigen »Society of Dilettanti« bei und abonnierten eine Auswahl aus der wachsenden Zahl archäologischer Veröffentlichungen. Aus Büchern wie »Ruins of Baalbec« (1752) und »Ruins of Palmyra« (1757) von James Dawkin und Robert Wood oder »The Palace of The Emperor Diocletian at Spalato in Dalmatia« (1764) von Robert Adam konnte sich ein vermögender Kunstmäzen Anregungen für die grandiose Gestaltung von Räumen holen.

Eckzimmer, Schloss Pawlowsk, um 1817

Das Interieur dieses Zimmers wurde von Carlo Rossi, dem Architekten am Zarenhof, im Jahre 1817 entworfen. Die Sitzmöbel aus geräuchertem Birkenholz mit Schnitzwerk und Vergoldung wurden nach den Entwürfen von Rossi in den Werkstätten von Bauman gefertigt.

RUHEBETT. JOHN VARDY, um 1760 *(OBEN)*
Obwohl Vardy als Architekt dem Klassizismus Palladios folgt, stammt dieser Entwurf eines frühen neuklassizistischen Möbels von ihm.

BETT DER KAISERIN JOSEPHINE. JACOB-DESMALTER, um 1810 *(RECHTS)*
Dieses Detail der von Napoleons Dekorateuren Percier und Fontaine entworfenen Innenausstattung für Schloß Malmaison zeigt das Empire von seiner üppigsten Seite. Hier werden die prunkvollen Elemente des Neuklassizismus als Ausdruck politischer Größe verstanden.

In dieser Zeit erschienen die ersten detailgetreuen Graphiken mit griechischen Ornamenten. In den Jahren 1751 bis 1755 arbeiteten der schottische Architekt James Stuart (1713-88) und sein englischer Kollege Nicholas Revett (1720-1804) an dem ersten Band der »Antiquities of Athens«. Vor seinem Erscheinen im Jahre 1762 war jedoch schon das wissenschaftlich viel anspruchslosere Buch »Les ruines des plus beaux monuments de la Grèce« (1758) des Franzosen Julien-David Le Roy erschienen. Durch die Veröffentlichung mehrerer richtungsweisender Werke wurde Johann Joachim Winckelmann (1717-68), Bibliothekar des Kardinals Albani in Rom, zum maßgebenden Fürsprecher griechischer Kunst, obwohl er selbst nie in Griechenland gewesen war. Seine »Geschichte der Kunst des Altertums« wurde 1764 in Rom veröffentlicht, zwei Jahre später erschienen Übersetzungen in englischer und französischer Sprache.

Die Archäologie bildete den Ausgangspunkt für die klassizistischen Strömungen von 1760 bis 1830. In einer Zeit, da die Begeisterung für das Rokoko nachließ, konnten sich Möbelschreiner nun eine Vielzahl von dekorativen Motiven zum Vorbild nehmen.

Die neue Einstellung zur Antike gewann im weiteren Verlauf des 18. Jahrhunderts zunehmend an Bedeutung, und die Möbelschöpfer waren bemüht, die antiken Vorbilder noch getreuer nachzuahmen.

FRANKREICH

Das Rokoko, die vorherrschende, länderübergreifende Stilrichtung des zweiten Viertels des 18. Jahrhunderts, hatte seinen Ursprung in Paris gehabt. Daher ist es nicht verwunderlich, daß dieselbe Stadt auch maßgeblicher Brennpunkt des sich entfaltenden Klassizismus war. Wie beim Rokoko wurde auch der Klassizismus anfänglich durch ein Netz schöngeistiger, extrem reicher Aristokraten mit sehr engen Beziehungen zum französischen Hof gefördert, darunter der Marquis de Marigny und der Comte de Caylus.

Die ersten bedeutenden, im neuen Stil gefertigten Möbel wurden von Le Lorrain entworfen. Er war gerade aus Rom zurückgekehrt, als er den Auftrag erhielt, für den wohlhabenden Finanzier Lalive de Jully einen Schreibtisch (Bureau-plat) und einen Kabinett-Aufsatz (Cartonnier) zu entwerfen. Der Stil der in Auftrag gegebenen Möbelstücke war beispielgebend für die sich herauskristallisierenden charakteristischen Merkmale der meisten klassizistischen Möbel. Vierkant-Spitzfüße traten an die Stelle der geschwungenen Cabriole-legs des Rokoko. Die Beschläge mit naturalistischen Blattwerk- und Rocaille-Reliefs an den Rokoko-Möbeln erstarrten hier zu architektonischen Lorbeergirlanden. Massiv wuchtige klassische Motive, wie die griechischen Architrave und die Voluten nach Vitruv, wurden als emphatische horizontale Bänder angebracht. Die Beschläge wurden neben schlichtes Furnier (in diesem Fall aus Ebenholz) plaziert, um so die Form des Möbel ähnlich der Gliederung einer Gebäudefassade zu gestalten.

Mit den wuchtigen Beschlägen aus vergoldeter Bronze und den Ebenholzfurnieren wird beim Schreibtisch und beim Kabinett bewußt die stärkere Anlehnung an den Möbelstil aus der Zeit Louis XIV. als an die Antike herausgestellt. Es muß in der Tat betont werden, daß Le Lorrain nicht versuchte, antike Möbel nachzubauen, sondern eher den Geist der Antike durchscheinen lassen wollte. Dennoch läßt sich an diesen Möbeln schon deutlich der Klassizismus des späteren 18. Jahrhunderts erkennen.

Im Jahre 1766 stellt Baron von Grimm fest, daß in Paris alles à la grecque ist. Der sogenannte Goût grec stellt die erste bedeutende Ausprägung des Klassizismus, aufbauend auf den Arbeiten von Le Lorrain, dar. Der kreativste Möbelschöpfer dieser Zeit war der in Flandern geborene Jean-François Neufforge (1714-91), dessen veröffentlichte Entwürfe schließlich neun Bände mit dem Titel »Recueil élémentaire d'Architecture« umfaßten (der erste Band erschien 1757). Charakteristisch für die Gestaltung seiner Möbel waren die geraden Bein- und die schweren architektonischen Schmuckformen, die Le Lorrain wegweisend bei den für Lalive angefertigten Möbeln eingesetzt hatte. Den neuen Stil stellte auch Jean-Charles Delafosse (1734-91) in »Nouvelle iconologie historique« vor. Vorbild für seine Entwürfe waren weitgehend die Motive mit den schweren Voluten nach Vitruv und die griechischen Architrave, mit denen ursprünglich die Möbel für Lalive geschmückt worden waren.

Den größten Einfluß hatten Anfang der sechziger Jahre des 18. Jahrhunderts die Klappsekretäre (Secrétaire à abattant) aus der Werkstatt des Ebenisten des Königs (Ébéniste du roi), Jean-Francois Oeben (um 1720-63). Man ahmte das architektonische, dekorative Formengut und die rechteckigen Formen der Lalive-Möbel nach, verlieh ihnen jedoch ein leichteres, eleganteres Aussehen. In der Werkstatt Oebens wurden die Ecken abgerundet und statt Ebenholzfurnier wurde sehr feine Marketerie aufgelegt. Diese Möbel wurden an die Wand gestellt und sollten in den Stadtpalais' von Paris (Hôtel) die Linienführung der Boiserien (hölzerne Wandvertäfelung) ergänzen, die ein zunehmend architektonisches Aussehen erhielten und streng in Paneele mit regelmäßig angeordneten Pilastern unterteilt waren.

Anfang der sechziger Jahre des 18. Jahrhunderts galten derartige Möbel wohl eher als avantgardistisch, aber ab Mitte des Jahr-

SCHREIBTISCH. TULPENHOLZ, MIT EINLEGEARBEITEN. LACROIX, um 1775 *(UNTEN LINKS)*
Das Monogramm R.V.L.C. weist Roger Vandercruse (genannt Lacroix), der 1755 die Meisterwürde erlangte, als Schöpfer aus.

ENCOIGNURE MIT MARKETERIE. P. ROUSSEL, um 1770 *(UNTEN)*
Trotz der im wesentlichen klassizistischen Gestaltung läßt dieses Möbel den immer noch lebendigen Einfluß des Rokoko erkennen.

zehnts ließ das Interesse an den üppigen Rokoko-Formen, die in den vorausgegangenen Jahren den Hauptumsatz des Pariser Möbelhandels ausgemacht hatten, merklich nach. Die Möbel, die den Übergang vom Rokoko bzw. die Akzeptanz des Klassizismus zum vorherrschenden Möbeltyp in Paris kennzeichnen, vereinten häufig rechteckige Formen und klassizierende Beschläge mit einer Blumenmarketerie, mit abgrundeten Ecken und Cabriole-legs. Kommode und Encoignure verloren die gebauchten (bombé) und geschweiften Umrisse und erhielten jetzt ein vorspringendes Mittelteil mit rechtwinkligen Ecken oder abgeschrägten Seiten.

Das bekannteste Einzelstück dieser Übergangsperiode ist der Prunkschreibtisch (Bureau du roi), den Louis XV. bei Oeben in Auftrag gab. Die Mechanik war von noch nicht dagewesener Komplexität, und die neu aufgekommene Zylinder-Rollschreibklappe war bei diesem Möbel auf beispiellose Weise weiterentwickelt worden. Der Korpus war zwar gebaucht und stand auf geschwungenen Beinen, aber die extravaganten kurvenreichen Umrisse der Möbel von Meissonier waren weitgehend verschwunden. Die Beschläge waren naturalistisch gestaltet und nicht als abstraktes Rocaille ausgebildet und bildeten einen Teil eines von der klassischen Antike inspirierten, figürlich gestalteten Dekors, das die monarchischen Tugenden symbolisieren sollte. Das regelmäßige Gittergesims ist klassischen Vorbildern nachempfunden. Der Korpus des Schreibmöbels ist mit schweren Lorbeerblattgirlanden aus vergoldeter Bronze drapiert, einem Motiv, das an die von Lalive vier Jahre zuvor in Auftrag gegebenen Möbel erinnert. Auch die Inneneinrichtung ist von neuen, zurückhaltenden Formen geprägt: Die Frontpartie der Schübe ist streng geometrisch intarsiert und die Fächer sind nach dem Vorbild des Goût grec durch Karyatiden abgeteilt.

Es ist unklar, wer das Möbel entwarf. Allerdings kann man wahrscheinlich den im Jahre 1758 zum Dessinateur des Menus-Plaisirs ernannten Michel-Ange Slodtz als möglichen Schöpfer ansehen (zu den Menus-plaisirs zählte auch das Regierungsressort für zeitgemäße Dekoration). Die Beschläge wurden von Etienne Forestier nach Modellen gegossen, die von einem Mitglied der Familie Duplessis zur Verfügung gestellt und anschließend von Louis-Barthélémy Hervieu ziseliert wurden. Der Korpus und die Marketerie wurden selbstverständlich in der Werkstatt von Oeben gefertigt. Es ist jedoch bekannt, daß sein Mitarbeiter Wynant Stylen an der Marketerie arbeitete und wahrscheinlich auch für die Koordination des Auftrags die Verantwortung trug. Der Prunkschreibtisch Louis XV. (Bureau du roi) wurde nach der Fertigstellung im Mai 1769 geliefert, sechs Jahre nach dem Tod von Oeben. In der Marketerie war die Signatur des neuen Leiters des Ateliers, Jean-Henri Riesener, angebracht.

LOUIS-SEIZE-SESSEL. VERGOLDET. SIGNIERT TILLIARD. MITTE 18. JAHRHUNDERT

Bis Mitte der siebziger Jahre des 18. Jahrhunderts hatte sich der Louis-seize-Stil bei den Pariser Ebenisten durchgesetzt. Die Silhouette von Kastenmöbeln ließ sich ohne weiteres an die geradlinigen Formen anpassen, obwohl die Umrisse eine gewisse geschmeidige Beschwingtheit beibehielten. Die hochbeinigen Kommoden der Übergangszeit standen jetzt auf geraden Füßen oder die üblicheren dreischübigen Kommoden auf niedrigen, kreiselförmig gedrehten Füßen. Die Klappsekretäre waren auch weiterhin beliebt. Die Form der Bureaux-plats wurde dem neuen Stil entsprechend rechteckig und künstlerisch anspruchsvoller. Häufig wurden Marketerien mit geometrischen Mustern und Bronzebeschläge mit zurückhaltendem architektonischen Charakter angebracht, der die rechteckige Grundform noch betonte. Konsoltische standen anfänglich auf Volutenbeinen und später auf gedrechselten und kannelierten Füßen mit Querverstrebungen.

Die Form der Sitzmöbel und auch der kleineren Tische hat sich anscheinend weniger schnell an den klassizistischen Stil angepaßt, und die wellenförmigen Konturen und die Cabriole-legs des Louis-quinze hielten sich bis weit in die achtziger Jahre des 18. Jahrhunderts. Ein Porträt von Lalive de Jully von Jean-Baptiste Greuze zeigt ihn auf einer Art niedrigen Bergère sitzend, die vermutlich von Le Lorrain entworfen worden war.

Die Stühle, die in der zweiten Hälfte der sechziger Jahre des 18. Jahrhunderts von Neufforge, sowie Victor Louis (1731-1800), dem Architekten des Herzogs von Orléans, und den Bronzier, Ziseleur und Goldarbeiter Jean-Louis Prieur (Schaffenszeit 1765-85) entworfen wurden, ließen schon die Grundformen des Louis-seize-Stuhls anklingen. Das von Jacob Roubo (1739-91) im Jahre 1772 veröffentlichte Vorlagenwerk »L'Art du Menuisier en meubles« (1772-75) zeigt viele Entwürfe in dem neuen Stil. Typisch waren die geraden, sich nach unten verjüngenden Beine, die gewöhnlich gedrechselt und häufig kanneliert, gerillt oder Voluten nachempfunden waren. Die Zargen waren gelegentlich gerade, häufig jedoch leicht gebogt und mit Ketten- oder Guilloche-Schnitzereien verziert. Die Übergänge am Gestell (beispielsweise vom Bein zur Zarge) wurden häufig durch Rosetten betont. Die zunehmend oval oder rechteckig geformten Rückenlehnen waren oft von Balustern flankiert. Wie im Louis-quinze wurden die Sitzmöbel bemalt und vergoldet.

PRUNKSCHREIBTISCH (BUREAU DU ROI) LOUIS' XV. J.-F. OEBEN UND J.-H. RIESENER, 1760-69 *(LINKS)*
Dieser für das Cabinet-Intérieur du Roi, Versailles, entworfene Schreibtisch ist das bedeutendste, jemals in Auftrag gegebene Erzeugnis französischer Möbelkunst.

KLAPPSEKRETÄR, MIT EINLEGEARBEITEN. J.-H. RIESENER, um 1780 *(UNTEN)*
Dieser Sekretär wurde für Schloß Trianon der Königin Marie-Antoinette entworfen. Bemerkenswert ist die juwelenhafte Frische der Beschläge, die den von Riesener gearbeiteten Möbeln dieser Epoche eigen ist.

INTERIEUR EINES ZIMMERS IM SCHLOSS VON ST. CLOUD, um 1852 *(LINKS)*
Dieses Aquarell wurde zwar Mitte des 19. Jahrhunderts gemalt, vermittelt jedoch einen einigermaßen treffenden Eindruck eines Zimmers im Stil des Louis-seize. Die Möbel mit Marketerie stammen von Riesener.

DIE EBENISTEN

Der bedeutendste Ebenist des Louis-seize war Jean-Henri Riesener (1734-1806). Nach seiner Ankunft aus Westfalen fand er in den fünfziger Jahren des 18. Jahrhunderts in Oebens Atelier Arbeit. Als der Meister 1763 starb, übernahm seine Witwe die Geschäfte. Riesener wurde 1765 Geselle. Nach dem bei Kunstschreinern üblichen Praktikum heiratete er 1767 Madame Oeben und übernahm die Werkstatt. Am 23. Januar 1768 wurde er schließlich Maître-ébéniste und war somit berechtigt, seine Möbel zu signieren.

Anfang der siebziger Jahre des 18. Jahrhunderts lieferte er nur einige wenige Möbelstücke an den Königshof. 1774 wurde er jedoch Nachfolger des achtzigjährigen Ebenisten des Königs (Ébéniste du roi) Gilles Joubert (1689-1775). Mit seiner Ernennung entfaltete die französische Möbelkunst eine bis dahin unerreichte Pracht. In den Jahren 1774 bis 1784 verdoppelten sich die Ausgaben des Hofes im Vergleich zu früheren Jahrzehnten. Die bedeutendste Arbeit Rieseners war für Königin Marie-Antoinette, die Frau des kurz zuvor gekrönten Louis' XVI., bestimmt. Unter ihrer Anleitung wurden die Schlösser in St. Cloud und Compiègne aufs Prachtvollste renoviert, und ihre Zimmer in Versailles und Fontainebleau wurden mit neuen Möbeln höchster Qualität ausgestattet. Die Arbeit Rieseners waren Anfang der siebziger Jahre noch vom Stil der Übergangszeit geprägt.

Um 1780 setzte bei den in Rieseners Werkstatt gefertigten Möbel eine neue Stilphase ein. Die Formen wurden viel leichter und waren weniger abhängig von den Prototypen, die zur Zeit Oebens hergestellt worden waren. Die Bronzebeschläge waren jetzt von lapidarer Frische. Die Möbelstükke wurden mit fein ziselierten, naturalistischen Gehängen aus den Lieblingsblumen der Königin und komplexen Lambrequins mit Behanggirlanden verziert. Ovalmedaillons aus Goldbronze in der Art des Bildhauers Clodion (1738-1814) und kleine Friese, die in der Art von Pierre Gouthière (1732-1812/14), dem größten Schöpfer von Bronzearbeiten dieser Epoche, gestaltet und ziseliert waren, tauchten nur spärlich auf. Viele dieser Möbel waren mit sehr feiner schwarz-weißer Filet-Marketerie furniert. Als Ebenist des Königs (Ébéniste du roi) war Riesener keinen Einschränkungen durch die Zunft unterworfen und konnte deshalb im Gegensatz zu anderen Kunstschreinern seine eigenen Beschläge, die den Charakter seiner späteren Möbel in starkem Maße prägten, entwerfen und herstellen.

Viele Möbelstücke aus der Werkstatt Rieseners sind möglicherweise von dem »Dessinateur du Mobilier«, dem kreativen klassizistischen Architekt Jacques Gondoin (1737-1818), entworfen worden.

Riesener blieb auch noch der Lieblingskunstschreiner der Königin, als der Königshof im Jahre 1784 zu Sparmaßen gezwungen war. Andererseits war er jedoch auch nur einer der vielen Maître-ébénistes, die in Paris in den siebziger und achtziger Jahren des 18. Jahrhunderts Möbel von unübertroffener Eleganz und Kunstfertigkeit schufen. Außerhalb des Hofs waren es vor allem die Marchands-merciers, die Ladeninhaber-Händler, die dem Klassizismus zum Durchbruch verhalfen. Von ihnen wurden einige der prächtigsten Möbelstücke aus der Hand der Pariser Ebenisten in Auftrag gegeben und auch entworfen. Kunstschreiner wie Simon-Philippe Poirier und Dominique Daguerre arbeiteten für sehr vermögende

SCHLAFZIMMER VON MADAME DE MAINTENON AUF SCHLOSS FONTAINEBLEAU
Das Bett und die Stühle dieses künstlerisch äußerst anspruchsvollen Interieurs sind charakteristisch für die Stilepoche des Louis-seize.

und exklusive Kreise, zu denen, neben Louis XVI. und Marie-Antoinette, auch Mitglieder verschiedener europäischer Königshäuser und ebenso englische Aristokraten zählten. An der Spitze der Marchands-merciers stand Poirier, dessen Geschäft »A la Couronne d'Or« sich in der Rue St. Honoré befand. Aufträge zur Fertigung von Möbeln erhielt er von Bernard II van Risen Burgh und von Roger Lacroix. Oft handelte es sich um kleinere Möbelstücke, wie Damensekretäre, Guéridons oder Bonheurs-du-jour.

Die Marchands-merciers versuchten, beständig neue Möbeltypen zu schaffen, um den Anforderungen sich ändernder gesellschaftlicher Sitten und häuslicher Planung gerecht zu werden. Die zunehmend zwangloser werdende Raumgestaltung in den Häusern der Wohlhabenden weckte das Bedürfnis nach kleinen, aber prunkvollen Möbelstücken. In dem Maße, wie die Räume für zeremonielle Anlässe an Bedeutung verloren, wurde die Einrichtung der kleineren, behaglicheren Räume, besonders der Boudoirs, opulenter. Obwohl viele dieser Möbel geometrisch intarsiert, mit architektonischen Beschlägen geschmückt oder nach Vorbildern aus der Architektur gearbeitet waren, behielten viele dennoch die Cabriole-legs und die weichen Umrisse der Möbel des Louis-quinze bis weit in die achtziger Jahre des 18. Jahrhunderts bei.

Als Martin Carlin (gest. 1785) im Jahre 1766 Kunstschreinermeister wurde, schuf er für Poirier einige der prunkvollsten Möbelstücke. Typisch sind die aufgesetzten Porzellanplaketten aus der Königlichen Porzellanmanufaktur in Sèvres, die mit Blumenreserven auf einem Untergrund in leuchtenden Farben bemalt sind.

Im Jahre 1772 begann Poirier mit Dominique Daguerre (1744-94) zusammenzuarbeiten, der 1777 das gesamte Geschäft übernahm. Er suchte auch weiterhin nach noch prunkvolleren Einrichtungen und ließ nun Adam Weisweiler (ca. 1750- 1810) als Kunstschreiner für sich arbeiten. Paneele mit feinsten japanischen Lackarbeiten wurden aus antiken Wandschirmen geschnitten und auf Kommoden und Sekretäre aufgesetzt. Diese Möbel wurden mit exotischen Hölzern, wie Thuja-Holz, Amboina-Holz oder geflammtes Mahagoni-Holz furniert,

SCHREIBKABINETT. ADAM WEISWEILER, um 1780
Mit an Sicherheit grenzender Wahrscheinlichkeit erwarb der »Marchand-Mercier« Dominique Daguerre dieses Kabinett von der Großherzogin Maria Fedorowna, als sie sich 1784 zu einem Besuch in Paris aufhielt. Die Gestaltung mit den Plaketten aus Sèvres-Porzellan unterstreicht den Sinn der Auftraggeber von Daguerre für Luxus.

KONSOLTISCH MIT VERGOLDETEN BRONZEBESCHLÄGEN. J.-H. RIESENER, 1781
Im Winter war dieser Tisch Teil der Einrichtung des »Cabinet Intérieur« von Marie-Antoinette in Versailles. Im Sommer wurde er durch einen Konsoltisch mit vergoldeten Schnitzereien ausgetauscht.

INTERIEUR EINES ZIMMERS IN BAGATELLE. F.-J. BÉLANGER
Die Wandverkleidung mit den Arabesken in dem für den Comte d'Artois, dem Bruder Louis' XVI., gebauten Vergnügungspavillon in Bagatelle gehört zu den einflußreichsten Elementen klassizistischer Raumgestaltung. Der Sekretär stammt von Roentgen.

und mit Wedgwood-Medaillons noch verschönert. Türen und Schubladen der aufwendigsten Möbelstücke wurden mit Paneelen versehen, die in der Florentiner Pietra-dura-Technik verziert waren. Geschmückt waren alle diese Möbel mit vergoldeten Bronzebeschlägen, die in Werkstätten von Pierre Gouthière und Pierre-Philippe Thomire (1751-1843) sehr fein ziseliert wurden.

Das Ende einer Ära

Die letzte Phase des Louis-seize wurde durch die Ernennung von Thierry de Ville Avray zum Dessinateur Garde-meuble du roi im Jahre 1784 eingeleitet. Angesichts der drohenden Geldnot wollte er unter anderem die enorm hohen Ausgaben des Königshofs für Möbel kürzen. Eines der ersten Opfer der neuen Politik war Riesener, dessen Stellung als Ebenist des Königs (Ébéniste du roi) nun der in Deutschland geborene Guillaume Beneman (Schaffenszeit 1784-1811) einnahm. Die Arbeiten von Beneman sind häufig nur schwer zu erkennen, da er die meisten von ihm signierten Möbel nicht selbst hergestellt, sondern vielmehr umgearbeitet oder ausgebessert hat. Zweifellos war dies auf die Sparmaßnahmen des Königshofs zurückzuführen.

In dieser Atmosphäre einer vergleichsweise zurückhaltenden Ausgabenpolitik ging der vorherrschende Trend hin zu eher sparsamen Möbelstücken, die à l'anglaise mit schlichten Mahagoni-Holzfolien furniert und mit diskreten Beschlägen aus Goldbronze oder Messing dekoriert wurden. Zu den bedeutendsten Möbelstücken dieser Zeit zählt das Ensemble von Mahagoni-Sitzmöbeln im Style étrusque, die der Menuisier Georges Jacob (1739-1814) im Jahre 1787 für die Meierei von Marie-Antoinette im königlichen Château in Rambouillet fertigte. Entworfen wurde die Garnitur von Hubert Robert, einem Maler klassischer Ruinen. Die Stühle waren – antiken Ruhebetten ähnlich – die ersten mit einem nach hinten gebogten Lehnenabschluß. Gebrochen wurde auch mit einer weiteren Tradition: Die Rückenlehnen waren nicht mehr gepolstert, sondern geschnitzt und gitterartig durchbrochen. Eine andere wichtige Neuerung war, daß jetzt nach englischer Manier poliertes Mahagoni verwendet wurde.

Directoire und Empire

Die Absetzung Louis' XVI. und die Wirren der Französischen Revolution (1789) brachten den Pariser Möbelhandel zum Erliegen. Neue Möbel waren kaum gefragt, und durch die Auflösung der Möbelsammlungen von Krone und Aristokratie kam es zu einer Überschwemmung des Marktes. Daguerre floh nach England, wo er 1793 starb. Riesener wurde von der neuen Regierung beauftragt, die königlichen Monogramme von den vorhandenen Möbelstücken zu entfernen. Georges Jacob, Bernard Molitor, Joseph Stöckel (1743-1800) und andere, die einige der schönsten Möbel des Ancien régime geschaffen hatten, fertigten jedoch weiterhin Möbel an, wenn auch in einem zugegebenermaßen immer sparsameren Stil. Als die Unruhen, die den Höhepunkt der Französischen Revolution kennzeichneten, allmählich nachließen, begann die Regierungszeit des Directoire, die eine relative Stabilität mit sich brachte. Sparsamkeit war immer noch gefragt; und diese Phase ist durch die Anpassung der einfachen Formen des späten Louis-seize (Style étrusque) an den Geschmack des Bürgertums gekennzeichnet. Veröffentlichungen wie das »Journal des Dames et des Modes« von La Mésangère stellten durch die darin enthaltenen farbigen Stiche sicher, daß der neue Stil von weiten Kreisen übernommen wurde. Die Möbelsilhouette wurde eckiger, und die Beschläge – jetzt häufiger aus Messing statt Goldbronze – wurden wesentlich schlichter.

Erst die Ernennung Bonapartes zum Ersten Konsul brachte ein Wiederaufleben der offiziellen Förderung und eine Erholung des französischen Möbelhandels mit sich. Die einflußreichsten Möbelschöpfer des Consulat und des Empire waren Charles Percier (1764-1838) und Pierre-François-Léonard Fontaine (1762-1853).

Aber erst durch die Förderung von Joséphine de Beauharnais, der Gemahlin Napoleons, konnten sich Percier und Fontaine als die bedeutendsten Dekorateure in Frankreich etablieren. Das Hôtel de Beauharnais (um 1799) war stilistisch eines ihrer erfolgreichsten Projekte. In den ersten Jahren des 19. Jahrhunderts wurden sie dann mit der Ausstattung des Schlosses Malmaison beauftragt. Ab dem Jahre 1802 arbeiteten sie ausschließlich für Napoleon. Als dieser sich 1804 zum Kaiser krönte, beeinflußten beide maßgeblich den Dekorationsstil des Empire. Ihr Sammelwerk »Recueil de décorations intérieures« (1801) mit Stichen ihrer Entwürfe bot die Gewähr, daß dieser Stil in den folgenden Jahren, mehr oder weniger unverändert, in ganz Europa seine Verbreitung fand.

Der Empire-Stil war im Grunde genommen nicht besonders revolutionär, sondern vielmehr eine Weiterentwicklung des Style

Sessel. Vergoldet, um 1810
Die rechteckige Form des Stuhls und die von Konsolköpfen gestützten Armlehnen sind typisch für die repräsentative Pracht des Empire-Stils der Napoleon-Zeit.

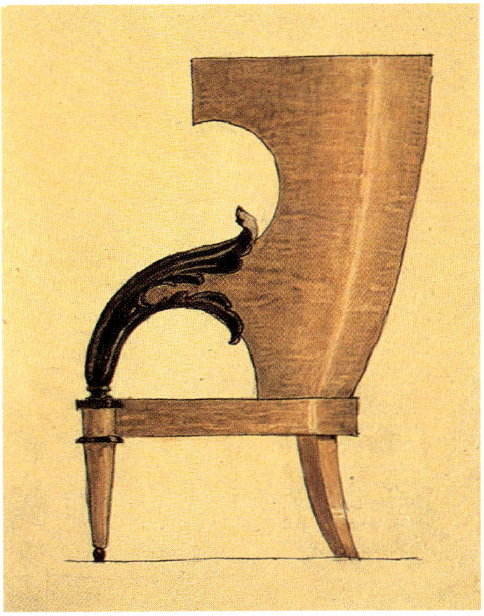

Entwurf eines Stuhls, um 1790
Spiegelt die sparsamen Formen wider, zu denen die klassizistische Avantgarde Ende der achtziger Jahre des 19. Jhs. den Anstoß gab. Georges Jacob fertigte ähnliche Möbel für den Maler David an.

Sessel. Vor 1804
Diesen Stuhl benutzte der Maler David für einige seiner Skizzen der Krönung Napoleons. Er repräsentiert das archäologische Extrem, zu dem der Empire-Stil neigte.

étrusque Ende der achtziger Jahre des 18. Jahrhunderts. Das zeltförmige Interieur des Schlosses Malmaison hat den Vergnügungspavillon des Comte d'Artois in Bagatelle als Vorbild. Die wuchtigen Formen der Kastenmöbel erinnern jedoch eher an die Kommoden, die Stöckel für das Königsschloß in Compiègne gefertigt hatte. Der Einfluß dieses Stils war ungewöhnlich groß, und als Folge der Eroberungen Napoleons breitete er sich über ganz Europa aus. Der Ruf der Pariser Kunstschreiner war so ausgezeichnet wie der der Ebenisten des Ancien régime.

Die Formen des Empire-Stils waren im Vergleich zum Directoire eher massivwuchtig proportioniert und betont rechteckig. Weiterhin bevorzugte man Mahagoni, das während der napoleonischen Blockaden knapp geworden war und damit eine enorme Wertsteigerung erfuhr. Der Import des Holzes aus den englischen Kolonien wurde unterbunden, und die Kunstschreiner waren deshalb gezwungen, auch mit einheimischen Hölzern zu arbeiten. Beschläge aus Goldbronze dienten, insbesondere für die kostbareren Möbelstücke, nach wie vor der Auflockerung von Möbelflächen. Klassische Figuren, häufig sehr fein gegossen und poliert, wurden im allgemeinen als Flachrelief direkt auf das Furnier aufgebracht. Man arbeitete auch mit groteskem Dekor, das gelegentlich die gesamte Oberfläche des Möbels ausfüllte. Andere beliebte Motive waren Leier, Kränze, Pfeile, Sphingen, Amphoren, Palmetten und Anthemien.

Die Sitzmöbel entwickelten sich aus den »etruskischen« Formen des vorausgegangenen Jahrzehnts. Um 1805 wichen jedoch die geschnitzten, in Voluten endenden Rücklehnen den flachen, rechteckigen Lehnen, die stets gepolstert waren. Die Gestelle waren manchmal aus bemaltem und mit Goldzierat aufgelockertem Buchenholz, gewöhnlich jedoch aus Mahagoni, hin und wieder mit vergoldeten Bronzebeschlägen verziert. Die sich elegant nach unten verjüngenden Beine der »etruskischen« Möbel waren jetzt etwas stämmiger und als gedrehte Balusterbeine oder mit quadratischem Querschnitt geformt. Die Armlehnen lagen entweder auf Stützen, die die Verlängerung der Vorderbeine waren, oder auf

MEUBLE À HAUTEUR D'APPUI. JACOB FRERES, um 1800 *(UNTEN)*

CHAISELONGUE. AHORN-INTARSIEN, um 1820 *(GANZ UNTEN)*

Sphingen. Eine andere Lösung waren die zur Zarge hin gebogenen Armlehnen, die ab ca. 1810 häufig in ein abwärts gewundenes Füllhorn übergingen.

Die Kastenmöbel wurden zunehmend rechteckiger. Kommode und Sekretär wurden en suite – in einheitlicher Form und mit schlichter Marmorplatte – gefertigt. Solche Möbelstücke hatten im allgemeinen eine hohe Schublade mit einem aufgesetzten Fries, und Pilaster oder Säulen bildeten die Ecken. Kopfstück dieser Säulen waren schlichte, häufig maschinengedrechselte toskanische Goldbronze-Kapitelle. Eine Variante zu den Säulen waren gewöhnlich ten Bronzebeschlägen verziert. Zur Steigerung der Wirkung wurden als Variante auch große einbeinige Tierfiguren verwendet. Guéridons konnten Anfang des Jahrhunderts, antiken Altären und Kandelabern ähnlich, auf einer sich verjüngenden, dreieckigen Mittelsäule mit konkaven Seiten stehen. Später waren diese Stützen auch wie Baluster gedrechselt. Kleinere Guéridons konnten auch auf Sockeln aus feiner Goldbronze stehen.

Im Empire kamen mehrere neue Möbelstücke auf, denen die für diese Epoche typischen klassizierenden Namen gegeben wurden. Mit den kleinen Guéridons waren die

Weitere neue Möbelstücke waren die Psyché, ein Ankleidespiegel, und der Somno, ein Nachttisch meist in der Form einer klassischen Plinthe. Zu den extravagantesten Möbelstücken des Empire zählen Betten, die in der Form immer massiver wurden und mit hohen, ausladend geschweiften Kopf- und Fußteilen ausgestattet waren.

Nach der Rückkehr der Bourbonen (Restauration) wurden zwar weiterhin die Empire-Möbel gefertigt, aber es entwickelten sich einfachere, weichere Formen. Allmählich wurden auch die Beschläge aus vergoldeter Bronze seltener, und die Säulen und Hermen verschwanden.

TAFEL 20.
MEUBLES ET OBJETS DE GOUT. LA MESANGÈRE, 1807-1818
Die farbigen, von La Mésangère veröffentlichten Illustrationen boten die Gewähr für die Verbreitung des Empire-Stils in Frankreich und im übrigen Europa.

Pfeiler, die von klassisch oder ägyptisch gekleideten Frauenbüsten bekrönt waren. Kostbarere Möbelstücke waren mit einer Fülle von vergoldeten Bronzebeschlägen von Bronziers wie Thomire geschmückt.

Der Konsoltisch blieb auch während des Empire ein wichtiger Einrichtungsgegenstand. Die meisten standen auf schlichten Säulen oder von Büsten bekrönten Pilastern, die imposanteren Möbelstücke auf einbeinigen, oft geflügelten Fabelwesen, die entweder vergoldet oder schwarz bemalt waren, um ihnen das Aussehen patinierter Bronze zu verleihen.

Vielfältig waren im Empire die Formen des Guéridons. Die Platten, gewöhnlich aus Marmor, wurden von drei oder vier einfachen Säulen oder Hermen auf Plinthen mit konkaven Seiten getragen. Gewöhnlich waren sie aus poliertem Holz und mit vergolde- Athéniennes verwandt. Sie wurden unter anderem als Tischchen zum Abbrennen von Weihrauch, als Waschtische oder Jardinières verwendet. Zu den bedeutendsten Möbelstücken zählt der Taufstein des Königs von Rom. Schöpfer waren die italienischen Goldschmiede Luigi und Francesco Manfredini; der Stein wurde der Kaiserin Marie-Louise von der Stadt Mailand als Geschenk überreicht. Fast jedes Detail ist eng an den in Pompeji ausgegrabenen und von Piranesi gezeichneten Tisch mit Dreifußstütze angelehnt. Eine weitere bedeutende Athénienne stand in den Gemächern des Königs in den Tuilerien. Sie wurde von Martin-Guillaume Biennais (1764-1843) nach einem Entwurf von Charles Percier gefertigt und diente als Waschtisch, dessen silberne Waschschüssel von Schwänen aus vergoldeter Bronze getragen wurde.

ENGLAND

Mitte des Jahrzehnts wurde Stuarts bestimmender Einfluß als führender klassizistischer Möbelentwerfer Englands durch den Erfolg seiner Rivalen Robert (1728-92) und James (1732-94) Adam untergraben. Robert Adam war erst kurz zuvor von einem Studienaufenthalt aus Italien zurückgekehrt. Die Anregungen zu seinen Möbelentwürfen erhielt er wie Stuart aus der neuen Archäologie, wobei für ihn jedoch die Ruinen von Rom Vorbild waren. Eine Zeitlang kämpften Stuart und Adam um dieselben Aufträge, und viele ihrer Entwürfe zeigten auch eine verblüffende Ähnlichkeit. Letzten Endes übertraf aber Adam seinen Rivalen als Möbelentwerfer und Geschäftsmann.

Die bis ins kleinste Detail abgestimmte

Gestaltung von Innenräumen hob Adam auf ein bis dahin in England noch nie dagewesenes Niveau. Das Mobiliar wurde stimmig in eine Folge kontrastierender Innenräume eingepaßt, die der Architekt in der Art römischer Thermen geplant hatte. Die Deckenausstattung wurde harmonisch mit den eigens gewebten Fußbodenteppichen in Einklang gebracht, um den besonderen Effekt der von Adam als »Bewegung« (Movement) bezeichneten Gestaltung noch zu erhöhen und zu unterstreichen.

Jede Einzelheit des Interieurs wurde der allumfassenden Raumgestaltung untergeordnet. So fanden die filigranen, in Stuck gearbeiteten Grotesken, mit denen Adam seine Innenräume einfaßte, in den Schnitzereien der bemalten und vergoldeten Möbel (Stühle, Pfeilerspiegel und Tische) ihre Fortsetzung und bildeten gleichzeitig das Pendant zu der Marketerie an den furnierten Möbeln (Kabinette, Kommoden, u.a.), damit sich das Gesamtinterieur zu einem einheitlichen Dekorationsstil zusammenfügte. Deshalb erhielten Möbel, die für ein derartiges Interieur entworfen wurden, häufig die Qualität von Theaterrequisiten. So dienten die Trompe l'oeil-Urnen auf säulenförmigen Basen im Salon von Kedleston Hall (1759-60), Derbyshire, eigentlich als Verkleidung für die »unedle« Zentralheizung.

Robert Adam führte in der englischen Möbelgestaltung eine Reihe gänzlich neuer, das antike Formengut nachahmende Schmuckmotive ein. Sphinge, Greife, Karyatiden, Bukrania (Ochsenschädel), Widderköpfe, Putten, Medaillons, Urnen, Ziertischchen auf Dreifüßen und Kandelaber aus den Reliefs und den Wandmalereien der Antike wurden jetzt aufgemalt, aus Stuck und anderen, unterschiedlich variierten Materialkombinationen nachgebildet, als Marketerie aufgebracht, in Holz geschnitzt und zu einem dekorativen Ensemble mit hängenden und sich rankenden Akanthusblättern, Rosetten und stilisierten, sich verjüngenden Blattornamenten (Husk swags) zusammengestellt.

Für den internationalen Klassizismus in den sechziger Jahren des 18. Jahrhunderts war im Hinblick auf die Dekorationskunst die herausragendste, von Adam eingeführte

SITZBANK, VERGOLDET, JAMES STUART, um 1760
Teil einer Sitzgarnitur, die Stuart für das bemalte Zimmer im Spencer House entwarf. Bei der Gestaltung der kühnen, antikisierenden Greifvögel stützte sich Stuart auf seine umfangreichen Archäologiekenntnisse.

Neuerung einzig und allein die Weiterentwicklung des Arabesken- oder Groteskenmotivs (abgeleitet von dem Wort Grotto). Die Adams spannten ihr Geflecht aus klassischen Ornamenten über relativ einfache geometrische Formen. Obwohl die Brüder bei den Motiven für die frühen Möbelstücke wahrscheinlich auf die äußerst plastischen Formen von Neufforge und des Goût grec zurückgriffen, legten sie in ihren Dekorationsentwürfen statt auf voluminöse Formen jetzt immer mehr Wert auf flächige Gestaltung. Die aus Holz geschnitzten Ornamente wurden größtenteils durch dekorative, aus Metall gefertigte oder aus unterschiedlichen Materialien zusammengefügte Elemente ersetzt, die sich in überaus raffinierte, wenn auch flachere Formen umarbeiten ließen und, nachdem sie auf den Möbeln aufgesetzt waren, eine zarte, aus filigranen Ornamenten bestehende Verzierung bildeten.

Obwohl die Gebrüder Adam zur Vervollständigung der von ihnen gestalteten Interieurs sehr viele Möbel entwarfen, scheinen doch die meisten Möbelstücke Wand- oder Ziermöbel gewesen zu sein. Ihre Häuser wurden häufig mit Kasten- und Sitzmöbeln ausgestattet, die passend dazu von anderen, zeitgenössischen und angesehenen Cabinet-makers geschaffen wurden. Zu diesen zählten Thomas Chippendale (1718-1779), die Brüder John (gest. 1796) und William (gest. 1763) Linnell und die Firma von Ince und Mayhew. Allem Anschein nach skizzierte Robert Adam häufig nur grob seine Vorstellungen und überließ den Tischlern die Ausarbeitung der Details.

Und in der Tat zeigt sich die Eigenart des Adam-Stils am besten in den Arbeiten anderer Kunsthandwerker, insbesondere Chippendale. Deutlichster Beweis dafür ist die Kommode im Harewood House, Yorkshire. Hier finden sich sämtliche Elemente des Adam-Stils in der Marketerie oder sogar in den vergoldeten Bronzebeschlägen, die an englischen Möbeln selten zu finden sind. Chippendale arbeitete allerdings viel intensiver mit seinen Materialien, um noch viel kräftigere Wirkungen zu erzielen.

Der Adam-Stil nahm in den sechziger und siebziger Jahren des 18. Jahrhunderts England im Sturm, und bald schon wurden die Entwürfe vielfach imitiert. Hier ist insbesondere der junge James Wyatt (1746-1813) zu nennen. Der Einfluß Adams auf die englischen Möbelentwürfe kommt in den Vorlagenwerken von Kunstschreinern wie George Hepplewhite (gest. 1786) zum Ausdruck, dessen Buch »Cabinet-Maker and Upholsterer's Guide« 1788 in der ersten Auflage erschien. Solche Handbücher für

Schreiner trugen dazu bei, daß die Möbeltypen, die das von Adam gestaltete Interieur zierten, von Cabinet-makers in ganz England imitiert werden konnten, wenn auch in weniger imposanter Form.

Die Entwürfe, mit denen Hepplewhite am ehesten in Verbindung gebracht wird, waren die Stühle mit durchbrochener oder schildförmiger Rückenlehne, die auch außerhalb Englands großen Einfluß ausübten. Er schuf jedoch auch Entwürfe für die Anfang des 18. Jahrhunderts typischen Kastenmöbel im Georgianischen Stil, wie Truhe, Bureau, Kleider- und Bücherschrank. Jetzt waren diese Möbel jedoch mit dem charakteristischen dekorativen Formengut des Adam-Stils ausgestattet, gelegentlich mit Marketerie verziert oder bemalt, und Sitz- und Wandmöbel waren häufig mit Schnitzereien im Flachrelief geschmückt. Im allgemeinen sind die Cabinet-maker dieser Zeit in ihren Arbeiten mehr und mehr zu leichteren Formen und eleganteren Proportionen übergegangen.

Robert Adam selbst griff bei Entwürfen für Stühle in hohem Maße auf den zeitgenössischen Louis-quinze- und den Louis-seize-Stil zurück. Die übriggebliebenen Stilelemente des französischen Rokokos waren auch bei den Formen der Hepplewhite-Möbel unverkennbar. Stühle konnten mit Cabriole-legs versehen werden, und für Kastenmöbel waren häufig die geschweiften Konturen charakteristisch. Obwohl es in England Kunsthandwerker für Or-moulu-Arbeiten, wie Dominique Jean und vor allem Matthew Boulton (1728-1802) gab, waren Möbel mit Beschlägen eher die Ausnahme.

Henry Holland

Anfang der achtziger Jahre des 18. Jahrhunderts kam es zu einer Gegenströmung gegen den Adam-Stil, deren elegante Formen in einer Reihe von Interieurs des Architekten Henry Holland (1745-1806) ihren Ausdruck fanden. Holland stand dem von Architekten wie François-Joseph Bélanger inspirierten französischen Klassizismus aufgeschlossen gegenüber. Seine Entwürfe fanden in den Kreisen der Whigs um den Prince of Wales, dem zukünftigen George IV., großen Gefallen. Auch er hegte eine große Vorliebe für alles Französische, und sein Geschmack sollte während dieser Epoche maßgeblichen Einfluß ausüben. Holland gestaltete das Interieur für die Paläste der Whigs Samuel Whitbread in Southill und dem Duke of Bedford in Woburn. Seinen bedeutendsten Auftrag erhielt Holland

KOMMODE. WILLIAM INCE UND JOHN MAYHEW ZUGESCHRIEBEN. 1773 *(OBEN)*
Eine von zwei Kommoden, die nach einem Entwurf von Adam für Osterley House angefertigt wurden. Die Marketerie-Medaillons stammen wahrscheinlich von Christopher Furlogh.

KEDLESTON HALL, DERBYSHIRE, um 1768 *(OBEN LINKS)*
Der Entwurf von Adam läßt erkennen, welche Bedeutung er einer einheitlichen Raumgestaltung durch die Abstimmung der Einrichtung auf die Architektur beimaß.

URNE AUF SOCKEL. THOMAS CHIPPENDALE, um 1770 *(OBEN)*
Beide Erzeugnisse sind Bestandteil einer Möbelgruppe, die im Adam-Stil für das Speisezimmer in Harewood House entworfen wurde.

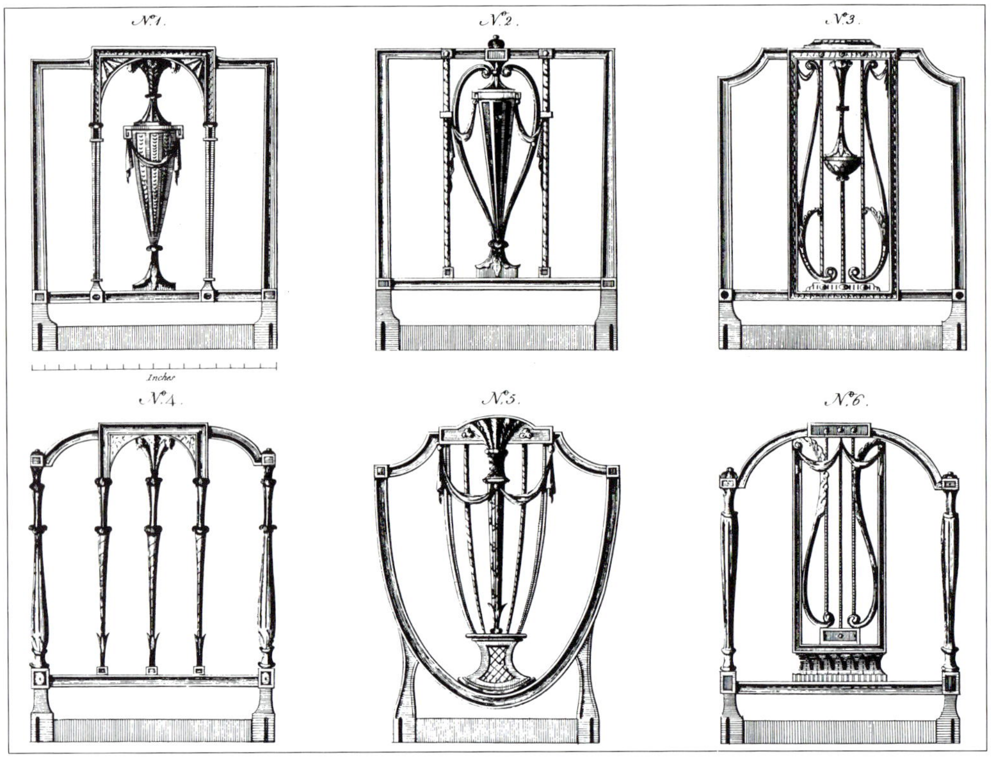

ENTWÜRFE FÜR RÜCKENLEHNEN. THOMAS SHERATON, 1791-94 (OBEN)
Die in »Cabinet-Maker and Upholsterer's Drawing Book« von Sheraton vorgestellten Entwürfe für Rückenlehnen waren eine Weiterentwicklung der Vorbilder von Hepplewhite, obwohl der Einfluß von Georges ebenfalls erkennbar ist.

SESSEL. MAHAGONI, um 1785 *(UNTEN)*
Der Entwurf dieses Sessels mit Rückenschild aus »Cabinet-Maker and Upholsterer's Guide« (1788 und 1794) von Hepplewhite fand großen Anklang.

jedoch 1783, als ihn der Prince of Wales selbst aufforderte, Carlton House, seine Londoner Residenz, neu zu gestalten. Holland entwarf zur Ausstattung der prunkvollen Innenräume Möbel, die den Einfluß des zeitgenössischen Louis-seize-Stils erkennen ließen. Wahrscheinlich fertigte der nach England emigrierte Kunstschreiner François Hervé einige Stühle an, und der Pariser Marchand-mercier Dominique Daguerre leistete seinen Beitrag mit Möbeln von Georges Jacob und Adam Weisweiler. Die Entwürfe der meisten dieser Möbel waren an den neuen Style étrusque, den späten Louis-seize-Stil, angelehnt und nahmen damit schon Stilelemente des Regency vorweg. Wie auch Adam vor ihm, achtete Holland darauf, daß die von ihm entworfenen Möbel harmonisch zum übrigen Interieur paßten.

THOMAS SHERATON

»The Cabinet-Maker and Upholsterer's Drawing Book«, das Sheraton in mehreren Teilen von 1791 bis 1794 veröffentlichte, war das einflußreichste Vorlagenwerk der neunziger Jahre des 18. Jahrhunderts. Seine Entwürfe sind Vorbild für viele Möbel, die um die Jahrhundertwende und zu Beginn der Stilphase des Regency (1810-20) angefertigt wurden. Seine Bücher waren ein deutlicher Hinweis auf das zunehmende Bedürfnis der Öffentlichkeit nach Komfort und vor allem auf den unstillbaren Hunger nach neuen Modetrends. Sarkastisch bezeichnete Sheraton die veralteten Entwürfe, die Hepplewhite nur wenige Jahre zuvor veröffentlicht hatte, als völlig veraltet. Die Serie der Neuschöpfungen schien nicht abzureißen. In vielen Fällen handelte es sich um Entwürfe von zweckgebundenen Möbeln mit eigener Mechanik oder der Möglichkeit, sie durch Verwandeln umzufunktionieren. Während dieser Epoche wurden neue Typen, wie der Sofatisch – ein langgestreckter Pembroke-Tisch –, kreiert. Eßtische mit gedrechselter Mittelstütze und nach innen gebogten Beinen nahmen teilweise die Stelle der bisher üblichen Modelle mit den Beinen an den Ecken ein. Auch Spieltische standen in zunehmendem Maße auf Mittelsäulen. Die Kaffeetische – auch auf einer Mittelsäule – waren verkleinerte Versionen der Eßtische, ausgeführt als Klapptische mit rechteckiger, ovaler oder runder Platte. Eine weitere Variante war der Bibliotheks- oder Trommeltisch, dessen gewöhnlich runde, mit Leder bezogene Platte auf einer Mittelsäule stand. Größten Anklang fand auch der Entwurf Sheratons für

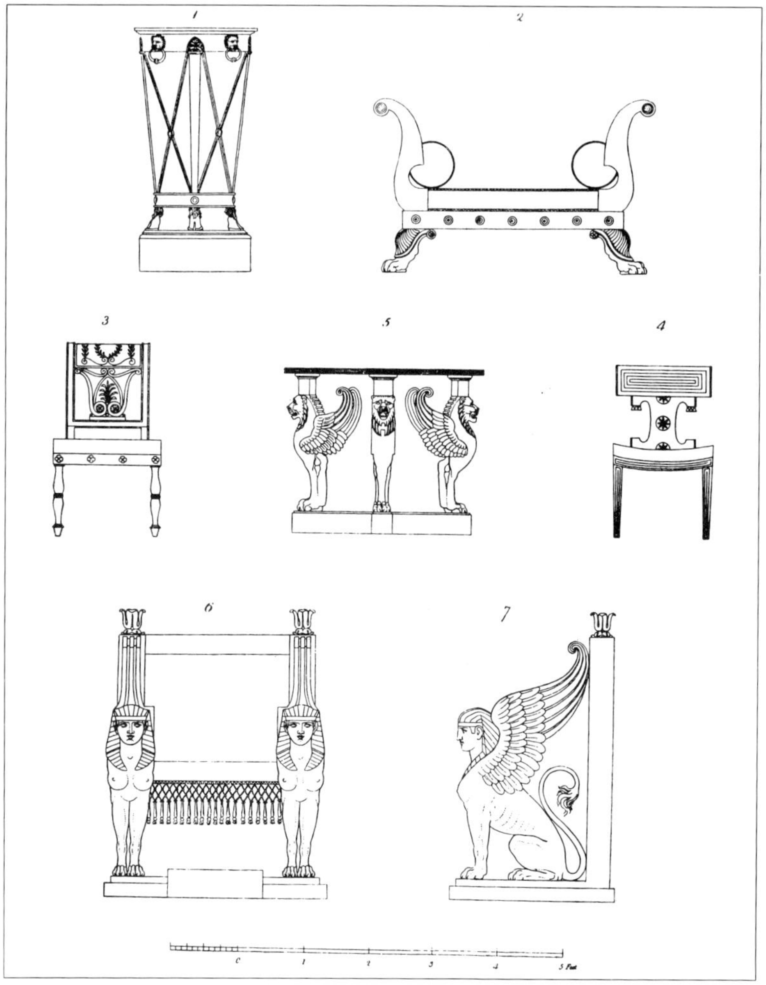

TAFEL 19. THOMAS HOPE, HOUSEHOLD FURNITURE AND INTERIOR DECORATION, 1807
Wie die Vorlagen von Percier und Fontaine unterstrichen auch die spröden Stiche von Hope die nahezu abstrakte Einfachheit seiner Entwürfe, vermittelten jedoch nur einen schwachen Eindruck von der Pracht seiner aufwendig gestalteten Interieurs.

einen D-förmigen Schreibtisch auf Spitzbeinen, dessen lederbezogene Schreibfläche von einem Aufsatz mit Schüben und Fächern umgeben ist. Das Original wurde für das Carlton House des Prince of Wales gefertigt, dem das Möbel später seinen Namen verdankte.

Der typische Sheraton-Stuhl verband in zunehmendem Maße klare Linien, eine quadratische Rückenlehne, eine fein gearbeitete Mittelzunge und dünne gedrechselte Vorderbeine miteinander. Gefertigt wurden sie in der Regel aus Mahagoni, wurden mit Schnitzereien verziert, in vielen Fällen jedoch lackiert oder bemalt, und häufig mit geflochtenen Sitzen versehen.

Die meisten Entwürfe von Sheraton sollten in Mahagoni ausgeführt werden, obwohl die kostbareren Möbelstücke dieser Epoche oft auch mit Satinholz furniert wurden, einem neu in Mode gekommenen, wenn auch teuren Holz. Gemalte Girlanden, Festons und in Grisaille-Technik ausgeführte Medaillons bildeten das Dekor der Stühle. Die Anregungen dazu lieferte eine vom Style étrusque inspirierte Stilrichtung, bei der das dekorative Formengut des Adam-Stil noch verfeinert worden war. Möglicherweise setzte sich in den Entwürfen erneut französischer Einfluß durch, da Holland für die Ausgestaltung von Carlton House mit kunstvollen Arabesken den Kunstmaler Alexandre Delabrière aufgrund seiner Zusammenarbeit mit Bélanger in Bagatelle in Dienst genommen hatte.

Als weitere Quelle schöpferischer Ideen für seine Entwürfe nahm Holland von 1794 bis 1796 den Architekten Charles Heathcote Tatham (1772-1842) in Dienst, der Zeichnungen der in der Antike in Italien üblichen Ornamente und Möbel anfertigte. Die Möbel, die in Anlehnung an die Stiche von Tatham für Southill und Carlton House ausgeführt wurden, ließen schon die klobige Form von Regency-Möbeln erahnen. Zu den interessanteren Entwürfen gehört ein Schemel, dessen Vorbild ein römischer Marmorschemel ist und dessen Schnitzwerk kunstvolle Faltenwürfe nachbildet. Von diesem Schemel existieren bemalte und marmorierte Exemplare aus Buchenholz. Im Unterschied dazu sind einige der Schemel, die auf der von dem Künstler William Henry Pyne geschaffenen Ansicht des Runden Salons im Carlton House dargestellt sind, dem Anschein nach gepolstert. Darüberhinaus gibt es von Pyne auch die Darstellung eines großen, vergoldeten Throns aus Holz, der deutlich von den massiven Formen des marmornen Originals aus der klassischen Antike beeinflußt war.

REGENCY

Die Arbeiten von Tatham leiteten eine neue Ära in der englischen Möbelkunst ein, deren Vertreter die Anregungen aus der Archäologie bemerkenswert getreu übernahmen. In seiner »Encyclopaedia« (1805) stellte Sheraton neue, von der Archäologie inspirierte Entwürfe von Stühlen vor, die er »Herculaneum-Stühle« nannte. Die neue Kraft in der englischen Möbelkunst war jedoch ein Dilettant namens Thomas Hope (1769-1831).

In seinem Haus in Duchess Street, Cavendish Square, London, kreierte Hope eine Reihe von Interieurs, die seiner Antiquitätensammlung den entsprechenden Rahmen geben sollten. Inspiriert waren diese Inneneinrichtungen von Entwürfen der im Dienste Napoleons stehenden Dekorateure Percier und Fontaine und von Studien des Baron Dominique Vivant Denon (1747-1825), dem Direktor des Musée Napoléon, über das ägyptische Altertum. Dieser französische Einfluß wurde jedoch durch Hopes eher romantische Sicht der griechischen Antike geschmälert. An Stelle der eleganten Linien der Sheraton-Epoche traten bei Hope massive geometrische Formen. Seine Konsoltische oder die runden Tische mit

SITZBANK. SCHWARZ GELACKT, TEILVERGOLDET, um 1805 *(RECHTS)* *Sie entspricht ganz dem Zeitgeschmack des Regency. Englische Stühle dieser Epoche wurden häufig aus Buchenholz gefertigt, schwarz gelackt oder mit einer dem Rosenholz ähnlichen Maserung versehen.*

SESSEL. DUNKEL GEBEIZT, TEILVERGOLDET, um 1805 *(UNTEN LINKS)* *Das Schlangenmotiv der Rückenlehne wurde von einem der späteren Entwürfe Sheratons kopiert, und die nach innen gebogten Beine sind denen des klassisch-griechischen Klismos nachempfunden.*

Mittelstütze standen nicht mehr auf schmächtigen, nach unten verjüngten Spitzbeinen, sondern auf Füßen in Form von Löwen oder Greifen, vollständigen Karyatiden oder Hermen mit ägyptischen Büsten. Die Platten der Schreibtische ruhten auf starken Untergestellen, deren Form den Seitenteilen römischer Sarkophage ähnelten. Bei den Stühlen wurden die überdimensionierten Proportionen des Klismos (mit den vier nach innen gebogten Beinen, den geschwungenen Stützen und einer gekurvten Rückenlehne) entsprechend den Darstellungen auf griechischen Vasenmalereien im rotfigürlichen Stil übernommen oder die einfachen Formen der Sella curulis kopiert, einem den Curulischen Beamten oder Würdenträgern im alten Rom vorbehaltenen, gepolsterten Faltstuhl mit gebogten Beinen.

Hope wiederholte jedoch nicht nur Stilelemente der klassischen Antike: Er entwarf auch ägyptische und indische Räume. Seine sparsamen Stiche im Stil des Bildhauers John Flaxman vermitteln nur einen kleinen Eindruck von der für seine Interieurs charakteristischen Üppigkeit. Zum großen Teil stellte sich diese Wirkung durch die überaus farbigen Stoffe und die äußerst kunstvolle Polsterung ein, die das Gegengewicht zu den geometrischen Formen der Möbel bildeten. Neben Ruhebetten bevorzugte Hope auch langgestreckte Banquettes und Ottomanen mit Vollposterung.

Trotz des Einflusses von Hope wurde in der Stilphase des Regency die Möbelgestaltung in vielen Fällen von den Modellen

Sheratons aus den neunziger Jahren des 18. Jahrhunderts übernommen. Die durchbrochenen Rückenlehnen und die gedrechselten spindelförmigen Vorderbeine, die für die Stühle im Sheraton-Stil der neunziger Jahre des 18. Jahrhunderts typisch waren, wurden nun allmählich durch einen an den Klismos erinnernden Typ mit gebogtem Lehnenbrett und gedrechselten oder konkav geschwungenen Beinen verdrängt. Im Gegensatz zu vergleichbaren anderen europäischen Stühlen wurden die nach innen gebogten Hinterbeine und die Stütze für das Lehnenbrett aus einem Möbelstück gefertigt, um dem Stuhl ein leichter wirkendes, eleganteres Aussehen zu verleihen.

Die für Hepplewhite- und Sheraton-Möbel charakterische Marketerie und Bemalung war Anfang der 19. Jahrhunderts fast völlig verschwunden. Die dekorative Wirkung wurde jetzt durch eine stark gemaserte Furnierung, die häufig aus geflammtem Mahagoni oder Rosenholz und gelegentlich aus exotischen Hölzern wie Sabicu-, buntes streifiges Eben- oder Zebraholz zusammengesetzt und in der Regel mit abstrakten Mustern dunkel gebeizter Linien- oder Messingintarsien konturiert wurde. Holzstützen mit geschnitzten einbeinigen Tierfiguren wurden zur Nachahmung von patinierter Bronze schwarz oder grün bemalt, und entsprechend dem französischen Geschmack waren auch ägyptische Büsten weit verbreitet.

Eine Zusammenstellung der Stilelemente des Regency findet man in den Bildtafeln des Magazins »Repository of Arts«, das von Rudolf Ackermann (1764-1834) in den Jahren 1809 bis 1828 in London herausgegeben wurde. Einige Entwürfe darin sind eng an die Originale von Percier und Fontaine angelehnt. Die Bildtafeln von Ackermann und die Vorlagenwerke von Smith sind darüberhinaus bemerkenswert, da sie auch Entwürfe mit gotischen Stilelementen enthielten. In jener Zeit steckte die das Mittelalter erforschende Archäologie noch in den Kinderschuhen, daher übertrug Smith in seinen Entwürfen einfach die mit Krabben besetzten, von einer Kreuzblume bekrönten Bauelemente der Gotik und das aus Lanzettformen und Spitzbogen gebildete Maßwerk an gotischen Holzvertäfelungen auf die vorherrschenden klassizistischen Formen. Dieser Stil erinnerte sehr an die »Gothick« genannte Architektur von James Wyatt und Jeffrey Wyatville (1766-1840). Erst mit den seriöseren Arbeiten von Pugin in den dreißiger Jahren des 19. Jahrhunderts änderte sich das Bild. Das Gegengewicht zum Klassizismus bildete der später aufkommende Chinesische Stil. Beispiele hierfür sind der Pavilion des Prince of Wales in Brighton und der Chinesische Salon im Carlton House.

In den ersten Jahrzehnten des 19. Jahrhunderts war einerseits der Einfluß des zeitgenössischen französischen Empire-Stils auf Persönlichkeiten wie George Smith spürbar, andererseits herrschte gleichzeitig auch eine Vorliebe für die französischen Möbel des 18. Jahrhunderts vor, zu der hauptsächlich der Prince of Wales den Anstoß gegeben hatte. In seiner Rolle als Kunstmäzen schien er ganz bewußt die Bourbonen des Ancien régime nachzuahmen. So war denn auch die Fleur-de-lis (Wappenlilie der Bourbonen) in einige Teppiche im Carlton House gewebt worden. Der Prince of Wales beauftragte den emigrierten französischen Kunsthandwerker Louis Le Gaigneur (Schaffenszeit 1815-17) damit, Möbel in der nach André-Charles Boulle, dem Ebenisten König Louis' XIV. (Ébéniste du roi) benannten Boulle-Technik zu schaffen.

Zu den emigrierten französischen Möbelschreinern zählte auch S. J. Jamar, der bekanntlich sowohl Arbeiten entsprechend dem Zeitgeschmack des Regency als auch nach französischen Vorbildern anfertigte. John McLean (Schaffenszeit 1774-1814) schuf in London Mobiliar mit typischen englischen Formen, obgleich seine Beschläge aus gegossenem und getriebenem Metall auf französischen Einfluß schließen lassen. Auch gegen Ende der Epoche entstanden noch Nachahmungen in der von Holland in Southill ins Leben gerufenen Stilrichtung.

Der kreativste Cabinet-maker der späteren Stilphase des Regency war George Bullock (gest. um 1819). Beauftragt wurde er unter anderem mit der Einrichtung der Räume Napoleons auf Helena, von Tew Park des Industriellen Matthew Robinson Boulton sowie mit Arbeiten für den Duke of Atholl und den Duke of Palmella, den portugiesischen Botschafter. Viele seiner Entwürfe wurden in Ackermanns »Repository of Arts« veröffentlicht, und allem Anschein nach ist er zu einigem Ruhm gekommen. Er fertigte eigenwillige Nachahmungen der Formen der späten Stilphase des Regency an, griff dabei zwar auf zeitgenössische Entwürfe des Empire zurück, erzielte jedoch stets originelle Ergebnisse.

Mobiliar von Bullock weist aufgrund der kühnen Anhäufung voluminöser Elemente häufig imposante Proportionen auf. Bei seinen anspruchsvolleren Aufträgen setzte er vergoldete Bronzebeschläge auf und verzierte Eckkanten und Paneele mit floralen Messingeinlagen. Gelegentlich legte er einfach Muster aus verschiedenfarbigen Hölzern in das Grundholz ein.

SITZBANK. GEORGE BULLOCK, um 1810 *(OBEN)*
Dieses Sitzmöbel, nach einem Entwurf von Bullock, läßt die zunehmend wuchtigeren Formen des späten Regency erkennen. Der Messingzierat ist ein Kennzeichen für Bullock.

SCHREIBTISCH. ROSENHOLZ, um 1810 *(UNTEN)*
Die einfache, doch elegante Form ist typisch für die englischen Möbel Anfang des 19. Jahrhunderts.

ENTWURF FÜR EIN PARADEBETT. GEORGE SMITH, um 1807 *(OBEN)*
Dieser einer Kapelle nachempfundene Entwurf zeugt von der grotesken Opulenz des Zeitgeschmacks des Regency und von dem künstlerischen Anspruch der Neugotik.

ITALIEN

Der vielleicht bedeutendste Möbelentwerfer dieser Epoche in Italien war Giovanni Battista Piranesi (1720-78) aus Venetien. Piranesi war in den vierziger Jahren des 18. Jahrhunderts nach Rom gekommen und hatte damit begonnen, Kupferstiche mit Ansichten der alten Monumente herzustellen. In seinen Arbeiten traten im Laufe der Zeit die archäologischen Aspekte immer stärker in den Vordergrund. Er griff auf sein Wissen über die Antike zurück und veröffentlichte in dem Werk »Diverse maniere d'adornare i cammini ed ogni altra parte degli edifici« (1769) eine Reihe von Entwürfen für Möbel und Stils, vor allem die geringfügig massiven Proportionen gepaart mit überreichlich verwendeten Büsten, die zu den konischen Beinen überleiten. Piranesi nahm daneben auch durch andere Stilmerkmale das Empire vorweg. Er griff als einer der ersten für seine Interieurs auf die ägyptische Ornamentik zurück.

Auch der in Frankreich geborene Architekt Ennemon-Alexandre Petitot (1727-1801) beeinflußte schon früh den italienischen Klassizismus. In den vierziger Jahren des 18. Jahrhunderts hatte er sich noch als Student der Académie Française in Rom der neuen Stilrichtung verschrieben. 1753 wurde er auf Empfehlung des Comte de Caylus zum »Architetto dell fabricche ducado Albertolli (1742-1839) eine Reihe von Interieurs für den habsburgischen Gouverneur in der Lombardei. Seine Möbel gestaltete er in eleganter Anlehnung an die Arbeiten von Künstlern wie Neufforge. Die Cabriole-legs waren mittlerweile verschwunden, und die gerade Beinform setzte sich durch.

Trotz des ausländischen Einflusses behielt italienisches Mobiliar dennoch die starken nationalen Wesenszüge bei. So waren die Spitzbeine der italienischen Möbel dieser Epoche oft übermäßig weit ausgestellt, wobei der Ansatz des Beins zurückgesetzt war. Die Rahmen der Spiegel waren jetzt eher geradlinig, aber das Rollwerk der Bekrönungen und der Schmuckbänder be-

GELBER SALON. CA' REZZONICA, VENEDIG *(LINKS)*
Das Louis-seize erhielt durch die venezianischen Kunsthandwerker sein eigenes regionales Gepräge.

Interieurs. Allerdings sind nur zwei Möbelstücke bekannt, die nach den Entwürfen Piranesis gefertigt wurden, da die Extravaganz dieser Möbelstücke ihnen eher eine unpraktische Note verlieh. Dennoch sind sie insofern bedeutend, als in ihnen Details der noch existierenden antiken Möbel, insbesondere die von Bronzetischen übernommenen einbeinigen Fabelwesen, verarbeitet wurden. Es finden sich bei ihm auch schon viele Stilelemente des späteren Empireli« im Dienste des Herzogs von Palma ernannt. Petitot ist für seine Möbelentwürfe mit schweren, architektonischen Stilelementen bekannt, die in vieler Hinsicht denen seines Landsmanns Le Lorrain ähnlich ist.

In den Hafenstädten Genua, Neapel und Livorno war vor allem der englische Einfluß spürbar, aber in den übrigen Landesteilen kreierte man die italienische Form des Louis-seize-Stils. In Mailand schuf Giocon-

TISCH. PALISANDER. PARMA, um 1770 *(OBEN)*
Die wuchtige Form dieses Möbels läßt auf den Einfluß des französischen Architekten E.-A. Petitot schließen, der zu der Zeit in Parma war und dem Klassizismus den Boden bereitete.

STUHL. NUSSBAUM, um 1790 *(SEITE 99)*
Dieser italienische Stuhl – Teil einer Garnitur – ist englischen Prototypen, vor allem Hepplewhite, nachempfunden. Der Einfluß englischer Arbeiten war Ende des 18. Jahrhunderts in italienischen Hafenstädten deutlich spürbar.

hielten die barocke Üppigkeit bei. Der relative Mangel an gutem Holz bedeutete, daß die Möbel oft bemalt wurden, gewöhnlich mit Arabesken, oder mit Paneelen, die in Grisaille-Technik nach Art des Klassizismus bemalt waren.

Der herausragendste Kunstschreiner in der Lombardei im letzten Viertel des 18. Jahrhunderts war Guiseppe Maggiolini (1738-1814). Er spezialisierte sich auf die typische Lombard-Form der Kommode, deren Korpus mit seiner rechteckigen Silhouette mit einer Mischung aus eingelegten Arabesken und figürlich staffierter Marketerie furniert war. Die Entwürfe dazu lieferte in vielen Fällen Andrea Appiani (1754-1817). Gianni Maffezzoli (1776-1818), ein

Landsmann von Maggiolini, stellte ähnliche Möbelstücke her, fügte jedoch an den Ecken häufig ionische Säulen hinzu.

Im ausgehenden 18. Jahrhundert war Italien auf dem Gebiet der plastischen Möbel ohne Konkurrenz. Der bedeutendste Künstler auf diesem Gebiet war Giuseppe Maria Bonzanigo (1745-1820). Bonzanigo wurde in Asti in der Region Piemont geboren und zog 1773 nach Turin. Er hatte schon für den Hof gearbeitet und für die königlichen Gemächer geschnitzte Rahmen gefertigt. Im Jahre 1787 ernannte ihn Vittorio Amadeo III. zum Hof-Holzschnitzer. Es sind mehrere Konsoltische erhalten, die aus seiner Werkstatt stammen sollen und ohne Ausnahme genauestens beobachtete naturalistische Details an den Louis-seize-Rahmen aufweisen. In seinem späteren Leben wendete sich Bonzanigo immer mehr Porträtskulpturen zu.

Mit der Machtergreifung Napoleons und der Unterbringung mehrerer Verwandter auf den verschiedenen Thronen Italiens, wurde der Einfluß aus Paris, und damit der Empire-Stil, vorherrschend. Die von den neuen Monarchen aus der Familie Bonaparte bewohnten Paläste wurden häufig von französischen Handwerkern, wie Jacob-Desmalter, eingerichtet. Napoleons Schwester Elisa Bonaparte, die Prinzessin Baciocchi und Großherzogin der Toskana, ließ die Staatsgemächer des Palazzo Pitti in Florenz für ihren Bruder in aufwendigem Empire neu gestalten und errichtete eine Möbelwerkstatt, in der Italiener von den ins Land geholten französischen Handwerkern ausgebildet wurden. Ebenso förderte sie den Kunstschreiner Giovanni Socchi (Schaffenszeit 1809-15) aus Florenz, der mehrere Kommoden mit sparsamer, geometrischer Silhouette und einen genialen Verwandlungsschreibtisch für den Palazzo Pitti fertigte.

Ein weiterer Schöpfer von Empire-Möbeln war der Architekt Agostino Fantastici aus Siena. Seine Arbeiten weisen Stilelemente der ägyptischen Kunst auf, zu denen Piranesi den Anstoß gab und die er auf Anregungen von Dominique Vivant Denon, einem einflußreichen Sammler und dem Direktor des Musée Napoléon, einfließen ließ. Damit bildete der Stil seiner Möbelstücke einen eleganten Kontrast zum vorherrschenden trockenen Stil von Jacob-Desmalter.

SPANIEN

Karl III., König von Neapel, bestieg im Jahre 1759 den spanischen Thron. Der Besitzer einer umfangreichen Sammlung von Antiquitäten, die in Herculaneum und Pompeji ausgegraben worden waren, schien die Formen des Spätbarocks denen des aufkommenden Klassizismus vorzuziehen. Für die Renovierung des Königspalasts in Madrid wurden denn auch eher Möbel in der üppigen iberischen Spielart des Louis-quinze-Stils hergestellt.

Einige der späteren Möbelstücke dieser Epoche zeigen jedoch den Einfluß der zeitgenössischen französischen Entwürfe. In der Suite des Königs Francisco de Asis im Königspalast in Madrid steht ein Zylinderbureau nach einem Entwurf von Mathias Gasparini, dessen Arbeiten eindeutig durch Oeben und insbesondere durch den Prunkschreibtisch Louis' XV. (Bureau du roi) beeinflußt waren. Gasparini gehörte zu den Italienern, die Karl mit nach Madrid genommen hatte, als er Thronnachfolger wurde. Seine Arbeiten zeigen einen eigenwilligen spätbarocken Stil.

Mit der Thronbesteigung Karls IV. wandte sich die Aufmerksamkeit wieder der Renovierung der Paläste in La Granja, Aranjuez und des El Escorial zu. Die italienischen Möbel, deren Formen eine ins überdimensionale gesteigerte Abwandlung des neuen Stils darstellten, scheinen wiederum einen wichtigen Einfluß auf viele spanische Möbel des Klassizismus ausgeübt zu haben. Obwohl Spitzbein, gerade Linienführung und von der Antike inspirierte Dekorationen die Norm wurden, behielten die Proportionen der Möbel eine fast barocke Extravaganz bei. Im übrigen Europa jedoch wurden die Trends aus Paris geradezu zwanghaft übernommen. Jean-Démosthènes Dugourc (1749-1825), »Dessinateur du Garde-meuble du roi«, stellte Entwürfe für Möbel und Polsterungen im fortschrittlichsten Pariser Geschmack für die Casita del Principe, einen Pavillon, den Karl auf dem Gelände des El Escorial für sich hatte errichten lassen, und für die Casita del Labrador her, die in den achtziger Jahren des 18. Jahrhunderts für die Herzogin von Alba im Park von Aranjuez gebaut worden war. Der Palacio Real in Madrid wurde in den neunziger Jahren des 18. Jahrhunderts unter der Leitung des Architekten Juan de Villanueva (1739-1811), der das Prado Museum entworfen hatte, renoviert. Viele Möbel aus dieser Zeit existieren auch heute noch. Cha-

rakteristisch an ihnen ist die ins Üppige ausufernde Abwandlung der Stilelemente des Directoire.
Der Empire-Stil erreichte Spanien um 1800, als Karl Percier und Fontain mit der Gestaltung eines kleinen Zimmers für die Casita del Labrador beauftragte, das vollständig mit einer Mahagoni-Vertäfelung und Platin-Beschlägen in Form von Arabesken ausgestaltet werden sollte. Die Vertäfelung wurde in Paris ausgeführt und dann zusammen mit einer Garnitur von Empire-Sitzmöbeln der Brüder Jacob nach Spanien transportiert.

Im Jahre 1808 dankten Karl und sein Sohn ab, und Joseph Napoleon wurde als König eingesetzt. Die gesamte iberische Halbinsel wurde nun in einen blutigen Krieg gestürzt. Trotzdem blieb der Einfluß des Empire-Stils auf die Dekorationskunst auch nach der Rückkehr der Bourbonen auf den Königsthron (Restauration) stark spürbar. Die spanischen Kunsthandwerker waren in der Lage, Empire-Möbel aufgrund von Stichen nachzubauen und verwendeten häufig aus Frankreich importierte Bronzen. Dennoch behielten die meisten ihrer Arbeiten in dieser Zeit einen authentischen spanischen Charakter bei.

DEUTSCHLAND

In Deutschland kam der Klassizismus nach dem Siebenjährigen Krieg in den siebziger Jahren des 18. Jahrhunderts auf. Immer noch besaßen Barock und Rokoko einen nachhaltigen Einfluß, und der neue klassizistische Stil machte nicht ohne weiteres Schule.

Der erfolgreichste deutsche Kunstschreiner dieser Zeit war zweifellos David Roentgen (1743-1807), der 1771 die Neuwieder Werkstatt seines Vaters Abraham (1711-93) übernommen hatte. Roentgen ahmte unverkennbar den Pariser Klassizismus nach, und seine Arbeiten standen dem künstlerischen Anspruch der Vorbilder in nichts nach. Roentgen wurde 1780 sogar Mitglied der Pariser Ebenistenzunft und damit Rivale Rieseners als bevorzugter Kunstschreiner Marie-Antoinettes. Er war ein dynamischer Geschäftsmann, und seine Arbeit wurde

SITZMÖBELGARNITUR, um 1800 *(OBEN)*
Die geometrischen Muster der Rückenlehnen dieser spanischen Stühle verbinden die Stilelemente des Directoire und des maurischen Stils miteinander.

KOMMODE MIT EINLEGEARBEITEN, um 1785 *(LINKS)*
Dieser Typ – in Portugal als D. Maria bekannt – stellt eine Weiterentwicklung der französischen Kommoden im Übergangsstil zwischen dem Louis XV. und dem Louis XVI. dar.

DAS MAZER-ZIMMER, NYMPHENBURG, um 1810 *(LINKS)*
Wie viele deutsche Herrscher ließ auch der allem Französischen aufgeschlossen gegenüberstehende Kurfürst von Bayern einige Gemächer in Schloß Nymphenburg in einem Stil einrichten, der deutlich an die Mode in Frankreich angelehnt war.

ROLLBUREAU, DAVID ROENTGEN, um 1820 *(UNTEN LINKS)*
Das einzige, signierte und noch erhaltene Möbelstück aus Roentgens Neuwieder Werkstatt. Kennzeichnend ist der künstlerische Anspruch und die Art, in der der deutsche Kunstschreiner das Formengut des Louis XVI in seinem Sinne abwandelte.

auch von ausländischen Gönnern gefördert, insbesondere von Katharina d.Gr. und dem russischen Zarenhof.

Die kleinen Verwandlungstische aus der Werkstatt Roentgens, die schon von seinem Vater gebaut worden waren, ließen sich, wie andere neue Möbeltypen auch, z. B. die Zylinder-Bureaux, sehr erfolgreich verkaufen. Diese waren ganz nach Roentgen-Manier überreichlich mit Geheimfächern und komplizierter Mechanik ausgestattet. In dieser Zeit begann er damit, Paneele aus feinster Marketerie mit figürlich staffierten Darstellungen nach Entwürfen von Januarius Zick bei seinen Möbeln zu verwenden. Zu den Motiven gehörten kompakte Architekturdarstellungen und einfachere Entwürfe von gebundenen Blumenbuketts auf Stäben. Unaufdringliche Beschläge aus vergoldeter Bronze rundeten das kunstvolle Dekor ab.

Trotz des Erfolgs und des Ruhms der Werkstatt im In- und Ausland ließen im Laufe der achtziger Jahre des 19. Jahrhunderts die Möbel von Roentgen die in Frankreich vorherrschende, eher sparsame Formensprache der Ebenisten erkennen. Kunstvolle Marketerie wurde von großflächigen, fein gemaserten Mahagonifurnieren verdrängt, und Roentgen verwendete als einer der ersten die später im ersten Viertel des 19. Jahrhunderts so beliebten leichteren Holzarten. Einfache Fassungen aus Goldbronze oder Messing dienten der Auflockerung der Flächen. Die Ecken waren kanneliert oder mit Tafeln aus gewalztem Messing intarsiert, und die Griffe als fein gearbeitete Girlanden ausgebildet. Die größeren Möbelstücke nahmen jetzt sparsame architektonische Formen an und standen statt auf Spitzbeinen auf Säulen. Der Aufbau und die Inneneinrichtung von Schreibtischen ähnelten kleinen Gebäuden. Diese Merkmale übten in den ersten Jahren des 19. Jahrhunderts einen nachhaltigen Einfluß auf die Kunsthandwerker in Deutschland und Rußland aus.

Die Feldzüge Napoleons verstärkten den Einfluß französischer Trends auf die deutsche Möbelkunst. In Kassel ließ der Bruder des Kaisers, König Jérôme Bonaparte, Schloß Wilhelmshöhe renovieren. Die Möbel, die er dafür bei Jacob-Desmalter in Auftrag gab, hielten sich eng an die Prototypen in französischen Schlössern. Friedrich Wichman aus Kassel lieferte weitere Möbel in der lokalen Spielart des Empire-Stils. Es ist nicht klar, wer die Möbel entwarf, aber der Architekt von Jérôme, der junge Leo von Klenze (1784-1864) – er arbeitete später für Ludwig I. in München –, kommt ernsthaft dafür in Frage.

Bayern hatte schon lange enge Beziehungen zu Frankreich gepflegt. Während der Regentschaft des allem Französischen aufgeschlossenen Königs Max-Joseph nahm der Einfluß französischer Möbelkunst enorm zu. Max-Joseph besuchte bei einem Aufenthalt 1810 in Paris die Firma von Jacob-Desmalter. Er stellte von Klenze für den Bau und die Einrichtung des Königsbaus, einer grandiosen Zimmerflucht in der Münchner Residenz in einer späten, allerdings eher starren Spielart des Empire-Stils, in Dienst.

In Franken wurde eine Zimmerflucht in der Würzburger Residenz 1806 für Napoleon im Empire-Stil neu gestaltet. Die Entwürfe von Percier und Fontaine lieferten zweifellos die Anregungen dazu.

In Berlin entwarf der Hofarchitekt Karl Friedrich Schinkel (1781-1841) eine Reihe von Möbeln, den vor allem der Bombast der zeitgenössischen Möbelentwürfe im Empire-Stil fehlte. Kennzeichnend für sie ist die Verbindung der durch scharfen Intellekt geprägten Linienführung mit archäologischer Gründlichkeit.

Die in den deutschsprachigen Ländern in den ersten drei Jahrzehnten des 19. Jahrhunderts für das gehobene Bürgertum geschaffenen Möbel nennt man zusammenfassend Biedermeier-Möbel. Die Bezeichnung für diesen Stil setzt sich zusammen aus dem Wort bieder und dem deutschen Allerweltsnamen Meier. Geboren wurde der Stil im wesentlichen aus der durch die anhaltenden Kriege verursachte wirtschaftliche Not in Europa. Die Anregungen lieferten ganz besonders die Entwürfe im Empire-Stil und Entwürfe englischer Möbel.

SEKRETÄR. AHORN, um 1820
Die straffen, architektonischen Formen dieses Möbels aus dem Baltikum bilden einen Kontrast zur dekorativen Maserung des Holzes.

In Norddeutschland verwendete man in der Regel Mahagoni, im Süden Deutschlands dagegen die leichteren, verschiedenfarbigen einheimischen Hölzer wie Eibe und Kirschbaum. Der typische Stuhl hatte ein gebogtes Lehnenbrett und eine Mittelzunge, die entweder schlicht gehalten oder nach klassischen Motiven, wie der Leier, geformt war. Die Beine waren verjüngt, gelegentlich leicht ausgestellt oder gedrechselt. Die Sofas folgten dem englischen Regency, übernahmen die Linienführung antiker Ruhebetten mit ausladend geschweiften Lehnen, Stollenfüßen oder nach innen gebogten Beinen.

Kommoden und Sekretäre spiegelten gewöhnlich die sparsamen geometrischen Formen der zeitgenössischen Architektur wider. Besonderen Wert wurde auf die subtilen Vertiefungen in der Oberfläche gelegt. Beschläge waren relativ selten, doch waren die Möbel manchmal mit schwarz gebeizten Säulen oder mit in Grisaille-Technik bemalten Paneelen geschmückt. Die Möbelform wurde unter Verwendung von profiliertem Holz gestaltet. Die Pfeilerspiegel und die dazu passenden Konsoltische mit schlichten Volutenbeinen nahmen ebenfalls wuchtige architektonische Formen an.

NIEDERLANDE

In den achtziger Jahren des 18. Jahrhunderts kristallisierte sich bei holländischen Möbeln ein deutlich erkennbarer Trend zu einem eigenständigen Klassizismus heraus. Kommoden und Sekretäre wiederholten die rechteckigen Formen der Louis-seize-Möbel. Gewöhnlich standen sie auf Vierkant-Spitzfüßen und besaßen häufig abgeschrägte Ecken. Or-moulu-Beschläge waren die Ausnahme, dafür hölzerne Guttae (antike Tropfenform) ein häufig anzutreffendes Ornament. Die Marketerie spielte auch weiterhin eine wichtige Rolle als Dekorationselement. Geometrische Muster und Kanten in kontrastierenden Hölzern dienten dazu, die rechteckigen Formen des Möbels zu betonen. Die Einlegearbeiten an den Ecken sollten Kannelüren vortäuschen, und die Friese waren gewöhnlich mit Trompe l'oeil-Zahnschnitt intarsiert. Die anspruchsvolleren Möbelstükke waren mit Marketerie-Medaillons intarsiert, die Trophäen oder andere klassische Motive darstellten.

Der eingeschränkte Platz in holländischen Stadthäusern erforderte häufig Verwandlungsmöbel mit klappbaren Platten oder platzsparenden Rollschränken. Ein neuartiges Buffet, die Opfluptafel, war ein wichtiger Einrichtungsgegenstand: Die Platte einer Kommode konnte hochgehoben werden, die eingebauten Fächer wur-

SEKRETÄR MIT MARKETERIE, um 1790
Die relativ schlichten Formen der holländischen Möbel dieser Epoche wurden durch Trompe-L'Oeil-Marketerie aufgelockert.

SEKRETÄR. LAC BURGAUTÉ, um 1820
Trotz des exotischen Lacküberzugs weist dieses Möbelstück die für das Empire typische Grundform auf.

den dadurch nach unten ausgeklappt und dienten so bei entsprechenden Anlässen als Stellfläche für die Tassen.

Die Formen der Sitzmöbel mit ovalen oder trapezförmigen gepolsterten Rückenlehnen und Spitzfüßen knüpften an den Louis-seize-Stil an. Typisch für diese Stühle waren im Gegensatz zu den französischen Vorbildern die gebrochenen, geradlinigen Umrisse und die häufig von einer mittig angeordneten, geschnitzten Cassolette (einer Art Halterung für Weihrauchstäbchen) getragenen Zargen und Lehnenabschlußbretter. Ein weiterer Unterschied war, daß sie aus poliertem Mahagoni gefertigt, nicht bemalt oder vergoldet waren.

SITZBANK. MAHAGONI, um 1825
Sie gehört zu einer Garnitur, deren Stühle den Brandstempel von Schloß Amalienborg, Dänemark, tragen. Die schlichten, abstrakten Konturen sind typisch für die Möbel Nordeuropas in den zwanziger Jahren.

In den Niederlanden wurde die Empire-Epoche eingeläutet, als Louis Napoleon 1806 den Thron bestieg. Während seiner Regentschaft wurde das Rathaus in Amsterdam unter der Leitung des französischen Architekten Jean-Thomas Thibault zu einem Königspalast umgebaut. Zur Einrichtung der neuen Paläste wurden selbstverständlich aus Frankreich Möbelstücke von Jacob-Desmalter geliefert. Dennoch fertigte auch der am Ort ansässige Polserermeister Joseph Cuel einen Großteil der Sitzmöbel an, und die Kastenmöbel wurden von dem Kunstschreiner Carel Breytspraak geliefert. Diese späteren holländischen Möbel waren wie die Möbel von Jacob-Desmalter mit Mahagoni furniert und mit vergoldeten Bronzebeschlägen versehen, unterschieden sich jedoch durch die getäfelten Schubladenfronten und eigenwilligen Beschläge.

SKANDINAVIEN

In den skandinavischen Ländern kam der klassizistische Stil schon relativ früh auf. Im Jahre 1757 hielt sich der Architekt Nicolas-Henri Jardin, der in den vierziger Jahren des 18. Jahrhunderts zusammen mit Le Lorrain an der Académie Française in Rom tätig war und wie er ein Freund von Piranesi, in Dänemark auf und entwarf für das Stadthaus des Grafen Moltke in der jetzigen Amalienborg (der königlichen Residenz) nach fortschrittlichen Ideen ein Speisezimmer. Allem Anschein nach hat auch der Architekt des Palais Royal, Pierre Contant d'Ivry, zur gleichen Zeit in Kopenhagen gearbeitet. Bei seinen Entwürfen hielt sich Contant im großen und ganzen an den Stil des Rokokos, ließ jedoch eine neue Symmetrie einfließen und verwendete klassisches Formengut.

Die englische Möbelmode beeinflußte auch dänische Entwürfe, jedoch eher in den Kreisen des gehobenen Bürgertums als am Hof. Die Vorlagenwerke von Hepplewhite und Sheraton übten einen nachhaltigen Einfluß aus.

Die deutsche Möbelkunst hatte nun immer größeren Einfluß auf die Entwürfe dänischer Möbel. Die dänischen Kunstschreiner, wie Johann-Peter Berg, entwickelten einen Stil, der die Elemente des Biedermeiers und des Empire miteinander verband. In der Regel hatten Möbel in diesem Stil zurückgesetzte Lünetten, die häufig mit in Grisaille-Technik bemalte Paneele geschmückt waren. Nach der Berufung von Gustav Friedrichestch zum Professor an der Akademie wurden die Möbel für den dänischen Hof zunehmend im späten Empire-Stil gebaut. Seine Entwürfe wiederholten Themen, die lange Zeit vorher von Percier und Fontaine eingeführt worden waren.

Während der Regentschaft Gustavs III. (1771-92) ahmte man in Schweden im großen und ganzen ein Art Louis-seize nach. Schon 1754 war Le Lorrain auf Empfehlung des Comte de Caylus beauftragt worden, Entwürfe für das Speisezimmer des schwedischen Grafen Tessin in Akerö anzufertigen. Die von ihm vorgestellten illusionistischen Wandmalereien hielten sich ganz an die neuesten Trends des Klassizismus.

Aber erst die Karriere des in Stockholm geborenen Kunstschreiners Georg Haupt (1741-84) gab den Anstoß dafür, daß in Schweden die ersten Möbel im Stil des Klassizismus hergestellt wurden. Anfang der sechziger Jahre des 18. Jahrhunderts hatte Haupt in Paris gearbeitet, möglicherweise unter dem jüngeren Bruder von Jean-Francois Oeben Simon (gest. 1786). Ein sparsamer Bureau-plat mit Vierkant-Spitzbeinen, der von Haupt für den Duc de Choiseul in Chanteloupe im Jahre 1767 angefertigt wurde, ist im Institut Géographique National in Paris erhalten geblieben. Im Jahre 1768 hielt er sich in England auf und fertigte Mobiliar nach Entwürfen von William Chambers (1726-96), dem Architekten von George III., an. Im darauf folgenden Jahr kehrte er nach Schweden zurück und wurde der wichtigste Kunstschreiner für die königliche Familie.

Im Stockholm der achtziger Jahre des 18. Jahrhunderts schufen die Möbelschreiner im oberen Marktsegment, wie Johan Lindgren und Eric Holm, Sitzmöbel in der Art von Georges Jacob, und die besten Erzeugnisse brauchten einen Vergleich mit den Pariser Originalen nicht zu scheuen. Mehr und mehr begannen Möbeltischler, gedrechselte und sich nach unten verjüngte Vorderbeine und quadratische, gepolsterte Rückenlehnen anzufertigen. Die Kommoden ahmten gewöhnlich deutsche Linienführung nach: Häufig verwendete man Mahagoni und versah sie mit Schüben, deren Verzierung erhabene Messingrundstäbe und deren Ecken abgeschrägt und kanneliert waren.

Die englischen Handelsbeziehungen zum Baltikum übten einen zunehmenden Einfluß auf die schwedischen Möbelentwürfe während des letzten Viertels des 18.

PFEILERSPIEGEL. VERGOLDET, um 1820
Spiegel und passende Konsoltische mit Schnitzereien im Hochrelief sind typisch für die klassizistischen Möbel Schwedens.

Jahrhunderts aus. Englische Möbel, wie Teetische mit Pyramidenfurnierung, wurden in Stockholm in großer Zahl kopiert. Stühle mit Mittelzunge nach den Entwürfen von Sheraton und Hepplewhite behielten hingegen den Charakter der Entsprechungen im Louis-seize-Stil bei. Die für Hepplewhite charakteristische Kastenform der Sitzbänke machte in Nordskandinavien jedoch Schule. Die Sitzmöbel wurden gelegentlich vergoldet, zumeist jedoch in hellen Farben bemalt. Allerdings ging in den neunziger Jahren des 18. Jahrhunderts aufgrund des wiedererstarkenden Einflusses englischer Arbeiten der Modetrend hin zu lackiertem Mahagoni.

RUSSLAND

Als Katharina d.Gr. 1762 den Thron bestieg, kündigte dies eine Gegenströmung gegen den von ihrer Vorgängerin Elisabeth Petrowna bevorzugten Rokoko-Stil an. Der fähigste Architekt, der Ende des 18. Jahrhunderts in Rußlands arbeitete, war zweifellos Charles Cameron (um 1740-1812), ein Schotte, der in den sechziger Jahren des 18. Jahrhunderts Rom besucht und 1772 das Buch »The Baths of the Ancient Romans Explained and Illustrated, with the Restorations of Palladio Corrected and Improved« veröffentlicht hatte. Ab 1779 wurde er damit beauftragt, Erweiterungsarbeiten am Rokoko-Palast in Zarskoje Selo vorzunehmen. Die Möbel, die die von Cameron gestalteten Interieurs schmückten, wurden von den vielen, von Katharina geförderten Pariser Ebenisten und Menuisiers, darunter Dubois und Jacob, geliefert und waren die geeignete Ergänzung zu der üppigen Gestaltung im Adam-Stil.

Der Besuch David Roentgens in St. Petersburg sollte einen maßgeblichen Einfluß auf die russischen Möbel im klassizistischen Stil haben. Die meisten Kunstschreiner im Moskau jener Zeit stammten allem Anschein nach aus Deutschland und wurden, wie viele ihrer Landsleute, nachhaltig von den späteren Erzeugnissen aus der Neuwieder Werkstatt Roentgens beeinflußt. Zu den gefeiertsten Kunsthandwerkern zählte Christian Meyer. Die Kommoden wurden gewöhnlich aus Mahagoni gefertigt, hatten abgeschrägte Ecken, standen auf Vierkant-Spitzfüßen und waren mit erhabenen Rundstäben aus Or-moulu oder Messing verziert. Exotische Materialien, wie Verre églomisé für die Vertäfelung und Elfenbein für die gedrechselten Säulen, verliehen den bedeutenderen Möbelstücken einen Hauch von Extravaganz. In den neunziger Jahren des 18. Jahrhunderts wurden die meisten Sitzmöbel aus Mahagoni angefertigt und mit Messingstreifen intarsiert. Der »Russische Jakob« genannte Stil war eine Mischung von Elementen des Sheraton-Stils und des Directoire.

Der bedeutendste Kunstschreiner dieser Zeit war Heinrich Gambs (1765-1831). Gambs wurde in Deutschland geboren, und alle Anzeichen sprechen dafür, daß er entweder für die Werkstatt Roentgens gearbeitet hatte oder durch eine Reihe von Roentgen-Möbeln am Zarenhof beeinfluß worden war. Seine hochwertigen Möbel schmücken die Gemächer des Sommerpalasts Pauls I. in Pawlowsk und die Eremitage.

Ausländer spielten auch weiterhin eine wichtige Rolle in der Entwicklung der Dekorationskunst in Rußland. Alexander I. (Regierungszeit 1801-25) begeisterte sich für die französische Kultur, und seine Bewunderung für Napoleon und seine Freundschaft mit dem französischen Botschafter, dem Herzog von Vicenza, boten die Gewähr dafür, daß Möbel und andere Kunstgegenstände im Empire-Stil importiert wurden. Mehrere Residenzen des Zaren, insbesondere die in Zarskoje Selo, wurden mit Möbeln von Jacob-Desmalter eingerichtet. Der künstlerische Berater des Zaren scheint Thomas de Thomon (1754-1813) gewesen zu sein, ein Franzose, der nicht nur ein hervorragender Architekt, sondern auch ein geschickter Möbelentwerfer war.

Der sparsame Klassizismus mit seinen sparsamen Formen wurde Anfang des 19. Jahrhunderts von Andrej Nikiforowitsch Woronichin (1760-1814), der unter Charles de Wailly in Paris studiert hatte; eingeführt. Er wurde damit beauftragt, den Palast in Pawlowsk nach dem Brand 1803 zu renovieren. Vorbild der von ihm entworfenen Möbel waren weitestgehend die Entwürfe von Percier und Fontaine. Die üppige Verwendung von geflügelten Sphingen als Lehnenauflage und von geschnitzten Trophäen als Rückenlehne in seinen Entwürfen strahlte Kraft aus.

Der aus Italien stammende, aber in Rußland ausgebildete Architekt Carlo Rossi (1775-1849) wurde im Jahre 1816 vom Za-

SCHLAFZIMMER DER KAISERIN. SCHLOSS PAWLOWSK. ANDREJ NIKIFOROWITSCH WORONICHIN, um 1805 *(RECHTS)* *Die Sessel sind aus poliertem Mahagoni, vergoldet und dunkel gebeizt.*

SCHLAFZIMMER DER GROSSHERZOGIN FEODOROWNA. SCHLOSS PAWLOWSK, um 1790 *(UNTEN)* *Der Entwurf stammt wahrscheinlich von dem schottischen Architekten Charles Cameron, und die Firma von Henri Jacob in Paris lieferte das Mobiliar.*

renhof in Dienst gestellt. Die von ihm entworfenen Möbel stellten durch die kompakten Flachschnitzereien die eklektische Verfeinerung des Empire-Stils dar.

Die russischen Stühle entwickelten während der Empire-Epoche einen eigenen Stil. Vorder- und Hinterbeine waren leicht konkav geschwungen, und der Sitz war zwischen die beiden Seitenbretter »eingehängt«. Die Lehnenabschlußbretter waren schneckenförmig eingerollt, zwischen ihnen befand sich eine tiefe, gelegentlich gebogte Rückenlehne aus Holz. Die Armlehnen endeten häufig in Voluten oder wurden von geschnitzten Kränzen oder Flügeln gestützt.

VEREINIGTE STAATEN

Federal-Stil

Der Wunsch nach Veränderung, gepaart mit dem politischen und psychologischen Gefühl, daß ein neues Zeitalter beginnt, inspirierte einen Stil, den man schließlich den Federal-Stil nannte.

Diese Phase, die von etwas 1785 bis 1810 dauerte, hatte ihre stilistischen Wurzeln in den Entwürfen und in der Architektur Englands. Obwohl die Vereinigten Staaten politisch jetzt unanbhängig waren, schloß man sich doch eng an die Kunst und die Kultur des Mutterlands an. »Cabinet-Maker und Upholsterer's Guide« von Hepplewhite und »Cabinet-Maker and Upholsterer's Drawing Book« von Sheraton dienten den amerikanischen Möbelschreinern als Inspiration. Und in der Tat waren viele Kunstschreiner der Epoche des Federal-Stils selbst aus England und Europa ausgewandert. Zu ihnen zählten John (um 1738-1818) und Thomas Seymour, die 1784 aus Schottland nach Maine gekommen waren. Als sie 1794 nach Massachussetts zogen, waren sie als Kunstschreiner aus Boston schon weithin bekannt. Die Seymours und andere Kunstschreiner griffen gelegentlich auf einzelne Entwürfe aus den Vorlagenwerken zurück, verwendeten aber im allgmeinen eine Reihe von charakteristischen Elementen aus einer Vielzahl von Entwürfen. Dadurch schufen sie einen unverkennbar amerikanischen Stil. Die Vorlagen von Hepplewhite wurden gewöhnlich für die intarsierten Möbel verwendet, während die Entwürfe von Sheraton für die Möbel mit glatten oder gerillten Beinen verwendet wurden.

Nach der Revolution änderten sich nicht nur Stil und Entwurf der Möbel. Während der Chippendale-Epoche wurde hauptsächlich Mahagoni für das fein gearbeitete Mobiliar verwendet. Während der Phase des Federal-Stils wurden Möbelstücke zunehmend durch Furnierung, Intarsien und die Verwendung exotischer Hölzer verschönert. Während die bedeutenderen Kunstschreiner auch weiterhin vornehmlich in Mahagoni arbeiteten, verwendeten die Schreiner in den ländlichen Gegenden eher die einheimische Kirschbaum-, Nußbaum- oder Ahornhölzer. Birke und Ahorn waren auch bei den Kunstschreinern in den Städten, wie Salem, Boston, New York und Philadelphia, beliebt, wurden allerdings zur Imitation von Mahagoni gebeizt.

Während der Phase des Federal-Stils stieg das Interesse an exotischen Hölzern, und einige hervorragende Möbelstücke wurden aus Vogelaugen-Ahorn oder seltener aus von den Antillen importierten Satinholz hergestellt. Das für die Rahmenkonstruktion und die Gliederung eines Möbelstücks verwendete Blindholz stammte gewöhnlich aus der Gegend des jeweiligen Kunstschreiners, was die regionale Bestimmung eines Möbels erleichtert. Doch in den neunziger Jahren des 18. Jahrhunderts wurde fast ausschließlich die Weißtanne als Blindholz verwendet, es entwickelte sich sogar ein reger Handel mit diesem Holz entlang der Ostküste Amerikas. Die geographische Zuordnung späterer Möbelstücke wird dadurch naturgemäß erschwert.

Auch die Furnierung von Möbeln machte während der Phase des Federal-Stils Schule. Technische Verbesserungen, insbesondere die Weiterentwicklung der Kreissäge, führten zu einer gesteigerten Fertigung von Holzfolien für Furniere. Gewöhnlich verwendete man Mahagoni-Pyramidenfurnier, das aus der Astgabelung des Baumstamms geschnitten und im allgemeinen durch Einlegearbeiten aus exotischen Hölzern (wie Stechpalme, Satinholz, Buchsbaum und Ebenholz) künstlerisch ausgestaltet wurde. Zu den geschnitzten Schmuckmotiven zählten Muscheln, Blumen oder Adler. Der Adler, eine Symbol des antiken römischen Reichs, wurde kurz nach 1776 zum Symbol der Vereinigten Staaten. Nach dem Sieg der Kolonisten über die Briten übernahm der Adler als Bestandteil von Furnierung und Schnitzwerk der Möbel die Rolle eines Emblems. Während der Phase des Federal-Stils krönte er häufig als Vollrelief die Spiegel.

Neue, zweckorientierte Möbelstücke, deren Formen allerdings die beliebten englischen Vorbilder nachahmten, wurden während der Phase des Federal-Stils kreiert. Die wichtigste Weiterentwicklung war das Sideboard. Es wurde vor allem in Boston, New York und Philadelphia hergestellt und war vornehmlich als Möbel des Speisezimmers gedacht. In den Sideboards wurden Lebensmittel und/oder Silber aufbewahrt und prunkend zur Schau gestellt. Darüberhinaus enthielten viele von ihnen auch ein gesondertes Fach zur Aufbewahrung von Wein. Die Front der Sideboards war häufig gebogt oder geschweift und kunstvoll intarsiert. In Maryland wurde das Huntboard, ein schlichter Sideboard, verwendet.

Ein einzigartiges charakterisches Merkmal der Möbel im Federal-Stil war die Individualität und Originalität der regionalen Entwürfe. Jede Stadt war für einen bestimmten Kunstschreiner mit seinem eigenen, unverkennbaren Stil bekannt. Neu England brachte in dieser Zeit zwei bedeutende Kunstschreiner hervor, die Sandersons aus Salem und die schon erwähnten Seymours aus Boston. Jeder dieser Kunstschreiner schuf einen eigenen individuellen Stil. In Salem wurde Schnitzwerk zum festen Bestandteil der Möbel. Symbole der Freiheit, wie Adler, Korngarben und übervolle Obstkörbe, veranschaulichten ohne Ausnahme die Hoffnungen der neuen Republik. Waren herausragende Kunstschreiner und Schnitzer wie Samuel McIntire (1757-1811) am Ort ansässig, so bedeutete dies, daß die Möbel aus Salem beispielsweise vorwiegend mit Schnitzereien verziert waren.

REKONSTRUKTION EINES INTERIEURS VON DUNCAN PHYFE. MUSEUM WINTERTHUR, Anfang 19. Jahrhundert *(UNTEN)*
Die Möbel von Phyfe lassen den Zeitgeschmack des englischen Regency, insbesondere die Anlehnung an die Entwürfe von Sheraton, erkennen. Seine zurückhaltenden, eleganten Möbel fanden großen Anklang.

FRISIERTISCH. MAHAGONI VERGOLDET, SATINHOLZ. 1800-1810 (OBEN)
Ovale Paneele mit »Verre Églomisé« waren bei einigen der kunstvollsten Möbeln aus Baltimore im Federal-Stil sehr beliebt.

REKONSTRUKTION DES SALONS VON DEER PARK, BALTIMORE. AMERICAN MUSEUM IN ENGLAND. Ende 18. Jh. *(LINKS)*
Es läßt den sich ändernden Geschmack der neuen Republik erkennen. Der Einfluß von Hepplewhite und Sheraton, die als Dekor Einlegearbeiten und Furnierung Schnitzereien vorzogen, ist unübersehbar. Der Stuhl mit herzförmiger Rükkenlehne ist charakteristisch für die Erzeugnisse aus Baltimore. Der Vitrinenaufsatz des Sekretärs stammt aus dem Geschäft von John und Thomas Seymour.

New York war ein weiteres wichtiges Zentrum der Möbel im Federal-Stil und war eine der ersten Städte, in dem neben anderen Städten der Anstoß zu den diese Stilphase prägenden leichten Formen und kunstvollen Dekors aus Girlanden und Federn gegeben wurde. Duncan Phyfe (1768-1854) wird zugeschrieben, nach 1800 eine neue Eleganz des Federal-Stils kreiert zu haben. Er war einer der bedeutenden New Yorker Kunstschreiner, darüber hinaus eine

SPIELTISCH. MAHAGONI MIT SCHNITZEREIEN. DUNCAN PHYFE ZUGESCHRIEBEN. NEW YORK, um 1805 *(LINKS)* *Löwenmaskarone und der Adler als Ausdruck patriotischer Gesinnung waren ein häufiges Dekor an Möbeln im Federal-Stil.*

einflußreiche Persönlichkeit und somit prädestiniert, einen neuen populären Stil ins Leben zu rufen. Phyfe führte die gräcisierenden Stilelemente ein, die das letzte Jahrzehnt des Federal-Stils maßgeblich beeinflussen sollten. Charakteristisch für die Spätphase des New Yorker Federal-Stils ist die Stuhllehne mit durchbrochenem Flechtwerk oder in Leierform und die fließende Linienführung. Auch Charles-Honoré Lannuier (1779-1819) übte auf die Entwürfe der stark verzierten Möbel aus New York großen Einfluß aus. Seine Entwürfe waren eng an das französische Empire angelehnt.

Vor allem für die Kunstschreiner aus Philadelphia war der Zeitgeist eine Quelle der Inspiration. Sie fertigten einige der feinsten Möbel im Federal-Stil an. Dieser Ort war das wirtschaftliche und politische Zentrum, an dem 1776 die Unabhängigkeitserklärung unterzeichnet wurde, und von 1790 bis 1800 war es die Hauptstadt der Vereinigten Staaten. Eines der unverkennbaren Merkmale der Möbel im Federal-Stil war besonders in Philadelphia die Art und Weise, in der einige der großen Kunstschreiner die unterschiedlichen Stile miteinander verbanden. Daniel Trotter (1747-1800), Ephraim Haines (1775-1811), Jacob Wayne und Henry Connelly waren weithin bekannte Kunsthandwerker aus Philadelphia, deren Möbel von den Stilen in England und Frankreich beeinflußt waren.

KLASSIZISMUS

Die Arbeiten von Robert und James Adam, die einen solch tiefen Einfluß auf die Möbelstile in England ausübten, wirkten sich ähnlich, allerdings zu einem späteren Zeitpunkt, auf die Entwürfe in Nordamerika aus. Die Vorlagenbücher von Sheraton, Hepplewhite, Hope, Smith und anderen wurden in den britischen Kolonien der Neuen Welt studiert und weitergereicht.

1800 waren jedoch die Vereinigten Staaten als Nation so gefestigt, daß man nach einem individuellen und ausdrucksvollen Stil suchen konnte. Dieses junge Land fühlte sich besonders zu den Idealen der antiken Republik Griechenland und zu der Kunstfertigkeit der englischen und französischen Möbel im Stil des Klassizismus hingezogen. Die Spätphase des französischen Stils hatte allerdings den größeren Einfluß auf den amerikanischen Klassizismus.

Der amerikanische Klassizismus entwikkelte sich allmählich aus dem Federal-Stil, der seinerseits vom Klassizismus Adams, Hepplewhites, Sheratons und anderen beeinflußt war. Die frühesten klassizistischen Elemente finden sich in den Arbeiten von John und Thomas Seymour aus Boston, Duncan Phyfe aus New York und Henry Connelly und Ephraim Haines aus Phila-

KLAPPSEKRETÄR. ROSENHOLZ, um 1815 *(RECHTS)*
Dieses Möbelstück wurde von einem französischen Kunstschreiner nach den Vorgaben von John W. Leavity, New York, angefertigt. Es macht die Neigung der New Yorker deutlich, die Stilrichtungen der Alten Welt anzunehmen.

KONSOLTISCH. DUNKEL GEBEIZT. CHARLES HONORÉ LANNUIER, um 1815 *(LINKS)*
Für seine späteren Möbel übernahm Lannuier den archäologischen Klassizismus in der strengsten Ausprägung des französischen Empire-Stils. Die als Sphingen ausgebildeten Stützen sind charakteristisch für seine Arbeiten.

delphia. Von den Entwürfen dieser Kunstschreiner erscheinen die von Duncan Phyfe am »griechischsten«. Seine Verwendung des Klismos und der Stühle mit kreuzförmigen Querverstrebungen an den Vorderbeinen zeigt das Interesse des amerikanischen Kunstschreiners an klassischen Entwürfen. Andere Aspekte dieses frühen klassizistischen Stils waren die gerillten Beine und die Säulen und Klauenfüße.

Während der Stilepoche des Klassizismus wurden im Möbelbau in größeren Umfang als je zuvor zunehmend ausgefeiltere Techniken eingesetzt. Immer mehr Materialien wurden bei der Fertigung einzelner Möbelstücke nebeneinander verwendet. Drei oder vier verschiedene Hölzer wurden für die Konstruktion eines Möbels benutzt, das außerdem vergoldet und mit Or-moulu-Beschlägen, Messing-Einlegearbeiten, Ebenholz und Marmor verziert wurde. Für die weniger kostbaren Möbelstücke imitierte man Messing und Or-moulu durch gemalte Entwürfe.

Einer der bekanntesten französischen Möbelentwerfer in den Vereinigten Staaten war Charles-Honoré Lannuier aus New York. Lannuier war in Paris geboren worden und hatte dort auch seine Ausbildung erhalten. Bis 1810, während der größten Verbreitung von Entwürfen im französischen Empire-Stil, arbeitete er im Louisseize-Stil. Er wurde zu einem der bedeutendsten Kunstschreiner des amerikanischen Klassizismus. Seine Entwürfe enthielten klassische Empire-Elemente, wie die geschnitzten Klauen- und Delphinfüße, die geflügelten figürlich ausgeführten Stützen in Form von Schwänen, Adlern oder Karyatiden und schwarze oder dunkel gebeizte Oberflächen mit Or-moulu-Dekor.

Zwei weitere in Frankreich geborene bedeutende Kunstschreiner, Antoine Gabriel Quervelle (1789-1856) und Michel Bouvier, arbeiteten in Philadelphia. Philadelphia blieb eine der größten und weltoffensten Städte in den Vereinigten Staaten, in der eine große Anzahl von französischen Emigranten als Kunstschreiner tätig waren. Quervelle hatte wie Lannuier seine Ausbildung in Paris erhalten. Seine gekonnt ausgeführten Entwürfe waren weithin bekannt, und er wurde von wohlhabenden Einwohnern Philadelphias und sogar vom Weißen Haus beauftragt, Möbel im Stil des Klassizismus zu entwerfen. Bouvier, ein Zeitgenosse von Quervelle, hatte seine Ausbildung ebenfalls in Paris erhalten. Auch er arbeitete im französischen Stil des Klassizismus und verwendete Stilelemente wie die von Säulen flankierten Frontpartien, die Kapitelle und Beschläge aus Messing und Ormoulu und die Löwentatzen-Füße.

Insbesondere nach 1815 nahmen die Möbel im Stil des Klassizismus monumentale Proportionen an, wurden zunehmend mit massigen Skulpturen und überladenem Schnitzwerk geschmückt.

Der Eklektizismus

Die Rückkehr der Bourbonen auf den Königsthron (Restauration) im Jahre 1814, als der Comte de Provence zum König von Frankreich gekrönt wurde, löste eine Neubelebung klassizistischer Stile aus, die am Hof von Ludwig XVI., dem Bruder des Grafen, so beliebt gewesen waren. Fanden in Frankreich Änderungen der Möbelmode statt, sollte das übrige Europa unweigerlich folgen. Das Anknüpfen an klassische Vorbilder bedeutete nicht die originalgetreue Wiedergabe früherer Stile, obwohl exakte Kopien ein wichtiges Merkmal der vierziger und fünfziger Jahre des 19. Jahrhunderts werden sollten. Stattdessen wurden in den meisten Fällen die klassischen Umrisse beibehalten, jedoch in Anlehnung an das Mobiliar der Königshöfe Ende der siebziger Jahre des 18. Jahrhunderts durch Marketerie und Porzellan aufgelockert. Das Empire war eine weiterhin herrschende Stilrichtung des Klassizismus, und das Formengut des Empire-Stils diente solange als Grundlage für die rückbezogenen Stile der Gotik und des Rokoko oder als Ausgangsbasis für das Biedermeier, bis die volle Wirkung der historisierenden Stile spürbar wurde. Der politische Unruheherd Frankreich, der schließlich nach der Juli-Revolution von 1830, durch das Ende der Bourbonen-Dynastie, und 1848 durch den der Monarchie versetzten Todesstoß wieder zur Ruhe kam, brachte neue Ideale für den Möbelbau und neue Impulse für die Politik mit sich. Die neuen Strömungen gingen einher mit den rasanten Entwicklungen in der Industrie, die die Früchte der Investitionen der früheren Jahrhunderte erntete.

Auch in England wurde die Position der den Zeitgeschmack beeinflussenden Aristokratie während des 19. Jahrhunderts durch eine schnell wachsende und zunehmend wohlhabendere Mittelschicht untergraben, deren neuer Reichtum und deren gesellschaftliche Ansprüche den unternehmungsfreudigen und kreativen Möbelfabrikanten viele neue Möglichkeiten eröffneten. Wie in anderen Ländern war auch in den Vereinigten Staaten

Salon, Highclere Castle

Das Interieur des Zimmers wurde in den neunziger Jahren des 19. Jahrhunderts nach französischem Vorbild mit einer Seidendamast-Wandbespannung und einer vergoldeten Decke im Louis-quinze-Stil gestaltet. Das Mobiliar im Louis-quinze-und Louis-seize-Stil wurde in England und Frankreich angefertigt.

das 19. Jahrhundert eine Zeit großer industrieller und gesellschaftlicher Entwicklungen. Das verbesserte Transport- und Kommunikationswesen zwischen Ost- und Westküste und über den Atlantik machten neue Ideen, Materialien und Herstellungsmethoden einem größeren Personenkreis schneller zugänglich. Die Mechanisierung der Möbelindustrie war fortgeschrittener als in Europa, und die fabrikmäßige Herstellung ersetzte rasch das traditionelle Handwerk.

In der zweiten Hälfte des 19. Jahrhunderts waren internationale Ausstellungen als Forum für den Welthandel üblich, so daß nahezu zum ersten Mal die Modetrends auf internationaler Ebene durch direkten Kontakt entstanden. Auf diesen Ausstellungen wurden durchweg eine große Anzahl wertvoller und aufwendiger Möbelstücke gezeigt, die häufig eher das virtuose handwerkliche Können als den eigentlichen Gebrauchszweck zur Schau stellten. Die erste der großen internationalen Ausstellungen wurde 1851 im eigens dafür errichteten Crystal Palace im Hyde Park, London, veranstaltet. Auf dieser »Great Exhibition« genannten Ausstellung wurden sämtliche Kategorien von Ausstellungsstükken, vom Maschinenbau bis hin zur Bildhauerei, gezeigt. Frankreich wollte nicht zurückstehen und hielt im Jahre 1855 die »Exposition Universelle« ab, die danach regelmäßig alle elf Jahre ausgerichtet wurde. Die letzte dieser Mammutausstellungen war die Pariser Weltausstellung von 1900, auf der die historisierenden Stile und die Arbeiten von François Linke und Emile Gallé unter demselben Dach betrachtet werden konnten, wodurch die vielfältigen Möglichkeiten, die durch den Erfindungsreichtum der Entwürfe und deren Vermarktung jetzt zur Verfügung standen, veranschaulicht wurden.

Auch andere europäische Länder hielten Ausstellungen ab, jedoch nicht in dem grandiosen Umfang wie England oder Frankreich. Fast jährlich wurde in München ab 1818 eine Ausstellung veranstaltet, später in Metz, Wien und Porto (ab 1865). Die Mäzene kamen aus allen Teilen der Welt. Zu ihnen zählten Vertreter der Königsfamilien und der Aristokratie. Käufe durch die Königs- und Kaiserhäuser, durch den Zaren, Napoleon III., Queen Victoria und Prince Albert und durch die indischen Maharadschas, müssen beträchtlich zur Belebung des Handels beigetragen haben. Auf der Pariser Ausstellung von 1855 kaufte Queen Victoria für 266.9.6 Pfund einen Kabinettschrank mit Holzschnitzereien der Pariser Künstler Grohé Frères.

Eine Stilrichtung, die auf einer dieser Ausstellungen vorgestellt und begeistert aufgenommen wurde, wurde nun durch die aufwendig illustrierten Ausstellungskataloge mit den zahlreichen Stichen in allen Teilen der zivilisierten Welt bekannt. Es wurde jedoch nicht nur die »Idee« eines neuen Möbelstils rasch verbreitet, sondern die Möbel selbst konnten relativ einfach an internationale Bestimmungsorte transportiert werden. Die kleineren deutschen Staaten sowie die europäischen Randländer wie auch die Küstenstädte im Osten der Vereinigten Staaten fertigten billige Nachahmungen in jedem neuen Möbelstil an. Gleichzeitig wurde hochwertiges Mobiliar direkt aus Paris nach den Bestimmungsorten in Übersee exportiert. Es gibt sogar Hinweise dafür, daß nur Teile von Möbeln ausgeführt wurden. So wurde zum Beispiel allem Anschein nach die feine Marketerie von Joseph Cremer, der unter anderen auch Louis-Philippe und den König von Holland belieferte, wahrscheinlich in Folienform an New Yorker Firmen, wie die der Herter Brothers, versandt. Die peinlich genauen Aufzeichnungen der Firma von François Linke beweisen, daß er Möbel an große Häuser auf Long Island, in südamerikanische Länder, an den König von Ägypten und an indische Herrscher verkauft hat. Die in Wien ansässige Firma der Gebrüder Thonet exportierte Bugholzmöbel »als Baukastensatz« in die ganze Welt.

DEUTSCHLAND UND ÖSTERREICH

Der Empire-Stil war in den deutschsprachigen Staaten hauptsächlich auf die bedeutenderen Herzogtümer, wie Gotha und Coburg, beschränkt. Man bevorzugte einen rechteckigen, klassizistischen Stil, der die Strömungen des vorherrschenden Biedermeier miteinbezog, das von Altona im Norden bis Wien im Süden großen Anklang fand. Dieser neue Stil des Bürgertums gab die formelle Verwendung des Löwen, der in Preußen als Zeichen der Macht so beliebt war, auf, sondern umgab ihn mit Blattwerk. In Frankreich waren der Entwurf und der Bau von Möbeln im allgemeinen, jedoch nicht ausschließlich, auf Paris konzentriert. Deutschland hingegen war eine Ansammlung von Kleinstaaten. Sämtliche in Deutschland gängigen importierten oder eigenständigen Stile müssen deshalb auf regionaler Basis betrachtet werden. Dies erschwert das detaillierte Studium »deutscher« Möbel des 19. Jahrhunderts, ja sogar einer jeden Zeitepoche, erheblich.

Der Architekt und Möbelentwerfer Karl Friedrich Schinkel (1781-1841) übte in der ersten Hälfte des 19. Jahrhunderts einigen Einfluß aus. Er übernahm die klassizistischen Möbelformen und verband deren Stilelemente mit den neu entstehenden, vom Empire bis zur Neugotik. Insbesondere arbeitete er im Schloß Charlottenburg, Berlin, für Friedrich Wilhelm III. von Preußen. Leo von Klenze (1784-1864), der in Paris bei Percier und Fontaine gearbeitet hatte, war der bemerkenswerteste Entwerfer klassizistischer Möbel in den süddeutschen Staaten. Die von ihm in den vierziger Jahren des 19. Jahrhunderts angelegten Staßenzüge weisen die klassizistischen Grundformen auf, haben jedoch eine Dekoration in einem spielerischen gotischen Stil, der dem französischen Style Troubadour des vorausgegangenen Jahrzehnts nicht unähnlich war. Der Einfluß seiner Arbeiten läßt sich bis nach Moskau verfolgen. Seine wuchtigeren Entwürfe im klassizistischen Stil standen im Gegensatz zu den Stilrichtungen, denen die breite Masse huldigte. Auch wenn diese Strömungen als »Spätphase« eines Stils

STUHL. NUSSBAUM LAMINIERT. MICHAEL THONET, um 1840
Ein seltenes Beispiel für die freie künstlerische Gestaltung der Arbeiten des in Deutschland geborenen »Erfinders« der Bugholzmöbel.

SESSEL. EICHE. KARL FRIEDRICH SCHINKEL, um 1830
Dieser in Berlin hergestellte Stuhl mit der robusten Eichenkonstruktion – ein kraftvoller Entwurf im Stil der Gotik – wurde möglicherweise als Gartenstuhl konzipiert.

durchaus unverkennbar waren, handelte es sich doch um eine Art aristokratischen »Rathaus-Klassizismus«, der zwanzig bis dreißig Jahre hinter der Mode, sogar der in den etwas provinzielleren deutschen Staaten, herhinkte.

Die häufig exzentrischen Formen des deutschen Rokoko knüpfen an den tief verwurzelten Stil an, der in den fünfziger und sechziger Jahren des 18. Jahrhunderts entstand und auf den vor allem J. M. Kambli u.a. durch ihre Kirchendekorationen nachhaltigen Einfluß ausgeübt hatten. Der Berliner Möbelentwerfer August Fricke veröffentlichte 1854 einen Band mit Vorlagen für Möbel. Die Stiche waren ganz auf die damaligen Möglichkeiten der »Serienfertigung« abgestimmt und stellten vorwiegend Möbel im risikolosen, berechenbaren Stil des Rokokos dar, das in London und Paris seit Anfang der vierziger Jahre des 19. Jahrhunderts verbreitet war. Andererseits war das Gesamtbild im wesentlichen deutsch, und das wuchtige und überdimensionierte Mobiliar war überreich mit wilden Exzessen der plastischen Rokoko-Kunst überladen. Alle Stiche vermittelten den Eindruck, daß die Entwürfe für die fabrikmäßige Fertigung bestimmt waren, bei der Maschinen das Furnier zuschnitten und die Schnitzereien grob vorarbeiteten. Viele dieser Möbelstücke hatten schlichte, dünnfurnierte Türen und die Schweifungen des 17. Jahrhunderts. Diese nahmen schon die Neurenaissance vorweg, die man gewöhnlich erst den siebziger oder gar achtziger Jahren des 19. Jahrhunderts zuordnet. Interessanterweise sind bei historisch rückbezogenen Möbelstücken des 19. Jahrhunderts oder bei Kopien die Schweifungen im allgemei-

BIBLIOTHEKSSCHRANK. EICHE. BERNARDO DE BERNARDIS UND JOSEPH CREMER, um 1851
Dieser österreichische Bibliotheksschrank im gotischen Stil wurde für die Great Exhibition angefertigt. Prince Albert erwarb ihn für seine Gemächer im Buckingham Palace. Er befindet sich jetzt im Victoria and Albert Museum.

nen gegenläufig, wohingegen sie im 17. Jahrhundert (oft »salomonische« Säulen genannt) denselben Drehsinn hatten. 1854-55 fertigte Louis Linke in Berlin ähnliche Entwürfe an und ahmte dabei großzügig den Louis-quinze-Stil nach.

INDUSTRIALISIERUNG

In Berlin entwarf Karl Friedrich Schinkel um 1825 einen Stuhl, der zwar die späten klassizistischen Formen aufwies, jedoch aus Gußeisen gefertigt werden sollte. Dies war ungefähr fünfzehn bis zwanzig Jahre, bevor englische Hersteller, insbesondere die Firma Coalbrookdale, ihre künstlerisch anspruchsvollen gußeisernen Möbel herstellten. Der in leichten Formen entworfene, jedoch außerordentlich wuchtige Schinkel-Armstuhl wurde bis in die sechziger Jahre des 19. Jahrhunderts hergestellt, ohne den überaus erfolgreichen Entwurf zu ändern.

Auch die aus Nußbaum-Schichtholz gefertigten Eßzimmerstühle von Michael Thonet (1796-1871) aus Boppard/Rhein spiegeln die kreative deutsche Gestaltung wider. Diese Stühle hielten sich an die Formen des späten Empire oder Regency, waren jedoch in der Bugholz-Technik gefertigt. Sie sollte das Wahrzeichen der Arbeiten von Thonet nach 1841 werden, als ihm verschiedene internationale Patente verliehen wurden. Thonet zog im Jahre 1842 nach Wien und arbeitete dort für die Kunstschreinerei von Carl Leistler (1805-57), bevor er 1849 seinen eigenen Betrieb gründete. Er stellte Bugholzmöbel auf der »Great Exhibition« 1851 aus. Andere Firmen, wie J. & J. Kohn aus Wien, kopierten die Bugholzformen von Thonet, als seine Patente 1869 ausliefen. Thonet errichtete in Amerika Möbelbaufirmen, und 1900 produzierten die von ihm angestellten 6000 Arbeiter täglich 4000 Möbelstücke. Darüberhinaus waren 25000 Angestellte in Österreich ausschließlich für die Fertigung von Bugholzmöbeln tätig – ein herausragendes Beispiel für die Industrialisierung, das auch im 20. Jahrhundert kaum übertroffen wurde. Außerdem waren die einfachen Formen für die Moderne eine große Inspiration.

Die Serienfertigung im großen Maßstab begann jedoch erst, als im 20. Jahrhundert Fabriken selbstverständlich wurden. Die Maschinen des 19. Jahrhunderts konnten nur eine begrenzte Anzahl von Arbeitsbewegungen ausführen. Jedes von einer Maschine geschnittene oder gehobelte Möbelteil mußte von Hand herausgenommen und entweder in eine andere Maschine eingelegt oder auf einer Werkbank manuell zusammengefügt und fertigbearbeitet werden.

SCHRANK. NADELHOLZ GESCHNITZT, um 1895 *(LINKS)* *Wie Möbel von Richard Riemerschmid und Georg Hauberrisser wiederholt dieser Schrank den Stil der Originale aus dem 15. Jahrhundert.*

THRONSITZ. WAHRSCHEINLICH AUS HANAU, um 1890 *(UNTEN LINKS)* *Dieses Sitzmöbel ist einer von zwei Stühlen, die versilbert und mit reliefiertem Blattwerk im Stil der Renaissance verziert sind. Er ähnelt einem Thron (um 1700) von Sebastian Mylius und wurde wahrscheinlich für Wilhelm II. von Preußen angefertigt.*

Auch das maschinell angefertigte Schnitzwerk, das Ende des Jahrhunderts weit verbreitet war, mußte sehr aufwendig mit Hand nachgearbeitet werden. Bis in die zwanziger Jahre des 20. Jahrhunderts wurde die Schwalbenschwanzverbindung ohne Ausnahme handgesägt. Einfacher war es, gußeiserne Möbel in Serienfertigung herzustellen. Die Formen waren wiederverwendbar und konnten nachgearbeitet werden, wenn sie durch mehrmaligen Gebrauch abgenutzt waren. Trotzdem mußte jedes Möbelteil einzeln von Hand nachgearbeitet und eingesetzt werden. Abgesehen von Thonet und seinem Verfahren zum Biegen von Holz, gab es nur wenige Hinweise darauf, daß eine bestimmte Serie von Möbelstücken in mehr als nur geringen oder begrenzten Stückzahlen hergestellt wurde. Gegen Ende des Jahrhunderts wurden Stühle und andere Teile, die gedrechselt wurden, in größerer Anzahl hergestellt (Drehmaschinen konnten mehrere Pfosten gleichzeitig drechseln), aber diese Stücke waren eher für den weniger teueren Markt gedacht.

KUNSTSCHREINEREI

Die Herstellung von Möbeln war immer noch relativ teuer. Dadurch waren der Produktion Grenzen gesetzt. Die Möbelbauer hatten für ihre kleinen Werkstätten nur geringe Geldmittel zur Verfügung, und nur wenige konnten es sich leisten, mehr als ein paar Möbelstücke gleichzeitig anzufertigen. Damals wie heute mußte man über das »nötige Kleingeld« verfügen.

Die Fertigungstechniken waren bei näherem Hinsehen in den verschiedenen Regionen Europas sehr unterschiedlich. Jede Provinz, jedes Herzogtum und jedes Land hatte nicht nur unterschiedlichen Zugang zu modernen Herstellungsverfahren, sondern auch sich meist stark unterscheidende Traditionen. Der Zugang zu modernen Herstellungsverfahren hing im wesentlichen von der geographischen Lage eines bestimmten Landes zu Paris ab, je größer die Entfernung, umso weniger fortschrittlich waren gewöhnlich die Techniken. Erst als Mitte des Jahrhunderts das europäische Eisenbahnsystem aufgebaut wurde, verkürzten sich die Kommunikationswege, wodurch sich bisher übliche Arbeitstechniken nicht von Generation zu Generation, sondern in kürzeren Zeitabständen änderten.

Die deutschen Kunstschreiner waren jedoch vorzügliche Techniker und mit Recht die herausragenden Meister ihres Fachs. Bis in die siebziger Jahre des 19. Jahrhunderts gab es, mit Ausnahme einiger weniger Werkstätten, keine Förderung noch die Möglichkeit, in den deutschen Fürstentümern einen Weltmarkt auszubeuten, so daß viele ausgezeichnete Handwerker nach Frankreich emigrierten, gewöhnlich nach Paris.

Ab den neunziger Jahren war es möglich, in den technisch ausgerichteten Werkstätten von Paris, München und Wien Schwalbenschwanzverbindungen und Schnitzwerk maschinell anzufertigen. Diese Verbindungen, die stets die gleichen Maße haben, sind von den manuell gefertigten Verbindungen leicht zu unterscheiden, da diese fast immer eine Anreißlinie aufweisen. Die Schnitzereien wurden gewöhnlich maschinell vorgearbeitet und manuell fertigbearbeitet. Allerdings wurde in sämtlichen europäischen Ländern im Verlauf des weiteren Jahrhunderts immer weniger Wert auf Details gelegt. Als außerdem die Löhne sanken, nahm die Qualität gewöhnlich ab, insbesondere nach dem Ersten Weltkrieg, als immer mehr Maschinen eingesetzt wurden, die papierdünne Furniere schnitten, Schwalbenschwänze herausarbeiteten und immer billiger werdendes Holz automatisch in Öfen trockneten.

Außerhalb Frankreichs produzierte man mit Ausnahme Englands in den europäischen Ländern Möbel, die im allgemeinen von niedriger Qualität waren (obwohl es, besonders bei Möbeln für die Königshöfe, sehr viele hochwertige Möbelstücke gab). Obwohl die deutschen Kunsthandwerker hervorragend waren, konnten sie sich nicht die kostspieligen Hölzer leisten und mußten sich mit den einheimischen Holzarten zufrieden geben. Nadelhölzer standen in ausreichendem Umfang zur Verfügung und wurden für den Korpus verwendet. In den wohlhabenden Regionen wurden die Schubladen mit Eiche, manchmal mit Nußbaum ausgekleidet, sodaß die sichtbaren Teile eine einigermaßen gute Qualität aufwiesen, während die Rückseiten aus den billigeren Nadelhölzern hergestellt wurden. Andererseits starb die französische Praxis des 18. Jahrhunderts, die beweglichen und sichtbaren Teile fertig zu bearbeiten und die übrigen Teile nicht so gut zu verarbeiten, aus. Für Schlösser und Scharniere wurde im allgemeinen Eisen verwendet, obwohl im dritten Viertel des Jahrhunderts in zunehmendem Maße Messing verarbeitet wurde. Die Messingarbeiten waren selten so gut wie die in Frankreich, die britischen Metallarbeiten dominierten ohnedies.

Neugotik

Im 19. Jahrhundert wurde zunächst die Gotik neubelebt. Die ersten Anzeichen dafür waren in den fortschrittlicheren deutschen Staaten und in Frankreich nach der Thronbesteigung von Karl X. im Jahre 1820 festzustellen. Dieser elegante, abgemilderte gotische Stil war, anders als in England, viel leichter.

Ein achteckiger Tisch von Franz Xavier Fortner (1798-1877) mit Boulle-Marketerie ist ein Beispiel für die deutsche Gotik Anfang des 19. Jahrhunderts. Vorbild für diesen Tisch war möglicherweise Mobiliar von Schloß Pfaueninsel bei Potsdam. Fortner war 1826 ein weithin bekannter Möbelschöpfer, auch wenn dieser bayerische Tisch aus den vierziger Jahren des 19. Jahrhunderts fast zwei Jahrzehnte hinter dem entsprechenden Pariser Stil herhinkte. Den Tisch fertigte Fortner in dem leichten neugotischen Stil, der sich unter Karl X. in Frankreich als Style Troubadour so großer Beliebtheit erfreute. Dieser Stil wiederholte weitgehend die kathedralenähnlichen For-

KABINETTSCHRANK. PROZELLANBESCHLÄGE, um 1800
Dieser Schrank aus Dresden mit einem ebenholzfurnierten und schwarz gebeizten Korpus ist mit Malereien auf feinem Porzellan in der Tradition der Meißener Porzellanmanufaktur geschmückt. Ein ähnlicher Kabinettschrank wurde auf der »Exposition Universelle« 1878 in Paris von William Oppenheim ausgestellt, einem Vertreter der Königlichen Manufaktur in Dresden.

men und Dekors, und die Form ließ die Arbeiten der Steinmetze des Mittelalters wiederauferstehen. Besonders elegant waren die mit Krabben besetzten und mit einer Kreuzblume bekrönten, durchbrochenen Rosenfenster, sowie die Drei-, ja Vier-, sogar Fünfblatt-Elemente.

Prince Albert erwarb auf dem Österreich zugewiesenen Areal der »Great Exhibition« 1851 für seine Gemächer im Buckingham Palace einen von Bernardo de Bernardis (1808-68) und Joseph Cremer (1808-71) entworfenen Bücherschrank aus geschnitzter Eiche. Es handelte sich um ein Kabinett für die Bibliothek einer Lady, das Teil einer Garnitur aus massivem Holz für ein Speisezimmer, einen Salon und das königliche Schlafzimmer war. Sie ist eher der Spätphase des gotischen Stils zuzuordnen.

Neurokoko

Entwürfe im Stil des Neurokoko wurden in den verschiedenen deutschen Staaten von Nord bis Süd ausgeführt, aber vom zweiten Viertel des 18. Jahrhunderts an herrschte das Neurokoko neben den strengen Formen des Klassizismus des späten 18. und frühen 19. Jahrhunderts vor allem in Bayern vor. Das Formengut des typisch deutschen »Zweiten Rokokos« wurde mit den schlichten Formen des Biedermeiers kombiniert, sodaß jetzt Akanthus-Ornamente aus sanften Kurven herauswachsen können. Das Biedermeier machte bald einer abgewandelten Form des Pariser Louis-quinze-Stils Platz, wie in den Illustrationen von Zeitschriften wie dem »Journal für Möbelschreiner und Tapezierer«, das von dem Mainzer Kunstschreiner Wilhelm Kimbel (1786-1875) veröffentlicht wurde, zu sehen ist. Dieser Stil erfreute sich bei der hart arbeitenden Mittelschicht größter Beliebtheit.

Das deutsche Rokoko war der vorherrschende Stil in den bayerischen Kirchen. Das Dekor in Weiß und Gold war einem Stil nachempfunden, der im isabellinischen Stil in Spanien während der Regentschaft von Isabella II. populär war. Allerdings waren die Möbel im Stil des deutschen Rokokos im 19. Jahrhundert gewöhnlich aus geschnitzten Naturhölzern gefertigt, insbesondere Nußbaum oder Linde. Ein außergewöhnliches Beispiel war eine Étagère, die für das romantische Schloß Linderhof Ludwigs II. angefertigt wurde. Hergestellt wurde es bei Anton Pössenbacher, dem Münchener Kunstschreiner, der auch für die anderen romantischen Schlösser Ludwigs II. verantwortlich zeichnete. Diese Étagère nahm die Arbeiten von Joseph-Emmanuel Zwiener, einem zehn Jahre später in Paris tätigen deutschen Kunstschreiner vorweg.

Die deutschen Geschirrschränke waren in der Form denen der Renaissance nachempfunden, waren jedoch mit Porzellan geschmückt, das mit Kopien von Gemälden aus dem 17. Jahrhundert bemalt war. Auf der Internationalen Ausstellung 1878 in Paris stellte William Oppenheim einen großen Kabinettschrank aus der königlichen Manufaktur in Dresden aus. Das Korpus dieser relativ zahlreich hergestellten Kabinettschränke wurde meist aus Nadelhölzern geringer Qualität hergestellt, mit Ebenholz furniert oder einfach schwarz gebeizt. Das Porzellan war jedoch von feinster Qualität, wie man es von der Meißener Manufaktur erwarten kann.

ÉTAGÈRE. TULPENHOLZ-FILETFURNIER. ANTON PÖSSENBACHER, um 1876 *(LINKS)*
Sie wurde in München für Schloß Linderhof von Ludwig II. geschaffen.

TISCH MIT MITTELSÄULE. BOULLE-TECHNIK. M. GRUNWEDEL VON POPPENHEIM, 1843 *(UNTEN)*
Dieser Tisch in der Art des französischen Style Troubadour wurde von Franz Xavier Fortner angefertigt.

FRANKREICH

Paris war qualitäts- und mengenmäßig unbestreitbar das Hauptzentrum europäischer Möbelherstellung. Die Unterlagen für Paris sind im großen und ganzen vollständig, und viele Möbelbauer sind darin aufgeführt. Der Produktionsumfang nahm mit der dramatisch anwachsenden Bevölkerung zu, und mehr und mehr Menschen verfügten über ein Einkommen, das sie in steigendem Maße für Möbel und

Zimmer, das die Belle Époque vorwegnimmt. Finanzministerium, Paris. 1857 fertiggestellt

das kürzlich in Mode gekommene »weiche« Inventar ausgaben. In den achtziger Jahren des 19. Jahrhunderts waren allein in der Pariser Möbelindustrie ungefähr 17000 Personen angestellt, davon fertigten 2000 die teuren hochwertigen Möbel (Meubles de luxe) an und 14500 die billigeren Möbel (Meubles courants) und ungefähr weitere 500 Trôleurs waren damit beschäftigt, die fertigen Teile zu den Einzelhändlern zu schleppen.

Der Platz der Pariser Möbelbauer war durch ihren Meisterstempel garantiert. Diese Tradition war aufgrund einer Forderung der Zunft im Jahre 1741 entstanden. In den neunziger Jahren des 18. Jahrhunderts war diese Praxis jedoch fallengelassen worden, und erst mit der Restauration begannen mehr und mehr der besseren Schreiner ihre Arbeiten wieder mit einem Stempel oder einfach einem Etikett zu versehen. Ausschließlich die Kunsthandwerker des 19. Jahrhunderts gravierten ihre Signatur auch in Messingarbeiten. In den vierziger und fünfziger Jahren des 19. Jahrhunderts z.B. gravierten die Firmen Tahan und Diehl Buchstaben als Signaturen in das Hauptschloß ihrer Arbeiten, während ab den siebziger Jahren des 19. Jahrhunderts Henri Dasson (1825-96) eine Signatur und gewöhnlich ein Datum auf seinen Arbeiten aus vergoldetem Metall eingravierte. Diese Praxis wurde von Linke, Millet und Sormani bis weit in das 20. Jahrhundert beibehalten.

Obwohl diese Praxis nicht reglementiert war, hatte sie doch wirtschaftliche Vorteile. Ein guter Möbelbauer konnte nachweisen, daß ein Möbelstück tatsächlich eine »Originalarbeit« seines Betriebs war, und der Einzelhändler konnte die Signatur den Käufern zeigen. Diesen »Marken«, die vor den Augen der Käufer des 18. Jahrhunderts, die den Einzelhändler umgehen wollten, verborgen angebracht waren, wurden jetzt im 19. Jahrhundert an eher sichtbarer Stelle angebracht. Die eingravierte Signatur fand sich entweder auf dem Schloß oder auf dem Beschlag der rechten oberen Ecke.

Materialien

In Frankreich verwendete man fast ausschließlich Eiche als Blindholz. Das Holz war stets von guter Qualität und sehr gut verarbeitet. Die rückwärtigen Paneele wur-

TABLE AMBULANTE. PORZELLANDEKORATION, um 1840 *(UNTEN)*
Dieser französische Tisch nach Vorbildern der Kunstschreiner aus dem 18. Jahrhundert ist mit einer Schale aus Vincennes-Porzellan (um 1744) und Plaketten aus Sèvres-Porzellan (um 1765) geschmückt. Hinter dem Fries verbirg sich eine Schublade mit Feder.

TISCH. MARKETERIE, 1855 *(LINKS)*
Der Kasten dieses französischen Tischs trägt die Signatur von André Lemoine und die Marketerie von Joseph Cremer. Beide fertigten Möbel für Königshäuser. Der Tisch wurde möglicherweise für die »Exposition Universelle« 1855 in Paris hergestellt.

TISCH. FRIES AUS WEDGWOOD-PORZELLAN, um 1865 *(LINKS)*
Dieses in Paris angefertigte Exemplar ist mit einem von Charles-Guillaume Winckelsen signierten Tisch identisch. Henry Dasson übernahm 1871 den Betrieb.

den oft durch Querverstrebungen miteinander verbunden und sauber vertäfelt, was dem Möbelstück ein trockenes, sauberes Aussehen verlieh. Das Gestell des französischen Stuhls war normalerweise aus Buchenholz, obwohl gelegentlich auch Nußbaumholz verwendet wurde. Beide Holzarten sind leicht zu drechseln und bilden einen soliden Untergrund für den Gipsauftrag. Bemalte Möbel und die Verwendung von Nußbaum für das Stuhlgestell wurden in Frankreich im Vergleich zum 18. Jahrhundert weniger üblich.

Gelegentlich waren die Schubladen mit Nußbaum ausgekleidet, wobei die sichtbare Oberkante leicht abgerundet war. Gewöhnlich wurde jedoch Eiche verwendet. In gewissem Umfang hielten sich die französischen Möbelschreiner an die Verwendung des traditionellen Goujon (Zapfen), der auch beim Bau der Stuhlgestelle und der Kastenmöbel während des 18. Jahrhunderts üblich war. Dieser Goujon hielt häufig auch eine Zapfenverbindung noch fester zusammen. Die Schwalbenschwanzverbindungen wurden feiner als im 18. Jahrhundert. Die Schlösser waren mit doppeltem Schließmechanismus, Eisenzunge und Messinggehäuse versehen. Von den vierziger bis in die sechziger Jahre des 19. Jahrhunderts wurden die Scharniere und Schließhaken gewöhnlich aus Messing gefertigt und häufig graviert, besonders die vom Maison Tahan (Schaffenszeit 1830-80) und von Alphonse Giroux et Cie. (Blütezeit 1838-67).

HISTORISIERENDE STILE

Im 19. Jahrhundert wurden viele Stilrichtungen neubelebt und populär gemacht. Während der Restauration arbeitete man in Frankreich mit feinen Linieneinlagen aus Buchenholz und »zeichnete« dabei Laubwerk in der Art eines Schattenrisses und später Umriße im gotischen Stil aus hochwertigem hellen Mahagoni oder Palisander in die beliebten Bois-clair. Von den zwanziger Jahren des 19. Jahrhunderts bis zum Ende der Regentschaft von Louis-Philippe dominierten Bois-clair, Esche und Ahorn.

Obwohl Viollet-le-Duc (1814-79) heute nur wenige Möbelstücke zugeordnet werden können, wurde von ihm dennoch die späte französische Gotik eingeleitet. Zu seinen Hauptarbeiten zählt der Umbau der alten Châteaux und Kirchen. Seine Möbel inspirierten den britischen Architekten William Burges (1827-81). Neueste Forschungen brachten ein Paar französischer Stühle von Georges Jacob (1739-1814) zum Vorschein. Diese im Stil der Neugotik gehaltenen, vergoldeten Stühle wurden zwischen 1803 und 1813 für die Comtesse d'Osmond, einer Freundin der Herzogin de Berry, gefertigt. Auf einem Gemälde aus dieser Zeit ist die Comtesse in ihrer Galerie zehn Jahre, bevor die Neugotik nach allgemeiner Anschauung in Mode war, mit ihrem sogenannten Cabinet gothique abgebildet.

Neben der Vorliebe für die Gotik hielt die französische Möbelkunst dennoch an Chinoiserien bzw. dem Chinesischen Stil fest. Während des zweiten Viertels des 18. Jahrhunderts beherrschten die französischen Kunsthandwerker die Welt mit ihren Imitationen chinesischer und japanischer Lackarbeiten. Die Adaptation ostasiatischer Arbeiten bestand darin, asiatische Tafeln in die abendländischen Möbelformen einzuarbeiten.

Die französischen Lackarbeiten jener Zeit waren gewöhnlich auf kleine Tische, meist vier ineinander gestellte Beistelltische, beschränkt. Entwürfe dieser Art wurden im England des 18. Jahrhunderts von Möbelschöpfern, wie Thomas Sheraton, populär gemacht. Ab den dreißiger Jahren des 19. Jahrhunderts wurden diese Tische von den Chinesen kopiert und in abgewandelter Form nach Europa exportiert, so daß die französischen Hersteller gegen eine Flut asiatischer Importe ankämpfen mußten. Mehrere dieser exotischen Möbelstücke wurden an Schlösser wie Grand Trianon und Fontainebleau geliefert. Während des Zweiten Empire und der Zweiten Republik, arbeiteten viele gute Pariser Möbelbauer ostasiatische Tafeln in ihre Erzeugnisse ein. Besonders zu erwähnen sind hier Alfred-Emmanuel-Lewis Beurdeley (1748-1819) und die Firmen Krieger und Henry Dasson. Die Verwendung von chinesischen und japanischen Lacktafeln war deshalb eine reine Neubelebung des Louis-quinze- und Louis-seize-Stils und darf nicht mit dem englischen Ästhetizismus verwechselt werden. Diese »ostasiatische« Strömung, die neben der traditionellen Vorliebe für den Chinesischen Stil bestand, führte zu dem individuellen und etwas exzentrischen Stil von Gabriel Viardot. Im Jahre 1861 übernahm Viardot die Firma seines Vaters Charles in Paris, die die verschiedensten Objets d'Art et de Fantaisie verkaufte. Die Möbel der Firma im ostasiatischen Stil waren direkt von dem in der damals französischen Kolonie Vietnam beeinflußt. Die Firma stellte in Paris in den Jahren 1867, 1878 und 1889 phantasiereich gestaltete Möbel im ostasiatischen Stil aus. Neurenaissance-Möbel stellte sie im Jahre 1855 aus.

Wenn Frankreich im 18. Jahrhundert nicht die größte Inspirationsquelle für die Dekorationskünste gewesen wäre, so wäre es sicherlich das Land gewesen, in dem die meisten Nachbildungen gefertigt worden wären. Die Regierungszeit der drei Herrscher im 18. Jahrhundert prägte jeweils eine Stilrichtung: Barock unter Louis XIV.; das Rokoko deutete sich unter Louis XV. während des Régence an und erlebte Mitte des Jahrhunderts seine Blütezeit; der Klassizismus, der unter Louis XVI. auflebte, war der erste Stil, den man im Frankreich des 19. Jahrhunderts neubelebte. Im 19. Jahrhundert griff man die nach den Louis' benannten Stilrichtungen auf, jedoch nicht unbedingt in der richtigen Reihenfolge. Stets fand jeder neubelebte Stil einige Zeit großen Anklang und existierte Seite an Seite mit den neuesten wieder auferstandenen Stilrichtungen.

GUÉRIDON. EMAIL, um 1860
Dieser französische Tisch läßt den Stil des in seinen Arbeiten an die Gotik anknüpfenden Künstlers Viollet-le-Duc erkennen.

ERNEUERTER LOUIS-SEIZE-STIL (UM 1815-1840)

Die letzte der großen Stilrichtungen des 18. Jahrhunderts sollte als erste im 19. Jahrhundert wieder auferstehen. Der farblose Ludwig XVIII., Sohn von Ludwig XVI., wurde König. Der Möbelstil wandte sich wieder einem »modernisierten« Louis-seize zu. Keinesfalls ging es hier um getreue Kopien. Das Aussehen und die Form der weniger extravaganten Empire-Möbel wurde abgewandelt und mit dem klassizistischen Or-moulu-Laubwerk der achtziger Jahre des 18. Jahrhunderts versehen.

Auch hier sind die Arbeiten von Louis-François Bellangé besonders bemerkenswert. Seine Möbel waren von höchster Qualität, und der Prinzregent erwarb für die Einrichtung von Windsor Castle mehrere Einzelstücke. Häufig wurden »Ersatzteile« aus dem 18. Jahrhunderts verwendet. So lieferte zum Beispiel Bellangé 1828 an den St. James' Palace in London einen kleinen Tisch (er befindet sich jetzt in Windsor), mit mehreren aufgesetzten Plaketten aus Sèvres-Porzellan, die 1774, dem ersten Jahr der Regierungszeit Louis' XVI., bemalt worden waren.

Karl X. war wie Louis' XVIII. nicht geneigt, bei modischen Trends tonangebend zu sein (mit Ausnahme der Gotik), und so wurde England wie gegen Ende des 18. Jahrhunderts wieder zur Quelle von Anregungen. Wieder aufflammende politische Unruhen in den dreißiger und vierziger Jahren des 19. Jahrundert dämpften jedoch die Begeisterung für diesen protzenden, im wesentlichen königlichen Stil. Er wurde in den fünfziger Jahren des 19. Jahrhunderts zu neuem Leben erweckt.

Erneuerter Louis-Quinze-Stil (um 1830–1930)

Im zweiten Viertel des 19. Jahrhunderts konnten sich immer mehr Haushalte die Möbel leisten, die entsprechend den modernen Bedürfnissen ohne Schwierigkeiten abgewandelt worden waren. Streng geformte Sitzgarnituren, geeignet für die Gemächer von Palästen des 18. Jahrhunderts, konnten in den kleineren Wohnungen nicht untergebracht werden. Die wohhabende Gesellschaft suchte vor allem den Komfort und den Luxus. Für sie war das überschäumende Formengut des Rokokos aus dem Frankreich der zwanziger bis fünfziger Jahre des 18. Jahrhunderts wie geschaffen. Das französische Wort Rococo bedeutete jetzt »antiquiert« oder »altmodisch« ; der Stil, den die Möbelentwerfer nachzuahmen versuchten, wies daher unweigerlich die Rocâille aus der Frühphase des Louis-quinze-Stils auf.

Das wiederbelebte Formengut ließ sich besonders gut auf Sitzmöbel übertragen, die zum großen Teil durch die »Cahier de Dessins d'ameublement« von Théodore Pasquier aus den vierziger Jahren des 19. Jahrhunderts beeinflußt waren. Die darin enthaltenen Entwürfe paßten zur Krinoline und zur aufrechten Haltung dieser Epoche. Eine große Anzahl von Salonensembles wurden aus Buche hergestellt und in der Tradition des vorausgegangenen Jahrhunderts vergoldet. Und in der Tat war, abgesehen von einer geringfügigen Adaptation der Form, die gesamte Herstellungstechnik identisch mit der hundert Jahre früher, bei der die Einzelteile in kleinen, kaum mechanisierten Werkstätten hergestellt worden waren. Im Geist des neuen Zeitalters ähnelten sich die Ensembles, unabhängig davon, ob sie in Frankreich, England oder später in Deutschland gefertigt worden waren. Im allgemeinen bestanden sie aus Garnituren mit sieben Einzelteilen: ein Kanapee, zwei Fauteuils und vier Stühle.

Ende des 19. Jahrhunderts bestanden die Ensembles im Louis-quinze- und Louis-seize-Stil aus kleineren Stühlen und zweisitzigen Sofas. Die Form war eher eine getreue Kopie der Vorläufer aus dem 18. Jahrhundert als ein »vervollkommnetes« Erzeugnis aus dem 19. Jahrhundert.

Unabhängig von ihrer Herkunft waren diese Salonensembles fast ausschließlich mit französischen Sitzbezügen ausgestattet. Die größte kommerzielle Produktionsstätte befand sich in Aubusson, in der kleine Gobelin-Einzelstücke zusammengefügt wurden. Gobelins oder Stickereien aus der Nationalen Manufaktur in Beauvais oder der Gobelins-Fabrik wurden seltener verwendet.

Der historisch rückbezogene Louis-quinze-Stil in Verbindung mit dem attraktiven Formengut beherrschte den Möbelsektor Mitte des Jahrhunderts und stand auch noch am Ende des Jahrhunderts in hoher Blüte, jetzt jedoch in Verbindung mit dem Formenschatz des Art Nouveau. Victor Quentin trat noch bis in das Jahr 1867 in »Le Magasin de Meubles, Journal d'ameublement« für den Louis-quinze-Stil ein, das den Jugendstil und die Moderne überlebte und auch im 20. Jahrhundert noch einer der beliebtesten Stile ist.

Commode a l'anglaise. Henry Dasson, 1882 *(links)*
Martin Carlin fertigte diese Kommode nach einem Vorbild im Louis-seize-Stil an. Für die farbliche Gestaltung verwendete man Lackimitationen oder schwarzgelackte Platten.

Bureau à gradin. Schwarzgelackt, um 1860 *(links)*
Dieser in Paris angefertigte Bureau ist mit aufwendigen vergoldeten Bronzebeschlägen geschmückt. So wird an den Louis-quinze-Stil angeknüpft, dem vorherrschenden Zeitgeschmack während der Regentschaft Napoleons III.

Erneuerter Louis-Seize-Stil II (um 1850-1900)

Der Louis-seize-Stil erfreute sich ein zweites Mal großer Beliebtheit, auch wenn diese zweite Neubelebung von der Gemahlin Napoleons III., Kaiserin Eugénie, angeregt und gefördert wurde. Im Schlafzimmer der Kaiserin in St. Cloud stehen Originale und moderne Möbel in diesem neuklassizistischen Stil. Die Guéridons von Weisweiler sowie die Kommoden und Schreibtische im Stil von Martin Carlin wurden von vielen bewundert und kopiert. Die besten Möbelbauer in Paris fertigten in diesem Stil Mobiliar allerhöchster Qualität an. Mit zunehmender Entfernung zu Paris, sei es nun in Deutschland oder New York, nahm jedoch das Gefühl für den Stil der entsprechend nachgeahmten Möbel ab. Ähnlich dem Formengut des Rokokos ließen sich insbesondere Sitzmöbel stilgerecht anfertigen, wobei sämtliche Grundformen des 18. Jahrhunderts kopiert und theoretisch »vervollkommnet« wurden.

Tisch. Versilbert, Goldbronze, Platte mit Marketerie. Edouard Kreisser, um 1855 *(links)*
Dieser Tisch wurde für die »Exposition Universelle« in Paris angefertigt. Queen Victoria erwarb ihn für 2.500 Francs als Geschenk für Prince Albert.

Gobelinbezug eines Stuhls. Pierre-Adrien Chabal-Dussurgey, um 1860 *(oben)*
Der Stil des in der Manufacture National in Beauvais gewirkten Bezugs ist von den Entwürfen im traditionellen Louis-quinze inspiriert.

Entwurf für eine siebenschübige Kommode (Semainier) in Boulle-Technik, um 1865 *(oben)*
Wasserfarbe und dünn aufgetragene Encre de Chine. Entworfen von Maison Pagny.

Erneuerter Louis-Quatorze-Stil

Die Aufnahme der Stilelemente des Barocks im 19. Jahrhundert ist schwieriger zu beurteilen. Am deutlichsten läßt sie sich an der großen Zahl serienmäßig gefertigter Möbel erkennen, die von den Arbeiten des königlichen Kunstschreiners André-Charles Boulle und der Gobelin-Manufaktur Ende des 17. Jahrhunderts inspiriert wurde. Seine perfekte Technik, Messing und Zinn in Schildpatt und Ebenholz einzulegen, war für die Möbelbauer unter Louis XVI. und wiederum unter Louis-Philippe eine Quelle zahlreicher Anregungen. Die Nachkommen Boulles arbeiteten in dieser Technik bis weit in die vierziger Jahre des 19. Jahrhunderts hinein, und im Jahre 1838 lieferte Louis-Édouard Lemarchand (1795-1872) ein Paar dreißfüßige Tischchen in der Boulle-Technik nach Schloß Grand Trianon. Boulle-Möbel wurden auch in der kommerziellen Fertigung in den vierziger und fünfziger Jahren des 19. Jahrhunderts immer üblicher. Die Qualität wurde jedoch zunehmend schlechter, häufig wurden die Originalentwürfe vollständig verdorben.

Wie im Louis-seize-Stil, wurde, insbesondere bei den Meubles d'appui, das Aussehen der Möbel Ende des 17. Jahrhunderts wiederholt. Die Möbel waren entweder furniert und mit vergoldeten Bronzebeschlägen versehen oder in Boulle-Technik intarsiert. Während im 18. Jahrhundert die Boulle-Technik die Formen beeinflußte, vermengten die kommerziellen Möbelentwerfer in den fünfziger Jahren des 19. Jahrhunderts beide Elemente einfach miteinander.

Neurenaissance

Die ersten Anzeichen für diesen Stil finden sich in Frankreich bei einem Kabinettschrank von Grohé Frères, der von Louis-Philippe auf der Güterausstellung 1839 in Paris erworben wurde. Allerdings wurden schon 1835 entsprechende Entwürfe von Aimé Chenavard (1798-1838) veröffentlicht. Ungefähr zur gleichen Zeit vermachte Alexandre du Sommerand der französischen Nation eine umfangreiche Sammlung von Möbeln, die allem Anschein nach im Renaissance-Stil gefertigt worden waren. Ein Großteil der Kollektion wurde Mitte des Jahrhunderts vom South Kensington Museum (zusammen mit der Sammlung Soulages) gekauft. Die Möbel wurden in den zwanziger Jahren des 20. Jahrhunderts zerstört, als man herausfand, daß sie aus alten Teilen zusammengesetzt worden waren. Aber bis dahin waren schon mehrere Generationen von Möbelentwerfern davon beeinflußt worden. Der beachtenswerteste französische Möbelentwerfer dieser Stilphase war Henri-Auguste Fourdinois (1830-1907). Sein Meisterstück war ein Kabinettschrank für die Pariser Ausstellung 1867. Für die Fertigstellung benötigte er sechs Jahre, die Figuren wurden von den wenig bekannten Hillaire und Pasti, die Ornamente von Neviller entworfen. Dieser Kabinettschrank wurde direkt von der Ausstellung vom South Kensington Museum für 2.700 Pfund gekauft. Die stilistische Ausführung spiegelt den früheren Ruhm der Epochen von François I. und Henri II. wider. Die Stilelemente der letzteren wurden häufig von den Vertretern der Neubelebung in den siebziger Jahren des 19. Jahrhunderts übernommen. Die Firma Fourdinois lieferte viele, oftmals ähnlich prunkvoll ausgeführte Möbelstücke an die Kaiserin Eugénie in St. Cloud und an die kaiserlichen Schlösser in Compiègne und Fontainebleau. Der Architekt Maugin entwarf in den sechziger Jahren des 19. Jahrhunderts Gemächer mit Ebenholzmöbeln für die Kurtisane La Pava in Paris.

AUFSATZSCHRANK. OBSTHOLZ UND EBENHOLZ GESCHNITZT. ENTWORFEN VON HILLAIRE UND PASTI, um 1867
Dieser von Henri-Auguste Fourdinois angefertigte Schrank wurde vom South Kensington Museum auf der Exposition Universelle in Paris für 2.700 Pfund erworben.

Die Belle Époque

Im Barock wurden die Innenräume und die Fassaden von Gebäuden mit großen plastischen Figuren dekoriert. Es ist keineswegs überraschend, daß in einer Zeit historischer Neubelebungen die Neuerer des 19. Jahrhunderts nach solchen Gestaltungsmitteln Ausschau hielten.

Der plastische Stil wurde in der Belle Époque von Möbelbauern wie Rupert Carabin (1862-1932) oft bis ins erotische Extrem getrieben. Als Bildhauer aus dem Elsaß nahm Carabin das Aufblühen des Jugendstils ab den achtziger Jahren des 19. Jahrhunderts vorweg. Seine exotischen Möbel sind mit ein Meter großen, nackten Frauenfiguren im Hochrelief dekoriert und zählen wohl zu den typischsten Möbeln im Stil der Symbolisten, die jemals in Frankreich geschaffen wurden.

Linkes Bildhauer Léon Messagé entwickelte durch Verwendung von Goldbronze diesen Stil noch einen Schritt weiter. Allerdings waren die von Messagé für die »Exposition Universelle« 1900 in Paris geschaffenen Arbeiten viel traditioneller und weniger erotisch als die von Carabin. Die plastischen

AUSSTELLUNGSRAUM VON FRANÇOIS LINKE. PARIS, um 1904 *(UNTEN)*
Diese Ansicht zeigt eine massive, plastisch gearbeitete Vitrine und eine Kopie des berühmten Bureau du Roi Ludwigs XV.

BIBLIOTHEKSSCHRANK. NUSSBAUM. RUPERT CARABIN, um 1890 *(RECHTS)*

Exzesse Carabins mußten ganz offensichtlich für den breiten Markt einer internationalen Ausstellung mit all den kommerziellen Einsatzmöglichkeiten für Möbel etwas verwässert werden.

LINKE UND ZWIENER

Der Kunstschreiner François Linke (1855-1945) fällt unter den Pariser Betrieben auf. Sein Stern stieg so hoch, daß er andere gute Möbelbauer – in manchen Fällen ungerechterweise – überschattete. Seine wichtigsten Möbelstücke waren sichtbar signiert. Dadurch wurde sein Name weithin bekannt, und Händler sprachen sich so nachdrücklich für ihn aus, daß seine Signatur auch an Möbelstücken angebracht wurde, die er gar nicht gefertigt hatte. Ironischerweise sind durch Zufall dadurch auch Signaturen an Möbelstücken angebracht worden, die in der Tat von Linkes Firma angefertigt, jedoch nicht signiert worden waren.

Linkes Möbel wurden in die gesamte Welt, vornehmlich nach Süd-, Mittel- und Nordamerika, exportiert, aber anscheinend sind nur wenige Möbelstücke nach England gelangt.

Die herausragendste Kunstschreinerei in Paris vor der Jahrhundertwende wurde 1880 wohl von Joseph-Emmanuel Zwiener (geboren 1849), einem Emigranten aus Deutschland, gegründet. Über sein Leben ist nur wenig bekannt. Seine nur in den Jahren von 1880 bis 1895 produzierten Arbeiten sind selten und stets von bester Qualität. Häufig fehlt eine Signatur, obwohl wie bei Linke die Beschläge aus Bronze doré leicht zu erkennen sind. Linke und Zwiener scheinen während der frühen Jahre des ersteren zusammengearbeitet zu haben.

ANDERE EUROPÄISCHE LÄNDER

Die Neubelebung früherer Stilrichtungen hatte ganz Europa erfaßt. Angeführt von französischen Vorbildern und gefördert durch die Maschinerie eines vor kurzem vereinigten Deutschlands, setzte sich ein internationaler Stil durch. Seine Verbreitung durch eine enorme Anzahl von Modekupfern (?) und später durch die Photokataloge führten zu einer universellen Adaptation vor allem der drei wichtigsten nach einem Louis benannten Stilrichtungen. Jedes Land wandelte den Stil der Vorbilder aus Frankreich und der Renaissance entsprechend dem eigenen Zeitgeschmack ab.

Eiche gab es in Hülle und Fülle und

wendet. Holland verfügte immer noch über Beziehungen zu den Kolonien und importierte exotische Hölzer aus Südostasiatien, das übrige Europa jedoch im allgemeinen aus der Karibik. Holländische satinholzfurnierte Möbel im Stil des Klassizismus wurden gegen Ende des 19. Jahrhunderts unter Verwendung von indischen Hölzern kopiert. In England verwendete man während der Spätphase des Georgianischen und der Frühphase des Viktorianischen Stils Satinholz aus der Karibik. Als Mitte des Jahrhunderts die Holzlieferungen spärlicher eintrafen, importierte man Holz von den holländischen Kolonien. Die skandinavischen Länder, wie auch die ländlichen Alpenregionen, verwendeten und exportierten riesige Mengen der in Hülle und Fülle vorhandenen Nadelhölzer. In Italien und Spanien verwendete man im allgemeinen Holz schlechterer Qualität, obwohl einige italienische Holzschnitzer, besonders in Florenz, mit Nußbaumholz arbeiteten. Sogar Olivenholz wurde als Blindholz verwendet.

Oft kann nur der Typ der Gleitrollen als einziges Indiz Aufschluß über das Herkunftsland eines Stuhls geben. In der Regel besaßen die englischen Ensembles weiße oder braune Keramikgleitrollen, gelegentlich aus Messing im Stil des ausgehenden 18. Jahrhunderts. In den meisten Ländern des europäischen Kontinents jedoch war ein Parkettboden (oft auch heute noch) üblich, der nicht vollständig mit Teppichen belegt war, und so wurden lieber grob gefertigte Holzgleitrollen verwendet, um den Boden nicht zu verkratzen.

Mit der weiteren Ausbreitung der Industrialisierung wurden die lokalen Spielarten verwässert, so daß das fertige Teil sowohl in Stil als auch Qualität schlechter wurde. Dadurch kam es in der zweiten Hälfte des Jahrhunderts neben den Stilrichtungen der französischen Möbelkunst zu neuen Entwicklungen, da jedes Land sich von seiner eigenen Vergangenheit inspirieren ließ; einerseits lebte der Nationalstolz wieder auf, andererseits war die Rückbesinnung auf die bewähren Entwürfe zu einer Zeit passend, da Inspiration oft genug fehlte.

Italien bestand 1844 immer noch aus einer Reihe von Kleinstaaten, begann jedoch die Anfänge einer Nationalität in der

KABINETTSCHRANK. TULPENHOLZ, ELFENBEIN IMITIERT. BÖHMEN, um 1880

KONSOLTISCH UND SPIEGEL. ANGELO BARBETTI. ITALIEN, um 1845

»Esposizione dei Produtti Dell'Industria Francesca« in Perugia zu zeigen. In Italien und Spanien wurde Mobiliar produziert, das häufig im maurischen Stil des 16. Jahrhunderts in alla Certosina-Technik exotisch elfenbeinintarsiert war. Nach der Vereinigung Italiens im Jahre 1870 warfen die Möbelentwerfer einen Blick zurück auf die prächtigen, prunkvoll intarsierten Bureaux auf tischartigem Gestell der Renaissance. Möbel mit plastischen Figuren wurden besonders in Venedig getreu nachgeahmt und Mohrenfiguren bis weit in das 20. Jahrhundert nachgebildet. Verwirrend ist, daß sich vor der weiten Verbreitung der Industrialisierung Anfang des 20. Jahrhunderts die handwerklichen Techniken häufig nicht von denen dreihundert Jahre früher unterschieden. Der Florentiner Schnitzer/Kunstschreiner Andrea Baccetti fertigte bemerkenswerte »naturalistische« Nachbildungen im Renaissance-Stil an. Renaissance-Möbel eigneten sich besonders gut für die maschinelle Produktion und wurden von 1880 bis 1900 für einen Großteil der europäischen Möbelhersteller zum Hauptabsatzprodukt. Die italienischen Holzschnitzer, insbesondere Angelo Barbetti aus Siena, ahmten die Renaissance-Schnitzereien ab dem dritten Viertel des Jahrhunderts bis zur Jahrhundertwende nach. In den sechziger und siebziger Jahren produzierten italienische Handwerker wie Ferdinando Pogliano aus Mailand und Giovanni Battista Gatti kunstvolle, fein gearbeitete Kabinette, die häufig mit Elfenbein und Halbedelsteinen in einer imposanten Stilmischung aus Renaissance und Manierismus besetzt waren. Nur in den um 1880 von Carlo Bugatti angefertigten Arbeiten kann man den Anflug eines neuen Stils sehen.

Die Länder der iberischen Halbinsel ko-

TISCH, PIETRA-DURA-INKRUSTATION, NUSSBAUM. PASQUALE ORLANDINI, 1873 *(LINKS)*
Dieser Tisch aus Florenz ist ein Beispiel für einen eklektischen Renaissance-Stil und mit Vergoldung geschmückt. Die Köpfe sind von denen auf den Türen von Ghiberti in der Taufkapelle in Florenz inspiriert.

TISCH, ROSENHOLZ, ELFENBEIN-INTARSIERT. PIETRO BERTINETTI, 1838 *(LINKS)*
Dieser spätklassizistische Tisch wurde in Mailand angefertigt und war wahrscheinlich für die dort abgehaltene Ausstellung 1838 gedacht.

pierten und ahmten französische Vorbilder nach, gaben jedoch gleichzeitig die Produktion der traditionellen Möbel aus dem 17. Jahrhundert nicht auf. Insbesondere sind hier der Churriguerismus und die aus Antwerpen exportierten Kabinettschränke dieser Art zu nennen. Im Land selbst wie auch in den Kolonien herrschte der isabellinische Stil unter Königin Isabella II. (1833-68) vor.

Die Neugotik machte sich vor allem in Spanien bemerkbar, und mit den weiß lakkierten und teilvergoldeten Möbeln erhielt sie ihr typisch spanisches Gepräge. Die Arbeiten von Angel Maeso aus dem Jahre 1832, die jetzt im Escorial aufbewahrt werden, sind ein gutes Beispiel dafür. Die neugotischen Möbel mit massiveren Proportionen wurden in den vierziger und fünfziger Jahren des 19. Jahrhunderts produziert.

Belgien und Holland konnten große Mengen an Möbeln, vorwiegend aus Eiche oder Nußbaum und in einem modernisierten Stil des 17. Jahrhunderts, produzieren, die jedoch entsprechend den Wohnungen in kleineren Abmessungen gefertigt wurden. Bis zum Jugendstil gibt es nur wenige nennenswerte Namen. Antwerpen und Malines waren wichtige Zentren, und die Firma von M. Roulé mit Sitz in Antwerpen stellte 1851 ihre Erzeugnisse im Crystal Palace aus. Frans Franck, einer der besten Kunstschreiner aus Antwerpen, fertigte außergewöhnliche Kastenmöbel mit einer Furnierung aus rotem Schildpatt. Sein Mobiliar ist jedoch eine Adaptation der barokken Pracht im Zeitgeschmack des 20. Jahrhunderts. In Den Haag stellte die große Firma Horrix Möbel im Internationalen Stil maschinell und unschöpferisch her. Holländische Marketerie war stets ein beliebtes Thema. Wie die neuen Möbelstücke kamen auch viele alte Möbelstücke aus früher schlichtem Nußbaum und Mahagoni »unter das Messer« des »Marqueteurs«.

Die begrenzte Produktion in Rußland hat stets faszinierende, extrem individuelle Möbelstücke hervorgebracht. Peter Gambs stellte Möbel besonders im Internationalen Stil her, und Möbel aus Palisanderholz und mit Porzellanbeschlägen im Louis-quinze-Stil erfreuten sich im dritten Viertel des Jahrhunderts großer Beliebtheit. Der Münchner Architekt Leo von Klenze entwarf auch in Rußland bis Ende der fünfziger Jahre des 19. Jahrhunderts Möbel im späten Empire-Stil und schuf ein möbliertes Zarenmuseum für den Winterpalast in St. Petersburg. Möbel dieser Epoche, die oft mit Malachit- oder Marmor-Einlegearbeiten und aufwendigen Beschlägen dekoriert waren, finden auch heute noch weltweit großen Anklang.

Sobald der Mantel des Biedermeiers und des Klassizismus im dritten Viertel des 19. Jahrhunderts abgeworfen war, entwickelten sich die skandinavischen Länder, Finnland, Schweden und Dänemark, separat vom übrigen Europa. Salonensembles wurden in großer Stückzahl angefertigt, zunächst im Empire-Stil und später in den historischen Stilen der französischen Möbelkunst, die mit lokalen Spielarten bis ins frühe 20. Jahrhundert vorherrschten. Teilvergoldete, bemalte Möbel und Bois-clair wurden für sämtliche Kastenmöbeltypen und insbesondere für Stühle verwendet. Das neue Jahrhundert sah die Rückbesinnung auf die Wikinger und einer Fornodisk genannten Bewegung, die durch die Runen und die keltische Kultur inspiriert war.

DAS HAUS ALS AUSSTELLUNGSRAUM

In den achtziger Jahren des 19. Jahrhunderts warben die Möbelausstellungsräume in Europa für Möbel für bestimmte Zimmer. Der schwerfällige Renaissance-Stil eignete sich für das Speisezimmer, die künstlerisch anspruchsvolleren, dunkel gebeizten Möbel, die den Henri II.-Stil der achtziger Jahre des 16. Jahrhunderts nachahmten, kamen für das Raucherzimmer des Herrn in Mode. Das Boudoir einer Dame wurde mit prunkvollen Möbeln im Louis-quinze-Stil eingerichtet, während die eher formellen Empfangsräume im klassizistischen Louis-seize-Stil ausgestattet wurden.

Obwohl die Häuser möglicherweise zunächst »komplett eingerichtet« übergeben wurden, stellten die Menschen zu Zeiten Victorias und Edwards – und im übrigen Europa – die Räume bald mit einer Mischung aus alten und neuen Stilen voll.

ENGLAND

Der Handel in London war in zwei Sektoren unterteilt: das West End, wo die besten Firmen ihren Sitz hatten, und das East End, wo die billigeren Waren produziert wurden. Eine Reihe von Firmen mit Produkten mittlerer Qualität war im Viertel um die Tottenham Court Road konzentriert.

Beide Sektoren beschäftigten Spezialisten, von denen viele aus Frankreich stammten. Die Firmen im West End neigten eher zu Einzelaufträgen, ein Großteil der Arbeiten wurde dort mit der Hand ausgeführt. Dennoch kauften sie eine gewisse Lagerbestandsmenge von den Herstellern im East End mit besserem Ruf ein. Die Firmen im East End produzierten ein breites Spektrum von Möbeln, wobei viele auch verschiedene Tischler für die Fertigung einsetzten. In den achtziger Jahren des 19. Jahrhunderts waren viele Firmen bis zu einem gewissen Grad mechanisiert, arbeiteten vor allem mit Sägen und anderen Schneidwerkzeugen, obwohl die meisten

BOUDOIR VON MARIA ALEKSON. DROUNA, ST. PETERSBURG, um 1890 *(OBEN)*

BUREAU. SCHILDPATT-EINLAGEN. FRANS FRANCK, um 1910 *(OBEN LINKS)*
Die roten, aus China importierten Schildpatteinlagen und die Elfenbeinintarsien spiegeln die Möbelkunst in Antwerpen des 17. Jahrhunderts wider. Das Aussehen weist den Bureau als eine Arbeit aus dem 18. Jahrhundert aus.

Erzeugnisse dennoch mit der Hand nachbearbeitet wurden.

Im dritten Viertel des Jahrhunderts konnten Kunden aus einer breiten Palette verschiedener Stilrichtungen auswählen. Die Wahl ihrer Einrichtungen wurde, in gewissem Umfang durch den Trend unterstützt, einem Zimmer den seinem Verwendungszweck entsprechenden Stil zugeordnet: die Renaissance wurde für das Speisezimmer bevorzugt, das Rokoko für den Salon, der Elisabethanische Stil für die Halle, Einrichtungen im maurischen Stil für das Billiard-Zimmer usw. Hersteller und Einrichtungshäuser bestärkten diesen Trend durch den Verkauf mehrteiliger Möbelgarnituren in sich ergänzenden Stilrichtungen, obwohl in Wirklichkeit die meisten Häuser so wie heute auch eingerichtet wurden: mit einer langsam anwachsenden Ansammlung von bevorzugten Objekten unterschiedlichen Datums und Stils. Antike Möbel wurden in viktorianischen Interieurs in großem Umfang eingesetzt, und gute englische Möbel wurden begierig gesammelt.

Im Jahre 1880 war der Eklektizismus zu einem herausragenden Merkmal des häuslichen Interieurs geworden, besonders in den Salons, wo er durch eine fast erdrükkende Ansammlung kleiner dekorativer Objekte und Bilder ergänzt wurde. Die Möbel waren jetzt von der im 18. Jahrhundert üblichen, streng eingehaltenen Position an den Wänden weggerückt. Jetzt kämpften eine Vielzahl von Polstermöbeln – geschmückt mit Kissen, Tüchern und spitzenbesetzten Sofaschonern – mit den Topfpflanzen, den zahlreichen Tischen für verschiedene Zwecke, sowie den mit Nippes und Kuriositäten überladenen Tischchen um einen Platz in Zimmern, die mit Schreibtischen, Etagèren, Kabinetten und Bücherschränken vollgestellt waren. Düstere Tapeten, dunkel gehaltener Decken- und Wandanstrich und kunstvolle Übervorhänge vor den Fenstern, den Türen und über den offenen Kaminen in Verbindung mit schlechter Beleuchtung und schweren bordürenbesetzten Vorhängen und Rouleaus sollten den Eindruck ruhiger Düsterheit vermitteln.

UM 1830-1865 GÄNGIGE STILE

Als Victoria 1837 den Thron bestieg, konnte man schon unter vier gängigen Stilrichtungen wählen. In seiner »Encyclopaedia of Cottage, Farm and Villa Architecture and Furniture« (1833) schrieb John Claudius Loudon (1783-1843): »Die Hauptstilrichtungen in den zur Zeit ausgeführten Möbelentwürfen lassen sich auf vier Spielarten

REKONSTRUKTION EINES VIKTORIANISCHEN SALONS, um 1870
Das Klavier, die bordeauxroten Polstermöbel, die Stühle mit der gerundeten Rückenlehne, der Toilettentisch mit Marketerie, der Vitrinenschrank und das drapierte Kaminsims sind typisch für diese Epoche.

reduzieren: Der gräcisierende oder Modern Style (Jugendstil), der am weitesten verbreitet ist; der gotische Stil oder Perpendicular Style, der die Linienführung und die Ecken der Tudor-Architektur nachahmt; der Elisabethanische Stil, der die Gotik mit römischen oder italienischen Elementen kombiniert; und der Louis-quatorze- oder der überladene italienische Stil, der durch gekurvte Linien und eine Überfülle an bewegten Ornamenten gekennzeichnet ist.«

Bis weit nach 1860 wurden keine echten Alternativen angeboten, und die Kunstschreiner verwendeten in den folgenden Jahrzehnten auch weiterhin die gleichen Vorlagenwerke. Andere einflußreiche Möbelentwerfer dieser Epoche, die insbesondere auf den Markt der Ober- und Mittelschicht abzielten, waren Henry Wood und Henry Lawford. Henry Whitaker, der das spätklassizistische Buch »Designs of Cabinet and Upholstered Furniture in the Most Modern Style« 1825 veröffentlicht hatte, produzierte 1847 den Band »Practical Cabinet Maker and Upholsterer's Treasury of Designs«, in dem auch er Entwürfe von Möbeln im gräcisierenden, gotischen, Elisabethanischen und Louis-quatorze-Stil aufnahm.

Als Loudons »Encyclopaedia« zum ersten Mal veröffentlicht wurde, kam bei Haushaltsmöbeln der ziemlich wuchtige gräzisierende Stil bzw. der späte Klassizismus aus der Mode, der jedoch in der Architektur für den Gentlemen's Clubs und die öffentlichen Gebäude noch weit verbreitet war. Geprägt war dieser Stil hauptsächlich durch klassizistische Ornamente, die an den von den achtziger Jahren des 18. Jahrhunderts bis Ende der zwanziger Jahre des 19. Jahrhunderts angefertigten Haushaltsmöbeln im äußerst schlichten Stil des Klassizismus oder des Empire angebracht wurden. Die kommerziellen Hersteller ahmten auf ähnliche Weise den gotischen Stil nach und schmückten ihre Erzeugnisse mit Motiven gotischer Steinmetzkunst. Spielarten dieses Stils traten in den folgenden fünfzig Jahren auf.

Die Popularität des Elisabethanischen Stils ist im großen und ganzen auf die romantische Verklärung der Vergangenheit zurückzuführen. Die überaus beliebten Romane von Walter Scott und die Wahl des gotischen oder Elisabethanischen Stils für den Umbau von Westminster bestärkten seine Bedeutung als Vertreter der kulturellen Vergangenheit Englands. Eine große Anzahl namhafter Häuser wurden im Elisabethanischen Stil gebaut oder renoviert. Die Räume wurden mit Stuckdecken versehen, mit Möbeln aus geschnitzter Eiche eingerichtet, mit gotisch gemusterten Teppichen und Tapeten verschönert und mit Waffen- und Rüstungssammlungen sowie anderen, noch dekorativeren Überbleibseln aus der Vergangenheit dekoriert. Bemerkenswert ist hier das Haus Scotts in seinem Heimatort Abbotsford, Schottland, das ab 1819 umgebaut wurde.

Bücher, wie Henry Shaws »Specimens of Ancient Furniture« (1836) mit Zeichnungen echter Möbelstücke der Vergangenheit, und Richard Bridgens »Furniture with Candelabra and Interior Decoration« (1838), bildeten eine wichtige Quelle für die Entwürfe der Möbelfabrikanten. Das Buch von Bridgen zeigte, daß geschnitzte Ornamente, wie das Beschlagwerk der Renaissance oder des Tudor-Stils, in zufriedenstellender Weise auf Standardmöbeln angebracht werden können. Bridgen tappte offensichtlich in eine in dieser Zeit häufig nicht bemerkte Falle, da er Stühle mit einer hohen, von gewundenen Stützen flankierte Rükkenlehne aus der Restauration (in England um 1660-1700) mit denen aus früheren Jahrhunderten verwechselte. In der Tat stammten viele »Elisabethanische« Stühle der Form nach aus der Spätphase des Stuart-Stils – daher die moderne Bezeichnung »Jakobäischer Stil«. Das Beschlagwerk und die spiralenförmigen Windungen wurden von vielen der kommerziellen Hersteller sehr geschätzt, da sie von den Maschinen, die in zunehmendem Maße für die grobe Ausarbeitung der Schnitzarbeiten eingesetzt wurden, arbeitssparend produziert werden konnten.

Eine Reihe von Herstellern rekonstruierte einigermaßen überzeugend elisabethanische und gotische Schränke, Truhen, Tische und Stühle durch Zusammensetzen alter Paneele und anderer Elemente der architektonischen Holzarbeiten. Loudon nahm daher an, daß diese frei zur Ver-

BETT IM ELISABETHANISCHEN STIL. ANTHONY SALVIN, um 1840 *(UNTEN)*

GOTISCHER STUHL. BUCHE VERGOLDET. POLSTERUNG MIT STICKEREI, um 1830 *(OBEN)*

fügung standen. Ebenso wurden Versuche unternommen, frühere Möbelstücke getreu nachzubilden, so zum Beispiel den »Glastonbury-Stuhl«, der in Shaws »Specimens« abgebildet war und von dem mehrere Exemplare existieren.

In sehr großen Häusern wurden sämtliche Räume »antikisiert«, aber in den Häusern der Mittelschicht waren Möbel im gotischen und Elisabethanischen Stil im großen und ganzen auf die Hallen, die Speisezimmer und, falls vorhanden, die Bibliotheken beschränkt. Die bemerkenswerteste Ausnahme dieser Regel war der Betstuhl oder Prie-Dieu mit hoher Rückenlehne und niedrigem Sitz, der nach der vorherrschenden Mode im Elisabethanischen Stil gefertigt und zu einem allgemeinen Bestandteil der viktorianischen Salons wurde. Seine Popularität war teilweise darauf zurückzuführen, daß er sich besonders für die Berliner Wollarbeiten eignete, einer Art Stickerei, die von allen modisch orientierten Frauen mit viel Freizeit zwischen 1830 und 1860 angefertigt wurde.

Für die Salons und die Boudoirs, die den Damen vorbehalten waren, zog man Möbel nach Vorbildern in den Stilrichtungen vom Anfang des 18. Jahrhunderts vor. Die Bezeichnungen für diesen Möbeltyp können verwirrend sein. Zur damaligen Zeit bezeichnete man ihn im allgemeinen als »Louis-Quatorze« oder einfach »Altfranzösisch«, obwohl er dem Wesen nach dem Rokoko des Louis-quinze näher stand, und als solcher wurde er in letzter Zeit als Neurokoko bezeichnet. In der Tat enthielten mit Ausnahme der Polstermöbel – deren Stil zweifellos eng an das Rokoko angelehnt waren – die meisten »Altfranzösischen« Möbel Elemente beider Stilrichtungen und vereinten die Opulenz und grundlegende Solidität des barocken Louis-quatorze mit dem leichteren und spielerischen Rollwerk des Rokokos, blieben jedoch gleichzeitig eindeutig englisch.

Obwohl die »französischen« Möbelstücke zunächst mit vergoldetem Rollwerk, Rosetten und anderen Ornamenten elegant geschmückt wurden, wurden sie bald allgemein in poliertem Holz ausgeführt. Das aus astreichen Nußbäumen geschnittene, Pyramidenfurnier wurde ab dem Ende der vierziger Jahre des 19. Jahrhunderts für die Salons bevorzugt, aber im allgemeinen wurde überall sonst Mahagoni verwendet. Beide Holzarten wurden nach französischer Art poliert, um ihnen ein stark glänzendes Aussehen zu verleihen, das besonders während dieser Epoche in Mode war.

Polstermöbel

Sitzmöbel, deren Polsterung und damit deren Aussehen durch die Einführung der Sprungfeder Ende der zwanziger Jahre des 19. Jahrhunderts revolutioniert wurde, ließen sich am einfachsten an den Stil des Rokokos anpassen. Jetzt mußte die Polsterung wesentlich tiefer als früher sein. Nicht nur die Federn erzwangen eine größere Tiefe, sondern auch die Füllung selbst mußte dicker sein, um ein Durchstechen der Federn durch den Bezug zu vermeiden. Obwohl die Polsterung nachgiebiger und damit bequemer wurde, mußten die Federn und die Füllung durch tief eingesetzte Knöpfe festgehalten werden. Die Knöpfe und die entstehenden Falten des Materials wurden zu einem dekorativen Merkmal an sich. Tiefe und Rundung wurden durch die ähnlich gerundeten Ecken der Sitzflächen und Rückenlehnen ergänzt und waren natürlich besonders für die Schweifungen der Gestelle von Rokoko-Stühlen geeignet.

Ab 1850 wurden Polstermöbel üblicherweise in Garnituren verkauft, die gewöhnlich aus einem Sofa oder einer Chaiselongue, zwei Bergèren (einem großen »Großvater« -Stuhl mit offenen Seitenteilen und gepolsterten Armlehnen und einem kleineren »Großmutter« -Stuhl ohne Armlehnen) und einer Reihe von Stühlen mit gerundeter Lehne bestanden. Diese Stühle, die offensichtlich dem Fauteuil des Louis-quinze nachempfunden waren, jedoch keine Seitenteile aufwiesen und eine gepolsterte statt offene Rückenlehne hatten, waren sehr zarte kleine Stühle mit dünnen Cabriole-legs. Sie wurden in großen Stückzahlen produziert, und in der Tat waren sie und die dazugehörigen Bergèren für den modernen Betrachter wahrscheinlich das typischste Element aller viktorianischen Stühle. Obwohl diese Stühle für den Salon gedacht waren, wurden sie gemeinhin als Eßzimmerstühle verwendet. Erstaunlicherweise standen diese Stühle noch in den achtziger Jahren des 19. Jahrhunderts zum Verkauf, obwohl sie aus der Mode gekommen waren. Jetzt sahen die meisten Polstermöbel eher geradlinig aus. Das Rahmengestell der meisten Möbel war vollständig von der Polsterung bedeckt, und nur die geraden Beine und die Armstützen, die oft gedrechselt und mit einfachen ringförmigen Verzierungen versehen waren, waren das einzige Holz, das man sehen konnte.

Sofa und Polsterstühle im Stil des Rokokos hatten Rahmen aus poliertem Holz mit niedrigen Beinen auf Gleitrollen. Front und Rückseite waren mit einer geschwungenen Zarge verziert und die Knie der Beine zeigten in begrenztem Umfang Blattwerk-Schnitzereien. Die Armlehnen waren stark eingerollt. Bei den späteren Stühlen verdrängten gedrechselte, sich verjüngende Beine die Cabriole-legs.

Gepolsterte Sitzmöbel in der Art der »französischen Möbelmode« wurden in der ersten Hälfte des Jahrhunderts immer vielgestaltiger, und es wurden verschiedene Ottomanen, Sofas, Causeusen und Love-Seats entwickelt, die den darin Sitzenden das Sitzen in verschiedenen Winkeln zueinander ermöglichten. Bequemlichkeit war bei allen Möbelstücken von höchster Wichtigkeit, und so achtete man besonders auf die Textilien und Verzierungen.

Bis ca. 1850 zog man im allgemeinen gemusterte Stoffe in hellen Farben, oft mit Streifen und floralen Ornamenten, den dunkelroten und -grünen Samt- und Seidendamast-Stoffen vor, die eher mit dem Begriff »viktorianisch« verbunden werden. Die Beine der Stühle und Sofas waren häufig mit schweren bis auf den Boden reichenden Fransen mit breiten gitterartigen Bordüren versehen, die um die Mitte des Jahrhunderts durch die schmalen, maschinell hergestellten Tressen (gewebte, geflochtene Borte) ersetzt wurden. Troddeln und Kordeln, oft aus zwei oder mehr kontrastierenden Farben hergestellt, erhöhten die dekorative Wirkung.

Die Verwendung von losen Bezügen aus floralem Chintz war während der Regentschaft Victorias in den Salons und Damen-Schlafzimmern weit verbreitet. Allem Anschein nach hatten sie einige Vorteile. Sie schützten die kostbare, befestigte Polsterung vor der Abnutzung durch den täglichen Gebrauch, konnten schnell für wichtige gesellschaftliche Anlässe entfernt werden und verliehen darüberhinaus dem Raum ein leichteres Gepräge. Am nützlichsten war wohl, daß man durch sie ohne große Kosten altmodische und abgesessene Postermöbel den Blicken entziehen konnte.

Englische Möbel auf der »Great Exhibition«, 1851 *(rechts)* Speisezimmer, Hughenden Manor. Mitte 19. Jh. *(links)* *Die Kombination von gotischer Architektur und Dekor mit dem Elisabethanischen Stil der Stühle (eigentlich später Stuart-Stil), hier im Haus von Benjamin Disraeli, war ein häufiger Fehler.*

Naturalismus

Andere Möbeltypen hatten im allgemeinen runde Ecken mit kühn geschwungenen Kurven und waren tendenziell mit ziemlich wuchtigen und häufig überladenen Schnitzereien verziert. Das opulente Rollwerk wurde mit naturalistischem, meist blattwerkartigem Schnitzwerk verbunden. Im Rückblick typisch viktorianisch, ist dieser kraftvolle von Barock und Rokoko inspirierte Stil passenderweise als »Naturalismus« bezeichnet worden. Eingesetzt wurde er für eine ganze Reihe von Möbeln ab den vierziger bis Anfang der sechziger Jahre des 19. Jahrhunderts und in einigen Fällen darüber hinaus.

Im Schlafzimmer waren Schränke und Kommoden relativ schlicht und wurden meistens mit aufgesetztem Rollwerk und Gesimsen dekoriert, aber die Bettgestelle, Frisier- und Waschtische (letztere gewöhnlich mit weißen Marmorplatten) hatten kurvenreiche Umrisse und Dekors. Für das Speisezimmer wurden Sideboards und Serviertische nach ähnlichem Muster mit eingerollten Volutenstützen und kunstvoll gekurvten Wandschonern entworfen. Im Salon waren die besonders beliebten Möbel in diesem Stil Toilettentische, kleine Sekretäre und Ständer zum Aufbewahren von Noten (Music Canterbury), die man unter das Piano schieben konnte, wenn man sie nicht benötigte.

Bei einigen Möbelstücken wurde das naturalistische Schnitzwerk ins Extrem getrieben. Tiere, Vögel, erlegtes Wild, Blumen, Obst und Laubwerk – dazwischen gelegentlich allegorische Figuren – nahmen in phantastischen Kompositionen fast die gesamte Grundstruktur des Möbels ein. Coo-kes aus Warwick und Morant aus London sind die bekanntesten Namen, die mit dieser Art des exzessiven Naturalismus in Verbindung gebracht werden.

Dieser Trend zur Überdekoration und der Mangel an Kenntnissen über die historischen Stile waren offensichtliche Merkmale der »Great Exhibition« 1851. Der im allgemeinen hohe Standard des handwerklichen Könnens konnte nicht den niedrigen Standard der Ausgestaltung verbergen. Doch abgesehen davon, daß die Arbeiten der reformerischen Möbelentwerfer, darunter William Morris und andere Gründer der Arts and Crafts-Bewegung, gefördert wurden, brachte die öffentliche Kritik die besseren Hersteller dazu, ihre Entwurfspolitik zu überdenken, und die Möbel, die auf der ebenfalls in London 1862 abgehaltenen »International Exhibition« gezeigt wurden, hatten in der Regel ein höheres Niveau.

NEUE MATERIALIEN

Die Suche nach Neuem lenkte die Aufmerksamkeit der Öffentlichkeit auf die Möglichkeiten neuer Materialien für den Möbelbau.

Papiermâché wurde nur für einige wenige Möbelstücke verwendet, da es aus strukturellen Gründen offensichtlich ungeeignet war und auf Metall oder auf Holzrahmen aufgezogen werden mußte. Die Verwendung von Papiermâché als Grundlage für die Dekoration hat jedoch eine lange Geschichte. Am engsten ist es mit der Frühphase des Viktorianischen Stils verbunden.

SALON. HAUS VON LINLEY SAMBOURNE IN LONDON. ACHTZIGER JAHRE DES 19. JAHRHUNDERTS *(RECHTS)* *Die kurvenreich im Stil des Rokoko gestalteten Stühle mit Knopfpolsterung waren in den fünfziger und sechziger Jahren des 19. Jahrhunderts in den Häusern aller Bevölkerungsschichten zu finden. Sie erfreuten sich bis in die achtziger Jahre des 19. Jahrhunderts großer Beliebtheit.*

FRISIERTISCH. NUSSBAUM, um 1850 *(GANZ RECHTS)* *Die Schreiner aus dem West- und East-End in London verbanden die Voluten und die geschwungenen Umrisse des französischen Rokokos mit naturalistischem Schnitzwerk und kreierten so einen typisch englischen Stil.*

Jennens & Bettridge aus Birmingham waren beide die größten und erfolgreichsten Hersteller des 19. Jahrhunderts. Ursache des Erfolgs war das 1825 verliehene Patent für Perlmutteinlagen auf Papiermâché, das dann vergoldet und farbig lackiert wurde. Das Spektrum der hergestellten Möbelstükke war immens. Dazu zählen kleine Tische für verschiedene Zwecke, Spiel- und Arbeitstische, Stühle, Betten, zweisitzige Sofas, Wandschirme, Zeitschriftenständer und sogar laut Katalog der Ausstellung von 1851, auf der Jennens & Bettridge die höchste Auszeichnung in der Kategorie Papiermâché erhielten, der »gesamte Korpus von Pianos«.

Einige Hersteller produzierten Möbel, die aufgrund des Dekors den Anschein von Papiermâché erweckten, aber vollständig aus Holz hergestellt und einfach schwarzgelackt oder in derselben Art bemalt waren. Andere Firmen verwendeten Papiermâché nur für die am wenigsten verletzbaren Teile. Entsprechend den anderen Möbeln dieser Zeit, waren die meisten Möbelstücke im Stil des Neurokokos oder des Naturalismus ausgeführt. Ihre Beliebtheit ließ ca. 1870 abrupt nach.

Gußeisen war ein weiteres neues Material, das hauptsächlich für die im Garten und Wintergarten, in Gasthäusern oder Cafés aufgestellten Möbel verwendet wurde. Anfangs waren die meisten Hersteller die im Umkreis von Birmingham, Sheffield und Coalbrookdale, Shropshire, eingesessenen Ofen- und Kaminrosthersteller. Die Entwürfe waren zunächst den rustikalen Möbeln des 18. Jahrhunderts nachempfunden, aber bald tauchten kompliziertere florale und blattartige Motive auf. Die Gartenstühle und -bänke, besonders die für die öffentlichen Parks, hatten gewöhnlich gußeiserne Seitenteile, die mit hölzernen Brettern für den Sitz und die Rückenlehne verbunden waren. Die Tische hatten häufig Platten aus Marmor oder Holz. Einige der attraktivsten Möbelstücke, einschließlich der berühmten »Farn« -Stühle (einer davon wurde sogar in Bronze hergestellt), wurden von der Coalbrookdale Company angefertigt. Jardinièren, Garderoben und Schirmständer waren andere beliebte Erzeugnisse. Alle Möbel waren zur Imitation von Holz, kostbarer Bronze, Stein oder Marmor bemalt.

Gußeisen wurde ebenso für Bettgestelle verwendet, obwohl zunächst das Metall durch die traditionellen Stoffvorhänge verdeckt war. Himmelbetten blieben noch einige Zeit populär, aber um 1870 verschwanden im großen und ganzen die Vorhänge und anderer Behang, und die Kopf- und Fußteile des Betts waren nicht mehr verdeckt. Messing in Rohrform ersetzte das schwarz bemalte Eisen, obwohl manchmal beide Materialien dekorativ miteinander verbunden wurden. Eisen verwendete man weiterhin für das gesamte Gestell der billigeren Modelle. Messing- und Eisenbetten wurden während des letzten Viertels des Jahrhunderts vor allem in Birmingham in großen Mengen produziert. Viele davon waren extrem kunstvoll, mit komplizierten Anordnungen der senkrechten und waagrech-

ECKSCHRANK, ZEITSCHRIFTEN-STÄNDER, SETTEE. Um 1860 *(LINKS)*
Diese Möbelstücke sind aus Holz gefertigt, jedoch wurde Papiermaché als Dekor und in Verbindung mit dem Holz verwendet. Das viktorianische Papiermaché kann man an dem in hellen Farben bemalten und vergoldeten Dekor, häufig zusammen mit Perlmutt-Einlegearbeiten, erkennen.

SEKRETÄR. NUSSBAUM, um 1860 *(GANZ LINKS)*
Die kleinen Sekretäre waren eine Erfindung in der Spätphase des Georgianischen Stils, erfreuten sich jedoch besonders bei Frauen der Viktorianischen Zeit als Schlafzimmermöbel größter Beliebtheit.

ten Stäbe, die in großen Messing- oder sogar Keramikkugeln endeten.

Eine Reihe von Herstellern experimentierte mit Möbeln aus verdrilltem Draht. Die verschiedenen Entwürfe dafür kann man in den Fachkatalogen und der Werbung des 19. Jahrhunderts sehen, aber, abgesehen von den Jardinièren, haben nur wenige Exemplare überlebt.

Man experimentierte auch mit anderen Metallen. Loudon beschrieb Versuche der Messinggießerei R. W. Winfield in Birmingham, in den dreißiger Jahren des 19. Jahrhunderts Stühle aus Gasrohren und einen Schaukelstuhl aus Messingrohren, der auf der »Great Exhibition« große Aufmerksamkeit erregte, herzustellen.

Korbmöbel für den Garten oder den Wintergarten erfreuten sich größerer Beliebtheit. Die viktorianischen Korbmöbel waren nicht durch die Traditionen der rustikalen Möbelkunst, sondern durch die Erzeugnisse der zeitgenössischen amerikanischen Hersteller beeinflußt. Ein Mr. Topf, ein Hersteller aus New York, stellte auf der »Great Exhibition« einen Korbstuhl vor. Er war Anlaß für eine steigende Zahl von Firmen, die zum Großteil ihren Sitz in den Midlands hatten, eine Reihe von teilweise gepolsterten Stühlen und Sofas, kleinen Tischen und Arbeitskästen, sowie Blumenständer und andere kleinere Gegenstände unter Bezeichnungen wie »Rohrgeflecht«, »Weide« und »Rattan« anzubieten. Viele dieser Möbelstücke hatten ein ziemliches bizarres Aussehen. Vor allem in den achtziger Jahren des 19. Jahrhunderts, als Korbmöbel wie nie zuvor beliebt waren, konnte man diesen Möbeltyp häufig antreffen. Der Großteil dieser Möbel wurde in die Kolonien exportiert, wo sie besonders in Hotels gern aufgestellt wurden. Die größten Hersteller waren Morris & Wilkinson in Nottingham und W. T. Ellmore in Leicestershire.

Einige wenige experimentelle Möbel wurden aus gänzlich ungeeigneten Materialien, wie Guttapercha, Holz imitierendem gestanztem Leder, Schiefer und sogar Kohle, hergestellt. Die viktorianischen Möbel aus Kohle wurde meistens für Werbezwecke oder als Schaustücke für Besucher angefertigt.

TEILANSICHT EINES TISCHES MIT EINEM GUSSEISERNEN SCHOTTISCHEN JAGDHUND ALS STÜTZE. COALBROOKDALE, um 1855

UM 1865-1915 GÄNGIGE STILE

In der zweiten Hälfte der Regentschaft Victorias war das Spektrum der gängigen Stilrichtungen breiter und eklektischer. Viele knüpften an historische Stile an, andere waren jedoch originell und exotisch. Ab den sechziger Jahren des 19. Jahrhunderts bevorzugten die Hersteller die Stile der französischen und englischen Möbelkunst, zunächst den Louis-seize- und später den Adam-Stil, gefolgt von der Renaissance in den siebziger Jahren und vom Chippendale-, Sheraton- und Hepplewhite-Stil in den achtziger Jahren. Der Elisabethanische Stil, der Jakobäische Stil und eine neue Spielart der Gotik standen auch weiterhin hoch im Kurs. Möbel im Stil der Zeit von Charles I. und Charles II. fanden immer größeren Anklang. (Man muß betonen, daß diese viktorianischen Stilrichtungen ohne Ausnahme phantasiereiche Nachahmungen ihrer Vorgänger und nicht getreue Kopien waren.) Man versuchte auch, das Interesse an Möbeln im französischen Empire-Stil und im englischen Regency neu zu beleben, jedoch mit geringem Erfolg. Nach 1900 wurde das Formengut des Louis-quinze- und in größeren Umfang des echten Queen-Anne-Stils wiederholt, den man nicht mit dem architektonischen Queen-Anne-Stil der »Kunstmöbel« der achtziger Jahre des 19. Jahrhunderts verwechseln darf, da er nur wenig mit der Realität gemeinsam hat. Die meisten dieser Stilrichtungen waren noch zu Beginn des Ersten Weltkriegs populär, obwohl Erzeugnisse der progressiveren modernen Möbelentwerfer in hohem Maße verfügbar waren. Zu den originelleren, meist in den achtziger Jahren des 19. Jahrhunderts beliebten Stilrichtungen gehörten der japanisierende und der maurische Stil und der Stil der »Kunstmöbel«, der eine Reihe von zeitgenössischen Quellen miteinander verband.

Ab den sechziger Jahren des 19. Jahrhunderts ermutigte die Nachfrage nach Einrichtungen im Stil der französischen Möbelkunst die besseren Firmen des West Ends, Möbel mit geraden Linien und mit kunstfertigem Dekor in der Art des Louis-seize und des englischen, fälschlicherweise häufig als Adam-Stil bezeichneten Klassizismus zu produzieren. Marketerie und Intarsien, eingelegte Tafeln aus Porzellan, Or-moulu-Beschläge und gemaserte Hölzer in blassen Farben sind die Merkmale dieser dekorativen und dennoch streng geformten Möbel.

Die Neubelebung des überladenen Louis-seize-Stils führte zu einem Wiedererwachen des Interesses an der Dekorationstechnik der Holzmarketerie und an der Boulle-Technik. Letztere setzte man fast ausschließlich bei den grandioseren, in den Salons aufgestellten Kabinettschränken und Kommoden ein, die für die großen und prunkvollen Häuser entworfen wurden. Diese protzenden Möbelstücke in strengen Formen und mit überladenen Or-moulu-Beschlägen wurden für die wohlhabendere Klientel produziert. Während der Neubelebung des Regency wurden viele Möbel mit Marketerie und in Boulle-Technik ausgeführt. Eine große Anzahl von Entwürfen in diesem Stil veröffentlichte Henry 1856 in einem Buch, das ungefähr fünfzehn Jahre später unter dem Titel »Cabinet of Marquetry, Buhl and Inlaid Woods« neu aufgelegt wurde. Marketerie (und Einlegearbeiten) wurden in weit größerem Umfang verwendet. Nach 1860 waren häufig die Platten von Toilettentischen, aber auch die in den Salons aufgestellten Möbelstücke mit Marketerie geschmückt.

Von den sechziger Jahren bis weit in die achtziger Jahre des 19. Jahrhunderts war der von A. W. N. Pugin (1812-52) angeregte neugotische Stil weiterhin sehr verbreitet. Obwohl viele Architekten und Möbelentwerfer Gotik auf ihre eigene, individuelle Weise nachahmten, war ihren Entwürfen doch die hochwertige Konstruktion und Dekoration des Möbels gemeinsam. Viele Möbelentwerfer, die sich für Reformen einsetzten, waren in Kunstschreinereien, wie Gil-

BUFFET. PALISANDER. SIGNIERT EDWARD HOLMES BALDOCK, um 1840 *(UNTEN)*

MUSIKSCHRÄNKCHEN. EICHE. CHARLES BEVAN, 1865 *(UNTEN)*

BUFFET. MARKETERIE, DEKOR UND METALLBESCHLÄGE, um 1875 *(OBEN)*
Dieser Möbeltyp ist tpyisch für die in den siebziger Jahren des 19. Jahrhunderts von Firmen im Londoner West-End hergestellten Möbel. Die gekurvten Seiten erinnern an frühere naturalistische Möbelstücke.

SCHRANK. BOULLE-MARKETERIE, MESSING IN DUNKEL GEBEIZTES HOLZ EINGELEGT. SECHZIGER JAHRE DES 19. JAHRHUNDERTS *(RECHTS)*
Diese Schränke waren im großen und ganzen nur in den Salons der großen Häuser zu finden.

EINE ÄHNLICHE RAUMGESTALTUNG FÜR EIN SPEISEZIMMER IM RENAISSANCE-STIL. 1904 *(LINKS)* *Wandschmuck über dem Kaminsims und schlichte lederbezogene Polstermöbel sind charakteristisch für den Renaissance-Stil.*

SIDEBOARD. SCHWARZ GEBEIZT, BESCHLÄGE VERSILBERT. NACH EINEM ENTWURF VON E. W. GODWIN VON WILLIAM WATT ANGEFERTIGT, um 1867 *(RECHTS)*

lows, Holland & Sons, Marsh & Jones aus Leeds, Howard in der Berners Street und J. G. Crace, beschäftigt. Pugin arbeitete z.B. für Crace, der viele seiner Entwürfe ausführte. Nicht alle Hersteller teilten jedoch die Ideale der Reformbewegung. Viele kommerzielle Firmen, wie C. & R. Light und J. Shoolbred & Co., produzierten eine Reihe von »mittelalterlichen« Möbeln mit wenig überzeugendem Aussehen und minderwertigen Konstruktionen. Das Buch »Gothic Forms Applied to Furniture, Metal Work and Decoration for Domestic Purposes« (1867) von Bruce J. Talbert (1838-81) übte einen nachhaltigen Einfluß auf die kommerzielle Produktion aus. Talbert sprach sich in seinem Buch für Rahmenkonstruktionen, die Verwendung von Intarsien, Flachschnitzereien und große flache Metallscharniere aus. In der Ausführung sind Talberts Arbeiten, von denen mehrere hervorragende Beispiele auf den verschiedenen internationalen Ausstellungen gezeigt wurden, häufig sehr detailliert. Kühne geometrische und andere intarsierte Muster, Metalltafeln mit Ornamenten im Flachrelief, Quadrate aus kunstvoll geschnitztem Buchsbaum und Reihen kleiner gedrechselter Baluster wurden zum charakteristischen Merkmal.

Ein weiterer großer Befürworter des gotischen Stils war Charles Lock Eastlake (1836-1906). 1865 erschien eine von Eastlake verfaßte Artikelserie, die 1868 unter dem Titel »Hints on Household Taste« als Buch veröffentlicht wurde. Eastlake prangerte darin die Verwendung von übermäßigen Ornamenten an einem Großteil der zeitgenössischen Möbel an und sprach sich für eine Rückkehr zu mittelalterlichen Konstruktionsmethoden aus, bei denem nichts durch Blendwerk verborgen wurde.

Die Möbelhersteller ahmten die Stile der englischen Möbelkunst des 18. Jahrhunderts mit sehr unterschiedlichem Erfolg nach. Am stärksten wurde der Chippendale-Stil verunstaltet: Materialien wurden unsachgemäß verwendet und Flachschnitzereien nur grobschlächtig ausgeführt, Beine und Stützen verkümmerten zu spindeldürren Elementen, der Sinn für großzügige Proportionen war abhanden gekommen, und eine süßlich wirkende, dick aufgetragene dunkelbraune Färbung beherrschten das Bild. Die Sitzflächen der Stühle waren zu schmal, und die Tischplatten zu dünn. Die Griffe waren häufig aus minderwertigem, dünnem und gestanztem Metall, die Konstruktion aus minderwertigem Holz, in der Regel nachlässig ausgeführt, und die Verbindungen ungenau gefügt. Dagegen wurden die Entwürfe im Sheraton-, Hepplewhite- oder Adam-Stil im allgemeinen stilgerechter nachgeahmt. Beispiele hierfür sind die relativ getreuen Kopien von Gillows und Wright & Mansfield und die preiswerteren Imitationen aus dem East End. Vor allem das Mobiliar für den Salon und das Schlafzimmer wurde in diesen Stilen angefertigt. Möbel im Sheraton-Stil wurden gewöhnlich in hellem Mahagoni gearbeitet und mit einfachen Linearintarsien, Muschel- und Fächerornamenten dekoriert. Die Schlafzimmermöbel im Adam-Stil waren dagegen weiß – also mit einer zweckgemäßen »hygienischen« Farbe – lackiert.

In den letzten dreißig Jahren des Jahrhunderts wurden auch die Renaissance-Möbel, die besonders als Schlafzimmermöbel beliebt waren, wiederentdeckt. Die durchschnittliche Firma produzierte in dieser Zeit neben Tischen, Stühlen, gewaltigen Aufsatzschränken und Serviertischen auch kunstvolle Kaminumrahmungen. Für die Kabinettschränke und die Kaminumrahmungen wurden Architekturformen übernommen; Stellbretter, Borde, Innenfächer, Ober- und Unterschränke waren die Bestandteile dieser Einrichtungsgegenstände. Die Hersteller preiswerterer Möbel verwen-

BELIEBTES SIDEBOARD. NACH EINEM ENTWURF VON B. J. TALBERT VON GILLOWS ANGEFERTIGT UND AUF DER INTERNATIONAL EXHIBITION 1873 AUSGESTELLT *(RECHTS)*

deten natürlich statt stilechter Renaissance-Elemente in viel stärkerem Maße Borde und Stellbretter.

Darüber hinaus wurden insbesondere für die wohlhabendere Kundschaft Möbel in Stilen der Vergangenheit getreu kopiert oder nachgebildet. Für die Herstellung dieser Möbel wurden keine Mühen und keine Kosten gescheut.

Hindley & Wilkinson, deren Geschäft mit Nachbildungen von Möbeln im »Edwardian-Style« (während der Regierungszeit Edwards VII. 1901-1910) blühte, fertigten nach eigenen Angaben ihre Entwürfe »französischer« Möbel nach Vorbildern in den französischen Museen und Möbelsammlungen an und gaben Gobelin-Bezüge eigens in Aubusson in Auftrag. Die Firma Gillows gründete in Paris eine eigene Fabrik. Im großen und ganzen setzte man seinen ganzen Stolz in hervorragende Nachbildungen und versuchte nicht, die Käufer hinters Licht zu führen. Dennoch wurden zweifellos Anfang des 20. Jahrhunderts auch einige Fälschungen angeboten.

Ab den siebziger Jahren des 19. Jahrhunderts nannte sich eine zunehmende Anzahl von Firmen Hersteller von »Kunstmöbeln«. Der Ästhetizismus, der der Wertschätzung des Schönen größeres Gewicht als dem Gebrauchswert beimaß, wurde bald die Grundlage für eine Kunstrichtung, die im Gegensatz zu allen anderen gängigen Dekorationsstilen hauptsächlich auf England beschränkt blieb.

Der Ästhetizismus der siebziger und achtziger Jahre des 19. Jahrhunderts wurde in erster Linie von der japanischen Kunst inspiriert. Einrichtungen aus Japan wurden in England zum ersten Mal 1862 auf der »International Exhibition« gezeigt. Die übersichtlichen Interieurs in blassen Farben waren sehr schlicht gehalten und sparsam ornamentiert und standen in krassem Gegensatz zu den damals üblichen dunklen und überfüllten Räumen. Die avantgardistischen Befürworter des Ästhetizismus trieben das Japanische bei der Einrichtung ihrer Wohnungen ins Extrem. Die Mehrheit der Bevölkerung verband jedoch den Ästhetizismus mit den kommerziellen spindeldürren »Kunstmöbeln«, die von japanischen Blumentöpfen und Fächern, bestickten Tüchern und eleganten Arrangements aus Pfauenfedern umgeben waren.

Der bedeutendste Möbelentwerfer des Ästhetizismus war Edward William Godwin (1833-86), der für viele kommerzielle Firmen arbeitete und seine eigene »Art Furniture Company« gründete. Godwins Arbeiten wurden in hohem Maße durch die Gesetzmäßigkeiten japanischer Entwürfe beeinflußt, bei denen sorgfältig auf das Gleichgewicht von vertikalen und horizontalen Elementen geachtet und einige Möbel mit geprägtem »Lederpapier« und anderen japanischen Materialien aufgestellt und Oberflächen oft dunkel gebeizt wurden. Ein anderer Möbelentwerfer im Japanischen Stil war Thomas Jekyll (1827-81), der für die Holzarbeiten in dem nach Entwürfen von James Abbott McNeill Whistler für F. R. Leyland 1877 gestalteten »Japanese Peacock Room« verantwortlich zeichnete.

Der Möbelentwerfer Christopher Dresser (1834-1904) übte einen maßgeblichen Einfluß auf die Verbreitung des Japanischen Stils aus. 1880 wurde er der Herausgeber der Zeitschrift »The Furniture Gazette«, in der ein umfassender Überblick über die zeitgenössischen Stilrichtungen gegeben wurde und er seine eigenen Vorstellungen bekannt machen konnte.

Auch die Hersteller von preiswerteren Möbeln versuchten, im Japanischen Stil zu arbeiten. Hauptmerkmal des Stils waren die verschiedenen bandförmigen Ornamente, die aus unterbrochenen, gitterartig angeordneten Linien bestanden und mit denen die Standardformen verziert wurden. Vor allem die Schlafzimmermöbel wurden in diesem Dekorationsstil gestaltet. Bei den besseren Möbelstücken wurden Tafeln aus gepägtem »Lederpapier« und importierte Paneele aus geschnitztem Buchsbaumholz und mit geometrischer Marketerie in den Entwurf eingearbeitet.

Bambusmöbel fanden als ein Beispiel für den Japanischen Stil viel größeren Anklang. Die benötigten Materialien, wie Lacktafeln, »Lederpapier«, Marketerie, Tatamis und Bambus, wurden importiert und in England in einer großen Anzahl von ideenreichen und manchmal grotesken Entwürfen verarbeitet. Der größte Hersteller war die Firma W. F. Needham aus Birmingham, die die einzigen wirklich zufriedenstellenden Konstruktionsmethoden mit Verbindungen und Füßen aus Messing patentieren ließen. Kleine Tische und Blumenständer erfreuten sich größter Beliebtheit.

In den achtziger und neunziger Jahren des 19. Jahrhunderts waren Einrichtungen im maurischen Stil beliebt. In diesem Jahrhundert waren schon zuvor Interieurs mit Dekors aus dem Nahen Osten geschmückt worden, die sich jedoch bei Möbeln nur in geringem Umfang durchsetzten. Die maurischen Möbel der Einrichtungen gegen Ende des 19. Jahrhunderts wurden in der Tat aus Kairo importiert, obwohl einige Möbelstücke in England hergestellt wurden. Das Holz dafür stammte von der Täfelung der in der islamischen Architektur üblichen, mit einem Gitterfenster versehenen Erker (Mushrabiyah). Verkauft wurden diese Möbel unter Bezeichnungen wie »maurisch«, »arabisch«, »sarazenisch« oder »türkisch«. Die verbreitetsten Möbelstücke waren Stühle, Wandschirme, Beistelltische und Koran-Pulte. Da man den maurischen Stil mit dem nicht erlaubten Rauchen und dem Harem assoziierte, waren maurische Möbel ausschließlich in den Rauch- und Billiard-Zimmern großer Häuser, in türkischen Bädern und in allen anderen, Männern vorbehaltenen Räumen zu finden.

NACHAHMUNG DES QUEEN-ANNE-STILS, um 1895 *(OBEN)*

MAURISCHES INTERIEUR MIT KUNSTVOLLEN HOLZARBEITEN, EXOTISCHEN OSTASIATISCHEN TEXTILIEN UND TOPFPFLANZEN. Um 1895 *(GANZ OBEN)*

»Kunstmöbel«

Der Begriff »Kunstmöbel« beschreibt heute einen dekorativen ebenholzfarbig gebeizten Möbeltyp, der von einer großen Zahl kommerzieller Hersteller in den siebziger und achtziger Jahren des 19. Jahrhunderts hergestellt wurde. Im allgemeinen wird als erstes Möbel dieser Art ein dunkel gebeizter Kabinettschrank angesehen, der von T. E. Collcutt (1840-1924) für Collinson & Lock entworfen und von diesen auf der »International Exhibition« 1871 in London ausgestellt wurde. Die »Kunstmöbel« zeigen eine Mischung aus Elementen, die von einer Reihe anderer zeitgenössischer Quellen übernommen wurden. Dazu zählen die Konsolen und Kaminumrahmungen der Renaissance-Möbel, die von Talbert bevorzugten zahlreichen kleinen Paneele, die »gotisierenden« gebogten Gesimse des Mittelalters, die vergoldeten Paneele mit den von der japanischen Kunst inspirierten Vögeln und Blumen, die bemalten Paneele mit den von den Präraphaeliten bevorzugten klassizistischen Figuren und die dunkel gebeizten Oberflächen, die teilweise durch japanische Lackarbeiten und teilweise durch die Möbel der führenden französischen Ebenisten populär gemacht worden waren. Charakteristisch für diesen ausdrucksstarken Stil waren außerdem die schlanken, gedrechselten Stützen, die Balustergitter, die nach oben verjüngten Platten aus Glas, die gravierten und mit Vergoldung aufgelockerten schlichten Dekors und die zahlreichen kleinen Stellbretter und Innenfächer. Auch die Sitzmöbel mit gravierten Dekors auf den aus Holz gefertigten Rahmengestellen wurden ebenholzfarbig gebeizt. Häufig wurden Reihen kleiner gedrechselter Längsverstrebungen und die Polsterung der Sofas, Chaiselongues und Armstühlen miteinander kombiniert.

Der Typ der nach Entwürfen von Charles Rennie Mackintosh, C. F. A. Voysey und anderen progressiven Möbeldesignern gefertigten englischen »New Art«-Möbel wurden vom kommerziellen Handel weitgehend imitiert. Scharniere aus gehämmertem Kupfer, Friese mit »vervollkommnenden« Versen und Platten aus gefärbtem Glas waren bei den ansonsten schlichten Möbelstücken häufig verwendete Dekors.

Vereinigte Staaten von Amerika

Mit der Erschließung des Westens wurden die traditionsgemäß im Osten gelegenen Zentren des Möbelhandels Boston, Philadelphia, Newport, Baltimore und New York von den Städten Grand Rapids in Michigan und Cincinnati in Ohio überflügelt. Von hier aus war es Ende der sechziger Jahre des 19. Jahrhunderts dank der Eisenbahn leichter, Einrichtungen in alle Landesteile zu liefern. Gegen Ende des Jahrhunderts eroberte sich New York seine Position als Hauptquelle gängiger Stilrichtungen zurück.

Entwürfe für »Quaint-Möbel«. Veröffentlicht in »The Cabinet Maker«. 1897 *(unten)*

Kabinettschrank. Kirschbaum dunkel gebeizt, vergoldetes Dekor *(oben)*

HANGER HOUSE, LITTLE ROCK, ARKANSAS. 1889
Um 1880 hat der Eklektizismus auch in den USA Fuß gefaßt. Das Nebeneinander der verschiedenen Möbelstile in diesem Zimmer fällt nicht aus dem »klassizistischen Rahmen«.

Prie-Dieu mit gewunden Stützen erfreute sich großer Beliebtheit.

Downing befürwortete eine ähnliche und billigere Spielart dieses Stils, den er wegen seines »pittoresken Charmes« für Cottages und Bauernhäuser als geeignet ansah. Die schlicht gehaltenen Möbel in diesem Stil waren aus bemaltem Weichholz gefertigt und mit verschiedenen floralen Motiven dekoriert. Einfache, gedrechselte kleine Säulen und Kugeln wurden für die Stützen und Querverstrebungen von Stühlen und Tischen verwendet, und Halbsäulen schmückten die Front der Kastenmöbel.

Während sich die für ein Cottage entworfenen Möbel im Elisabethanischen Stil besonders bei Häusern in ländlichen Gegenden großer Beliebtheit erfreuten, waren die künstlerisch anspruchsvollen städtischen Wohnungen um die Mitte des Jahrhunderts im kunstvollen und kurvenreichen Neurokoko eingerichtet. Das Rokoko wurde in den Vereinigten Staaten viel auffäliger als in anderen Ländern nachgeahmt. Damals verwendete man für diesen Stil die Bezeichnung »antikes« oder »modernes Französisch«. Charakteristisch für diesen Stil waren vor allem die Cabriole-legs, die Umrisse mit unterschiedlich angeordnetem Roll- und Schweifwerk verbanden, sowie die reichen naturalistischen Schnitzereien, bei denen verschiedene Blumen und Blattwerk mit menschlichen Figuren, Vögeln und Obst kombiniert wurden.

Die Polstermöbel mit Knopfheftung und Sprungfedern wurden weitgehend im Stil des Rokokos gefertigt, und die Stühle mit runder Lehne, die dreisitzigen Sofas (»Sociables«), die Causeusen (»Tête-à-têtes«) und die Love-seats erfreuten sich großer Beliebtheit. Die Polsterung war oft extrem aufwendig und mit phantasievollen und farbigen Verzierungen versehen. Schmale, mit Kordeln oder Einfassungen besetzte Borten aus gerafften Stoffen waren bei Stühlen und Sofas weit verbreitet. Für die kostbarsten Sitzmöbel wurden französisch gemusterte Seiden- und Samtstoffe verwendet, die bei den preiswerteren Möbelstücken durch Baumwolle ersetzt wurde. Stickereien waren bei den Stühlen im Elisabethanischen Stil populär. Bedrucktes Baumwoll-Chintz und Cretonne wurden für die befestigte Pol-

1830-1865 GÄNGIGE STILE

Die schlichten, furnierten Möbel im spätklassizistischen Stil mit Säulen und Rollwerk, die Ende der zwanziger Jahre des 19. Jahrhunderts aufkamen, waren auch noch nach den fünfziger Jahren des 19. Jahrhunderts in Mode. Das einflußreiche, von Andrew Jackson Downing (1815-52) herausgegebene Werk »The Architecture of Country Houses«, das zwischen 1850 und 1866 mehrmals aufgelegt wurde, zeigte eine große Auswahl an damals erhältlichen Möbeln, bei denen der klassizistische Stil den größten Anklang fand. Diese Popularität ist teilweise darauf zurückzuführen, daß sich diese Möbel maschinell herstellen ließen. Die für diesen Möbeltyp charakteristischen großen dünnen Platten aus gemasertem Furnier und die einfachen und doppelten Voluten konnten von Maschinen kostensparend geschnitten werden.

Um 1840 bestritten auch die anderen historisierenden Stilrichtungen, insbesondere das Rokoko, aber auch die Gotik und der Elisabethanische Stil die Vorherrschaft der Spätklassizismus an. Die Gotik, die man hauptsächlich in der Architektur einsetzte, scheint bei den bis zu diesem Zeitpunkt gefertigten Möbeln nicht besonders beliebt gewesen zu sein, obwohl Entwürfe für diesen Möbeltyp in Robert Conners »Cabinet Maker's Assistant« (1842) veröffentlicht wurden. Zwischen 1830 und 1860 waren in begrenztem Umfang auch Möbel im Elisabethanischen Stil populär. Wie viele zeitgenössische englische Möbel wiesen diese Möbel Stilelemente aus dem 15., 16. und 17. Jahrhundert auf und knüpften vor allem an den Möbelstil aus der Zeit Charles I. und Charles II. (1600-1685) an. Auffallend waren besonders die komplizierten, gewundenen und gedrechselten Details an Tischen, Stühlen und Kabinettschränken, auch der

sterung sowie die losen Überzüge verwendet.

Die Möbel im Stil des Rokokos wurden in allen Landesteilen von bekannten Herstellern, wie Joseph Meeks & Sons und Leon Marcotte (Schaffenszeit 1848-80) in New York, John Jelliff (1813-90) in Newark, Daniel Pabst in Philadelphia, S. S. Johns in Cincinnati und Prudent Mallard in New Orleans, in Serienfertigung hergestellt. Einer der bekanntesten Hersteller von Möbeln im Rokoko-Stil war der in Deutschland geborene, später in New York ansässige John Henry Belter (1804-63). Er ließ sich seine Technik für das Biegen von Schichtholz unter Dampf und das Formen von Schichtholz, das anschließend mit Schnitzwerk versehen werden konnte, patentieren. Belter hat bekanntlich ab 1844 in New York gearbeitet. Er wurde bald einer der begehrtesten Kunstschreiner der Stadt und produzierte Möbel herausragender Qualität in einer Vielzahl der vorherrschenden Stilrichtungen.

Um 1865-1900 gängigen Stile

Das Rokoko blieb bis ca. 1860 in Mode und wurde dann von einer Vielzahl von anderen Stilrichtungen verdrängt. Am längsten – Mitte der sechziger Jahre bis Ende des 19. Jahrhunderts – hielt sich das neubelebte Louis-seize. Am auffälligsten waren bei diesem Stil die Vierkant-Spitzfüße und die kannelierten Beine, die ovalen und quadratischen Stuhl-Rückenlehnen, gerade Armlehnen und geradlinige Umrisse bei Tischen und Kabinettschränken. Obwohl dieser viele Elemente des ursprünglichen Stil Louis-seize aufwies, waren die meisten Möbel dennoch wuchtiger und gedrungener als in der Vergangenheit. Anstatt die Möbel zu bemalen oder zu vergolden, wurde das jetzt verwendete polierte Mahagoni oder die dunkel gebeizten Hölzer mit Gravuren und Dekors, aufgelockert durch Vergoldung, geschmückt. Or-moulu-Beschläge, Rundstäbe aus Metall, Porzellan- oder Bronzeplaketten und Perlmutteinlagen, sowie Ebenholz und andere Holzarten waren für diese vornehmen und oft substantiellen Möbel charakteristisch.

HAUS VON COL. ROBERT J. MILLIGAN, SARATOGA SPRINGS, NEW YORK, 1853 *(OBEN)*
Die Möbel im Stil des Rokokos, die Sitzmöbel mit tiefer Knopfpolsterung, die kunstvollen Übervorhänge und der Teppich mit reichen floralen Mustern vermitteln opulente Bequemlichkeit.

BETT, ROSENHOLZ, JOHN HENRY BELTER, um 1855 *(RECHTS)*
Belter arbeitete nach seinem Patent für Schichtholz, um für seine raffinierten Rokoko- und naturalistische Schnitzereien robustes Grundmaterial zu haben.

KABINETT. DUNKEL GEBEIZT, FURNIERT. NEW YORK, um 1865 *(LINKS)*
Porzellan- und Marmoreinlegearbeiten bilden das eklektisch gräzisierende und klassizistische Dekor.

KABINETT. ROSENHOLZ, MAHAGONI, um 1870 *(RECHTS)*
Kabinett im robusteren Renaissance-Stil mit Einlegearbeiten aus Palisander, Tulpen- und Ebenholz.

Die Popularität der französischen Möbelkunst wurde durch die große Anzahl von den in den Vereinigten Staaten arbeitenden Kunstschreinern französischer Herkunft noch verstärkt. Das Louis-seize wurde zumeist von all denen übernommen, die in der Vergangenheit das Rokoko bevorzugt hatten. Dazu gehören Henkels in Philadelphia, Marcotte in New York und John Jelliff in Newark.

In den sechziger Jahren und Anfang der siebziger Jahre des 19. Jahrhunderts übernahmen besonders die Hersteller im Mittleren Westen, wie Berkey & Gay Co. aus Grand Rapids, begeistert die Renaissance-Motive nach Vorbildern französischer Rahmenkonstruktionen. In diesem Stil wurden mehrteilige Garnituren, die aus plumpen, aber äußerst ausdrucksstarken Teilen bestanden, in Serie gefertigt. Die wuchtigen, im allgemeinen rechteckigen Kastenmöbel ruhten auf einem massiven Sockel und hatten großflächige Füllungen, die meist mit einer aus astreichen Nußbäumen geschnittenen Furnierung versehen und in die schlichte, in hellen Farben gehaltene Rahmenkonstruktion eingepaßt waren. Riesige Säulen, durchbrochene Giebel, kleine Borde mit Volutenstützen, Urnen, gedrechselte Eichelornamente, Prägungen und Medaillons wurden unterschiedslos nebeneinander gruppiert. Bei den Stühlen wurden wuchtige trichterförmig auslaufende Beine eingeführt. Die Möbel im Stil der Neurenaissance spielten auf der »Centennial Exhibition« 1876 in Philadelphia eine herausragende Rolle.

Diese Ausstellung, die an das hundertjährige Jubiläum der Unterzeichnung der Unabhängigkeitserklärung erinnern sollte, war Anreiz für noch mehr Liebhaber, Antiquitäten zu sammeln, oder veranlaßte diejenigen, die sich Originalstücke nicht leisten konnten, Nachbildungen der Möbel im frühen amerikanischen Kolonialstil zu sammeln. Das allgemeine Bewußtsein für und das Interesse an Antiquitäten und das Sammeln von Antiquitäten wurde durch Reisen nach Europa angeregt. Im Jahre 1884 hieß es im »Journal of Cabinet Making and Upholstery«, daß »die Herstellung von Antiquitäten eine moderne Industrie geworden ist«.

Die siebziger Jahre des 19. Jahrhunderts sahen auch ein Interesse an modernen gotischen Möbeln, das durch die in Boston veröffentlichten Werke »Hints on Household Taste« (1872) von Eastlake und »Gothic Forms Applied to Furniture« (1873) von Talbert noch gefördert wurde. Dieser im Grunde reformerische gotische Stil hat nie großen Anklang gefunden und ist durch die gerade Linienführung, die abgeschrägten Ecken an den Stützen, die gravierten gotischen Dekors, die großen Metallscharniere, die Gesimse mit einer begrenzten Anzahl von Schnitzereien nach Vorbildern gotischer Architektur und die schwer getäfelten, häufig aus gekerbten Brettern gefertigten Türen gekennzeichnet. Obwohl Eastlake in seinem Buch die einfachen, sparsam dekorierten, funktionellen Möbel befürwortete, verband man diesen Stil eher mit den ebenholzfarbig gebeizten »Kunstmöbeln«, die seit kurzer Zeit in England Mode waren. Es ist eine Ironie des Schicksals, daß sein Name rasch mit den in Serie gefertigten Möbeln in Verbindung gebracht wurde, die er selbst so verachtete. Charakteristisch für den »Eastlake-Stil« waren die ebenholzfarbig gebeizten Möbel mit flachen eingeschnittenen Linien und geometrischen Dekors, mit gedrechselten Stützen und Balustergittern.

Die besseren Hersteller waren von den »anglo-japanischen« Möbeln von E. W. Godwin mehr angetan als von den »Kunstmöbeln«, die auf der »Centennial Exhibition« gezeigt wurden. Die Firma Horner fertigte eine große Anzahl von Möbeln im Japanischen Stil an, von denen einige mit Perlmutt intarsiert und aus importierten japanischen Materialien gefertigt waren.

STUHL. BUCHE, BAMBUS IM JAPANSTIL, um 1880

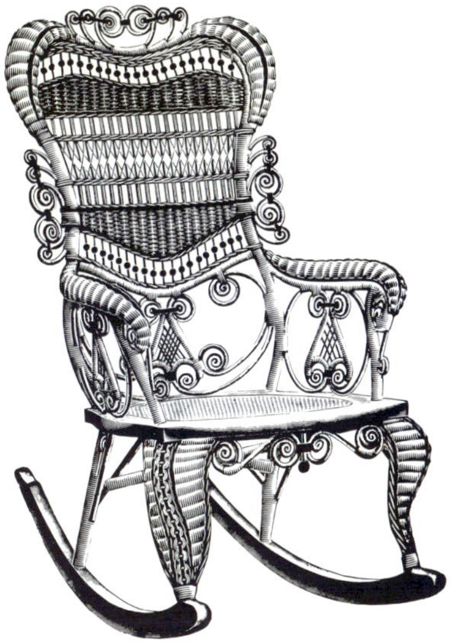

SCHAUKELSTUHL. KORBGEFLECHT. AUS EINEM KATALOG. 60er JAHRE DES 19. JH.

STUHL. GUSSEISEN. VERSTELLBARE, RÜCKENLEHNE MIT FEDER. 1850

Kunstvolle, bandförmige Ornamente mit unterbrochenen, gitterartig angeordneten Linien waren besonders bei Stühlen, Tischen und Kabinettschränken beliebt. Wie in England wurden auch eine Reihe von Bambusmöbeln entworfen. Der Bambus wurde meist durch Vogelaugen-Ahorn und durch gedrechselte ringförmige Beschläge, die die Knoten des Bambusrohrs darstellten, imitiert.

Auch exotische Interieurs im maurischen Stil waren insbesondere in geräumigen und wohlhabenden Häusern groß in Mode. Typisch waren für sie in erster Linie die aufwendigen Textilien und Polsterungen aus dem Nahen Osten. Diwane und »türkische Ecken«, in denen zahllose Kissen aufgetürmt wurden und die teilweise durch die von einem Baldachin herabfallenden Vorhänge umgeben waren, standen Seite an Seite mit importierten Erzeugnissen aus Messing, eingetopften Palmen sowie kleinen Tischen und Wandschirmen, die mit Perlmutt intarsiert waren. Die »türkischen« Stühle mit einem Metall-Rahmengestell, das vollständig von der tiefen Polsterung und den langen Fransen überdeckt wurde, waren ebenfalls sehr beliebt. In der Folgezeit wurde dieser Rahmentyp auch für andere Polstermöbel verwendet.

NEUE MATERIALIEN

Während des gesamten Jahrhunderts experimentierten die amerikanischen Hersteller mit neuen Materialien. Stil und Ausführung einiger Möbelstücke waren sehr eng an die entsprechenden englischen Modelle angelehnt. Deutlich wurde dies insbesondere bei den aus Papiermâché hergestellten Möbeln, obwohl dieses Material nicht so populär wie in England und Frankreich war. Gußeiserne Möbel, die vor allem im Freien stehen sollten, waren kunstvoller gearbeitet und mit phantasievollen Arrangements aus Obst, Blumen und Blattwerk verziert.

An der Ostküste waren ab ca. 1850 (ein wenig früher als in anderen Gebieten) Garten- und Verandamöbel aus Rohrgeflecht und importiertem Rattan populär. Diese besonders kunstvollen Möbel besaßen kurvenreiche Umrisse und waren mit Füllungen versehen, die mit durchbrochenen voluten- und gitterartigen Mustern verziert wurden. Die meisten Korbstühle hatten einen Innenrahmen aus Holz, das durch das Korbgeflecht verborgen wurde.

MECHANISCHE MÖBEL

Die Erfindung der verschiedenen »Patent-« oder mechanischen Möbel fällt besonders ins Auge. Grund für die Entwicklung dieses Möbeltyps war unter anderem die gestiegene Nachfrage nach platzsparenden Möbeln für die kleinen Apartments und auch für die Eisenbahnschlafwagen. 1857 wurden die ersten Schlafwagen eingeführt, und daher wurden verschiedene Arten von Sitzgelegenheiten, die in Betten verwandelt werden konnten, entwickelt.

Eine Vielzahl von Bettsofas und Betten, die in Schränke umgewandelt werden konnten oder tagsüber als Pianos im Zimmer standen, wurden für den Hausgebrauch erfunden. Besonderes Interesse zeigte man an verstellbaren Stühlen verschiedener Art mit komplizierten Mechanismen von Hebeln, Ratschen und Federn. Viele dieser Stühle standen auf einem gußeisernen Untergestell. Ein gefederter Drehstuhl, bei dem der darauf Sitzende die Neigung der Rückenlehne durch einfachen Druck verändern konnte, wurde in der Mitte des Jahrhunderts erfunden. Er war der Prototyp für den verstellbaren Stuhl der Schreibkraft.

KUNSTHANDWERK UND DESIGN

Der Möbelbau des 19. Jahrhunderts war durch einen historisierenden Stilpluralismus, ein Zurückblicken auf vergangene Zeiten, geprägt. Stile, Formen und Materialien wiederholten hauptsächlich die des Elisabethanischen Stils, des Rokokos und der Stile früherer Epochen. Man vermied Neuerungen, obwohl die Hersteller zunehmend neue Serienfertigungsmethoden anwandten.

Viele Kunstschreiner und deren Kundschaft hielten zwar an der Vergangenheit fest, aber ab Mitte des 19. Jahrhunderts tauchte in ganz Europa und Nordamerika eine Vielfalt an fortschrittlichen, ungewöhnlichen und (leider) kostspieligen Möbeln auf. Einige Kunsthandwerker knüpften zwar zugegebenermaßen an traditionelle Stile an, formulierten sie aber in einzigartiger Weise neu. Andere Entwerfer, die mit den verschiedensten Materialien arbeiteten, also nicht nur Kunstschreiner waren, gingen mutig neue Wege, sahen gegen Ende des 19. Jahrhunderts entschlossen der Zukunft entgegen und formten so die Moderne. Unter diesen innovativen Möbelschöpfungen befanden sich von Hand gearbeitete und manuell fertigbearbeitete Möbeltypen im Stil vergangener Zeiten und schöne Möbelstücke mit exotischen Untertönen. Ab 1880 wurden Möbel in ungewöhlichen Stilen, darunter im Jugendstil und den geometrischen Formen des Sezessionsstils, entworfen.

Das 19. Jahrhundert war auch Zeuge des Aufstiegs der Architekten und Kunsthandwerker als Möbelgestalter. Beide trugen als Möbelhersteller dazu bei, daß der Begriff Möbel und sein Verhältnis zu seiner Umwelt und seinen Benutzern eine weiter gefaßte Bedeutung erhielt. Ähnlich den Ebenisten und Menuisiers, die im Frankreich des 18. Jahrnunderts die Ebenisten und Menuisiers hohe künstlerische Wertschätzung genossen, wurden zahlreiche vielseitig talentierte Möbelentwerfer im 19. Jahrhundert in Europa und in Nordamerika in die Reihen der Künstler, Architekten, und anderer den Zeitgeschmack formenden Menschen aufgenommen. Sie trugen dazu bei, einen Stil zu prägen, sei es die Neugotik, die Arts and Crafts-Bewegung, die Glasgow School of Art oder die Wiener Sezession.

TREPPENHAUS DER MAISON HORTA, BRÜSSEL. VICTOR HORTA, begonnen 1898

Horta verwendete sehr häufig die stark geschwungene Linie, wie man an den Holz- und Metallarbeiten in seinem eigenen Haus, heute »Musée Horta«, deutlich sehen kann.

ENGLAND

Pugin und die Neugotik

Der Architekt Augustus Welby Northmore Pugin (1812-52) unternahm als Erster den Versuch, Stil und Herstellung der englischen Möbel zu reformieren. Alle drei vorherrschenden Stile, das Rokoko, der Elisabethanische Stil und ein Naturalismus nach dem Motto »Zurück zur Natur«, ließen der Gestaltung von grobschlächtigen, geschnitzten Ornamenten weiten Spielraum. 1835 veröffentlichte Pugin sein erstes Buch, »Gothic Furniture in the Style of the 15th Century«. Darin waren die Möbel abgebildet, die er während seines restlichen kurzen Lebens entwerfen wollte. Er wurde geisteskrank und starb schon mit 40 Jahren. Viele seiner Möbel waren mit Schnitzereien verziert. Damit diese Ornamente fachgerecht ausgeführt wurden, beaufsichtigte Pugin seine Handwerker sehr streng. Außerdem durfte die Schnitzerei niemals die im Entwurf deutlich dargestellte Struktur des Möbels verdecken. Manchmal wurde die Möbelstruktur sogar noch betont. Ein heraussstehender Zapfen wurde beispielsweise von einem sichtbaren Stift gehalten. Das Holz der Eiche, das seit der Restauration außer von Tischlern aus ländlichen Gegenden kaum für Möbel benutzt worden war, wurde von den Kunsttischlern der Arts-and-Crafts-Bewegung wieder gern verwendet. Die Reformierer der Neugotik polierten ihr Holz leicht bräunlich-gelb und nicht mehr dunkelbraun, da diese Farbe an die Möbel aus dem Mittelalter und im Jakobäischen Stil erinnerte.

Nach dem Tode Pugins 1852 fertigten seine Handwerker drei Jahrzehnte lang Möbel nach seinen Entwürfen, wurden jedoch oft seinen hohen Ansprüchen an handwerkliches Können nicht gerecht. Andere Unternehmen plagiierten seine Arbeiten und fertigten unter der Bezeichnung »gotische« Möbel genau das, was Pugin als »üblen Schund« bezeichnet hatte und gerne ausgemerzt hätte. Einige Architekten ließen sich jedoch von seinen beispielhaften mittelalterlichen Möbelentwürfen inspirieren, die nicht nur wegen ihrer Konstruktionsweise, sondern auch wegen ihrer Verzierungen bemerkenswert waren. Zwei davon, George Edmund Street (1824-81) und John Pollard Seddon (1827-1906) hatten Verbindungen zu führenden Kunstschreinereien. Streets erste Frau war eine enge Freundin von Jessie Holland, der Tochter des Direktors der berühmten Firma Holland & Sons. Zwei Jahre nach dem Tod seiner ersten Frau heiratete Street Jessie. Seddon war der Sohn von Thomas Seddon, einem weiteren angesehenen Londoner Kunstschreiner. Die Architekten Street und Seddon entwarfen die Möbel für die Gebäude, die sie gebaut hatten, und bedienten sich beide des von Pugins Arbeiten inspirierten neugotischen Stils. Die Struktur ihrer Möbel war immer deutlich zu sehen. Beide nutzten ihre familiären Beziehungen zu erstklassigen Kunstschreinern, um ein hohes Niveau an Kunstfertigkeit bei der Herstellung ihrer Möbel zu gewährleisten. Den Hintergrund ihrer Arbeiten bildeten das Schaffen Pugins und die Theorien von John Ruskin (1819-1900). Ruskin hatte in seinen Werken »Seven Lamps of Architecture« (1849) und »Stones of Venice« (1851-53) nicht nur die Formschönheit des gotischen Stils begründet, sondern auch die Bedeutung der konstruktiven Ehrlichkeit und der grundlegenden Materialgerechtigkeit hervorgehoben.

Der »Medieval Court«

Einige dieser in gotischem Stil gehalten reformierten Möbel stellten verschiedene Entwerfer, darunter auch Seddon, auf dem »Medieval Court« der »International Exhibition« 1862 in South Kensington aus.

Einige der auf dem »Medieval Court« gezeigten Möbelstücke waren aufwendig dekoriert. Von Seddon selbst war ein mit Marketerie verzierter Zylinderbureau aus Eichenholz und ein Kabinett, das von Präraffaeliten mit Szenen aus König Renés Flitterwochen bemalt worden war, zu sehen. Weiterhin war ein großer Bücherschrank, der von dem Architekten Richard Norman Shaw (1831-1912) entworfen und von James Forsyth mit Schnitzwerk und Bemalung versehen war, ausgestellt. Der Architekt und Antiquitätensammler William Burges (1827-81), der mit der Organisation des »Medieval Court« betraut worden war, zeigte einige Möbelstücke, die mit figurativen, von angesehenen Künstlern gestalteten Themen aufwendig bemalt waren. Die Bemalung von Möbeln war ein Stilelement, das von den im 13. Jahrhundert in Noyon und Bayeux gefertigten französischen Schränken und teilweise wahrscheinlich von den Cassoni der Renaissance übernommen wurde. Die Entwerfer, die im »Medieval Court« ausstellten, wiederholten ein weiteres Merkmal der frühen französischen Möbel: die weitgehende Verwendung von Metallarbeiten, insbesondere für die Schubladen- und Türgriffe und die länglichen Scharniere. Die letzteren waren oft aus Schmiedeeisen oder Stahl hergestellt und bis weit in das 20. Jahrhundert fast ein Markenzeichen der Schränke und Kabinette der Arts-and-Crafts-Bewegung. Diese Metallbeschläge waren konstruktionstechnisch manchmal überflüssig, wenn sie beispielsweise an Schranktüren angebracht waren, die nicht aus schmalen Latten, sondern aus Brettern bestanden.

Der Nachteil der von talentierten Malern und Bildhauern verzierten Möbel war ihr hoher Preis, und deshalb beschritt die Reformbewegung bald andere Wege. Kommerzielle Kunstschreiner griffen diese Idee jedoch auf, die in ihren Händen allerdings verwässert wurde. Das Bemalen von Holzpaneelen wurde von mittellosen Künstlern rein kommerziell betrieben. Bemalung als Möbeldekoration wurde erst wieder von den Designern der Arts-and-Crafts-Bewegung gegen Ende des Jahrhunderts verwendet, und dann auch nur sporadisch. Gut fünfzig Jahre nach dem von Burges geleiteten »Medieval Court« boten die 1913 von Roger Fry (1866-1934) gegründeten »Omega Workshops« Möbel an, die von führenden Avantgardisten bemalt worden waren.

Der bekannteste Aussteller auf dem »Medieval Court« von 1862 war die Firma Morris, Marshall, Faulkner & Co., die kurz danach in Morris & Co. umbenannt wurde. Diese Firma zeigte Möbelentwürfe des Architekten Philip Webb (1831-1915), der wie Shaw und William Morris (1834-96) selbst in Streets Büro gearbeitet hatte. Für Morris'

KABINETT. EICHE. JOHN POLLARD SEDDON, um 1862 *(OBEN)*
Dieses Kabinett, das auf der »International Exhibition« 1862 in London ausgestellt war, ist mit Paneelen dekoriert, die König Renés Flitterwochen darstellen, und von den Präraffaeliten Dante Gabriel Rosetti, Edward Burne-Jones und Ford Madox Brown bemalt wurden.

TISCH UND STÜHLE. EICHE. A. W. N. PUGIN, um 1850 *(OBEN RECHTS)*
Dieser Raum im »Palace of Westminster« zeigt Pugins neugotischen Stil. Die Struktur der Möbel ist klar und die geschnitzte Ornamentik zurückhaltend.

BETT, KABINETT UND WASCHTISCH. MAHAGONI. WILLIAM BURGES, 1862-1867 *(RECHTS)*
Die Möbel weisen trotz der kunstvollen Bemalung, Schnitzerei und des schablonenartigen Dekors dennoch eine architektonische Stärke und Einfachheit auf.

GESCHIRRSCHRANK. EICHE. PHILIP WEBB, um 1860 *(LINKS)*
Dieses einfache, funktionale Möbelstück wurde für das Red House, das Heim von William Morris in Bexleyheath, Kent, angefertigt. Charakteristisch für die Möbel der Arts-and-Crafts-Bewegung waren die kunstvollen Metallbeschläge.

STÜHLE MIT GEFLOCHTENEM SITZ. MORRIS & CO., Ende 19. Jahrhundert *(UNTEN)*
Unter den Stühlen auf der rechten Seite (aus einem Katalog von Morris & Co.) sind Exemplare, die von Dante Gabriel Rosetti (oben links) und Ford Madox Brown (unten links und rechts) entworfen wurden.

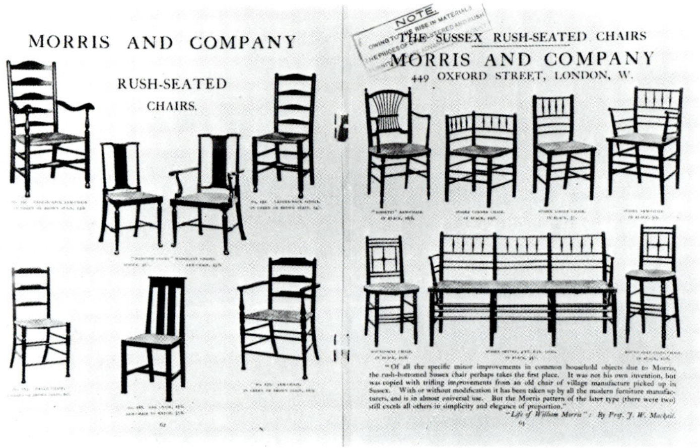

Haus, das »Red House« in Bexleyheath, Kent, hatte Webb einige Möbelstücke mit Bemalungen von Dante Gabriel Rosetti (1828-82), Burne-Jones und anderen entworfen. Webb entwickelte ein unverwechselbares Möbeldesign, das zuerst vom gotischen Stil und später von einer Vielzahl von Quellen, einschließlich des Queen-Anne- und des Japanischen Stils, beeinflußt war. Aber er ließ sich nie von der Möbelmode versklaven. Bemerkenswert an seinen Entwürfen ist die Ausgeglichenheit und Lebhaftigkeit durch eine eigenwillige Anordnung von Strukturelementen und sensible Verwendung von Winkeln und Kurven. Durch seine beispielhafte Konzentration auf Fertigungsdetails leistete Webb einen weiteren Beitrag zur Arts-and-Crafts-Bewegung.

RUSTIKALE MÖBEL

Morris & Co. gaben der Reform des Möbeldesigns und der Möbeldekoration eine neue Dimension. William Morris und seine Mitarbeiter erkundeten die Formen und Techniken der traditionellen rustikalen Möbel. Sie waren nicht nur von der minderwertigen Qualität der zeitgenössischen Möbel, sondern auch vom Niedergang der althergebrachten Handwerkskunst erschreckt.

J.W. Mackail schrieb in seinem Buch »Life of William Morris« (1899): »Vielleicht nimmt der Stuhl mit geflochtenem Sitz, der auf eine in Sussex gefundene Form zurückgeht, den ersten Platz unter den kleinen Verbesserungen an alltäglichen Gebrauchsgegenständen ein.« Morris & Co. fertigten verschiedene Ausführungen dieses traditionellen rustikalen Stuhls an. Ford Madox Brown (1821-93) und Rosetti entwarfen Spielarten davon, und die Grundform wurde als Armlehnstuhl, Eckstuhl und Settee (Sitzbank) produziert. Obwohl der »Sussex«-Stuhl ein bewußter Ausflug in das zeitgenössische Möbeldesign war, wurde er gewöhnlich ebenholzfarbig gebeizt verkauft. Man wollte wohl dem Stuhl leichten Zugang zu den Londoner Wohnzimmern verschaffen, wo die »Kunstmöbel« im Stil des Ästhetizismus ähnlich gebeizt waren. Anderenfalls hätten die Stühle wohl ein schlichteres Aussehen gehabt, das eher in ein Wohnzimmer eines Cottage passen würde.

Nicht nur der ebenholzfarbig gebeizte »Sussex«-Stuhl zeigte eine Art Widerspruch innerhalb eines einzigen Möbelstücks, auch die verschiedenen Möbeltypen von Morris & Co. hatten einen zwiespältigen Charakter. Morris stellte den Unterschied zwischen »notwendigen Möbeln für den Werktag« und »repräsentativen Möbeln« in »The Lesser Arts of Life« (1882) heraus. Repräsentativ waren für ihn »Sideboards, Kabinette und ähnliche Möbel, die wir nicht nur wegen ihrer Schönheit, sondern auch wegen ihres Nutzens besitzen«. Solche Möbelstükke, sagte er, könnten »durch Schnitzerei, Intarsien und Bemalung so elegant und kunstvoll wie nur möglich« ausgestattet werden. Hier zeigt sich der springende Punkt des Problems, mit dem die Wiedererwecker der Kunstschreinerei konfrontiert waren. Nur ein sehr begrenzter Kundenkreis konnte diese Vorgänge begreifen und die künstlerischen Absichten der Reformbewegung anerkennen. Viele wichtige Mäzene der Arts-and-Crafts-Bewegung waren wohlhabende Landbesitzer, Bankiers, Kaufleute und Industrielle. Sie verstanden die der Reformbewegung zugrundeliegenden ästhetischen Ideen, mußten aber nicht unbedingt den ethischen Gesichtspunkten zustimmen.

Reich verzierte Möbel

Neben den Stühlen, die durch Vorbilder im rustikalen Stil beeinflußt waren, und der von Ford Madox Brown entworfenen Schlafzimmereinrichtung aus gebeizter Eiche begannen Morris & Co., sehr reich verzierte Möbelstücke herzustellen. Zwei Faktoren beschleunigten diese Entwicklung. Erstens kaufte die Firma 1887 von Holland & Sons eine Werkstatt in Pimlico, London, in der die nötigen Einrichtungen und das erforderliche Personal zur Verfügung standen. Zweitens wurde gleichzeitig George Jack (1855-1932) zum Chefdesigner ernannt. Der auf Long Island, New York, geborene Jack hatte in Glasgow und London schon für Architekten gearbeitet, bevor ihn Philip Webb zum Mitarbeiter machte. Er besaß nicht nur ein beachtliches gestalterisches Geschick, sondern war auch ein perfekter Kunsthandwerker mit einem herausragendem Talent für Holzschnitzereien. Viele seiner für Morris & Co. entworfenen Möbelstücke waren mit Schnitzereien oder Marketerie, oft mit beidem, geschmückt.

Der gleiche Widerspruch, der sich in den Möbeln von Morris & Co. widerspiegelt, zeigt sich in den Arbeiten von Arthur Heygate Mackmurdo (1851-1942), einem Architekt, der 1882 die »Century Guild« ins Leben rief. Einerseits entwarf er ein Schreibpult aus Eiche mit strengen, geradlinigen Formen, das wahrscheinlich ein Gelegenheitsarbeiten verrichtender Tischler für ihn baute, und andererseits schuf er, als die »Century Guild« 1886 beauftragt wurde, für den wohlhabenden Brauer Henry Boddington die Pownhall Hall in Cheshire einzurichten und zu dekorieren, wesentlich aufwendigere Möbel, die von E. Goodall & Co., einer Kunstschreinerei in Manchester, gefertigt wurden.

Oft wurden für die prächtigeren Möbel der Arts-and-Crafts-Bewegung kostbare Hölzer verwendet. Die bei Morris & Co. nach Entwürfen von Jack entworfenen Möbel waren oft aus Mahagoni oder auch aus Nußbaumholz, wenn sie mit Schnitzwerk dekoriert waren. Für die einflußreicheren Kunden der »Century Guild« wurden die Möbel gewöhnlich aus Mahagoni oder Satinholz gefertigt. Das Satinholz wurde in der zweiten Hälfte des 19. Jahrhunderts aus Südostasien importiert und war deutlich anders gemasert als die entsprechenden westlichen Hölzer.

Handwerker als Designer

Einige Architekten unternahmen den Versuch, mit dem Kunstschreiner eng zusammenzuarbeiten, wenn nicht gar selbst die handwerklichen Fertigkeiten zu erlernen. Ernest Gimson (1864-1919), ein junger Architekt, der in einem Büro in der Oxford Street neben dem Ausstellungsraum von Morris & Co. arbeitete, hielt sich 1888 in dem Dorf Bosbury in Herefordshire auf, um mit Philip Clisset zusammenzuarbeiten. Clisset stellte seine Stühle mit geflochtenem Sitz und einer Rückenlehne mit Querstreben immer mit einer Drechslerwippe her. Zwei Jahre später gründeten Gimson, W.R. Lethaby (1857-1931), die Brüder Edward (1836-1926) und Sidney (1865-1926) Barnsley und zwei andere Architekten die Firma Kenton & Co., um ihre Möbelentwürfe zu fertigen. Sie mieteten ihre eigene Werkstatt und stellten mehrere Handwerker ein. Leider fehlten für das Projekt die nötigen Geldmittel, so daß sie schon nach einem Jahr eingestellt werden mußte. Den-

SCHREIBKABINETT MIT SOCKELGESTELL. MORRIS & CO., 1893 *(OBEN)*
Dieses von George Jack entworfene Stück ist ein Beispiel für die luxuriöseren Möbel, die von Morris & Co. hergestellt wurden. Die intarsierte Dekoration und die Form der Querverstrebung geben ihm ein traditionelles Aussehen.

KABINETT. MAHAGONI. KENTON & CO., um 1891 *(UNTEN)*
A. H. Mason, ein bei der Architektengruppe Kenton & Co. beschäftigter talentierten Kunstschreiner, fertigte dieses Kabinett nach einem Entwurf von Ernest Gimson.

noch stellte die Firma in dieser kurzen Zeit Möbel her, die deutlich den Vorteil einer engen Zusammenarbeit zwischen Entwerfer und Kunsthandwerker zeigen. Die Materialien und das handwerkliches Können sollten Form und Dekoration eines Möbels bestimmen. Die Rolle des Entwerfers beschränkte sich auf die Erarbeitung des Konzepts und den Stil.

1893 verließen Gimson und die Brüder Barnsley London, ließen sich in den Cotswold Hills in Ewen, Gloucestershire, nieder und eröffneten dort ihre eigenen Werkstätten. Später zogen sie nach Sapperton, ebenfalls in Gloucestershire. Dort wurden die von Gimson entworfenen Möbel von gelernten Tischlern hergestellt. Es wurden hauptsächlich Eiche, Nußbaum sowie schwarzes und braunes Ebenholz verwendet. Obwohl einige Möbelstücke ziemlich schlicht waren, waren viele andere mit teilweise kunstvollen Einlegearbeiten aus Stechpalme, verschiedenen Obsthölzern, Perlmutt und Silber versehen – ein weiteres Beispiel für das Nebeneinander von Luxus und Einfachheit im Stil der Arts-and-Crafts-Bewegung. Sidney Barnsley neigte von seiner Wesensart her eher zur Einfachheit. Er beherrschte die Tischlerei und wurde ein perfekter Kunstschreiner, der die von ihm entworfenen Möbel selbst baute. Seine meist in Eiche gearbeiteten Möbelstücke waren schlicht, teilweise leicht abgeschrägt. Dekoriert waren sie mit einfachen gekerbten Ornamenten und kleinen intarsierten Flächen. Die von seinem Bruder Edward entworfenen Möbel waren ähnlich, wurden jedoch von berufsmäßigen Tischlern angefertigt.

Innovative Designer

In den Arbeiten der Schule in den Cotswold Hills wurde den ästhetischen Ansprüchen an traditionelle Techniken und Materialien größerer Wert als dem Stil beigemessen. An anderen Orten in England wurden jedoch Möbel geschaffen, die hauptsächlich durch neuartiges, wenn nicht gar exzentrisches Design wirkten. Der Architekt Charles Francis Annesley Voysey (1857-1941) war für kurze Zeit Schüler von Mackmurdo gewesen, und manchmal läßt sich dessen Einfluß auf die Möbelentwürfe von Voysey erkennen, obwohl er ansonsten vollkommen neue Wege beschritt. Voysey kannte die optischen Eigenschaften des von ihm hauptsächlich verwendeten Eichenholzes sehr gut und stellte auch hohe Anforderungen an

Dielentisch. Mahagoni. Kenton & Co., um 1890 *(oben)*
Dieser intarsierte Tisch mit Messingfüßen wurde von W. R. Lethaby entworfen und für das von ihm gebaute Haus Avon Tyrrell gefertigt.

Skizze eines Kabinetts. Aquarell. C. R. Ashbee, 1906 *(oben rechts)*
Die Entwürfe von Ashbee wurden von den Kunsttischlern der »Guild of Handicraft« gefertigt.

Stuhl. Eiche. C. F. A. Voysey, um 1902 *(rechts)*
Das schlichte Design und die sich nach oben verjüngenden vertikalen Stützen sind charakteristisch für den Stil von Voysey. Er stellte bei seinen Möbelentwürfen immer höchste Ansprüche an perfekte handwerkliche Ausführung.

das handwerkliche Können. Gewöhnlich wählte er die Kunstschreiner, denen er seine Entwürfe anvertraute, sorgfältig aus. Charles Robert Ashbee (1863-1942), der 1888 seine »Guild and School of Handicraft« gründete, ließ die Entwürfe seiner Möbel von Kunsthandwerkern ausführen, die von Werkstätten im Londoner East End rekrutiert wurden. Der optische Eindruck seiner Arbeiten war jedoch weniger auf handwerkliches Geschick, sondern auf modische Dekoration und ausgeprägte manierierte Formen und Proportionen gegründet.

Der schottische Entwerfer George Walton (1867-1933) schuf Möbel, die teilweise fast als eine Karikatur der Prinzipien und Praktiken der Arts-and-Crafts-Bewegung angesehen werden können. Für die »Tea Rooms« in der Buchanan Street in Glasgow wandelte er einen traditionellen schottischen Stuhl mit geflochtenem Sitz in seinem Sinne ab. Dieser ähnelte aber nicht den von Morris & Co. oder Gimson hergestellten Stühlen mit der aus Längs- oder Querstreben gebildeten Rückenlehne. Der Entwurf von Walton war viel bizarrer. Die Armlehnen, die aus einer schmalen, soliden Rückenlehne herauswuchsen, hatten die Form eines weiten Bogens. Um die Jahrhundertwende entwarf Walton ein Schreibmöbel, mit dem er sich in einer pompösen Geste gegen die Zurückhaltung der Arts-and-Crafts-Bewegung aussprach. Die übertriebenen horizontalen Linien der Schreibplatte und der Fächer erinnern an Mackmurdos zwanzig Jahre zuvor geschaffene Schreibpult aus Eiche. Während das Schreibpult aber beispielhaft einfach und schlicht war, machte Walton aus seinem Schreibmöbel ein kunstvolles, fast aufwendiges Möbelstück.

Ein weiterer Designer aus Glasgow, der Architekt Charles Rennie Mackintosh (1868-1928), schuf einige der herausragensten Möbel der letzten hundert Jahre, hielt sich aber noch weniger als Walton an die Prinzipien der Arts-and-Crafts-Bewegung. Seine Möbel wurden gewöhnlich aus gebeiztem oder lackiertem Eichen- oder Nadelholz hergestellt. Weder das Material noch die Bauweise waren jedoch für die von ihnen ausgehende dramatische Wirkung verantwortlich. Dennoch werden Mackintoshs Wurzeln in der Tradition von Pugin und Morris in einigen seiner Arbeiten sehr deutlich. Ein Eßzimmerstuhl aus unbehandelter Eiche aus dem Jahr 1897 ist gefühlsmäßig an die zeitgenössischen Arbeiten von Voysey und die Schule in den Cotswold

STUHL UND SCHRÄNKE. EICHE BZW. NADELHOLZ. CHARLES RENNIE MACKINTOSH, 1903 *(UNTEN)*
Diese eingepaßten Schränke im Schlafzimmer des Hill House in Helensburgh sind mit eingelegtem farbigen Glas verziert. Dieser und die anderen Stühle waren ebenholzfarbig gebeizt und bildeten so einen starken Kontrast zu den anderen Möbeln des Raumes, die fast alle weiß lackiert waren.

STUHL. EICHE. M. H. BAILLIE SCOTT, um 1900 *(OBEN)*
Die Perlmutt-Einlegearbeiten in der Rückenlehne des Stuhls sind typisch für Baillie Scotts Dekorationsstil.

Hills angelehnt. Das durchbrochene Lehnenabschlußbrett des Stuhls bildet einen Griff, der geschickt als das nahezu einzige dekorative Detail dient. Einige Stühle von Mackintosh, deren Rückenlehne aus Längsstreben besteht, sind jedoch gleichartigen Möbelstücken von Gimson zum Verwechseln ähnlich. Dennoch sollten die Entwürfe von Mackintosh eher im Zusammenhang mit der Moderne als mit einem Wiederaufleben der Arts-and-Crafts-Bewegung gesehen werden. Die Möbelfabrik, die die Bemühungen und Ziele der Reformierer über die letzten sechzig Jahre hinweg am erfolreichsten vertreten hat, war Heal & Son. Die Werkstätten lagen ironischerweise in der Tottenham Court Road in London, dem Zentrum jener Möbelfabriken, die Pugin und Morris so verabscheut hatten. Heal & Son fertigten Eichenmöbel nach Entwürfen von Ambrose Heal in einem charakteristischen Stil, der Raffinement und Provinzialismus, meisterhaftes handwerkliches Geschick und solide Konstruktion miteinander verbanden. Kurz gesagt, das Unternehmen fertigte Möbel für den englischen Geschmack.

VEREINIGTE STAATEN VON AMERIKA

Anfang des 19. Jahrhunderts kamen französische Einwanderer nach Amerika, die, in der akademischen Tradition geschult, nun die führenden Möbelentwerfer und -stylisten wurden. Aus den ländlichen Gebieten Deutschlands und Österreichs kamen Tischler und Holzschnitzer, die zu den geschicktesten Kunsthandwerkern Europas gehörten. Englische Einwanderer brachten verschiedenartige handwerkliche oder geistige Errungenschaften mit. Von größter Bedeutung waren allerdings die fortschrittlichen künstlerischen Philosophien und die neuen Ideen von Pugin, Ruskin und Morris. Aus dieser Mischung entstanden gegen Ende des Jahrhunderts Möbel, die man im wesentlichen als nordamerikanisch bezeichnen kann.

In Amerika wurden Pugins Ideen dem Anschein nach von Andrew Jackson Downing (1815-52), einem Architekten und Landschaftsdesigner, zuerst umgesetzt. Er empfahl seinen Kunden Möbel im neugotischen Stil und bevorzugte vor allem die Arbeiten der New Yorker Kunstschreiner Burns & Trainque, deren Möbel nach seiner Einschätzung »den gotischen Stil in diesem Land am getreuesten nachahmen«. Er arbeitete manchmal mit Alexander Jackson Davis (1803-92) zusammen, der für Landhäuser, darunter auch Lyndhurst, ein um 1840 erbautes Wohnhaus am Hudson River, neugotische Möbel entwarf. Obwohl manche Möbelstücke, die im Umkreis von Downing entstanden, die Prinzipien Pugins, wie klar gestaltete Konstruktion und eher nüchterne Ornamente, aufwiesen, sollte man andere, eher »Gothick« als gotisch einzustufende Möbel dem ansonsten vorherrschenden Neurokoko zuordnen.

Downing hatte durch seinen Schüler Clarence Cook (1828-1900) vielleicht den größten Einfluß auf das nordamerikanische Möbeldesign. Cook war ein Absolvent der Harvard-Universität und arbeitete als einflußreicher Autor von Büchern und Artikeln über Architektur und Design in den Vereinigten Staaten.

Henry Lindley Fry (1807-95), ein englischer Holzschnitzer, der um 1850 in die Vereinigten Staaten emigrierte, stellte eine direktere und praktischere Verbindung zwischen Pugin und den nordamerikanischen Möbeln her. In England hatte Fry an der Dekoration des von Pugin entworfenen Parlamentsgebäudes und an einem Wandschirm in der von George Gilbert Scott (1811-78) gestalteten Westminster-Abtei gearbeitet. Er hatte sich umfangreiche Kenntnisse über gotische Ornamentik und Gestaltung durch die Ausstattung verschiedener Kirchen und Privathäuser in Cincinnati, Ohio, erworben. Dort ließ er sich auch 1851 mit seinem Sohn, William Henry Fry (1830-1929), ebenfalls ein Holzschnitzer, nieder. Gegen Ende der fünfziger Jahre des 19. Jahrhunderts arbeiteten die Frys an dem Haus von Joseph Longworth, einem erfolgreichen Kaufmann aus Cincinnati. 1868 erhielten sie von Longworth den Auftrag, ein Haus, das er für seine Tochter Maria (Gründerin der bekannten Töpferei »Rookwood Potteries«) und ihren Ehemann George Ward Nichols gebaut hatte, einzurichten. Viele jungen Damen aus Cincinnati wurden in das Haus der Nichols eingeladen, um die Arbeit der Frys zu begutachten. Ihre Begeisterung wurde noch durch Berichte über Schnitzkurse, einer neuen Modeerscheinung in England, angefacht. Es dauerte nicht lange, und die Frys wurden dazu überredet, Unterricht in diesem Handwerk zu geben.

DER EASTLAKE-STIL

1872 erschien die amerikanische Erstausgabe des von Charles Lock Eastlake (1836-1906) verfaßten Buchs »Hints on Household Taste«. Es vermittelte einen verständlich geschriebenen Überblick über die fortschrittlichen englischen Ansichten zu Interieurs und Dekorationen und machte den Leser auf die Vorzüge des neugotischen Stils aufmerksam: Ganz nach den Regeln Pugins sollten Möbel eine klar gestaltete und funktionsale Konstruktion aufweisen, und die Dekoration sollte weder die Gestaltung noch die Funktion beeinträchtigen. So wurden sehr viele Möbel im »Eastlake-Stil«, wie er in Nordamerika genannt wurde, hergestellt. Gefertigt wurden sie von den »Hobbyschnitzern« in Cincinnati und vielen anderen Städten. 1877 wurde von Candace Wheeler (1827-1923) in New York die »Society of Decorative Art« gegründet. Dort und an vielen ähnlichen Einrichtungen wurde die Holzschnitzerei gelehrt und gefördert.

Isaac Elwood Scott (1845-1920), der sich das Schnitzen selbst beigebracht hatte, baute für die Wohnung von J. J. Glessner in Chicago Möbel im »Eastlake-Stil«. Glessner, ein Hersteller von landwirtschaftlichen Maschinen, gab bei Scott weitere Möbel für die Büroräume seiner Firma in Chicago und für sein Sommerhaus in New Hampshire in Auftrag. Während Scott in den frühen achtziger Jahren des 19. Jahrhunderts mit dieser Arbeit beschäftigt war, unterrichtete er in Chicago an der »Society of Decorative Arts« Holzschnitzerei. Auch der Kunstschreiner Daniel Pabst (1827-1910) aus Philadelphia stellte Möbel im »Eastlake-Stil« her, einige davon nach Entwürfen des Architekten Frank Furness (1839-1912).

Diese Art von Möbeln wurde von der Firma Mitchell & Rammelsberg in Cincinnati und von der Firma A. Kimbel & J. Cabus in New York kommerziell hergestellt. Die letztere verfälschte diesen Stil jedoch beträchtlich.

Auf der »Centennial Exposition« 1876 in Philadelphia wurden viele Möbel im »Eastlake-Stil« vorgestellt. Bei den ausgestellten Möbeln konnte man jedoch schon Alternativen zum neugotischen Stil feststellen. Anläßlich der Feierlichkeiten zum hundertjährigen Jubiläum der Unterzeichnung der Unabhängigkeitserklärung gab es eine rekonstruierte Küche im Stil des späten 18. Jahrhunderts aus Neuengland zu sehen. Zu dieser Zeit hatten erst wenige Möbel, die man »ländlich« nennen könnte, Einzug in die Häuser der modebewußten Amerikaner gehalten. In England hatten schon ein Jahrzehnt zuvor die von Morris & Co. eingeführten »Sussex« -Stühle dazu beigetragen, daß eine Wende zur schlichten Einrichtung eintrat. Exemplare davon hatte die Firma Bumstead aus Boston, die Vertretung von Morris & Co., importiert, und Hersteller vor Ort hatten Nachahmungen hergestellt. Die Wiederbelebung des Kolonialstils ging weit über die Wiederentdeckung und Rekonstruktion von Stühlen und Tischen im Chippendale-Stil hinaus und bezog sich auch auf einfache rustikale Möbel, die in weiten Kreisen sehr bewundert wurden.

SCHRANK. KIRSCHHOLZ. HERTER BROTHERS, 1880-85 *(OBEN RECHTS)*
Die japanische Kunst lieferte einen der vielen exotischen Einflüsse, die die amerikanischen Möbelentwerfer der achtziger Jahre des 19. Jahrhunderts inspirierten. Die von Herter Brothers gefertigten Möbel waren immer von bester Qualität.

BÜCHERSCHRANK. NUSSHOLZ. ISAAC E. SCOTT, 1875 *(RECHTS)*
Dieser Bücherschrank knüpft im Stil an die neugotischen Möbel an, die in England seit Mitte des 19. Jahrhunderts gefertigt wurden.

Es gab noch andere Zeichen dafür, daß Entwerfer und ihre Kunden die Prinzipien des »Eastlake-Stils« als einen Hemmschuh empfanden. Eastlake selbst lehnte im Vorwort zu der im Jahre 1878 erschienen Ausgabe der »Household Hints« die Verantwortung für vieles, das in den Vereinigten Staaten unter seinem Namen »verbrochen« worden war, ab. Diese Ausgabe war außerdem mit einigen Beispielen des neu belebten Queen-Anne-Stils illustriert, der zu dieser Zeit in England schon weit verbreitet war. Cook zeigte in den Illustrationen zu »The House Beautiful« ebenfalls Möbel nicht nur im neugotischen Stil, sondern auch in anderen Stilen. Einige der abgebildeten Möbelstücke wiesen eine ausgeprägte Ähnlichkeit mit den »anglo-japanischen« Möbelentwürfen des englischen Architekten E. W. Godwin (1833-86) auf.

Für Cooks Buch wurden von dem Franzosen Alexandre Sandier (1843-1916), der während der siebziger Jahre des 19. Jahrhunderts für die New Yorker Kunstschreinerei Herter Brothers arbeitete, Bildtafeln mit Möbeln in einem der japanischen Kunst nachempfundenen Stil angefertigt. Herter Brothers hatten bereits gute Kritiken für ihre neugotischen Möbel erhalten. Die Firma war wegen ihres guten Designs und wegen des großen handwerklichen Geschicks sehr angesehen; diese Vorzüge kamen in ihren Möbeln im Japanischen Stil zum Ausdruck. Sie verwendeten meistens ebenholzfarbig gebeiztes Kirschbaumholz mit kunstvollen Marketerien aus japanisierten Blumen.

»Associated Artists« (1879-1883) und die verschiedenen anderen Firmen für Innenausstattung, die später von Louis Comfort Tiffany (1848-1933) gegründet wurden, stellten ebenso wie Herter Brothers Möbel für wohlhabende Klienten her. In den acht-

ESSZIMMERSTUHL. EICHE. HENRY HOBSON RICHARDSON, 1882 *(LINKS)*
Dieser Entwurf, der für die »Converse Memorial Library« in Malden gefertigt wurde, geht auf den traditionellen Windsor-Stuhl zurück.

ESSZIMMERSTUHL. EICHE. TIFFANY STUDIOS, um 1905 *(GANZ LINKS)*
Die natürliche Schönheit des Holzes und das handwerkliche Können des Tischlers sind in diesem Stück deutlich erkennbar. Die Polsterung aus gemustertem Samt ist für diese Zeit typisch.

ESSZIMMERSTUHL. EICHE. FRANK LLOYD WRIGHT, um 1905 *(RECHTS)*
Wright war im Grunde seines Herzens ein »Mann des Volkes«, und seine Möbel sollten maschinell gefertigt werden können. Deshalb enthielten seine Entwürfe nur einfache, geradlinige Teile.

ziger Jahren des 19. Jahrhunderts entwikkelte sich New York zu einer Stadt von internationalem Ansehen, und seine wohlhabendsten Bürger zählten zu den reichsten Menschen der Welt. Tiffany lieferte ihnen handwerklich hochwertige, in verschiedenen Materialien gearbeitete Möbel, die manchmal maurische, manchmal japanische Stilelemente aufwiesen, aber stets üppig und oft exotisch ausgeführt waren.

In einem Artikel, der 1880 in der Februar-/März-Ausgabe des »Lippincotts Magazine« unter der Überschrift »Decorative Art and its Dogmas« erschien, sprach sich Marianna Griswold Van Rensselaer gegen die strikten Prinzipien von Eastlake und Cook aus und plädierte dafür, die Stile der Vergangenheit mit etwas mehr Eklektizismus anzugehen. Im folgenden Jahr wurde ihr Werk »Henry Hobson Richardson and his Work« herausgegeben. In den von Richardson (1838-86) entworfenen Möbeln kann man Stilelemente aus vielen verschiedenen Quellen erkennen. Vorbild für die Stühle, die er beispielsweise 1882 für die »Converse Memorial Library« in Malden, Massachusetts, entwarf, war der traditionelle Windsor-Stuhl. Die Anregung zu diesen Stühlen erhielt der Architekt bei einem Besuch in den Werkstätten von William Morris in Merton Abbey. Für das Berufungsgericht des Bundesstaates New York in Albany schuf er zwei Jahre später viel prächtigere Möbelstücke, die Spuren von byzantinischen und romanischen Einflüssen erkennen lassen – ein Beweis für seine Reisen in Europa und im Nahen Osten. Trotz ihrer verschiedenartigen Quellen besitzen Richardsons Möbelentwürfe eine gewisse Frische und eine robuste Vitalität.

Während der im Jahre 1866 durchgeführten Arbeiten an einem neuen Haus für den Chicagoer Großindustriellen J. J. Glessner, der vorher bei Isaac Scott Möbel in Auftrag gegeben hatte, starb Richardson. Das Haus wurde von der Firma Shepley, Rutan & Coolidge fertiggestellt. Ein Satz Stühle, die von Charles Allerton Coolidge (1858-1936) für Glessner entworfen worden waren, wurde von A. H. Davenport & Co. in Boston und East Cambridge, Massachusetts, hergestellt, die schon viele von Richardsons Möbelentwürfen ausgeführt hatten. Der Chefdesigner der Firma, Francis H. Bacon (1856-1940), hatte für Herter Brothers und Richardson gearbeitet, bevor er zu Davenport stieß. Die von Coolidge für Glessner entworfenen Stühle waren in einem Stil gehalten, der dem von Richardson sehr ähnlich war. Es ist leicht möglich, daß Bacon diesen Stil mitbeeinflußt hat. Die wichtigsten Stilelemente waren die Motive verschiedener Möbelbautraditionen und die eng nebeneinander stehenden schmalen Längsstreben. Dieses Detail ist sehr charakteristisch und findet sich auch an vielen von Tiffany geschaffenen Möbelstücken. Die Designelemente, die Vorbildern der traditionellen Kunstschreinerei nachempfunden waren, waren für den strukturellen Zusammenhalt des Möbelstücks manchmal unnötig. Die Designer begannen, mit anderen Worten, den Formenschatz des Handwerkers auszuschöpfen und nicht nur Formzitate aus der Welt der historischen Stile zu übernehmen.

Möbel. Mahagoni. Charles S. und Henry M. Greene, um 1908 *(links)* *Die von den Greenes entworfenen Möbel waren aus ausgezeichneten Materialien und wurden von der Peter Hall Manufacturing Company in Pasadena in höchster handwerklicher Qualität gefertigt.*

Die Chicagoer Schule

Im Jahre 1887, als die von Coolidge entworfenen Stühle in Glessners Haus in Chicago aufgestellt wurden, betrat in derselben Stadt der junge Frank Lloyd Wright (1869-1959) das Architekturbüro von Joseph L. Silsbee. Dort lernte er zwei weitere, sich in der Ausbildung befindliche junge Angestellte, George W. Maher (1864-1926) und George Grant Elmslie (1871-1952) kennen. Alle drei sahen Richardson als den größten amerikanischen Architekten an – eine Bewunderung, der sie auch später nicht abschwörten, als sie im Büro von Louis Sullivan arbeiteten.

Richardsons Einfluß ist insbesondere in den frühen Arbeiten von Wright und Maher zu erkennen. Für das 1897 gebaute Haus von John Farson in Oak Park, Illinois, entwarf Maher Möbel, die stark von dem für Richardson charakteristischen Eklektizimus beeinflußt waren, obwohl Maher, wie auch Richardson, aus grundverschiedenen Einflüssen einen eigenen Stil entwickelte. Als Wright 1895 einige Räume seines eigenen Hauses in Oak Park neu gestaltete und erweiterte, entwarf er Möbel, deren Stil an die neuen ästhetischen Ideen der Entwürfe von Richardson, Bacon und Coolidge anknüpft. Das Können des Kunstschreiners und die Qualitäten des Materials sind in den Formen erkennbar. Ein Stuhl mit einem einfachen, geradlinigen Gestell und einer Rückenlehne aus einer Reihe von eng nebeneinander stehenden, schmalen, gedrehten Längsstreben erinnert eindeutig an Richardsons Arbeiten. Gleichzeitig nimmt er ebenso deutlich den Stil Wrights vorweg, der durch die mechanisierte Fertigung beeinflußt war und zu dem er um die Jahrhundertwende überging.

1901 hielt Wright einen Vortrag vor der »Society of Arts and Crafts« in Chicago mit dem Titel »The Art and Craft of the Machine«. Er wies darauf hin, daß seine Möbel für die Maschine entworfen seien und daß die Maschine nur zu vermeiden sei, wenn es sich um nicht-mechanische Arbeiten, wie das Schnitzen eines Ornamentes, handle.

Wrights Absicht, maschinell gefertigte und dadurch für einen größeren Personenkreis erschwingliche Möbel herzustellen, zeigt, wie weit ihn die Ideen von William Morris beeinflußt hatten. Als sich Wright mehr als sechzig Jahre später die neunziger Jahre des 19. Jahrhunderts in Erinnerung rief, schrieb er, daß »damals der gute William Morris und John Ruskin in den intellektuellen Kreisen von Chicago viel diskutiert wurden«. Tatsächlich wurden die Theorien der englischen Arts-and-Crafts-Bewegung durch Bücher und Zeitschriften verbreitet. Besonders einflußreich war die in London ab 1893 herausgegebene Monatszeitschrift »The Studio«. Man fand darin Illustrationen von Entwürfen, die von Mackmurdo, Voysey, Baillie Scott und anderen angefertigt worden waren und deren Struktur und Ausführung meist streng und schlicht waren.

In den Vereinigten Staaten reagierte man schnell und überall begeistert auf diese Vorbilder. In Grand Rapids, Michigan, dem Zentrum der amerikanischen Möbelindustrie, schuf David Wolcott Kendall (1851-1910), Chefdesigner der Phoenix Furniture Co., um 1894 einen Armstuhl aus Eiche mit geflochtenem Sitz und Rückenlehne sowie mit Armlehnen aus einfachen Brettern, die von Vierkantstreben gestützt wurden, und, als einzigem dekorativen Detail, mit Leisten unter den Armlehnen und einer leicht ausgebogten und geschwungenen Zarge. Dieses Modell sollte sich in den folgenden dreißig Jahren als populär erweisen und kann als Antwort auf Wrights Ruf nach billigen, in Serie gefertigten Möbeln gesehen werden. Allerdings hat er sie erst sieben Jahre später tatsächlich vorgestellt.

»Mission-Möbel«

Zur gleichen Zeit, da Kendall seinen Armlehnstuhl entwarf, bot der New Yorker Einzelhändler und Designer Joseph P. McHugh (1854-1918), der Metallarbeiten und Möbel des Kaufhauses Liberty's und Morris-Chintz in seinem »Popular Shop« genannten Geschäft an der West 42nd Street verkaufte, Stühle an, die einem Original in einer alten spanischen Mission in Kalifornien nachempfunden waren. Die Stühle verkauften sich gut, und McHugh begann, eine Möbelserie im gleichen einfachen Stil herzustellen. Seine Möbel aus gebeizter Eiche oder Esche waren sehr schlicht, das einzige Dekor war das Schnitzwerk an den Beinen. Dies war wahrscheinlich das erste Beispiel der sogenannten »Mission-Möbel«. 1896 stieß Walter J. H. Dudley, der Möbel in einem etwas ausgefeilteren Stil der Arts-and-Crafts-Bewegung entwarf, zu McHugh.

»Mission-Möbel« wurden auch in der »Roycroft« -Gemeinschaft von Elbert Hubbard (1856-1915) und in den »Craftsman Workshops« von Gustav Stickley gefertigt. Möbel, die von der »Roycroft«-Gemeinschaft in East Aurora, New York, hergestellt wurden, hatten Kupferbeschläge und hervorstehende Zapfenverbindungen. Der Großteil der Möbel war aus Eichenholz gefertigt und gewachst. Das Holz wurde mit einer speziellen Beize behandelt, deren Rezeptur geheimgehalten wurde. Verschiedene Gestalter gelangten gemeinsam zu einem konsequenten »Roycroft-Stil«, der durch abgeschrägte Beine oder Seiten und gedrückte Kugelfüße gekennzeichnet war.

ARMLEHNSESSEL. EICHE. GUSTAV STICKLEY, um 1905
Die eng nebeneinander stehenden Längsstreben sind typisch für die Möbel der amerikanischen Arts-and-Crafts-Bewegung.

Die von Gustav Stickley in den »Craftsman Workshops« in Eastwood bei Syracuse, New York, hergestellten Möbel schienen stabiler und professioneller verarbeitet zu sein als die meisten »Roycroft« -Möbelstükke. Gustav Stickley (1857-1942) war einer von fünf Brüdern, die als Jungen in der Stuhlfabrik ihres Onkels gearbeitet hatten. Anfangs stellte Stickley konventionelle Möbel im Viktorianischen Stil und Nachahmungen von Chippendale-Möbeln her. 1898 reiste er nach England und andere europäische Länder und begann nach seiner Rückkehr Möbel herzustellen, die die floralen Formen des Art Nouveau und die Materialien und Methoden der britischen Arts-and-Crafts-Bewegung vereinten. In Buffalo verband Charles Rohlfs (1853-1936) diese Elemente miteinander und produzierte ganz anders aussehende Möbel.

Rohlfs arbeitete in diesen Stil bis weit in das 20. Jahrhundert. Erst gegen Ende seiner Laufbahn fertigte er einige schlichte, schmucklose Möbelstücke. Stickley gab jedoch ohne zu Zögern dieses Stilgewirr auf

STUHL UND SCHREIBTISCH. EICHE. CHARLES ROHLFS, um 1900
Die unruhigen Motive der geschnitzten Dekoration an Rohlfs Möbeln passen gut zu der Maserung des Holzes.

und begann, unverfälschte »Mission-Möbel« herzustellen. Seine streng geradlinigen Entwürfe wurden nur durch sanft und zart geschwungene Zargen und Stützen und durch leicht gebauchte Beine aufgelockert. Seine Möbel waren meistens weniger auffällig als die von Roycroft, lediglich die glatt an der Oberfläche anliegenden Schnittstellen von Holzdübeln und die weitverbreiteten flügelförmigen Verbindungen wurden oft verschiedenfarbig gebeizt und so zu dekorativen Details gemacht. Einige von Stickleys Möbelstücken wurden von dem Architekten Harvey Ellis (1852-1904) entworfen. Diese waren gewöhnlich mit stilisierten pflanzlichen Motiven aus Holz unterschiedlicher Tönung intarsiert, die an die dekorativen Designs von Baillie Scott erinnerten. Stickleys schlichte Möbel drücken die Schönheit des handgearbeiteten Holzes ebenso aus wie Wrights Möbel die Kraft und Präzision der Maschine.

Die von den Brüdern Charles S. (1868-1957) und Henry M. (1870-1954) Greene 1907 entworfenen Möbel für die von ihnen gebauten Häuser in Pasadena, Kalifornien, kann man als Höhepunkt der Entwicklung betrachten, die die amerikanische Kunstschreinerei in den vorangegangenen fünfzig Jahren durchlaufen hatte. Die Konstruktion ist klar erkennbar, das handwerkliche Können ist hervorragend und die Dekoration reich, aber zurückhaltend. Form und Dekoration zeigen ostasiatische Einflüsse, sollen aber stets das Können des Kunsthandwerkers herausstreichen. Während die konstruktive Ehrlichkeit an Möbel im »Eastlake-Stil« erinnert, knüpft die Ästhetik der handwerklichen Ausführung eher an die der Arbeiten Stickleys an. Übernahme und Beherrschung der exotischen Einflüsse erinnern an die Entwürfe Richardsons und die Qualität der Intarsien aus Ebenholz, Obsthölzern, Silber und Edelsteinen an die prunkvolle Marketerie an Möbelstücken der Herter Brothers. So bildeten die Möbel der Greenes in vieler Hinsicht einen Höhepunkt der Möbelkunst, führten aber in gewisser Weise auch in eine Sackgasse. Das ausgefeilte Design und das handwerkliche Können hatten keine Zukunft. Die Geschichte der amerikanischen Möbelkunst sollte ganz andere Wege gehen.

FRANKREICH

Fortschrittliche, in Europa von 1880 bis 1910 hergestellte Möbel, tragen im allgemeinen die Bezeichnung Art Nouveau, ein Ausdruck, der von dem einflußreichen Pariser Geschäft des Deutschen Samuel Bing (1838-1905) abgeleitet ist.

In Frankreich war die Art-Nouveau-Epoche, deren Höhepunkt die Pariser Weltausstellung von 1900 darstellt, sehr produktiv. Tatsächlich läßt sich eine Epoche, deren Designer stark von Naturformen beeinflußt waren, treffender mit dem Adjektiv »fruchtbar« beschreiben. Manchmal wurden diese Formen sorgfältig beibehalten und nachgebildet, wie in den pflanzlichen Motiven, die die Gläser von Emile Gallé verzieren, manchmal stilisiert und übertrieben, wie in den mit ungewöhnlichen Wellenlinien versehenen Kabinetten von Hector Guimard. Diese beiden hochtalentierten Männer, wohl die Schöpfer der ersten Art-Nouveau-Möbel, repräsentierten mit Recht die beiden damaligen Zentren für Design.

DIE DESIGNER IN PARIS

Hector Guimard (1867-1942) war nach Ansicht vieler Experten das Vorbild des Pariser Art Nouveau und ein Ensemblier extraordinaire. Der Architekt und an der École des Beaux-Arts, Paris, ausgebildete Guimard war von seinen rationalistischen Lehrern, die ihrerseits von den Prinzipien des berühmten Eugène Viollet-le-Duc beeinflußt waren, ermutigt worden, die Vergangenheit zu studieren – nicht, um sie zu imitieren, sondern um sie zu benutzen und mit dem Ziel neu zu definieren, einen frischen, neuen Stil zu entwickeln. Das Ergebnis war Guimards eigener, erstaunlich revolutionärer Stil, der den Stempel der Gegenwart trug, aber dennoch auf Elemente, besonders dekorativer Art, aus der Vergangenheit zurückgriff. Seine bekanntesten Entwürfe, die gußeisernen Eingänge der Pariser Métro, sind weder architektonisch noch möbelspezifisch, finden sich aber in vielen seiner Gebäude und Möbelstücke wieder, die stolz den für das Schaffen dieses außergewöhnlichen Designers charakteristischen »abstrakten Naturalismus« verdeutlichen. Nach der Weltausstellung von 1900 milderte Guimard seinen eleganten Stil für kommerzielle Zwecke etwas ab, indem er ihn etwas symmetrischer, aber keineswegs weniger energiegeladen gestaltete. Einige seiner früheren Möbelstücke, wie der schöne, für das eigene Haus ca. 1899 entworfene, 1904 umgearbeitete und heute im »Museum of Modern Art« in New York ausgestellte Schreibtisch aus Olivenholz mit Füllungen aus Esche, zeigen seine Vorliebe für natürliche Ornamentik. Die Füllungen waren im Hochrelief geschnitzt und enthielten das wellenförmige, gewissermaßen organische Design, das man so oft an Guimards Möbeln sieht. Es ist so realistisch und scheint mit dem Material so unvereinbar,

BANQUETTE. GESCHNITZTES HOLZ UND GEPRÄGTES LEDER. HECTOR GUIMARD, 1897-98
Dieses schöne Stück war für das Maison Coilliot, Lille, nach einem ähnlichen Vorbild im Castel Béranger, Paris, gefertigt.

daß es dem Holz eine elastische, fast atmende Qualität zu geben scheint. Interessanterweise enthielt Guimards gestalterisches Repertoire nur die Stämme, Zweige und Wurzeln von Bäumen und Blumen und nicht die Blüten und Blätter.

Für das Castel Béranger, ein Wohnhaus, an dem Guimard im Auftrag von Mme. Fournier zwischen 1894 und 1898 arbeitete, schuf er massive Einbaumöbel, die trotz ihrer Größe einen Rhythmus und einen Fluß, so sanft und zart wie raschelnde Seide, besitzen. Ein Kabinett aus Birnbaum und Esche aus diesem Pariser Wohnhaus, das heute im »Museum of Fine Art« in Virginia steht, trotzt mit seiner mutigen Asymetrie und seinen geschnitzten hervorspringenden Teilen der Tradition und gleichzeitig der Schwerkraft.

Drei große Möbeldesigner wurden in Paris um die Jahrhundertwende mit Samuel Bings Geschäft »La Maison de l'Art Nouveau« in Verbindung gebracht: Georges de Feure, der gebürtige Deutsche Edouard Colonna und Eugène Gaillard. Möbelstükke, die von diesen drei (und anderen wie Charles Plumet und Tony Selmersheim) entworfen und von Bing verkauft wurden, waren ein Beispiel für die wesentlich nüchternere und ausgefeiltere Stilrichtung des französischen Art Nouveau. Bing war schließlich in erster Linie ein Geschäftsmann, und die von ihm vermarkteten Möbel und Objekte sollten der wohlhabenden »Demi monde« gefallen und von ihr gekauft werden – von Menschen, deren Geschmack nicht unbedingt avantgardistisch war, die dennoch etwas zeitgenössischeres, aber nicht zu schockierendes wollten.

Ein typisches Beispiel für diese Richtung des Pariser Art Nouveau ist ein Tisch, der um 1899 von Edouard Colonna (1862-1948) gebaut wurde. In seinen Anfangsjahren hatte Colonna in den Vereinigten Staaten als Designer gearbeitet. 1893 kam er nach Frankreich und war von 1893 bis 1903 bei Bing angestellt. Der Tisch konnte in purpurfarbenem Holz, Palisander und anderen Holzarten bestellt werden. Seine Form war eigentlich sehr einfach: eine rechteckige Platte, leicht nach oben gebogene Seiten und ziemlich dünne, leicht ausgestellte Beine. Dekorative Elemente wurden sehr sparsam eingesetzt und beschränkten sich auf geschnitzte geschwungene und schneckenförmige Formen, die sich von den Füßen bis fast unter die Tischplatte erstreckten. Ein von Colonna in derselben Zeit entworfenes Settee und ein Stuhl, beide aus geschnitztem Ahorn, wiesen leicht geschwungene Konturen und verschlungene Bogen auf, die oben am Lehnenabschluß und in der Zargenmitte des Settee geschnitzt waren.

Die Möbel von Georges de Feure (1868-1943) waren zu ihrer Zeit graziöser, geradezu femininer als die seiner Kollegen. Ein Kritiker formulierte es treffend folgendermaßen: »Die Blumenornamente kultivierte er mit einem weiblichen Gefühl für ihre Zartheit.« Obwohl die Möbelstücke den meisten Erzeugnissen aus Bings Werkstatt ähnlich sahen, waren die Stühle, Settees, Tische, Kabinette und Paravents von de Feure oft stärker ornamentiert, die Polsterung blumenreicher und die geschnitzten Flächen sogar vergoldet. Diese zarten, opulenten und kunstfertigen Möbel waren gelegentlich den klassizistischen französischen Möbeln des 18. Jahrhunderts nachempfunden, die Marie Antoinette vielleicht benutzt hätte.

ESSZIMMERSTUHL. MAHAGONI, LEDER.
EUGENE GAILLARD, um 1900
Gaillard arbeitete unter anderem auch mit dem in Deutschland geborenen Unternehmer Samuel Bing zusammen, dessen Pariser Geschäft, »La Maison de l'Art Nouveau«, dem französischen Stil seinen Namen gab.

Im Gegensatz dazu scheinen die Entwürfe von Eugène Gaillard (1862-1933), dem ersten Designer in Bings Atelier, präsenter zu sein und ihre Funktion laut kundzutun. Gaillards Möbelstücke waren gewöhnlich aus dunkleren, beziehungsweise härteren Hölzern wie Mahagoni, Palisander, Eiche und Nußbaum gefertigt. Auch waren sie aufsehenerregender und dynamischer als Entwürfe von Colonna oder de Feure und erreichten manchnal sogar den Schwung von Guimards Arbeiten, obwohl sie ihnen nie gleichkamen. Gaillard konzentrierte sich, im Gegensatz zu den Eklektikern Colonna und de Feure, auf die Möbelherstellung und schrieb darüber 1906 sogar eine Abhandlung mit dem Titel »A Propos du Mobilier«. Bing machte von dem Talent Gaillards auf der Weltausstellung von 1900 gebührend Gebrauch. Gaillard entwarf für Bings Pavillon das Entrée, das Speisezimmer und ein Schlafzimmer.

DIE ÉCOLE DE NANCY

Als die von Guimard verwendeten stark geschwungenen Linien ganz Paris in Bann hielten und das von Bing geführte »Maison de l'Art Nouveau« seinen Einfluß geltend machte, wurden in der École de Nancy die vielleicht üppigsten, fröhlichsten, symbolistischsten und stark von der Natur beeinflußten Art-Nouveau-Möbel hergestellt. Diese einflußreiche, in der Provinz Lorraine angesiedelte Schule für Design wurde von ihrem Gründer, dem hoch angesehenen Kunstschreiner und Glashersteller Emile Gallé (1846-1904) geleitet und von dem gelernten Kunstschreiner Louis Majorelle (1859-1926) geprägt.

Emile Gallé konzentrierte sich in den siebziger Jahren des 19. Jahrhunderts auf die Herstellung von Töpferwaren – sein Vater besaß eine Töpferei und eine Glashütte

»LIBELLEN-TISCH«. GESCHNITZT, INTARSIERT. EMILE GALLÉ, um 1900 *(LINKS)*
Dieser Guéridon ist ein hervorragendes Beispiel für die Naturliebe der École de Nancy. Tischplatte und Ablagefach sind mit Wasserrosen aus intarsierten Obsthölzern verziert, und drei geschnitzte Libellen dienen als Beine.

ÉTAGÈRE. NUSSHOLZ, OBSTHÖLZER, BRONZE, PERLMUTT. EMILE GALL, um 1900 *(LINKS)*
Diese ÉTAGÈRE *ist mit Marketerie und Schnitzereien in Form von Kerbel sowie ausgeschnittenen Blüten in Metallarbeit verziert. Rechts oben ein von Paul Verlaine intarsierter Vers: »L'instant est si beau de lumière au fond de nous dans notre coeur.«*

-, aber er wandte sich schnell Steinzeug, Porzellan, Glas und ab 1880 Möbeln zu. Grundlage für die meisten seiner Möbelentwürfe war das traditionelle Formengut des Louis-quinze, aber die Dekoration, wie Schnitzereien oder Intarsien, war in einem unerschrockenen und aufwendigen organischen Stil gehalten.

Die von Gallé 1901 gegründete École de Nancy war ein Zentrum der Dekorationskunst, das stark von der Kunst und der Literatur des Symbolismus beeinflußt war und oft von der Natur inspiriert wurde. Dies ist nicht erstaunlich, wenn man bedenkt, daß der junge Gallé Philosophie und Botanik studiert und wissenschaftliche Abhandlungen über Gartenbau geschrieben hat. Seine vielseitige Ausbildung gipfelte wohl in seinen außergewöhnlichen Einzelstücken, wie Gläsern und Möbeln, die eingravierte bzw. intarsierte Verse symbolistischer Poesie enthielten. Gallé lieferte Möbel und Gläser an das »Maison de l'Art Nouveau« von Bing. Im Gegensatz zu den von Colonna, de Feure und Gaillard entworfenen »Möbelstücken für den Hausgebrauch« waren die zarten und edlen Holzformen der von ihm entworfenen Ofenschirme, Truhen (Coffrets), Stühle, Kopfteile, Anrichten oder Tische

DAMEN-SCHREIBTISCH-STUHL. MAHAGONI, GOLDBRONZE. LOUIS MAJORELLE, um 1900 *(LINKS)*
Dieser Kunstschreiner aus Nancy war bekannt für seine vergoldeten Bronzebeschläge, insbesondere in der Form der Wasserrose (NÉNUPHAR).

»ORCHIDEEN-SCHREIBTISCH«. MAHAGONI, GOLDBRONZE, GEPRÄGTES LEDER. LOUIS MAJORELLE, um 1905 *(LINKS)*
Die überaus gewagten Ornamente an diesem eleganten Schreibtisch stellen Orchideen dar. Diese massiven Beschläge laufen an den Vorderkanten der Beine hinunter und enden in SABOTS.

mit stark asymetrischen reichen Blumen- und Blattwerk-Motiven verziert. Gallés Möbel lebten trotz der traditionellen Formen und Korpora von ihrer Dekoration. Beispiele hierfür sind die kunstvoll und realistisch intarsierte Schwertlilie an einem auf der Pariser Weltausstellung 1900 gezeigten Armoire, die geschnitzten Schnecken, Nachtfalter und Fledermäuse an einer Étagère für die Diele, ein Tisch mit einer runden Platte, auf der das drollige Liebeswerben von Fröschen dargestellt ist, das Gesims eines Vitrinenschrankes mit einem Schwarm dicht gedrängter Libellen, ein rechteckiger Wandspiegel, der mit ausgeschnittenen Büscheln von Blütenschöpfen bekrönt ist, sowie eine Reihe von Beistelltischen, deren Beine und seitliche Stützen von wuchtigen, fast monströsen Libellen gebildet werden.

Auch die Kopf- und Fußteile des von dem Richter Henri Hirsch bei Gallé in Auftrag gegebenen spektakulären Doppelbetts mit der Bezeichnung Aube et Crépuscule (Morgen- und Abenddämmerung) werden von Insekten beherrscht. Dieses Möbelstück wurde auf der »Exposition de l'Art Décoratif Lorrain« 1904 (Gallés Todesjahr) in Nancy ausgestellt. Dieses malerische Meisterwerk stellt durch die Holz- und Perlmutt-Intarsien, die Holzschnitzerei in Basrelief und das geschliffene Glas den Tagesanbruch und den Abend in der Gestalt von zwei phantastischen Schmetterlingen dar. Das Fußteil zeigt zwei Schmetterlinge mit perlmutterartigen Flügeln, die über einem irisierendem Ei aus Kristall (Tagesanbruch oder Geburt) schweben, und das Kopfteil stellt eine in Holz gearbeitete Abendlandschaft dar, die sich zwischen den Deckflügeln eines dunkel gestreiften Nachtfalters zeigt. Die einfühlsame Dekoration des Bettes ist insgesamt höchst poetisch und melancholisch, eine Abhandlung über Leben und Tod.

Andererseits fehlen den Möbeln von Louis Majorelle, obwohl sie reich verziert sind, die symbolischen Elemente und das vereinende organische Flair der Arbeiten von Gallé. Für die Beschläge verwendete er mit Vorliebe Goldbronze und Gußeisen. Majorelle hatte zwar Malerei in Paris studiert, übernahm aber die Leitung der Kunstschreinerei seines Vaters Auguste, als dieser 1879 starb. Dort waren ab 1860 Möbel des 18. Jahrhunderts nachgebildet worden. Majorelle änderte um 1890 unter dem Einfluß von Gallé die historisierende Ausrichtung des Familienunternehmens und nahm bereitwillig den neuen, von der Natur inspirierten Stil an. Majorelle vernachlässigte dabei jedoch nicht die Prinzipien guter französischer Handwerkskunst, obwohl manche seiner Entwürfe maschinell gefertigte Teile enthielten. Er legte besonderen Wert auf massive, plastische Beschläge, und die sorgfältig ausgewählten heimischen und exotischen Hölzer wurden fachkundig intarsiert, furniert oder geschnitzt, so daß sie mit dem übrigen Holz der Möbel harmonierten. Seine bekanntesten Motive für Beschläge sind vielleicht die Seerose (Nénuphar) und die Orchidee.

Majorelles Möbeldesign erreichte ungefähr zwischen 1898 und 1908 seinen Höhepunkt. Der sogenannte »Orchideenschreibtisch« (um 1905), von dem sich ein Exemplar im Pariser »Musée d'Orsay« befindet, ist ein für Majorelles Arbeit als Kunstschreiner typisches, außergewöhnliches Möbelstück. Bei anderen Entwürfen steht an den Schreibtischecken jeweils eine Lampe. Das Glas dieser Lampen ist mit floraler Schattierung dekoriert und wächst aus den schlangenförmigen Beschlägen in der Gestalt eines Stammes heraus. Im Gegensatz zu den Möbeln von Gallé waren die Formen der Möbelstücke von Majorelle, abgesehen von den Beschlägen, eher fließend, abstrakt und regelmäßig, dennoch nahezu plastisch.

Majorelle spezialisierte sich auf ganze Ensembles von Möbeln, weniger auf einzelne Ausstellungsstücke. Eine Schlafzimmereinrichtung, jetzt im »Museum of Fine Art« in Virginia, umfaßt ein Bett, zwei Nachttische, zwei Stühle, zwei Armlehnstühle und einen Schrank und ist ein typisches Beispiel für die hochwertigen Möbel dieses Meisters. Abgesehen von den Stühlen sind alle Möbelstücke mit Beschlägen in der Form der Nénuphar verziert, und die großen, vertikal gemusterten Füllungen aus furniertem Palisander, die das Kopfteil des Betts und die Schranktüren beherrschen, sind intensive und ausdrucksstarke Dekorationselemente. Die Linienführung der Möbel ist sanft geschwungen, und die vergoldeten Bronzebeschläge sind streng organisch gestaltet.

Obwohl die Möbel von Majorelle gewöhnlich weniger Marketerie und intarsierte Füllungen als die von Gallé aufweisen, sind manche Möbelstücke gewissermaßen ein Kraftakt aus puzzle-ähnlichen Holzfurnieren und Marketerie, manchmal auch Schnitzereien. La Mer, ein weiteres Möbelstück von Majorelle, ist ein in Mahagoni gearbeitetes Kabinett, dessen halbmondförmiges Kopfteil mit einer in Marketerie ausgeführten Unterwasserszene geschmückt ist. Passend dazu stellen die gußeisernen Beschläge und die Schnitzereien aus Holz Meerespflanzen dar.

Während der Stilphase des Art Nouveau gab es in Frankreich auch andere Möbelentwerfer, die jedoch weder enge Verbindungen zu der École de Nancy hatten noch an die Pariser Entwürfe von Guimard und die des Ateliers von Bing anknüpften. Einer dieser Designer war Alexandre Charpentier (1856-1909), der oft sinnliche weibliche Akte in Basrelief auf seinen Uhrenkästen, Kabinetten und anderen massiven und mit breiten, geschwungenen Linien versehenen Möbelstücken abbildete. Sein schweres Meuble Quatuor à Cordes (Kabinett für ein Streichquartett), jetzt im Pariser »Musée des Arts Décoratifs«, ist ein großes, massives Möbelstück, das sich nicht so sehr durch seine leichten Kurven, sondern durch seine Bronzetafeln mit Frauenakten (zwei »Danseuses« und zwei Musikerinnen, »Le Violon« und »La Contrebasse«) auszeichnet. Auf der Ausstellung der »Société Nationale des Beaux-Arts« von 1901 war neben diesem Möbelstück ein wunderschöner Notenständer im dazu passenden Design ausgestellt. Die Notenständer aus geschnitzter Weißbuche hatten Stützen mit wellenförmigen Konturen, die eher der Bewegung von wogendem Stoff als Holz ähnelten.

BELGIEN

Die Möbel aus Belgien waren, keineswegs überraschend, im Stil am engsten an die Möbel der französischen Art-Nouveau-Epoche angelehnt. Gegen Ende des 19. Jahrhunderts fand nicht nur ein reger Austausch zwischen Belgiern und Franzosen statt, sondern die Arbeiten des in Antwerpen geborenen und bekanntesten belgischen Designers Henri van de Velde (1863-1957) wurden häufig in Paris ausgestellt. Seine Entwürfe wurden in Bings Galerie und im »La Maison Moderne«, dessen Eigentümer Julius Meier-Graefe war, verkauft. Eine Auftragsflut aus Deutschland bewegte van de Velde 1898 dazu, sich dort niederzulassen. Er arbeitete in vielen Teilen Europas, gilt aber dennoch als belgischer Designer.

Van de Velde war, wie Guimard in Paris und Mackintosh in Schottland, vor allem an der Idee der vollkommen harmonischen organischen Umwelt interessiert. Er war während der neunziger Jahre des 19. Jahrhunderts Mitglied der tonangebenden Gruppe »La Libre Esthéthique« in Brüssel, die sich teilweise dem Konzept des »Gesamtkunstwerks« verschrieben hatte. Er setzte seine Überzeugungen nicht nur in Möbel um, sondern entwarf auch Teppiche, Stickereien, Fenster, Tapeten und sogar Kleidung,

SCHREIBTISCH UND STUHL. EICHE, BRONZE. HENRI VAN DE VELDE, um 1898 *(OBEN)*

ZWEI ARMLEHNSESSEL. PADUKHOLZ. HENRI VAN DE VELDE, 1896 *(LINKS)*
Die kühle Symmetrie und die leichten Kurven sind typisch für van de Velde.

SPEISEZIMMER IN DER MAISON HORTA, BRÜSSEL. VICTOR HORTA, begonnen 1898
Horta verwendete oft eine fast schwindelerregende kurvige Linienführung. Hier, in seinem eigenen Haus, sind die Bogen eher zurückhaltend, obwohl sie andeutungsweise im Bodenbelag, im geschnitzten Türrahmen und in den ungewöhnlichen Metallarbeiten zu erkennen sind.

die den gleichen Gesetzen und Formvorstellungen unterlagen. Seine Modeentwürfe wurden von seiner Frau getragen. Seine gewöhnlich in hellen heimischen Hölzern wie Buche und Eiche gearbeiteten Möbel waren manchmal mit Strohgeflecht oder gelegentlich mit aufwendiger gebatikter Polsterung versehen.

Van de Veldes vielleicht bekanntestes Projekt war der Entwurf seines eigenen in den Jahren 1896 bis 1898 ausgeführten Hauses Bloemenwerf in Uccle (bei Brüssel). Bei der Betrachtung der Räume des Hauses insgesamt (einer wurde im »Salon de la Libre Esthétique« von 1896 in Brüssel ausgestellt) und der einzelnen Möbelstücke fällt van de Veldes außerordentlich beherrschte Linienführung auf. Seine Schreibmöbel, Tische, Kabinette und Stühle waren, im Gegensatz zu seinen Schmuck-, Graphik- und Stoffentwürfen, einfach und rational konstruiert. Die Dekoration war sparsam, und die Funktion stand im Vordergrund. Die für Bloemenwerf entworfenen Stühle aus Padukholz mit Sitzen aus Rohrgeflecht und ein Hochstuhl für Kinder erinnern an die robusten, einfachen Sitzgelegenheiten der Arts-and-Crafts-Bewegung von Morris & Co. oder sogar an rustikale Möbel. Dennoch ist ihre leichte, aber energiegeladene Linienführung eindeutig dem Art Nouveau zuzuordnen.

Ein Pionier auf dem Gebiet des Designs, der etwas kraftvollere Art Nouveau-Möbel herstellte, war Victor Horta (1861-1947). Der Sohn eines Schusters stammte aus

Brüssel und studierte zunächst Musik, später Zeichnen und Architektur. Horta verbrachte, im Gegensatz zu van de Velde, fast sein gesamtes Arbeitsleben in Belgien und entwarf nur Möbel für seine eigenen Gebäude. Es ist nicht verwunderlich, daß sein unerschrocken energiegeladener, von stark geschwungenen Linien und Spiralen gekennzeichneter Stil großen Einfluß auf viele Pariser Designer hatte.

Horta schuf stets komplette, harmonische, in sich geschlossene Interieurs oder Fassaden. Sein erstes großes Projekt war der Entwurf eines Hauses in Brüssel für den Ingenieur Emile Tassel. Dieses von 1892-93 gebaute Haus wird von vielen Gelehrten als die erste echte Jugendstil-Konstruktion gesehen. Es war in zwei Teile unterteilt und hatte Stockwerke in verschiedenen Höhen, die durch Galerien miteinander verbunden waren. Das Leitmotiv war die scheinbar unendliche, aggressive und stark geschwungene Linie, die die verschiedenen Teile des Hauses, von den Türklinken aus Bronze, dem mit einem Mosaik gekachelten Boden bis hin zu den herrlichen Arbeiten aus Eisen im Treppenhaus, miteinander verband. Hortas aufwendige bandartige Schleifen sind, im Gegensatz zu Guimards etwas zurückhaltenden Linien, fast lebendig. Jene scheinen außer Kontrolle zu geraten und ihre ganze Umgebung, vom Boden bis zur Decke, zu beherrschen. Die Möbel für die Maison Tassel und für andere große Aufträge, wie das Hôtel Solvay in Brüssel (1895-1900), zeigen jedoch nicht den Schwung und die Hemmungslosigkeit der unbeweglichen Einrichtungsgegenstände oder der kleineren, fast völlig abstrakten Objekte wie Tintenfässern und Haltern für Photographien. Die stark geschwungene Linie war natürlich vorhanden, aber sie war etwas beherrschter, vielleicht eher im Einklang mit der tatsächlichen Funktion der Möbelstücke. Horta bevorzugte Mahagoni, Ahorn und weiche Obsthölzer für seine Möbel und für die gewöhnlich üppigen und luxuriösen Polster verwendete er edle Stoffe wie Samt und Seide.

Ein weiterer international anerkannter Möbeldesinger, der von allen drei den größten kommerziellen Erfolg hatte, war Gustave Serrurier-Bovy (1858-1910).

SETTEE. ESCHE, HOLZ GEBEIZT, GEFLECHT. GUSTAVE SERRURIER-BOVY, um 1910 *(LINKS)*
Der eklektische belgische Designer wurde während eines Besuches in England 1884 durch die Arts-and-Crafts-Bewegung beeinflußt. Die massiven, geradlinigen Formen dieser schönen Sitzbank sind deutlich erkennbar.

ÖSTERREICH

Als Guimard in Paris seine Möbel mit den bewegten Konturen fertigte und Gallé in Nancy seine poetischen Marketerien schuf, entwarfen Otto Wagner und Mitglieder der Wiener Sezession, unter anderem Josef Hoffmann, Koloman Moser, Adolf Loos und Joseph Maria Olbrich, zeitlose, für das angehende Jahrhundert klassisch zu nennende Möbel. Sie waren im Stil die unmittelbaren Vorläufer des Art Deco und des Bauhaus und können sogar als Ahnen der Postmoderne gesehen werden. Die Sezession wurde 1897 gegründet und bestand aus einer Gruppe fortschrittlicher Architekten, Maler und Designer, die mit den konservativen Akademien und Lehrern unzufrieden waren und mit dem Muff der damaligen historisierenden Epoche brechen und mutige, neuartige Aussagen in allen Bereichen der Kunst machen wollten. Otto Wagner (1841-1918), der 1899 in die Bewegung eintrat, war die »graue Eminenz« der Sezessionisten, die zuvor fast ohne Ausnahme seine Schüler gewesen waren. 1895 hatte er das einflußreiche Buch »Moderne Architektur« herausgebracht, das beim Aufbau der Sezession eine Rolle gespielt hatte.

ARMLEHNSTUHL. BIRKE, SPERRHOLZ, ALUMINIUM. OTTO WAGNER, 1902-04 *(OBEN)*
Der von den Gebrüdern Thonet gefertigte Sessel wurde für die ebenfalls von Wagner entworfene Postsparkasse in Wien geschaffen.

Wagner, im großen und ganzen ein um Schlichtheit bemühter Funktionalist, entwarf Stühle, Tische und andere Möbelstükke, die einfach, aber mutig (manche würden sie »kalt« nennen) und sparsam waren. In seinem bekanntesten Projekt, der Postsparkasse in Wien (1904-06), stehen von den Gebrüdern Thonet in Wien hergestellte Stühle aus Buche in Bugholztechnik, Sperrholz und Aluminium. Abgesehen davon, daß diese Stühle aus revolutionären neuen Materialien, einige davon mit relativ neuartigen Produktionstechniken, gefertigt waren, sind sie auch ein Vorbild für »gutes Design«, ein Fanal der Moderne.

Der Architekt und Designer Adolf Loos (1870-1933), dessen Formengut sparsam und funktional war, hatte seine Ausbildung in Dresden und den USA erhalten und ließ sich 1896 in Wien nieder. Er ist für »Ornament und Verbrechen« (der Titel eines 1908 erschienenen Artikels) berühmt. Seine Bewunderung für Designer der englischen und amerikanischen Arts-and-Crafts-Bewegung offenbart sich in den Hockern, Dreibein-Modelle im ägyptischen Stil aus schwarz gebeiztem Birkenholz, die er für eines seiner Gebäude, die Villa Karma bei Montreux in der Schweiz (1904-06), entworfen hatte. Diese Hocker mit den gebogten Beinen und den sattelähnlichen Sitzflächen sind offensichtlich eine Hommage an den berühmten »Theben-Hocker« (1884) von Liberty's.

Die beiden typischsten Möbeldesigner der Wiener Sezession waren Josef Hoffmann (1870-1956) und Koloman Moser (1868-1918), die 1930 die Wiener Werkstätte mitgründeten, ein nach dem Vorbild der »Guild of Handicraft« von C. R. Ashbee gebildeter Zusammenschluß von Kunsthandwerkern. Das Ziel der Vereinigung war, Glas, Keramik, Textilien, Metallarbeiten, Möbel und Gebäude mit künstlerischem Design zu versehen. Hoffmann arbeitete bis 1931 als Designer für die Gruppe, Moser dagegen verließ sie schon 1907.

Gegen Ende der neunziger Jahre des 19. Jahrhunderts tendierten Hoffmanns Möbelentwürfe eher zu geschwungenen Formen, aber um 1900 wandelte sich seine Formensprache, als wäre er durch das nahende neue Jahrhundert aufgeschreckt worden, und die in die Länge gezogene stilisierte Linienführung wurde für ihn typisch – teilweise unter dem Einfluß von Charles Rennie Mackintosh, dessen Arbeiten in Wien sehr angesehen waren. Einer der bekanntesten Aufträge Hoffmanns, das Sanatorium in Pürkersdorf (1903-06), gab ihm die Möglichkeit, nicht nur ein Gebäude, sondern auch die dazugehörige Möbeleinrichtung zu entwerfen. Der für das Sanatorium entworfene Bugholzstuhl mit Sitzpolstern aus Leder (die Firma Jacob & Joseph Kohn, Hauptwettbewerber von Thonet, stellte etwa achtzig davon her) ist von einem einfachen, jedoch einzigartigen Design. Die Hinterbeine und Rückenlehne sind aus einem einzigen U-förmigen Stück Holz geformt, während die beiden Vorderbeine getrennt an der Sitzfläche angebracht sind. Im äußerst sparsamen, aber auffälligen Dekor wird das Thema Kreis und Kugel variiert, verdeutlicht durch die fünfzehn

DREITEILIGER WANDSCHIRM. AHORN, GLAS, SPIEGELGLAS. ADOLF LOOS, um 1900-02
Die unauffälligen Streifen des intarsierten Holzes sind die einzigen dekorativen Elemente.

KABINETT. PALISANDER, GLAS, HOLZ, VERSILBERTES METALL. KOLOMAN MOSER, 1900

ARMLEHNSESSEL. BUCHE. JOSEF HOFFMANN, um 1905
Dieser Armlehnsessel aus Bugholz trug die Bezeichnung »Sitzmaschine« und wurde von J. & J. Kohn ausgeführt.

ausgeschnittenen Löcherpaare in der Mittelzunge der Stuhllehne, durch die gerundeten Nieten des Sitzpolsters und durch die hölzernen Kugeln an der Verbindungsstelle von Sitz und Beinen.

Das Palais Stoclet, Brüssel (1905-11, in Zusammenarbeit mit der Wiener Werkstätte gefertigt), stellt das »Chef d'Oeuvre« von Hoffmanns Architektur- und Interieur-Entwürfen dar. Die Möbel waren viel üppiger und waren damit die direkten Vorläufer vieler französischer, ein Jahrzehnt später entworfener Art-Deco-Möbel. Die ausgewogenen Proportionen, die edlen Materialien und die ruhige Würde der Einrichtungsgegenstände stellten eine passende Umgebung für das Meisterwerk des Hauses dar: das von Gustav Klimt entworfene und von Leopold Forstner ausgeführte romantische, glitzernde Mosaik aus Glas, Marmor, Metall, Majolika, Emaille und Halbedelsteinen, das einen Großteil der Wände im Speisezimmer des Palais bedeckt.

Koloman Moser, ein vielseitig talentierter Architekt und Designer, war von 1899 bis zu seinem frühen Tod fast zwanzig Jahre später Professor an der Kunstgewerbeschule. Seine in den neunziger Jahren des 19. Jahrhunderts und Anfang des 20. Jahrhunderts entworfenen Möbel waren größtenteils geometrisch und geradlinig, aber insgesamt farbiger und reicher dekoriert als andere in Wien gefertigte Möbelstücke. Die oft stilisierte Ornamentierung ergänzte harmonisch die rechten Winkel der Möbelstücke. Ein Armlehnstuhl (1904) für ein Speisezimmer ist zwar reich verziert, aber seine von den Ornamenten fast erdrückte Form ist rechtwinklig und geradlinig. Bemerkenswert sind das edle Palisander- und Vogelahornfurnier, das mit Kreisen in Quadraten verzierte Fries oben und unten an der Rükkenlehne des Stuhles, die bis zur Hälfte des Abstands der Sitzfläche zum Boden geführt wird, und das kleine Viereck auf der Rückseite der Rückenlehne, das mit einer stilisierten Taube, mit Ölzweig im Schnabel, aus Perlmutt, und exotischen, dunklen Hölzern intarsiert ist.

Der Armlehnstuhl, den Moser 1902 für das Sanatorium in Pürkersdorf entwarf, stellt einen krassen Gegensatz zu diesen üppigen, furnierten Möbelstücken dar. Der kastenförmige, weiß lackierte Stuhl, der in eine ruhige Umgebung passen sollte, besitzt eine Sitzfläche aus gefärbtem Korbgeflecht im Schachbrettmuster, und seine Seiten und Rückenlehne bestehen aus Längsstreben, die bis zum Boden reichen.

Der in Schlesien geborene Architekt und Designer Joseph Maria Olbrich (1867-1908) war ein Gründungsmitglied der Wiener Sezession, deren ungewöhnliches Ausstellungsgebäude er 1897-1898 entwarf. Bemerkenswert sind auch seine architektonischen und anderen Entwürfe, die er in der Künstlerkolonie auf der Mathildenhöhe in Darmstadt ausführte, wohin er einem Ruf ihres Gründers, des Großherzogs Ernst Ludwig von Hessen, folgte. Olbrich entwarf, im Vergleich zu seiner Produktivität im Bereich der Architektur, Grafiken und Metallarbeiten, relativ wenig Möbel. Die meisten Möbelstücke sind flüssige, aber dennoch ornamentale, für den Jugendstil charakteristische Beispiele.

ARMLEHNSTUHL. PALISANDER, AHORN, PERLMUTT. KOLOMANN MOSER, 1904

Dieser von dem Mitbegründer der Wiener Werkstätte entworfene Eßzimmerstuhl mit seiner nach unten gezogenen Rückenlehne ist luxuriös und gleichzeitig schön.

DEUTSCHLAND

Der Jugendstil nahm seinen Anfang Mitte 1890 in München, das sich in Deutschland als Zentrum für die »neue Kunst« etablierte. Der Jugendstil war die zeitgenössische deutsche Entsprechung des Art Nouveau. Zu den Möbeldesignern mit einer frühen Bindung an München zählen Peter Behrens (1868-1940), August Endell (1871-1925), Richard Riemerschmid (1868-1957) und Bernhard Pankok (1872-1943), die ausnahmslos, wie so viele der französischen und belgischen Designer des Art Nouveau, Arbeiten aus unterschiedlichen Materialien herstellten. Die vier bildeten eine fortschrittliche Gruppe, die nach einem neuen Stil suchte. Viele dieser Designer hatten Malerei studiert, sich dann aber, desillusioniert von den schönen Künsten, den Dekorationskünsten zugewandt. Da sie nur selten die floralen Verzierungen der französischen und belgischen Entsprechungen aufwiesen, waren ihre Möbel wohl eher mit den österreichischen verwandt.

ZIMMER EINES JUNGEN MÄDCHENS. OTTO STRUCK, 1908
Die klaren, geraden Linien, die helle Einrichtung (eingebaut und beweglich) und die einfachen dekorativen Motive dieses Jugendstil-Interieurs mit mehr als nur einem Zitat der Wiener Sezession verleihen dem Zimmer nordeuropäische Atmosphäre.

Der in Hamburg geborene Architekt, Designer, Maler und Professor Peter Behrens, zu dessen vielen talentierten Studenten auch die Bauhäusler Mies van der Rohe und Walter Gropius gehörten, war ein Gründungsmitglied der »Vereinigten Werkstätten für Kunst im Handwerk« 1897 in München. Er wurde in die Künstlerkolonie des Großherzogs in Darmstadt eingeladen, wo er das Haus Behrens entwarf.

Sein Speisezimmer in Darmstadt (1901) mit seinem erhabenen Liniengewirr an der Decke, seinem schönen Geschirrschrank mit bogenförmig eingefaßten Glastüren, dem Tisch und den leicht gebogten Stühlen zeichnet sich durch harmonisches Design aus. Alle Möbel waren weiß lackiert und gaben dem Zimmer, ähnlich einem Raum von Mackintosh oder Hoffmann, Leichtigkeit und Zartheit. Im Gegensatz zu Hortas und Guimards Schleifen und Ranken war Behrens' Linienführung ruhig und zurückhaltend, fast wie Nachgedanken. Viele seiner Möbelstücke hatten traditionelle, geradlinige Formen.

Gerade Linien, kombiniert mit leichten Bogen, waren auch ein Bestandteil vieler Möbel von Richard Riemerschmidt, einem gebürtigen Münchner, der später dort Mitbegründer der Vereinigten Werkstätten und in Dresden des Deutschen Werkbundes wurde. Er war auch ein talentierter Maler, Designer und Architekt. Für die Dresdener Kunstausstellung 1899 entwarf er einen schönen Musiksalon und ein »Zimmer eines Kunstfreundes« für die Pariser Weltausstellung von 1900. Ein ungewöhnlicher Entwurf war ein um 1898 entstandener Stuhl aus Eiche, der für die Ausstattung der Räume der Dresdener und Pariser Ausstellungen verwendet wurde.

ANDERE LÄNDER

In den Niederlanden mit traditionell stabilen, gut gearbeiteten Möbeln für den Burgher wurden die Linien und die Dekoration des französischen und belgischen Art Nouveau von den Möbelherstellern größtenteils abgelehnt, nicht jedoch von Malern und Designern, die mit anderen Materialien arbeiteten. 1904 wurde eine holländische »Gesellschaft für Arts and Crafts« gegründet, um den Einfluß des Art Nouveau auszugleichen.

Um die Jahrhundertwende arbeiteten in allen skandinavischen Ländern beachtenswerte, wenn auch nicht sehr innovative Möbeldesigner. Die meisten hielten an einem historisierenden Stil fest, der Elemente einheimischer rustikaler oder Volkskunst mit traditionellen Formen verband. Schwedische Möbelentwürfe zeigten eher kontinentaleuropäische Einflüsse. Ein Beispiel ist das »Weiße Wohnzimmer« von Alf Wallander (1862-1914) mit seinem weiß lackierten Schrank und Stühlen (nach schwedischen Vorbildern des 18. Jahrhunderts und mit Blattwerk-Schnitzereien dekoriert). Lackierte Möbel waren in Schweden sehr beliebt. Dies zeigt sich in den bezaubernden Illustrationen von Carl Larsson.

In Osteuropa herrschten, wie in Skandinavien, Formen und Dekors aus der Volkskunst vor. Der sogenannte »Historische Nationalismus« kam in Möbeln der verschiedenen Volksgruppen und in den anderen Dekorationskünsten in Rußland, Polen, Ungarn und anderen Ländern zum Ausdruck. Außerdem wurden Art-and-Crafts-Gemeinschaften nach dem Vorbild von Ashbees »Guild of Handicraft« und anderen englischen Künstlergruppen gegründet und die Prinzipien von William Morris, John Ruskin und anderen übernommen. In Rußland wurden drei solche Gemeinschaften gebildet: Abramzewo, Trokadero und Talaschkino. Hier fertigte man Möbel und andere Arbeiten in einer kunstgewerblichen, eng an die Volkskunst angelehnten Tradition.

Zwei der ungewöhnlichsten und exzentrischsten Möbeldesigner der Zeit um die Jahrhundertwende waren Antonio Gaudí y Cornet (1852-1926), der in Barcelona arbeitete, und Carlo Bugatti (1856-1940), der ab 1904 in Frankreich lebte, dessen Möbel aber in seiner Geburtsstadt Mailand gefertigt wurden.

Antonio Gaudí, Sohn eines Kunstschmieds, ist wohl am besten und vor allem durch die Kirche »Sagrada Familia« in Barcelona als visionärer, eigenwilliger Architekt bekannt. Er entwarf aber auch Möbel mit vergoldeten, dem Neurokoko verpflichteten Mischformen bis hin zu einfachen, geschnitzten Formen. Die geschnitzten Möbelstücke wurden oft als »knochenähnlich« bezeichnet, und es fällt nicht schwer, sich vorzustellen, daß ihre Formen aus dunklem Holz mit ihren Verbindungen, Kurven und Einbuchtungen Skeletteilen ähneln, aus

MANSARDE IM CASA BATTLÓ, BARCELONA. ANTONIO GAUDÍ, 1904-06 *(OBEN)*
Der typische katalonische Jugendstil von Gaudí wirkt hier beherrscht.

SITZBANK. HOLZ, METALL, PERGAMENT. CARLO BUGATTI, um 1900 *(GANZ OBEN)*
Bugattis Entwürfe zeigen sogar am selben Möbel japanische bis maurische Einflüsse.

denen gespenstische Bänke, Sitzmöbel und Kirchenbänke entstanden. Dennoch besitzen diese Möbel eine gewisse Leichtigkeit und Feinheit. Die Holzkonstruktionen wirken zerbrechlich, sind jedoch anziehend und erinnern gleichzeitig an menschliche Formen.

Der in Mailand geborene Carlo Bugatti studierte an der Brera, obwohl er später der Legende Vorschub leistete, daß er Autodidakt sei. 1888 eröffnete er in seiner Geburtsstadt sein eigenes Atelier. Den Stil seiner Entwürfe könnte man als »Möbelphantasien« im maurischen und ostasiatischen Stil bezeichnen. Sie waren nicht traditionell, hatten keine wirklichen Vorläufer und waren weder besonders funktional noch sehr gut konstruiert. Dennoch besitzen sie eine gewisse magische, »runenhafte« Anziehungskraft.

Bugattis Schreibmöbel, Stühle, Wandschirme, Settees, Kabinette und andere Entwürfe, in seiner Werkstätte vollständig von Hand gefertigt, waren bizarre Mischungen aus (vor allem) Holz und Metall, und die Sitzflächen, Rückenlehnen und Platten, die bisweilen mit japanisch inspirierten Pflanzen-, Vogel- oder Ideogrammformen bemalt waren, waren oft mit Leder oder, kaum zu glauben, Pergament ummantelt. Auch hatten sie kleine Intarsien aus glattem oder gehämmertem Metall (Messing, Zinn, Roses Metall oder Kupfer), Elfenbein oder Perlmutt. Das exotische Aussehen wurde durch Einfassungen mit Troddeln als rein dekorative Zusätze, schildförmige Rückenlehnen, sichelförmige Beine und bisweilen sogar minarettähnlichen Türmchen abgerundet.

Bugattis Arbeiten wurden auf der Pariser Weltausstellung von 1900 und 1902 in Turin ausgestellt, wo die vier von ihm ausgestatteten Räume und eine Reihe von einzelnen Designs eine Sensation hervorriefen und für die er ein »Diploma speciale d'Onore« erhielt. In diesen Entwürfen mit ihren geschmeidigen, geschwungenen Linien wurden, im Gegensatz zu Bugattis früheren, eher starren, reich verzierten Möbelstükken, die Einflüsse der Pariser Designer deutlich, obwohl sie immer noch gewisse Elemente seiner früheren Schaffenszeit enthielten.

DAS MASCHINEN-ZEITALTER

Die Bezeichnung »Maschinenzeitalter« für den Zeitraum von 1910 bis 1954 soll nur eines seiner Merkmale hervorheben. Die wichtigsten Entwicklungen gab es weder im Bereich der Technologie noch in der Kunst, sondern bei den exakten Naturwissenschaften, mit deren Erkenntnissen Männer wie Albert Einstein und Max Planck unsere Vorstellung vom Universum änderten. In der realen Welt rückte tatsächlich die Maschine immer mehr in den Vordergrund. Das frühe 20. Jahrhundert sah neben den Maschinen des ausgehenden 19. Jahrhunderts weitere Neuentwicklungen. Die Maschine beherrschte nicht nur die Fertigung, sondern auch das Transportwesen, das nun, zusätzlich zu den sich auf Schienen bewegenden Maschinen auch solche auf der Straße und in der Luft umfaßte. 1895 wurde der Verbrennungsmotor eingeführt, und nur 1915, drei Jahrzehnte später, produzierte Ford bereits eine Million Automobile pro Jahr. In den dreißiger und vierziger Jahren gehörten Radios, Kühlschränke, Staubsauger, elektrische Bügeleisen und andere Geräte zum Inventar von Millionen amerikanischer und europäischer Haushalte. Die Maschine war zweifellos in jeden Bereich der allgemeinen westlichen Kultur eingedrungen und betraf nahezu alle Bevölkerungsgruppen.

Die beiden Weltkriege zwangen die Industrie zu effizienteren Herstellungsverfahren, und so wurde die Qualität und Präzision von Drehbänken und verschiedenen Werkzeugmaschinen verbessert. Direkten Einfluß auf die Möbeldesigner hatten Neuentwicklungen im Bereich Werkstofftechnologie, wie das Stahlrohr, das gebogene Schichtholz und das Aluminium. Kunststoffe, eine Neuheit der zwanziger Jahre, wurden erst nach dem Zweiten Weltkrieg für das Möbeldesign wichtig.

Auch die Künstler erfanden neue Formenwelten. In Paris wurde 1907 eine bahnbrechende Ausstellung von kubistischen Gemälden von Pablo Picasso und Georges Braque eröffnet. Zwei Jahre später rief ein italienischer Künstler, Filippo Marinetti, mit einem

STAPELBARE HOCKER. BUCHE. ALVAR AALTO, FÜR ARTEK, 1933

Aaltos Ausbildung als Architekt wird in seiner mutigen Verwendung von natürlichen Materialien deutlich. Er schuf funktionale Möbel zu niedrigen Stückkosten, die auch für das Auge ansprechend waren.

Manifest, das »eine neue Schönheit, ein aufheulendes Auto, das wie auf Kartätschen zu laufen scheint« verkündete, den Futurismus ins Leben. Russische Künstler waren dem Futurismus besonders zugetan. Rußland trug in der Tat viel zur modernen Kunst bei, vor allem durch den Konstruktivismus, eine Strömung der abstrakten Kunst, die, teilweise durch die Oktoberrevolution von 1917 noch angeheizt, Ideologie mit avantgardistischer Kunst verband. In Rußland lag in der Bildhauerei und der Architektur die Betonung auf technischen Konstruktionen und sichtbaren Strukturen, nicht auf unförmigen Massen oder umschlossenen Räumen. Einige der wichtigsten abstrakten Gemälde des frühen 20. Jahrhunderts stammen von Piet Mondrian und Theo van Doesburg aus Holland. Sie führten zu der Bewegung De Stijl, die den Begriff »Kunst« strenger als der Konstruktivismus faßte, aber die Architektur und Gerrit Rietveld beeinflußte, dessen berüchtigter »Rot-Blau-Stuhl« ein Sinnbild für modernes Möbeldesign ist. Der Surrealismus, der teilweise auf die Erkenntnisse von Freud zurückgriff, blühte ebenfalls in den zwanziger und dreißiger Jahren. Seine Merkmale waren ein großzügiges Nebeneinander von unwirklichen und realen Objekten, traumartigen Szenen und sexuellen Metaphern und Anspielungen. Seine bekanntesten Vertreter sind der Belgier René Magritte und der Spanier Salvador Dalí, der ein 1936-37 gefertigtes Plüschsofa in knalligem Pink entwarf. Es wies die sinnliche Lippenform der Schauspielerin Mae West auf. Dieses Design ist die reine Antithese zu Rietvelds oben erwähnten geometrischen Konstruktionen.

Allein schon der Versuch, das Maschinenzeitalter nur durch verallgemeinernde Aussagen in den Griff zu bekommen, ist bereits ein Fehler. Möbeldesigner und -hersteller stellten in diesem produktiven Zeitraum je nach Hintergrund, Ausbildung, Arbeitsmethoden, Kundenkreis, Kritikern, persönlichen Wertvorstellungen, Ideologie und rationalem Verständnis (oder Unverständnis) von 1910 bis 1945 eine ganze Reihe von Formen in den verschiedensten Stilen und Materialien her – von Sofas aus Mahagoni und mit Polstern in einem abgedroschenen, historisierenden Stil bis hin zu hochmodernen, geradlinigen Chaiselongues aus Chrom und Leder. Die Möbel des Maschinenzeitalters konnten also mit winkligen, eckigen Formen die Konfrontation suchen (wie viele Schöpfungen aus dem Bauhaus) oder üppig, exotisch und gerundet sein (wie die der Pariser Designer des Art Deco). Oder sie waren plastisch, glatt und organisch (wie die an Wannen erinnernden Stühle des Amerikaners Charles Eames, die den Benutzer fast zu »umarmen« scheinen, ihm dafür jedoch weniger Komfort bieten).

Um »modern« zu sein, arbeitete der Designer, vielleicht aus symbolischen Gründen, in den ersten Jahrzehnten dieses Jahrhunderts lieber mit Metall als mit Holz. Obwohl Bugholzmöbel eigentlich zu den Richtlinien der Moderne paßten – sie waren schlicht, leicht und konnten gut in Serie gefertigt werden – hatten sie einen großen ideologischen Nachteil: sie waren aus Holz. Außerdem war das Bugholz ein Material aus dem 19. Jahrhundert, das auf Michael Thonet und die klassischen Wiener Stühle für Kaffeehäuser zurückging. Das Bugholz hatte für die meisten Modernisten einen negativen Beigeschmack. Das Metall spielte mit anderen Worten bei den Möbeln die gleiche Rolle wie der Beton in der Architektur – ein Argument, das von Charlotte Perriand, Le Corbusiers Mitarbeiterin, vertreten wurde.

Tatsächlich kann man in der Architektur den Schlüssel zu dem abgemilderten, puritanischen, auf die Maschine zurückgreifenden Expressionismus des Möbeldesigns finden. Bald nachdem Rietveld den »Rot-Blau-Stuhl« entworfen hatte, arbeitete er an seinem ersten großen Gebäude, dem Haus Schröder. Walter Gropius und Adolf Meyer erlebten 1914 die Eröffnung der von ihnen entworfenen Faguswerke, einer Schuhleistenfabrik. Im

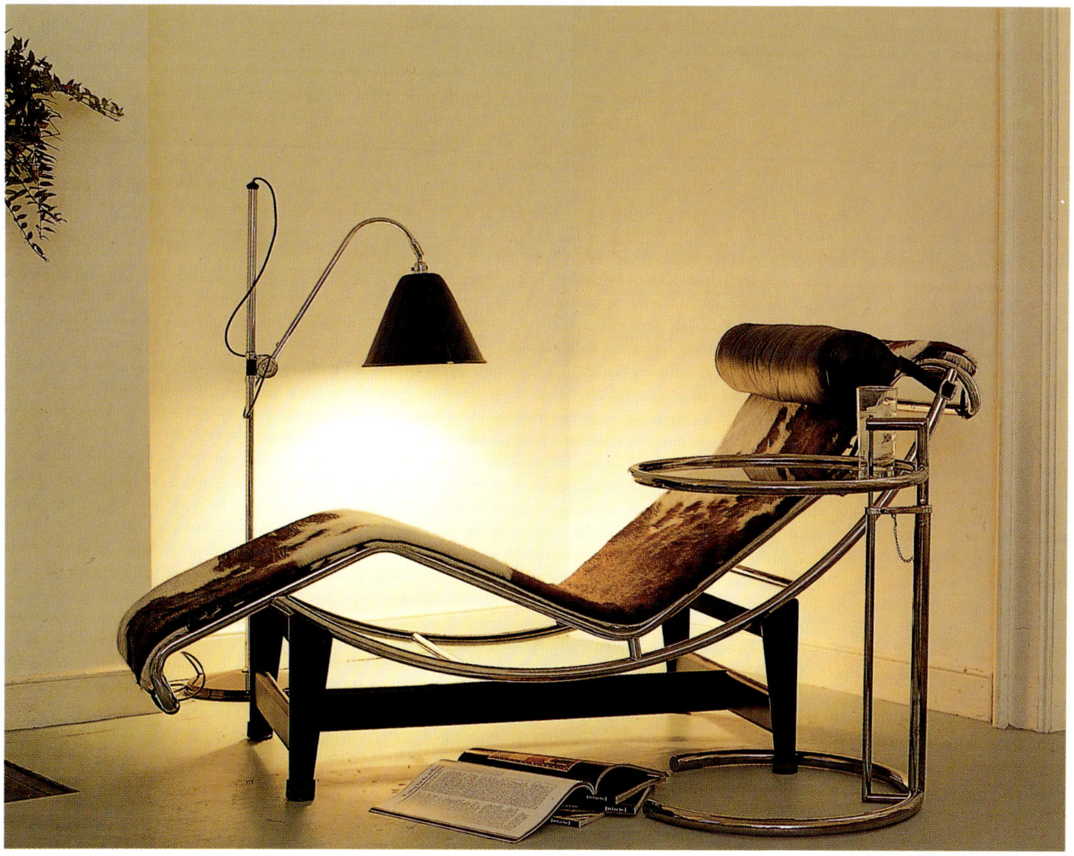

CHAISELONGUE. STAHLROHR. LE CORBUSIER, CHARLOTTE PERRIAND, 1928

selben Jahr arbeitete Le Corbusier Pläne für Häuser aus, die in Serie gefertigt werden können. In den dreißiger Jahren entwarf sogar Frank Lloyd Wright, einer der frühen Propheten der Ästhetik der Maschine, für sein Johnson Building in Wisconsin modernistische Büromöbel aus Metall (jedoch mit Elementen aus Holz). Es war offensichtlich, daß die neuen Architekten neue Möbel wollten, die sie in den zwanziger und dreißiger Jahren auch bekamen.

Die neuen Möbel mußten neben dem Mystizismus der Maschine auch den Radikalismus und den Bruch mit der alten (und teilweise sogar zeitgenössischen) Ordnung zum Ausdruck bringen. In den zwanziger Jahren waren die Entwürfe in Architektur und Möbelbau im wahrsten Sinne des Wortes nicht federnd und freitragend. Die Möbeln waren mit großer Energie geladen, die man entweder als Agression oder als Vitalität interpretieren kann.

Abgesehen vom französischen Art Deco und seinen Ablegern wehrte man sich heftig gegen Ornamente, was natürlich nicht neu war, denn in der gesamten Geschichte der Architektur und des Kunstgewerbes gab es Zeitabschnitte, in denen es zu jeder übertriebenen Dekoration eine Gegenströmung gab. Die Modernisten versuchten jedoch, ihren Entwürfen Rafinesse zu verleihen und die Schlichtheit reich zu gestalten. Dies war nach dem Zweiten Weltkrieg am deutlichsten in den Neuauflagen von Entwürfen zu sehen, wie dem Nachbau des luxuriösen und sehr bequemen Freischwingers, Modell »Brünn« (Entwurf von 1929-30) von Ludwig Mies van der Rohe aus federndem, verchromtem Bandstahl und mit lederbezogener, schaumgummi-gepolsterter Sitzfläche und Rückenlehne.

HOLLAND

Trotz der technologischen Entwicklungen bei Materialien war der erstaunlichste Stuhl im Maschinenzeitalter aus Holz. Er wurde von Gerrit Rietveld (1888-1964) entworfen und gebaut. Der holländische Architekt und Designer

»ROT-BLAU-STUHL«. LACKIERTE EICHE. GERRIT RIETVELD, 1918
Dieser Stuhl als Inbegriff der Moderne ist das Pendant zu Piet Mondrians abstrakten Gemälden und erinnert an frühere Arbeiten von Frank Lloyd Wright.

begann seine Karriere als Modernist 1916 mit Möbelentwürfen für einen Vorreiter des Betonbaus, den Architekten Robert van t'Hoff. 1917 entwarf Rietveld einen Holzstuhl, der aus fünfzehn dünnen Holzstäben und jeweils zwei Brettern für die Sitzfläche und die Rückenlehne zusammengesetzt war. Er erinnerte weder an die Kunsttischlerei, noch zeichnete er sich durch gutes handwerkliches Geschick aus . 1918 wurde eine Version des Stuhls lackiert: die Holzstäbe waren nun schwarz, die Schnittkanten gelb, die Rückenlehne rot und die Sitzfläche blau. Rietveld könnte damals teilweise von Piet Mondrians gitterartigen, abstrakten, in Primärfarben gehaltenen Gemälden, teilweise von Theo van Doesburgs Werken beeinflußt gewesen sein. Letzterer war ein Maler und Schriftsteller, mit dem Rietveld zusammenarbeitete. Einem Gemälde von van Doesburg, »Russischer Tanz« (1918), kann man eine gewisse Ähnlichkeit mit einem zweidimensionalen Plan für einen Baukasten von Rietvelds berühmtem »Rot-Blau-Stuhl« nicht absprechen.

DEUTSCHLAND

Das Bauhaus verhalf dem Stil der Moderne zum Durchbruch. Diese berühmte Schule für europäische Kunst und Design wurde 1919 in Weimar von Walter Gropius (1883-1969) gegründet. Ihre Verlegung nach Dessau 1925 ist der Beginn der Entwicklung des Industriedesigns als eigenes Studienfach.

Das Bauhaus war eine äußerst streitlustige, unbeständige Schule, in der ständig Cliquen und Gruppen gebildet wurden, Streit vom Zaun gebrochen und wieder beigelegt wurde. So traten Gropius und einige andere Gründungsmitglieder 1928 aus, weil sie mit der Tendenz, die Schule in ein Kollektiv zu verwandeln, nicht einverstanden waren. Obwohl man sich etwas mehr an der Industrie orientiert hatte und unter Hannes Meyer (1889-1954), dem Nachfolger von Gropius, einige preiswerte Möbelstücke und Designs für Tapeten hergestellt wurden, gingen verhältnismäßig wenige der dort geschaffenen Entwürfe in Produktion.

Dennoch stellte das Bauhaus für das moderne Design eine Feuerprobe dar. Der »Design-Historiker« Reyner Banham bemerkte, daß alle Innovationen aus dem Bauhaus, wie freitragende Konstruktionen und verglaste Wandflächen an Gebäuden, Metallbiege- und Herstellungstechniken bei Möbeln und anderen Objekten, einen einheitlichen Stil, eine einheitliche Linie aufweisen. Dieser Stil wurde durch den Bau von Modellen und Prototypen sowie in endlosen Streitigkeiten und Debatten geboren. Die Experimente des Bauhaus wurden durch eine reichhaltige Mischung aus Ideen der Futuristen, Konstruktivisten und der De Stijl-Gruppe am Leben erhalten.

Marcel Breuer (1902-81), erst Student, dann Lehrer am Bauhaus, entwarf 1925 seinen berühmten »Wassili-Stuhl«, ein vernickeltes Stahlrohrmöbel mit Lederbespannung als Arm- und Rückenlehnen und Sitzfläche. 1926 entwickelte Mart Stam (1899-1986), ein holländischer Architekt mit Verbindungen zum Bauhaus, Entwürfe für Freischwinger, an die Breuer 1928 anknüpfte.

Der »Wassili-Stuhl«, der seit über sechzig Jahren kopiert und nachgebaut wird, hat seine Wurzeln in Rietvelds »Rot-Blau-Stuhl«. Einige der Holzstäbe wurden durch Streifen aus Leder ersetzt, aber die Ecken und Winkel sowie die Spannung, die durch die spitzen Winkel der Sitzfläche und der Rückenlehne und den vertikalen und horizontalen Linien der Struktur entstehen, sind von Rietveld inspiriert.

Mart Stams hinterbeinloser Stahlrohrstuhl wurde 1924 hergestellt. Da jener aber keinen Zugang zu der Methode, Rohre zu biegen, hatte, konnte er ihn erst 1926 sachgerecht fertigen. Breuer und Ludwig Mies van der Rohe (1886-1969) stellten ihre eigenen Versionen vor, und es kam zu Streitigkeiten über das Vorrecht, Vorreiter gewesen zu sein. Obwohl dieser federnde Freischwinger fast siebzig Jahre alt ist, verkörpert er die allgemeinen Vorstellungen über modernes Interieur.

Die Stühle von Mies van der Rohe werden immer noch produziert. 1929 entwarf er den »Barcelona-Sessel«, der inzwischen der beliebteste und berühmteste aller modernen Stühle ist. Er sieht nicht nur bequem aus, auch die Kombination aus Leder, blitzendem Chrom und seine Kurven machen ihn zu einem akzeptablen (und luxuriösen) Stück der Moderne.

FRANKREICH

Der Einfluß des französischen Architekten Le Corbusier (Charles-Édouard Jeanneret, 1887-1965) war zeitgleich mit dem des Bauhaus und genauso wichtig. Obwohl er »Architekt des Jahrhunderts« genannt worden ist, kann man ihn nicht als wichtigsten Möbeldesigner des Maschinenzeitalters bezeichnen.

SCHRANK. MAHAGONI. MESSING INTARSIERT. WALTER GROPIUS, 1913 *(OBEN)*
Dieses schöne Möbel zeigt, daß Gropius vom Wiederaufleben des Biedermeiers Anfang des 20. Jahrhunderts in Deutschland beeinflußt war.

STUHL. STAHLROHR, KORBGEFLECHT. LUDWIG MIES VAN DER ROHE, 1927 *(RECHTS)*
Einer der ersten Freischwinger. Er ist stabil, aber der unbedarfte Benutzer kann leicht nach vorne kippen.

»WASSILY-STUHL«. ROHRSTAHL, LEDER. MARCEL BREUER, 1925 *(OBEN)*
Der ursprünglich für den Maler Wassily Kandinski entworfene Stuhl wird seit 1945 produziert. Die schlanke Konstruktion aus »Leisten und Stangen« ist ansprechender als der radikale »Rot-Blau-Stuhl« von Rietveld.

WANDREGAL. BUCHE. CHARLOTTE PERRIAND, 1929 *(LINKS)*
Perriand hatte großen Einfluß auf die Möbelentwürfe von Le Corbusier. Sie wurde ihrerseits von dessen architektonischen Details beeinflußt.

TOILETTENTISCH. STAHL LACKIERT. RENÉ HERBST, 1932 (unten)
Ähnelt den Möbeln, die Frank Lloyd Wright für das Larkin Building 1904 entwarf.

»BARCELONA-SESSEL«. STAHL, LEDER. LUDWIG MIES VAN DER ROHE, 1929 *(OBEN)*
Dieser Sessel wird immer noch von Knoll hergestellt.

CHAISELONGUE. STAHL, HOLZ. MARCEL BREUER, 1932 *(RECHTS)*
Die Chaiselongue war unter den Designern der Moderne eine populäre Möbelform.

Außerdem spielte seine Kollegin Charlotte Perriand (geb. 1903) bei Konzeptionen von Designs, die bis vor kurzem leichtfertig Le Corbusier zugeschrieben wurden, eine mindestens ebenso wichtige Rolle.

Le Corbusiers Glaube an den Menschen als menschlichen Mechanismus, der durch den evolutionären Prozeß der natürlichen Auslese perfektioniert wird, spiegelt sich in seinen Möbelentwürfen wider. Sie sind von einem hochentwickelten Sinn für Rationalität und ästhetischer Integrität durchdrungen. Er ersetzte den Begriff »Möbel« durch, wie er es nannte, »schöne Ausstattung«. Damit wollte er zum Ausdruck bringen, daß Möbel in ihrer Umgebung austauschbar seien und so sein architektonisches Ideal erreicht werden kann.

Le Corbusier brachte die Emotionalität der Moderne zum Ausdruck, vor allem die mit der Einrichtung zusammenhängenden Gefühle, die er entdeckte oder zumindest neu interpretierte. Er schuf insbesondere Interieurs, in denen die Kontemplation ein wichtiger Bestandteil war. Er schob nutzlose Dinge beiseite, um so Ruhe und Größe zu schaffen.

Dieses Streben nach Reinheit bezog sich unter dem Gesichtspunkt, daß die Maschinenfertigung (idealerweise) kalkulierbar, konsequent und zuverlässig ist, auch auf die Serienproduktion. Außerdem scheinen die Möbel unberührt von menschlichen Händen. Die Ironie ist, daß, wie bei so vielen Möbelentwürfen der Moderne, die von Le Corbusier konzipierten Möbel mit den Fertigungsmethoden der damaligen Zeit kaum für die Serienfertigung geeignet waren.

Le Corbusier war immerzu auf der Suche nach Ordnung und Sinn. Er fing damit an, kastenförmige Aufbewahrungselemente an den Wänden anzubringen und reduzierte die anderen Einrichtungsgegenstände auf zwei Kategorien: Tische und Stühle, für die Arbeit oder für die Freizeit. Bei Le Corbusier mußten sich die Möbel ihre Daseinsberechtigung erst erwerben.

Dennoch liebte er den Luxus. Seine Entwürfe zeigen, daß er Gefallen an gutem Leder und verchromtem Stahlrohr fand. In seinem Armlehnstuhl »Fauteuil grand confort«, der von englischen, in Clubs aufgestellten Armlehnstühlen abgeleitet sein soll, kann man es sich bequem machen.

Le Corbusier zeigte die zusammen mit Charlotte Perriand entworfenen Möbel aus verchromtem Stahl erstmals 1928. Er war jedoch nicht führend auf diesem Gebiet. Die Irin Eileen Gray (1878-1976) zählte zu den Designern der ersten Stahlrohrmöbel. Einer ihrer ungewöhnlichsten Stühle mit der passenden Bezeichnung »Nonconformist« war aus einem Stahlrohr gebogen und besaß eine gesteppte Polsterung mit beigem Segeltuchbezug. Er ist asymetrisch und hat nur eine Armlehne, um »dem Körper größere Bewegungsfreiheit zu gewähren, der sich so ohne Probleme auf die eine Seite lehnen, nach vorne beugen und auf die andere Seite lehnen kann«. Sie wollte, im Gegensatz zu vielen männlichen Designern, den Komfort nicht der ästhetischen Ideologie opfern.

ART DECO

Das Art Deco ist gemeinsam mit der Moderne des Bauhaus die bekannteste Stilrichtung der zwanziger und dreißiger Jahre. In den zwanziger Jahren war der Stil des Art Deco vorwiegend einfach und elegant, mit gekurvten Armlehnen und Beinen. In den dreißiger Jahren war das Art Deco weniger klassisch und, mit seinen Sechsecken, Achtecken, Keil- und Zylinderformen, weniger »menschlich«. Holz, Metall und Glas wurden mit kunstvollen Furnieren kombiniert, und oft erinnerte das Resultat an ein Bühnenbild – vielleicht der Einfluß von Hollywood. Das Art Deco sprühte mit einem Witz, der an Noël Coward und amerikanische Cocktails erinnerte. Die Möbel waren ohne Ausnahme mit edlem Ebenholz, Sil-

PARAVENT. HOLZ SCHWARZ LACKIERT. EILEEN GRAY, 1924 *(OBEN)*
Eine frühere, weiß lackierte Version dieses Paravents wurde in Grays schöpferisch gestaltetem »Monte Carlo«-Zimmer auf dem »XIV. Salon des Artistes Décorateurs« 1923 gezeigt.

SESSEL »GRAND CONFORT«. ROHRSTAHL, LEDER. LE CORBUSIER UND CHARLOTTE PERRIAND, 1928 *(OBEN LINKS)*
Le Corbusier und Perriand waren nicht puritanisch, wenn es um Möbel ging, wie dieser überaus luxuriöse Stuhl mit seinem reichen schwarzen Leder zeigt.

ber und Gold eingefaßt, und viele waren honigfarben poliert. Ein weiteres Merkmal war das gebrochene Licht: in Bars, Tanzsälen und Filmtheatern brach sich das Licht auf harten Oberflächen aus Lack, dunkel glänzenden, mit Chrom und Facetten verzierten Spiegeln.

Obwohl man den Beginn des Art Deco nicht auf ein einziges Ereignis festlegen kann, war die »Exposition Internationale des Arts Décoratifs et Industriels Modernes« 1925 in Paris sicherlich ausschlaggebend. Dort zeigte Emile-Jacques Ruhlmann (1879-1933) eine Kollektion seiner eigenen Arbeiten und Entwürfe von Pierre Legrain (1889-1929), Jean Dunand (1877-1942) und anderen. Ruhlmanns Möbel waren in den späten zwanziger Jahren in einem modernen, klassischen Stil mit einfachen, eleganten Formen und häufig mit Spitzbeinen. Seine Möbel aus Ebenholz, Lack oder sogar Schlangenleder waren im allgemeinen Triumphe handwerklicher Perfektion und teuer und prächtig gearbeitet. Ruhlmann kannte seine Kunden und ihre Wünsche. Für sie bestand das Preis-/Leistungsverhältnis aus Arbeitsaufwand und Materialien. In den dreißiger Jahren paßte er seine Entwürfe dem damals herrschenden Trend zu verchromten Metallen an. Pierre Legrain verwendete für seine Arbeiten exotische Materialien wie Haifischleder und Ebenholz. Allerdings waren seine Entwürfe eher klobig und besaßen Formen, die man auch an afrikanischen Möbeln findet.

Jean Dunand eignete sich Anfang der zwanziger Jahre, wie Eileen Gray zu Beginn ihrer Karriere, Fähigkeiten in der Herstellung von Lackarbeiten an. Beide hatten bei dem japanischen Meister Sugawara in Paris gelernt und entwarfen später Tische, Stühle, Schränke und Paravents, die mit glänzendem, an ostasiatischen Vorbildern orientierten Lackarbeiten in schwarzen, roten, grünen und gelegentlich so ungewöhnlichen Schattierungen wie blau und creme versehen waren. Bisweilen waren ihre Lackmöbel mit tierischen und figurativen Themen verziert, andere Stücke waren wiederum völlig schlicht und einfach, aber dennoch schön.

Zwei bedeutende Designer des Art Deco können als Repräsentanten der beiden Extreme des Stils, nämlich winkelig einerseits und exotisch andererseits, gelten: Pierre Chareau (1883-1950) und Robert Mallet-Stevens (1886-1945). Chareaus Arbeiten aus den zwanziger Jahren waren einfach, ja fast sparsam. Hölzer wie Mahagoni und Eiche wurden hochglänzend poliert und hoben sich gegen die reich verzierte Polsterung ab. Der Stoff und die harte, glänzende Oberfläche erzeugten miteinander eine Kombination von Lichteffekten: die harte Oberfläche reflektierte das Licht, während die Oberfläche des Stoffes es absorbierte. Außerdem intensivierte das absorbierte Licht die Farbe des Stoffes und trug so zu einer Fülle bei, die durch die sparsame Strenge des hölzernen Gestells noch betont wurde. Robert Mallet-Stevens war der erste Präsident der 1929 in Paris gegründeten »Union des Artistes Modernes«. Er war gegen Ornamente und hatte sich neuen Materialien verschrieben. Seine Möbel verbanden Stahlrohr mit gemusterten Stoffen. Er glaubte an funktionalistische Visionen, aber seine Arbeiten aus den dreißiger Jahre drückten diese Ideale eher in der Form von Lyrik als im Brutalismus aus.

KARTENTISCH. MESSING-SABOTS. EMILE-JACQUES RUHLMANN, 1922 *(LINKS)*
Ruhlmann, einer der bekanntesten französischen Designer der zwanziger Jahre, verwendete exotische Materialien, die handwerklich perfekt verarbeitet wurden.

ARMLEHNSESSEL. PERLMUTT, INTARSIERT. EMILE-JACQUES RUHLMANN, 1925 *(OBEN)*
Dieser Sessel verdeutlicht Ruhlmanns Glaube an die »reine Form und die Direktheit der Linien«.

SCHREIBTISCH. MESSING, MARMOR. FRANKREICH, 1932 *(OBEN)*
Die Reliefs stellen symbolhaft die triumphalen Errungenschaften der Fertigungstechnik dar.

INTERIEUR FÜR EIN HAUSBOOT AUF DER SEINE. PAUL POIRET, 1925 *(OBEN LINKS)*
Dieses auf der Pariser Ausstellung 1925 ausgestellte Interieur erregte wegen der offensichtlichen Beeinflussung durch »Les Ballets Russes« großes Aufsehen.

ENSEMBLE VIERTEILIG. GOBELIN-BEZUG. MAURICE DEFRÈNE, um 1925 *(OBEN)*
Der Gobelin-Bezug stammt von Jean Beaumont. Das Gestell ist geschnitzt, mit Gips dekoriert und vergoldet.

SIDEBOARD. ROBERT MALLET-STEVENS, 1931-32 *(OBEN MITTE)*
Perfekt verband der französische Architekt funktionale Einfachheit und großartige Finesse.

SESSEL. NUSSBAUM, LEDER. ERIK GUNNAR ASPLUND, 1925 *(LINKS)*
Die Möbelentwürfe von Asplund beeinflußten Aalto nachhaltig.

ARMLEHNSESSEL. SCHICHTHOLZ. ALVAR AALTO, 1935 *(RECHTS)*
Aalto benutzte in den dreißiger Jahren für viele seiner Möbelentwürfe gepreßtes Schichtholz.

SKANDINAVIEN

Den skandinavischen Ländern sind viele Wertvorstellungen gemeinsam, aber jedes einzelne Land hat seine eigene Kultur, und seit dem Ersten Weltkrieg wurden die jeweiligen Produkte durch entsprechendes Design für den Markt mehr oder weniger attraktiv gestaltet. Außerdem hat im Gegensatz zu England, den USA oder Deutschland in keiner der skandinavischen Nationen eine vergleichbare industrielle Revolution stattgefunden. Die skandinavischen Designer sahen sich also nie veranlaßt, in ihren Arbeiten das Bild der Maschine zu verarbeiten. Außerdem erkennt man skandinavisches Design daran, daß es seit Anfang des Jahrhunderts konsequent eine Reihe von sozialen und humanistischen Wertvorstellugen verfolgt hat. Deshalb hätte Rietvelds »Rot-Blau-Stuhl« nicht in Schweden oder Finnland entstehen können – er sieht dazu viel zu hart, ohne Gefühl für den Körper, aus.

Die Entwürfe des dänischen Designers Kaare Klint (1888-1954) verkörpern das handgemachte Aussehen als Merkmal des skandinavischen Design. Seine Möbelentwürfe waren Meisterwerke der Kunstfertigkeit und guter Tischlerarbeit und waren für den intelligenten und gutsituierten Verbraucher Ausdruck der Moderne.

Er war einer der ersten Designer, der das Wort »natürlich« in »natürlichen Materialien« wörtlich genommen hat. Während des Ersten Weltkriegs begann er, mit unlackiertem Holz zu experimentieren. Er bevorzugte Wachs und Politur, da so die Maserung des Holzes stärker hervortrat und der Umgang mit dem Licht erleichtert wurde, verwendete ungefärbtes Leder und mit natürlichen Farben gefärbte Stoffe und studierte die Arbeiten von Chippendale und den Shakern aus dem 19. Jahrhundert sowie die von Le Corbusier und war auch über Stahlrohrmöbel gut informiert.

Die Art und Weise, wie er Textilien einsetzte, ist speziell für die skandinavischen Länder charakteristisch. Skandinavische Designer benutzten »konstruierte« Textilien, im Gegensatz zu bedruckten Stoffen, weil unter anderem in diesen Ländern die Webkunst ein stark traditionsgebundenes Handwerk war. Hauptursache waren allerdings die Vorstellungen des Bauhaus, daß alle, auch gewebte Strukturen wegen ihres technischen Beigeschmacks und der Ehrlichkeit, mit der sie die fundamentale Logik ihres Designs aufdeckten, gewürdigt werden sollten.

Der berühmteste Designer, der in der Zeit zwischen den Weltkriegen zu Ruhm gelangen sollte, war der finnische Architekt Alvar Aalto (1898-1976). Er schuf wie Klint Möbel für die Serienfertigung, behielt jedoch immer die Idee der »individuellen Hand« bei. Im Gegensatz zu Klint, der dieses Material nie verwendete, entwickelte und erweiterte Aalto die Möglichkeiten des gebogenen Sperrholzes. Sein Interesse an Holz war teilweise ideologisch begründet – er glaubte, der menschliche Körper dürfe nur mit gewachsenem Material in Berührung gebracht werden - und teilweise praktischer Natur: Finnland ist überaus waldreich.

Während des Ersten Weltkriegs kam das Sperrholz zu seinem Recht. Vorher war es nur als billiger Ersatz für Massivholz angesehen worden, nun wurde es als Material respektiert, da seine strukturellen Eigenschaften im Schiffs- und Flugzeugbau nützlich waren. Gegen Ende der dreißiger Jahre hatte die chemische Industrie, unter anderem auch für den Bedarf der Luftfahrtindustrie, eine neue Generation von Klebstoffen entwickelt. Damit konnte man verschiedene Arten von Schichtholz herstellen, und Aalto begann mit dem Biegen von Schichtholz. 1933 ließ er ein Verfahren zum Biegen von Holz, nachdem er seine in den Jahren 1930 bis 1933 entworfenen Hocker, die stapelbaren Dreibein-Modelle aus schichtverleimtem Birkenholz gefertigt hatte, patentieren. 1935 produzierte er den »Federblatt-Stuhl« komplett aus Schichtholz. Die Sitzfläche und die Rückenlehne waren aus einem einzigen Stück gebogenen Sperrholz und ruhten auf zwei »Federn« – aus sieben Birkenholzlamellen hergestellten Paar Arme/Beine in einem Stück.

Aalto regte die modernen »Wannen-Möbel« an, da man mit gebogenem und gepreßtem Material Formen schaffen konnte, die den Körper fast ganz umschlossen. 1934 entwickelte der schwedische Designer Bruno Mathsson (geb. 1907) einen solchen Stuhl. Das Gestell aus Buche ist einfach, aber an den Ecken gebogen, und die Sitzfläche und die Rückenlehne bestehen aus einer gitterförmigen Bespannung aus festen Baumwollgurten.

SCHRANK. FURNIERT. HEAL & CO., 1926
Vorbilder waren offenbar französische Entwürfe, insbesondere die von Ruhlmann.

ENGLAND

Coates Wells (1895-1958) war Ingenieur und ein Modernist. Er war Mitbegründer der Firma Isokon, die Häuser und Wohnungen mit funktionalistischem Design ausstattete. 1935 entwarf er auch Stahlrohrmöbel für PEL (Practical Equipment Ltd.). PEL wurde 1931 ins Leben gerufen und stellte Stühle wie den »RP6« her, der eine Synthese aus den Ideen Breuers und Stams war. Der »RP6«, der in die ganze Welt exportiert wurde, stellt mit seinem Stahlrohrgestell und seiner Sitzfläche und Rückenlehne aus Segeltuch eine sehr funktionale, aber ziemlich elementare Stuhlform dar.

England liebäugelte immer noch mit dem Handwerk: In den zwanziger Jahren wurde die Kunstschreinerei neu belebt. Wie in Schweden und Dänemark gab es einen oder zwei Künstler, die Kenntnisse sowohl des »Kunsthandwerks« als auch des »Designs«, besaßen. Zu ihnen zählt Gordon Russell (1892-1980), der aus der Tradition der Arts-and-Crafts-Bewegung kam. Er war auf einigen Gebieten des Kunsthandwerks ein enthusiastischer Amateur. So schnitt er Buchstaben in Stein und tischlerte. Nach dem Ersten Weltkrieg stieß er zu der Firma seines Vaters in Broadway in den Cotswold Hills. Die Werkstätte war damals noch größtenteils von handwerklicher Fertigung abhängig; Russell führte im Laufe der zwanziger Jahre zahlreiche Maschinen mit der Begründung ein, daß die manuelle Fertigung und die maschinelle Herstellung miteinander vereinbar seien und daß eine Synthese der beiden Methoden nicht nur möglich sei, sondern sich auch positiv auswirke, wenn nur auf gutes Zimmerhandwerk und traditionelle Tischlerei Wert gelegt werde.

1943 wurde Gordon Russell Sprecher des von der Regierung ernannten Kommittees für »Gebrauchsmöbel«. Diese waren billig und standardisiert, aber von guter Qualität. Sie waren für Menschen gedacht, die ihre Möbel bei den Bombenangriffen verloren hatten oder einen Hausstand gründeten. Diese Möbel trafen jedoch nicht den Geschmack der breiten Masse, deshalb stieß man, sobald es die fünfziger Jahre ermöglichten, diese »Gebrauchsmöbel« ab.

Ambrose Heal (1872-1959), ein Engländer, der einen ähnlichen Weg beschritt, war an der Slade ausgebildet worden und absolvierte anschließend eine Lehre als Kunstschreiner. Nachdem er in das Familienunternehmen Heal (ein Spezialgeschäft für Möbel und Betten) eingetreten war, entwarf er zuerst Möbel im typischen Stil der englischen Arts-and-Crafts-Bewegung. Später, in den dreißiger Jahren, begann er, sich für die Entwürfe aus Stahlrohr und Schichtholz des europäischen Festlandes zu interessieren, die seine Arbeiten beeinflussen sollten.

Auch andere Engländer weigerten sich damals, dem Zeitgeist zu folgen. Ein besonders gutes Beispiel dafür ist Edward Barnsley (1900-1986). Der Sohn von Sidney Barnsley, einem der Führer der Arts-and-Crafts-Bewegung des ausgehenden 19. Jahrhunderts, war ein guter Kunsttischler und, obwohl er diese Bezeichnung haßte, ein guter Designer. Edward Barnsley fertigte einfache Möbel in Holz, hauptsächlich von Hand, und wandte die traditionellen Techniken der Tischlerei des 18. und 19. Jahrhunderts an.

VEREINIGTE STAATEN VON AMERIKA

Die Geschichte des »Maschinenstils« nahm in den USA mit dem Architekten Frank Lloyd Wright (1867-1959) ihren Anfang. Obwohl Gerrit Rietvelds »Rot-Blau-Stuhl« ein zukunftsweisendes Objekt des modernen Möbeldesigns war, nahmen die strengen architektonischen Möbelentwürfe, die Wright Anfang des Jahrhunderts gestaltete, Rietvelds Radikalismus vorweg und könnten jenen auch beeinflußt haben. Sicherlich waren die von Wright 1904 entworfenen winkeligen Möbel aus lackiertem Stahl für das Verwaltungsgebäude der Larkin Company in Buffalo, New York, sehr viel kühner als alles andere, was zu jener Zeit aus Europa kam. Aber die USA konnten das ihnen angeborene Talent damals nicht vermarkten. So wurden in den Ausstellungen über Industriedesign, die in den zwanziger und dreißiger Jahren regelmäßig in New York stattfanden, hauptsächlich europäische Arbeiten gezeigt, amerikanische Designer waren kaum vertreten.

Art Moderne

Das Art Deco übte in den USA unter der Bezeichnung »Art Moderne« einen maßgeblichen Einfluß aus. Art Moderne nahm nach dem Ersten Weltkrieg in Los Angeles und New York seinen Anfang. Nach der »Exposition des Arts Décoratifs« 1925 in Paris ließen sich die amerikanischen Designer von französischer Möbelkunst inspirieren. Vom Ende des Ersten Weltkriegs bis zum Anfang der dreißiger Jahre fanden im Metropolitan Museum of Art in New York eine Reihe groß angekündigter Ausstellungen über Industriedesign statt, und Designer wie der Wiener Joseph Urban (1872-1933), der sich 1911 in New York niedergelassen hatte, wurden sehr bekannt.

In den USA wurden einige schöne Art Deco-Möbel hergestellt. Eine der Stärken dieses Landes war das Engagement für gute Herstellungsverfahren, die auf alten handwerklichen Traditionen beruhten. Der finnisch-amerikanische Architekt Eliel Saarinen (1873-1950) fertigte beispielsweise sehr elegante Eßzimmerstühle mit einfachen, kannelierten Rückenlehnen. Diese mit Ebenholzstreifen intarsierten Stühle aus Stechpalme waren für den Präsident der Cranbrook Academy of Art in Bloomfield Hills, Michigan, entworfen worden, die Saarinen mitbegründete und deren Präsident er 1932 wurde.

Der in Wien geborene Designer Paul T. Frank (1887-1958), der 1914 nach New York ging, war wegen seiner von Wolkenkratzern inspirierten Möbel bekannt. Hierzu zählen beispielsweise gestufte Kommoden und Schränke in architektonischen Formen sowie schöne Lackmöbel, die mit vielen französischen Meisterwerken konkurrieren konnten. Donald Deskey (geb. 1894), der die Inneneinrichtung der Radio City Music Hall in New York entworfen hatte, verwendete Bakelit, Aluminium und andere neue Materialien und schuf damit Möbel, die Elemente der Blütezeit des Pariser Art Deco und des funktionalen, geradlinigen Stils des Bauhaus miteinander verbanden.

Der in Deutschland geborene Industriedesigner Karl Emmanuel Martin Weber (1889-1963) trug an der amerikanischen Westküste dazu bei, eine kalifornische Moderne zu schaffen. Seine Möbel waren hauptsächlich aus Metall und Glas, und wiesen oft an Wolkenkratzer erinnernde Elemente auf.

»Design-Historiker« haben den Zeitraum von 1930-1945 in den USA als das »Zeitalter des Automobils« bezeichnet. Im Laufe der dreißiger Jahre wurde der Einfluß des Automobildesigns auf andere Bereiche immer stärker. Möbel in einem Stil des amerikanischen Art Deco, das seither

TISCH UND SITZMÖBEL. HOLZ, METALL GEHÄMMERT. FRANK LLOYD WRIGHT, Mitte der zwanziger Jahre
Die für das Storer House entworfenen Möbel wurden als Teil der Architektur und des Interieurs gesehen.

»Streamline Moderne« genannt wird, beherrschten das Bild. »Streamlining« war ein Stil, in dem Objekte, vom Schreibtisch bis zur Lokomotive, eine stromlinienförmige, einem Torpedo ähnliche Form erhielten.

Organisches Design

Obwohl die amerikanische Küche vielleicht gewillt gewesen wäre, die Stahlrohrmöbel des »neuen Zeitalters« zu akzeptieren, war der amerikanische Geschmack im allgemeinen immer in Richtung »Organisches« gegangen. Die Stärke, die das Land im Bereich der Holzbearbeitung beweist, kann man zum Teil auf eine Vorliebe für weiche Linien zurückführen. Sogar Marcel Breuer fing damit an, weichere Formen zu entwerfen, als er sich 1937 in den USA niederließ.

Zu dieser Zeit beeinflußten skandinavische Möbel die amerikanischen Designer. Seit Anfang der zwanziger Jahre hatte es Wanderausstellungen über skandinavisches Kunstgewerbe gegeben. Außerdem beeinflußte die praktische Anwendung der modernen Technologie die organischen Elemente des Designs. Beispielsweise mußten Formen aus Spritzguß-Kunststoff aus rein praktischen Erwägungen rund oder »organisch« sein.

Die gerundete, plastische Form wurde ein Bestandteil der Elemente des klassischen Möbeldesigns Mitte des 20. Jahrhunderts – hauptsächlich durch die Arbeiten von Charles Eames (1907-78) und seiner Frau Ray (geborene Kaiser). 1940/41 schrieb das »Museum of Modern Art« in New York einen Wettbewerb aus und organisierte anschließend eine Ausstellung mit dem Titel »Organic Design in Home Furnishings«. Den Wettbewerb gewannen zwei Kollegen von der Cranbrook Academy, Charles Eames und Eero Saarinen (1910-61), der Sohn von Eliel Saarinen. Saarinen und Eames, beeinflußt von Alvar Aalto, über den 1939 eine Retrospektive am Museum of Modern Art stattgefunden hatte, begannen damit zu experimentieren, Schichtholz dreidimensional zu biegen, was notwendig ist, um aus einem flachen Brett eine Schalenkonstruktion zu formen. Anscheinend war Aalto mit dieser plastischen Form nicht einverstanden. Er war der Meinung, daß das Resultat eher mit geformtem Kunststoff verwandt sei und daß das Pressen von Holz in konkave Formen »den Eigenschaften von Holzfasern zuwiderlaufe«.

Während Charles und Ray Eames auch Arbeiten für die amerikanische Marine ausführten, entwickelten sie zwischen 1942 und 1946 eine Reihe dreidimensional geformter Schichtholzstühle, einige davon mit Teilen aus gebogenem Metall. Der klassische Stuhl von Eames ist eine wie eine riesige, halbierte Eierschale aussehende breite und tiefe Schale, der als Möbel ausgebildete Schoß. Als die Stühle in Produktion gingen, waren sie sowohl ein kommerzieller als auch ein intellektueller Erfolg.

Wie schon in England waren einige Künstler mit dem damaligen Design und mit den Produktionsmethoden nicht einverstanden. Einer davon war der Begründer der traditionellen modernen Holzbearbeitung, der Designer Wharton Esherick (1887-1970). Sein Haus und sein Studio in Pennsylvania stehen noch heute und sind in einer sehr seltsamen Mischung aus Stilen gebaut. Anfang der dreißiger Jahre fertigte Esherick Stühle, die Ähnlichkeit mit zeitgenössischen Entwürfen der skandinavischen Moderne haben, allerdings aus Felgen und Deichseln einer alten Pferdekutsche gebaut waren.

Tisch mit Glasplatte. Schichtholz. Isamu Noguchi, 1930 *(unten)*
Herman Miller produzierte 1945 diesen Tisch, bei dem schon die amöbenartigen Formen der fünfziger Jahre anklingen.

Esszimmerstuhl. Nadelholz, Ebenholz. Eliel Saarinen, 1930 *(oben)*
Einer von acht Stühlen. Er wurde für das Haus des Präsidenten der »Cranbrook Academy«, Michigan, entworfen.

Die Moderne

Die Entwicklung des Möbeldesigns im 20. Jahrhundert ist unregelmäßig verlaufen. Die Ideale der Moderne Ende der zwanziger und in den dreißiger Jahren waren nicht wirklich praxisbezogen. Die Möbel der Architekten als Designer, die ursprünglich als Produkte eines industriellen Zeitalters und für die maschinelle Fertigung großen Stils vorgesehen waren, deckten tatsächlich nur einen Bruchteil des Marktes ab. Obwohl das Design auf sehr einfachen Entwürfen beruhte und oft nur sehr wenige Einzelteile aufwies, war die Montage nach Mannstunden oft sehr teuer. Die von Le Corbusier und Perriand entworfene Chaiselongue mußte beispielsweise von Hand geschweißt und poliert werden, auch die Lederpolsterung war handgenäht. Die Modernisten hatten, obwohl sie eigenen Aussagen zufolge Entwürfe für die industrielle Produktion schufen, eigentlich elitäre Möbel gebaut. Ihre Konzepte von Einfachheit und Raum wurden damals stürmisch begrüßt, aber erst gegen Ende der achtziger Jahre wurden die führenden modernistischen Entwürfe zu einer modischen und praktischen Alternative. Es gibt zwei Hauptgründe für diese Unregelmäßigkeit in der Entwicklung des Designs im 20. Jahrhundert. Erstens sind da die Vorteile der Serienfertigung. Junge Designer, die eine »schöne neue Welt« einläuten wollten, versuchten, die neu entwickelten Kunstmaterialien in ihre Entwürfe einfließen zu lassen, stellten aber fest, daß die Herstellungskosten für hohe Stückzahlen zu hoch waren. Zweitens war diese Zeit meist unsicher. Durch die beiden Weltkriege waren Materialien häufig knapp, und auch die nötigen Mittel für die Produktion und den Kauf der neuen Designs standen oft nicht zur Verfügung. Die Avantgarde, wie es oft in schweren Zeiten der Fall ist, war als erste davon betroffen.

In der westlichen Welt war der Lebensstandard seit 1945 generell gestiegen. Die Zeit unmittelbar nach dem Krieg waren von begrenzter Nachfrage gekennzeichnet, und die Konzentration auf funktionale Notwendigkeiten wurde langsam durch einen zunehmen-

Sideboard und Raumteiler, Modell Carlton,
mit Plastiklaminat belegt, Ettore Sottsass, 1981

Dieses Möbel erregte auf der Mailänder Möbelmesse 1981 großes Aufsehen.

STUHL. MUSKATHOLZ, EBENHOLZ, NICKEL, SILBER. JOHN MAKEPEACE, 1978 *(LINKS)*
Die geschwungenen gotisierenden Formen stellen einen Höhepunkt im Schaffen von Makepeace dar.

SESSEL »CHICKEN WIRE«. STAHL GESCHWEISST. HARRY BERTOIA, FÜR KNOLL, um 1952 *(RECHTS)*
Bertoia wurde von Marcel Duchamps Gemälde »Nude descending a staircase« inspiriert. Der Sessel soll nach seinen Worten interessante Perspektiven bieten, wenn man um ihn herumgeht.

den Wohlstand verdrängt. Daraus resultierte anfangs die Nachfrage nach traditionellen, wenn auch gestelzten Möbeln, und viele frühere Stile erfuhren eine Wiederbelebung. Der Wohlstand der sechziger Jahre förderte die Entwicklung und die Experimente, was schließlich in der Pop-Kultur gipfelte. In den siebziger Jahren unterstützte das Fallen der Barrieren des konventionellen Designs die Serienfertigung von Möbeln, die von Architekten in Verbindung mit großen Herstellerfirmen entworfen wurden. In den achtziger Jahren setzte sich dieser Trend fort. Die Interieurs wurden nicht mehr nach vorgegebenen oder universellen Kriterien, sondern nach den eigenen Wünschen gestaltet, und auch das Bewußtsein für das klassische Formengut der Vergangenheit und für schöne, handgearbeitete Möbel nahm zu.

Der Konsument der siebziger Jahre schwankte in seinen Bedürfnissen, wollte nur das Neueste und gleichzeitig das Beste. Dies war die Antwort auf den Einfluß des industriellen Zeitalters und auf die Wegwerfgesellschaft. In den achtziger Jahren begannen die Verbraucher, nach den Qualitätsprodukten früherer Zeiten zu suchen, zunächst durch den Kauf von Antiquitäten, später durch den Kauf von privat in Auftrag gegebenen oder in begrenzter Stückzahl hergestellten Möbeln.

Die weitreichendste Veränderung der Nachkriegszeit ist, daß man sich vom Konzept des Designers oder Kunstschreiners löste, der Einzelaufträge ausführte, diese modifizierte und »verwässerte« Versionen entwarf, die dann zu einem niedrigeren Preis in Serie hergestellt wurden. In der Nachkriegszeit arbeitete der Architekt ganz im Gegenteil als Designer erfolgreich mit der Industrie zusammen, um schöpferische Möbel zu entwerfen, die billig und in großer Anzahl gefertigt werden konnten.

TISCH UND STÜHLE. CARLO MOLLINO, um 1955 *(LINKS)*
Die kurvenreichen Formen des Holzes erinnern an das Art Nouveau. Sie waren bei den italienischen Designern der Nachkriegszeit sehr beliebt, aber nur wenige wandten diese bei der Gestaltung von Möbeln so erfolgreich an wie Mollino.

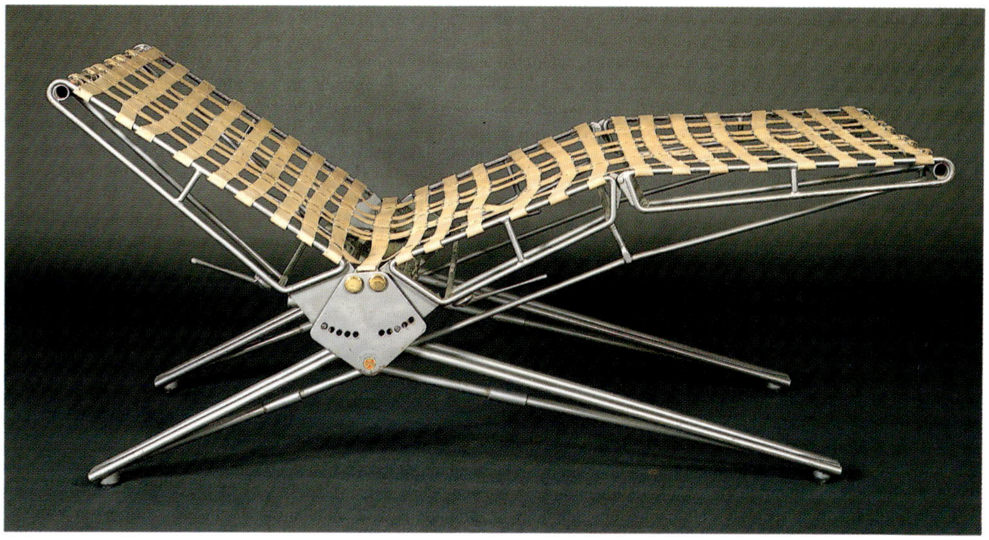

ITALIEN

Die vollkommene Zerstörung vieler italienischer Städte und Metropolen gegen Ende des Zweiten Weltkriegs war lebenswichtig für die Industrie des Landes. Da über drei Millionen Häuser samt Einrichtung zerstört waren, entstand eine große Nachfrage. Der Neuanfang (mit großzügiger amerikanischer Hilfe), gab Italien die Gelegenheit, neue Fabriken zu bauen und sich Maschinen und Verfahren nach dem neuesten Stand der Technik zunutze zu machen. Diese Entwicklung, neben einer guten Versorgung mit billigem Stahl und italienischem Flair, brachte eine pulsierende und rasch expandierende Möbelindustrie hervor.

Die den als Architekten in der Tradition der Moderne ausgebildeten Designern zur Verfügung stehenden Materialien ermöglichten es, Formen und Konstruktionen zu schaffen, die früher nicht möglich gewesen waren. Besonders mit geformtem Schichtholz und Schaumgummi konnte man starke ununterbrochene Linien und weiche, aber dennoch kräftige Konturen formen. Die große Mailänder Firma Cassina, der durch einen Großauftrag der italienischen Marine der Rücken gestärkt wurde, beschäftigte mehrere junge Designer, darunter Paolo Buffa, Franco Albini (1905-77) und Gio Ponti (1891-1979). Der damals erfolgreichste Entwurf der Firma war Pontis Stuhl, Modell »Superleggera«, der Italiens traditionellen Stil mit modernem Design verband. Andere Unternehmen stiegen aus der Asche der Industrie der Vorkriegszeit auf und schlossen sich oft zu neuen Firmen zusammen. Dazu zählt beispielsweise Tec-

VERSTELLBARE LIEGE. STAHL. OSVALDO BORSANI, FÜR TECNO, um 1956 *(OBEN)*
Diese gefährlich aussehende Liege stellt eine relativ neue Erscheinung bei Möbeln dar, die man im Freien oder im Haus benutzen konnte.

STUHL »SUPERLEGGERA«. ESCHE. GIO PONTI, FÜR CASSINA, 1957 *(OBEN LINKS)*
Vorbild dieses Stuhls mit einem Sitz aus Strohgeflecht, der den Geist des italienischen Designs der fünfziger Jahre verkörpert, waren Stühle von Fischern, die Ponti in Chiavari gesehen hatte.

no in Mailand, für die Osvaldo Borsani 1954 seinen verstellbaren Lounge Chair mit Schaumstoffpolstern, Modell »P40«, entwarf.

Gegen Ende der fünfziger Jahre erlebte Italien den Beginn eines neuen wohlhabenden Zeitalters. Das neue Zeitalter des Wohlstands brachte andere neue Materialien in der Möbelherstellung, wie verchromte Beschläge, Rauchglas, Marmor, Spiegelglas, Lederpolster mit sich, und auch Kunststoffe und Plexiglas fanden immer mehr Akzeptanz. Dennoch dauerte es damals einige Zeit, bis neue Entwürfe in Produktion gingen. Typische Beispiele für das Design jener Zeit sind die stapelbaren Kinderstühle (1961) von Marco Zanuso (geb. 1916), aber erst Ende der sechziger Jahre in großen Mengen produziert wurden, oder das 1957 von Achille Castiglioni (geb. 1918) entworfene Sitzmöbel »Traktor« aus Kunststoff, das auch erst Ende der sechziger Jahre in Produktion ging.

Die weniger förmlichen gesellschaftlichen Umgangsformen erforderten etwas »entspanntere« Möbel. Dies spiegelt den Wunsch nach einer anpassungsfähigen Umgebung wieder, wo man in einem einzigen Zimmer essen, trinken, diskutieren, Musik hören, fernsehen und schlafen konnte. Daraus resultierten unter anderem modulare Mehrzweckmöbel, die man als Armlehnstühle arrangieren oder zu einem Sofa oder Bett kombinieren konnte.

Diese Zeit brachte auch das »Konter-Design« hervor, ein typisches Produkt einer heranwachsenden Generation, die gegen eingefahrene Konzepte rebellierte. Leider bedeutete dies für die im Grunde nicht kommerziell ausgerichtete Strömung, daß nur wenige Entwürfe je zur Serienreife gelangten. Ein Stuhl wurde jedoch in großen Stückzahlen hergestellt, der Sessel, Modell »Sacco«, von Gatti, Paolini & Teodoro aus Turin, für Zanotta 1969 entworfen. Dieser Vorläufer des Sitzsackes war mit kleinen Styroporkügelchen gefüllt und paßte sich jeder Sitzposition an. Der 1967 für Zanutta entworfene Sessel, Modell »Blow«, von De Pas, D'Urbino & Lomazzi aus Mailand wurde ebenfalls zu einem Klassiker der Pop-Kultur. Der aufblasbare Sessel aus PVC-Folie war ursprünglich in einem Swimmingpool benutzt werden, wurde aber bald zu einem Kultobjekt für das Interieur der Pop-Kultur.

Mitte der siebziger Jahre schwächte sich die Konjunktur in Italien mit den entsprechenden Auswirkungen auf die Möbelindustrie etwas ab. Deshalb konzentrierte sich die Industrie auf die Nachbildung erfolgreicher, traditioneller Entwürfe und spezieller Einzelstücke. Luxuriöse oder stark ornamentierte Möbel, wie das von Vico Magistretti (geb. 1920) entworfene und von Cassina 1979 hergestellte Sitzmöbel, Modell »Maralunga«, wurden im allgemeinen von den billigeren in Serie gefertigten Produkten, die auf einen jüngeren Markt zielten, und den verstärkt aufkommenden High-Tech-Möbeln, die für den europäischen Markt gedacht waren, verdrängt. (Darum war zu dieser Zeit auch der »Traktor« -Sitz so beliebt.) Einer der ungewöhnlichsten Designer dieser Zeit war Joe Colombo (1930-71), dessen »rotoliving unit« auf einer Ausstellung über Design aus Italien im Museum of Modern Art 1972 in New York gezeigt wurde. Auf dieser Austellung wurde das Konzept der Mehrzweckmöbel aus Einzelelementen vorgestellt.

KOLLEKTION VON SITZGELEGENHEITEN UND TISCHEN. 1958 bis ca. 1967 *(UNTEN LINKS)*
Von links nach rechts: aufblasbarer Armlehnsessel aus Polyvinyl von Aubert Jungmann und Stinco, zwei laminierte zylinderförmige Sessel von Bernard Holdaway, Armlehnsessel »Elefant« aus Kunststoff von Rancillac, Armlehnsessel »300« aus geformtem Polyester von Pierre Paulin, Tulpen-Stühle und Tisch aus GFK von Eero Saarinen.

SCHRANK. BEDRUCKT, LAMINIERT. PIERO FORNASETTI, um 1950 *(UNTEN)*
Fornasetti erhielt seine Anregungen vom Theater und Surrealismus.

FRANZÖSISCHES INTERIEUR. Anfang siebziger Jahre *Dieser Raum mit den Sesseln »670« und dem Hocker »671«, beide ledergepolstert und palisanderfurniert, von Charles Eames und mit den Kaffeetischen von Magistretti ist auf Bequemlichkeit ausgerichtet und stellt eher die eleganten als die billigen Aspekte des modernen Designs dar.*

Gegen Ende der siebziger Jahre hatte sich die Konjunktur wieder erholt, und die Möbelindustrie reagierte allmählich darauf. Ein Beispiel aus dieser Zeit war das von Belotti entworfene und 1979 von Alias hergestellte Sitzmöbel, Modell »Spaghetti«.

In den achtziger Jahren kam aus Italien ein Ideenmix, unter anderem mit der Rückbesinnung auf die Ideen des »Konter-Design« der Mitte der sechziger Jahre. Obwohl einige dieser Einzelstücke dieser Gruppe innovativ waren, eigneteten sie sich wegen ihrer plastischen Formen nur begrenzt für die kommerzielle Fertigung. Die Gruppe »Memphis«, deren Kopf der gebürtige Österreicher Ettore Sottsass (geb. 1917) war, übernahm beim zeitgenössischen italienischen Design die Führung. Diese Designer von Möbeln, Stoffen und Keramik erregten auf der Mailänder Möbelmesse von 1981 höchstes Aufsehen. Die Gruppe schöpfte aus einer Reihe von Zitaten aus der klassischen Musik, dem Kitsch der fünfziger Jahre und der modernen Pop-Musik. Sie betonten Farbe und Materialeigenschaften und verwendeten zur Erzeugung dramatischer Effekte überraschende Kombinationen von Materialien. Obwohl sich die traditionellen Designer von der üppigen Experimentierfreudigkeit der Gruppe »Memphis« oft angegriffen fühlten, haben ihre Möbel seit der gewagten Einführung 1981 modischen Status erreicht.

VEREINIGTE STAATEN VON AMERIKA

Eines der wenigen Länder, das aus dem Zweiten Weltkrieg ohne schwere Bombenschäden oder Entbehrungen hervorgegangen ist, sind die USA. Deshalb waren sie das Zentrum der Entwicklung und des Wachstums der Möbelindustrie in den vierziger Jahren. Die USA besaßen nicht nur eine gesunde Wirtschaft und die nötigen Fertigungskapazitäten, sie nahmen auch eine große Anzahl Einwanderer aus Europa auf, die billige Arbeitskräfte waren und neue Ideen mitbrachten. Zwei der berühmtesten »neuen Amerikaner« waren Walter Gropius und

STÜHLE »WOMB CHAIRS«. GEPOLSTERT, GLASFASERVERSTÄRKTER KUNSTSTOFF, ALUMINIUM, 1948. TULPENSTÜHLE UND TISCHE, 1956, EERO SAARINEN FÜR KNOLL
Saarinen war auf dem Gebiet der plastischen Möbelformen führend. Er verwendete oft klare Linien und kurvenreiche Formen.

Ludwig Mies van der Rohe, die beide in den späten dreißiger Jahren aus Deutschland in die USA ausgewandert waren. Ihr modernistischer Einfluß sollte die jüngere Generation amerikanischer Designer prägen. Die zwei führenden Designer dieser neuen Schule waren Charles Eames und Eero Saarinen, beide Architekten und Designer. Ihr erster großer Erfolg waren die Entwürfe, die sie gemeinsam für den vom New Yorker Museum of Modern Art 1940 ausgeschriebenen Wettbewerb »Organic Design in Home Furnishings« einreichten. Sie gewannen in der Kategorie »Sitzmöbel« den ersten Preis. Der Entwurf war revolutionär: Der Sessel hatte eine eigene Schalenkonstruktion (d.h. das tragende Hauptelement war die Schale), war mit Gummi bequem gepolstert, mit Stoff bezogen und ruhte auf einem schlanken Gestell. Leider wurde durch den Zweiten Weltkrieg die Produktion dieses Entwurfes verschoben. Als es dann endlich soweit war, wurden aufgrund der durch den Krieg verursachten Metallknappheit die ursprünglich aus Aluminium hergestellten Beine durch hölzerne ersetzt. Die »Schalenform« ist für die Entwürfe von Eames charakteristisch, der für viele seiner organisch geschwungenen Formen von der Natur inspiriert wurde. Diese Entwürfe umfaßten auch die neuen Materialien dieser Zeit: gebogenes Schichtholz, mit Spritzguß geformter Kunststoff, Glasfaser und Harze, durch die der Designer größere Flexibilität in der Schaffung von fließenden ununterbrochenen Linien erzielte.

Die Hersteller machten sich natürlich inzwischen Gedanken über die mit dem Design verbundenen Produktionskosten, und Eames kam dem Traum eines jeden Herstellers von der Produktion in einem einzigen Prozeß mit dem preisgekrönten Modell sehr nahe, das er für den Wettbewerb »International Competition for Low Cost Furniture« (1948, von dem Museum of Modern Art ausgeschrieben) eingereicht hatte. Der Sitz war aus glasfaserverstärktem Kunststoff gefertigt und paßte auf eine ganze Reihe verschiedener Untergestelle, die man folglich für unterschiedliche Zwecke benutzen konnte. In den darauffolgenden Jahren wandte Eames seine Aufmerksamkeit den Schränken zu. Auch auf diesem Gebiet schuf er eine veränderbare Konstruktion aus standardisierten Einzelkomponenten, die zu immer andersartig geformten Einheiten zusammengesetzt werden konnten.

Eero Saarinen fertigte nach einem ähnlichen Konzept den Sessel »Womb-Chair«, der eine »umfassende« Form hatte und innen mit weichen Schaumstoffpolstern überzogen war. Gegen Ende der vierziger Jahre arbeitete Saarinen für die innovative Firma Knoll International, für die er seine 1956 hergestellte klassische Gruppe mit den Tulpen-Stühlen entwarf. Die Schalen aus glasfaserverstärktem Kunststoff und mit Schaumgummi-Polsterung waren auf einen schlanken Mittelfuß aus Leichtmetallguß gesetzt. Der Eßtisch hatte einen ähnlichen Unterbau und eine mit weißem Kunststoff beschichtete Platte.

Damals arbeitete auch Harry Bertoia (1915-1978) für Knoll. Bei seinem Versuch, einen leichten, aber dennoch stabilen und praktischen Sessel zu bauen, entstand sein Drahtsessel »Chicken wire« (1950).

Die wohl klassischsten Stücke der fünfziger Jahre sind jedoch der Sessel »670« und Hocker »671«, die 1956 von Charles Eames entworfen und von der Herman Miller Inc. aus Zeeland, Michigan, hergestellt wurden. Diese Möbel besaßen ebenfalls die einfache Schalenform, standen auf einem spinnenartigen Untergestell, besaßen aber auch ein luxuriöses schwarzes Lederpolster und eine Kopfstütze, da in der damaligen Zeit viel Wert auf Komfort und vielleicht auch Pracht gelegt wurde.

Die zwanglose Ideologie aus Kalifornien bedeutete, daß die USA weltweit die Pop-Kultur anführten und die meisten zeitgenössischen Designs entwarfen. Die damaligen Designer spielten mit der »Sitzgrube«, mit den aufblasbaren Stühlen sowie den Tischen aus buntem Plexiglas – es war zweifellos eine experimentierfreudige Zeit.

Gegen Ende der siebziger und Anfang der achtziger Jahre fand eine auf den Idealen der sechziger Jahre zurückgehende Wiederbelebung des Handwerks statt – als eine Gegenreaktion auf die synthetischen Materialien, die unmittelbar nach dem Zweiten Weltkrieg eingesetzt wurden, und leitete den Trend zu mehr natürlichen Materialien und zu besserem handwerklichen Können ein.

Sessel »Das Ei«. Gepolstert, Rindsleder. Arne Jacobsen für Fritz Hansen, 1957 *(rechts)*
Der gelernte Architekt Jacobsen strebte nach der »totalen Umwelt«. Er entwarf die Sessel »Das Ei« und »Der Schwan« für die Inneneinrichtung des Hotels der SAS in Kopenhagen.

Stuhl im chinesischen Stil. Hans Wegner, 1968 *(oben)*

Settee. Kirsche, schichtverleimt. Wendell Castle, um 1970 *(ganz oben)*
Castle war der führende Designer der amerikanischen Arts-and-Crafts-Bewegung und verwendete in seinen Entwürfen organische Formen. Entgegen dem damaligen Trend waren seine Möbel handgearbeitet und in raffinierten Formen geschnitzt, die keine technisch noch so ausgefeilte Maschine produzieren konnte.

SKANDINAVIEN

In Skandinavien hat es nie positive oder negative Reaktionen auf die modernistischen Prinzipien des Bauhaus gegeben. In der Nachkriegszeit wurde der aus Dänemark übernommene Stil auch weiterhin nachgeahmt, ein Hinweis auf die außergewöhnlichen Anforderungen der Dänen an das handwerkliche Können. Diese Qualität, überwacht von der Zunft der dänischen Kunsttischler und »Den permanente«, einer ständige Ausstellung der besten dänischen Produkte, war der Grund dafür, daß sich in den späten fünfziger Jahren und in den sechziger Jahren skandinavische Arbeiten auf den Exportmärkten großer Beliebtheit erfreuten.

»Der Stuhl«, 1949 von Hans Wegner (geb. 1914), ist ein gutes Beispiel für diese Zeit. Sein Design ist einfach, wirkt aber doch solide. Das schlicht dekorierte Holz gibt dem Sitzmöbel eine gewisse Weichheit, Wärme und Dauerhaftigkeit. Andere außergewöhnliche Designer dieser Zeit waren Arne Jacobsen (1902-71) und Finn Juhl (geb. 1912). Jacobsen ist bekannt für seinen Sessel »Das Ei« mit Fußteil (1957 für Fritz Hansen entworfen), und den Sessel »Der Schwan« (1957, auch von Hansen hergestellt), die lange Zeit produziert wurden. Juhl ist für seine eher plastischen Entwürfe und häufige Verwendung von Holz bekannt, insbesondere bei dem Entwurf eines Schreibtisches, der 1964 den begehrten

»Kugel-Sessel«. Gepolstert, GFK. Eero Aarnio für Asko Finnternational, 1966 *(oben)*
Die Erforschung des Weltalls in den sechziger Jahren inspirierte eine ganze Generation von Designern, die »Phantasiemöbel« wie den »Kugel-Sessel« schufen, die Ausdruck einer neuen, technologischen Gesellschaft sein sollten.

»Design Award« des American Institute gewann.

Obwohl die Pop-Kultur von den besten skandinavischen Designern größtenteils nicht angenommen wurde, wurde der Geist der »neuen Moderne« Ende der sechziger und Anfang der siebziger Jahre von Arne Jacobsen und Poul Kjaerholm (1929-80) aufrechterhalten. Verner Panton (geb. 1926) und Eero Aarnio (geb. 1932) waren andere Repräsentanten dieser Strömung. Aarnio entwarf den »Kugel-Sessel« (1966), eine Weiterentwicklung der Schalenmöbel, der mit seiner (damals modernen) violetten Polsterung eindeutig ein Produkt seiner Zeit ist.

Die skandinavischen Designer der achtziger Jahren legten großen Wert auf ergonomische Gesichtspunkte und sind im Vergleich zu ihren Zeitgenossen aus anderen Ländern vielleicht etwas ungewöhnlich, da sie immer noch handwerkliches Können und maschinelle Fertigung kombinierten. Die Arbeiten von Alvar Aalto werden jetzt mit großem Erfolg wiederentdeckt. Die jungen Designer dieser Zeit, wie Terje Ekstrom und Simo Heikkila aus Finnland, arbeiten immer noch mit natürlichen Materialien. Die Tatsache, daß das Sitzmöbel »Experimental« (1982) von Heikkila nur in einer limitierten Stückzahl hergestellt wurde, ist ein weiterer Hinweis auf die Vorteile der Serienfertigung.

ENGLAND

Der Zweite Weltkrieg hatte die Resourcen der englischen Fertigungsindustrien aufgezehrt. Materialknappheit und fehlende zahlungsfähige Kundschaft einerseits und der »Domestic Furniture Act« des Handelsministeriums von 1942 andererseits drückten den Markt. Dieses Gesetz verlangte, daß alle Möbel vom Handelsministerium genehmigt werden mußten, was darauf hinauslief, daß nur »Gebrauchsmöbel« hergestellt wurden.

Junge englische Designer sahen damals die USA auf dem Möbelsektor als führend an. So reichten (beispielsweise) Robin Day (geb. 1915) und Clive Latimer ihre Entwürfe für den Wettbewerb »Low Cost Furniture« des New Yorker Museum of Modern Art ein und erhielten einen Preis für ihre Aufbewahrungseinheiten. Man kann die englischen Arbeiten aus dieser Zeit durchaus nicht als innovativ bezeichnen. Andererseits läßt das Design des Sitzmöbels »Antilope« eine Bindung an die Ideale der Moderne erkennen. Dieses Sitzmöbel wurde von Ernest Race (1913-63) speziell für das »Festival of Britain« 1951 entworfen.

Viele englische Entwürfe aus diesem Zeitraum, wie die stapelbaren Stühle »Polyprop« von Day aus im Spritzgußverfahren geformtem Kunststoff, sind maßgeblich durch Ideen aus den USA beeinflußt. Die Linienführung und die Form des »Polyprop«, der erstmals 1963 von Hille hergestellt wurde und immer noch produziert wird, knüpfen eindeutig an die mehr als zehn Jahre früher hergestellten Stühle von Eames und Saarinen an. Das englische Design wurde so teilweise von der Nachahmung amerikanischer Ideen beherrscht. Obwohl also die englischen Produkte nicht unbedingt innovativ waren, so waren sie doch oft gut ausgeführt und wurden in Serienfertigung nach dem höchsten Stand der Technik hergestellt. Es war das Zeitalter des unter Vertrag stehenden Ausstatters, dessen Möbel, wie die von Archie Shine, Ernest Race und Russell Furnishings, gewöhnlich gutes Design aufwiesen und perfekt ausgeführt waren.

Auch England durchlief gemäß dem Zeitgeist, wie andere Länder in den sechziger Jahren auch, eine Zeit des Experimentierens, aber nur wenige dieser Möbelentwürfe haben überlebt oder sind bekannt geworden. Der Grund hierfür liegt größtenteils an der begrenzten Haltbarkeit. Beispiele dafür sind Peter Murdochs (geb. 1940) Stuhl aus Karton für die Wegwerfgesellschaft und das Sitzmöbel »Comfort Explosion« von Prepell Oliver, das aus festen Schaumstoffblöcken gebaut war. Andere damalige Entwürfe waren zwar praktisch, aber nicht aufsehenerregend, wie die 1966 von Max Glendinning für die Race Furnishings Ltd. entworfenen und unter Vertrag gefertigten Polstermöbel der Kollektion »Maxima« zeigen. Ausnahmen bilden die Möbelhersteller, die eher mit plastischen

»RIPPENSTUHL«. STAHL, LACKIERT. PAUL CHAMBERLAIN UND PETER CHRISTIAN (FLUX), 1988 *(GANZ LINKS)*

STAPELBARER STUHL. POLYPROPYLEN. ROBIN DAY, 1962 *(LINKS)*

STUHL. KARTON. PETER MURDOCH FÜR INTERNATIONAL PAPER, 1966 *(RECHTS)*
Die »eingebaute« Vergänglichkeit ist charakteristisch für die Wegwerfgesellschaft.

SCHRANK. STAHLBLECH. RON ARAD, 1988 *(GANZ RECHTS)*
In den achtziger Jahren wurden Materialien aus der Industrie benutzt. Das Design sollte das Material hervorheben und nicht verbergen.

Formen arbeiteten. Ihre Werke sind heute für ihre plastischen Qualitäten unter Sammlern begehrt und nicht wegen ihres funktionalen Designs. Beispiele sind die fetischistischen Stühle und Tische von Allen Jones (geb. 1937).

Die englischen Designer der achtziger Jahre tendieren eher zur Produktion in begrenzter Stückzahl, da viele aus dem Kunsthandwerk und nicht aus der Architektur kommen. Auch hier, wie in manchen Kreisen der Welt der Schönen Künste, wollte man Kunstfertigkeit und Talent offen zur Schau stellen. Dafür sorgten sicherlich die traditionellen Arbeiten von Künstlern und Kunsthandwerkern (den »Craft Revivalists«) wie John Makepeace (geb. 1939), Rupert Williamson (geb. 1945) und Martin Grierson. Ihre Stücke sind in stundenlanger Arbeit von sehr gut ausgebildeten Arbeitskräften und aus oft nur sehr schwer formbaren Materialien hergestellt.

FRANKREICH

In Frankreich war man in der Nachkriegszeit in Bezug auf Möbeldesign nicht sehr kreativ. Es gab zwei Hauptbewegungen: die erste stützte sich auf das Art Deco, die andere war eine Wiederbelebung der Moderne. Die erstere befriedigte die Nachfrage nach konservativen Nachahmungen aus der Art Deco-Epoche, und man ahmte die luxuriösen Wohn- und Speisezimmer-Einrichtungen jener Zeit und weniger stilisierte Versionen der Marketerie und Kunsttischlerei der späten zwanziger und der dreißiger Jahre nach. Die zweite Strömung war eine Neubelebung des modernistischen Ideals: Die einfache Linienführung ihrer funktionalen Möbel wurde von geschmeidigem Velours oder Leder geziert.

Während der sechziger und siebziger Jahre folgten Designer wie Roger Tallon (geb. 1929) und Pierre Paulin (geb. 1927) dem Zeitgeist und schufen zahlreiche Entwürfe aus den neuen Materialien, fanden jedoch kaum die magische Kombination aus Stil, Stabilität und praktischer Anwendbarkeit. Frankreich war an Surrealismus und Pop-Art vor allem durch die Arbeiten des Künstlers César (César Baldacchini, geb. 1921) beteiligt, dessen Sitzmöbel in Form einer geöffneten Hand sicherlich zu den klassischen Entwürfe dieser Epoche zählt. François Lalanne war ein weiterer führender Vertreter dieses Genres. Er war vor allen Dingen ein Bildhauer, und er hat Tieren nachempfundene Möbel in begrenzter Anzahl gefertigt. Sein bekanntester Entwurf ist der Hocker in Form eines weidenden Schafes. Ein anderer Entwurf ist eine Bar, deren Tresen von zwei Straußen gestützt wird.

Das französische Design der achtziger Jahre war vorwiegend von modernistischen Konzepten geprägt, betonte aber eine elegante, oft gedehnte Linienführung mit eindeutig plastischen Untertönen. Führend in dieser Bewegung waren Philippe Starck, Pascal Mourgue, Martin Szekely und Marie Christine Dorner. Sie alle arbeiteten in erster Linie in Metall, haben aber mit verschiedenen Arten der Oberflächenbehandlung wie metallisierenden Sprays und Oxiden experimentiert, um eine unaufdringliche Färbung hervorzurufen. Es gab auch industrielle Entwürfe, für die den Arbeiten von Jean Nouvel, dessen »Coffre BAO« eine Art großer Werkzeugkasten aus Aluminium war, typisch sind.

Das Möbeldesign der späten achtziger Jahre und wahrscheinlich auch der frühen neunziger Jahre scheint im allgemeinen in die Richtung Kunsthandwerk zu gehen. Die Möbelentwürfe für das Büro oder die funktionale Verwendung im Haus werden zweifellos in der Moderne verwurzelt bleiben, jedoch größeren Wert auf die ergonomischen Aspekte legen.

AUFBEWAHRUNGSSCHRANK »COFFRE BAO«. ALUMINIUM. JEAN NOUVEL. 1986 *(LINKS)*

ITALIENISCHES INTERIEUR. Achtziger Jahre *(UNTEN)*
Die Sessel und das Sofa mit grauem und gelbem Leinenbezug von Paolo Deganello für Driade, die schwarz lackierten Sessel von Philippe Starck für Aleph, und das Regal aus Chrom und Glas von Antonia Astoria.

BIBLIOGRAPHIE

Allgemeine Werke in deutscher Sprache

Falke, Otto v.: *Deutsche Möbel des Mittelalters und der Renaissance,* Stuttgart 1924
Hayward, Helena: *Möbel. Eine Stilgeschichte durch 4 Jahrhunderte,* Wiesbaden 1976
Hinz, Siegfried: *Innenraum und Möbel. Von der Antike bis zur Gegenwart,* Berlin 1980
Honour, Hugh: *Meister der Möbelkunst. Von der Renaissance bis heute,* München 1972
Huth, Hans: *Möbel von David Roentgen,* Darmstadt 1955
Kreisel, Heinrich: *Die Kunst des deutschen Möbels,* 3 Bde., München 1968–73
Müller-Christensen S.: *Alte Möbel vom Mittelalter bis zum Jugendstil,* München 1957
Verlet, Pierre: *Möbel von Riesener,* Darmstadt, o. J.
Watson, Francis: *Die Geschichte der Möbel,* München 1979

Frühe Möbel

Carter, Howard: *The Tomb of Tut-Ankh-Amen,* Vol.3, London and Toronto, 1923–33 Casson, Lionel: *Ancient Egypt,* Amsterdam, 1969
Eames, Penelope: *Furniture in England, France and the Netherlands from the Twelfth to the Fifteenth Century,* London, 1977
Liversidge, J.: *Furniture in Roman Britain,* London, 1955
Richter, G.M.A.: *Ancient Furniture: A history of Greek, Etruscan and Roman Furniture,* Oxford and New York, 1926; *Handbook of Greek Art,* London, 1959

Die Renaissance

Burr, Grace H.: *Hispanic Furniture,* New York, 1964
Cescinsky, Herbert and Gribble, Ernest: *Early English Furniture and Woodwork,* 2 vols., London, 1922
Chinnery, Victor: *Oak Furniture – The British Tradition,* Woodbridge, 1979
Feulner, A.: *Kunstgeschichte des Möbels,* Berlin, 1980
Jervis, Simon (ed.): *Printed Furniture Designs before 1650,* London, 1974
Jourdain, Margaret: *English Decoration & Furniture of the Early Renaissance,* London, 1924
Morrazzoni, Guiseppe: *Il Mobilio Italiano,* Florence, 1940
Schade, G.: *Möbel der italienischen Renaissance,* Berlin, 1964
Viaux, Jacqueline: *Le Meuble en France,* Paris, 1962

Der Barock

Evans Dee, Elaine and Walton, Guy: *Versailles: the view from Sweden,* exhibition catalogue Cooper-Hewitt Museum, New York, 1988
Fairbanks, Jonathan L. and Trent, Robert F. (eds.): *New England Begins,* 3 vols., exhibition catalogue, Museum of Fine Arts, Boston, 1982
Forman, Benno M.: *American Seating Furniture, 1630–1730,* New York, 1988
Jervis, Simon: 'A tortoiseshell cabinet and its precursors', *Victoria & Albert Museum Bulletin,* London, October 1968
Jobe, Brock and Myrna, Kaye: *New England Furniture: The Colonial Era, Selections from the Society for the Preservation of New England Antiquities,* Boston, 1984
Lunsingh Scheurleer, Th. H.,: 'Pierre Golle, ébéniste du roi Louis XIV' *Burlington Magazine,* London, June 1980
Sack, Albert: *Fine Points of Furniture: Early American,* New York, 1950
Symonds, R. W.: 'Furniture Making in Seventeenth & Eighteenth Century England', *The Connoisseur,* London, 1950
Thornton, Peter: *Seventeenth-Century Interior Decoration in England, France and Holland,* New Haven and London, 1978
Trent, Robert (ed.): *Pilgrim Century Furniture,* New York, 1980
Wolsey, S.W., and Luff, R.W.P.: *Furniture in England – The Age of the Joiner,* London, 1968

Das Rokoko

Bazin, Germain: *Baroque and Rococo,* London, 1964
Beard, Geoffrey, and Gilbert, Christopher (eds.): *Dictionary of English Furniture Makers,* London, 1968
Downs, Joseph: *American Furniture in the Henry Francis du Pont Winterthur Museum: Queen Anne and Chippendale Periods,* New York, 1952
Heckscher, Morrison H.: *American Furniture in the Metropolitan Museum of Art,* Metropolitan Museum of Art, New York, 1985
Wills, Geoffrey: *English Furniture, 1550–1760,* London, 1971; *English Furniture, 1760–1900,* London, 1971

Der Klassizismus

Council of Europe Exhibition Catalogue: *The Age of Neo-classicism,* London, 1972
Eriksen, Svend: *Early Neoclassicism in France,* London, 1974
de Gröer, Léon: *Les Arts Décoratifs de 1790 à 1850,* Fribourg, 1985
Joy, Edward: *English Furniture 1800–1851,* London, 1977
Montgomery, Charles F.: *American Furniture: The Federal Period in the Henry Francis du Pont Winterthur Museum,* New York, 1966

Der Eklektizismus

Art and Design in Europe and America at the Victoria and Albert Museum 1800–1900, London, 1987
Aslin, Elizabeth: *19th-Century English Furniture,* London, 1962
Gloag, John: *Victorian Comfort: A Social History of Design from 1830 to 1900,* London, 1961
Joy, Edward: *A Pictorial Dictionary of Nineteenth Century Furniture Design,* Woodbridge, 1977
Ledoux-Lebard, Denise: *Les Ébénistes Parisiens (1795–1830),* Paris, 1951
Norbury, J.: World of Victoriana, 1972 Payne, Christopher: *19th Century European Furniture,* London, 1985
Sotheby's Catalogues: *Nineteenth- and Twentieth-Century Decorative Arts,* London, periodically from June 1982 to the present day.

Kunsthandwerk und Design

Buffet-Challie, Laurence: *The Art Nouveau Style,* London, 1982
Burke, Doreen Bolger, *et al.: In Pursuit of Beauty,* New York, 1986
Madsen, Stephan Tschudi: *Sources of Art Nouveau,* translated by R.I. Christopherson, New York, 1975
Schweiger, Werner J.: *Wiener Werkstätte: design in Vienna, 1903–1932,* New York, 1984
Selz, Peter, and Constantine, Mildred (eds.): *Art Nouveau: Art and Design at the Turn of the Century,* catalogue of exhibition, Museum of Modern Art, New York, 1959 (reprinted 1975)
Varnedoe, Kirk: *Vienna 1900: Art, Architecture and Design,* catalogue of exhibition, Museum of Modern Art, New York, 1986
Weisberg, Gabriel P.: *Art Nouveau Bing: Paris Style 1900,* New York, 1986

Das Maschinenzeitalter

Klein, D. and Bishop, M.: *Christie's Pictorial History of Decorative Art 1880–1980,* London, 1986
McFadden, D.R.: *Scandinavian Modern Design 1880–1980,* New York, Cooper-Hewitt Museum, 1982
Ostergard, D.E.: *Bentwood and Metal Furniture: 1850–1946,* Washington, 1987
Phillips, *L. High Styles: Twentieth-century American Design,* Whitney Museum of American Art, New York, 1985
Russell, F., Garner, P. and Read, J.: *A Century of Chair Design,* 1980

Die Moderne

Emilio Ambasz (ed.): *Italy: The New Domestic Landscape,* Museum of Modern Art, New York, 1972
Garner, Philippe: *Contemporary Decorative Arts from 1940 to the Present Day,* London, 1980; *Twentieth Century Furniture,* London, 1980
Hiesinger, K.B.: (ed.): *Design Since 1945,* London, 1983
Radice, Barbara, *Memphis,* London, 1985
Sparke, Penny: *Italian Design,* London, 1988

GLOSSAR

Affenschaukel Stangenscharnier an Tischen, zum Drehen oder Kippen der Tischplatte. Dieser Mechanismus war besonders an englischen und amerikanischen Dreibeintischen im 18. Jahrhundert beliebt.

Akanthus Ornament in Form eines stilisierten Blattes der Pflanze Acanthus spinosus (Bärenklau). Seit der Klassik bekannt, findet es immer wieder, meist als Schnitzerei, in der Möbeldekoration Verwendung.

Akroterion Plastisch geformte Blumen, Büsten, Urnen usw. auf der Spitze oder den Ecken eines Giebels oder einer Relieftafel.

à la grecque Klassizistische Mode, Motive der griechischen Antike wieder aufzugreifen.

Alto relievo siehe **Relief**.

Amphore Klassische Gefäßform mit zwei Henkeln, die im Klassizismus die Grundform für ein Ornamentmotiv bildet.

Anthemion Ursprünglich griechisches Ornament, das in seiner Palmettenform an Blüte und Blätter des Geißblatts erinnert.

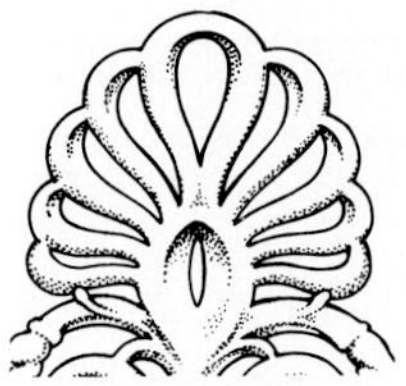

Anthemion

Applikation Ornament, gewöhnlich geschnitzt, das auf die Oberfläche eines Möbels gelegt bzw. aufgebracht wird.

Arabeske Wörtlich »Arabische«, ein rankendes, verflochtenes Muster aus Zweigen, Blüten und Schnörkeln maurischer Herkunft. Zuerst auf den spanischen und portugiesischen Möbeln des 16. und 17. Jahrhunderts, bevor es später nach Nordeuropa gelangt.

Arkade Bogengang. Geschnitztes architektonisches Ornament in Form fortlaufender Bogen. Häufig an Stuhllehnen und auf Paneelfeldern.

Armoire Großer Schrank mit einer oder zwei Türen, entstand in Frankreich im späten 16. Jahrhundert.

Arte povera siehe **Lacca**.

Athénienne Becken auf Dreibeinständer, nach einem in Pompeji gefundenen Exemplar. Beliebte Form im französischen Klassizismus und Empire.

Aumbry Spätmittelalterlicher Schrank mit Türen zur Aufbewahrung von Speisen, besonders in England.

Ballenfuß Form des Kolbenfußes, der auf einer zugehörigen Rundscheibe ruht.

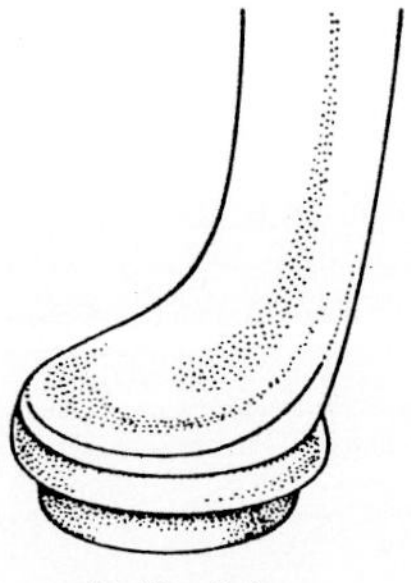

Ballenfuß

Baluster Gedrechselte, vasenförmige, senkrechte Säulen- oder Pfostenart. Die Balustrade entspricht einer Reihung von Balustern mit verbindendem Geländer.

Bantam-Arbeit Ziselierte Lackarbeit, benannt nach der Provinz im holländischen Java, häufig an holländischen und englischen Möbeln zu finden, bei der die Ornamente in den schwarzen Lackgrund eingeschnitten werden.

Bargueño siehe **Vargueño**.

Bas-relief siehe **Relief**.

Bekrönung Geschnitztes Ornament als oberer Abschluß an Möbeln, an Spiegelrahmen, Stuhllehnen, am Kopfbrett von Betten.

Bergère Stuhl mit gefüllten Seitenlehnen nach französischen Entwürfen um 1725. Frühe Modelle waren aus Rohr, spätere wurden gepolstert.

Blackamoor Mohrenfigur, die oft am **Guérichon** in der Zeit Ludwig XIV. den geschnitzten Mittelteil bildete.

Blindholz Dient für das Gerüst eines Möbels, wird mit Furnier oder einer anderen Schicht bedeckt.

Blockfront Konstruktionsweise amerikanischer **Kastenmöbel** des 18. Jahrhunderts aus Newport. Rhode Island, die gewöhnlich aus drei senkrechten Blöcken oder Aufsätzen besteht, von denen der obere und untere konvex und der mittlere konkav sind.

Blumenständer siehe **Jardinière**.

Bombé Wörtlich »bombig, gebombt«; bezeichnet ein gewölbtes oder bauchiges Vorderprofil an Möbeln. Mitte des 18. Jahrhunderts besonders populär, erlebte es im 19. Jahrhundert einen erneuten Aufschwung.

Bonheur-du-jour Kleines leichtes Damen-Pultmöbel, tauchte erstmals in Frankreich um 1760 auf. An der Vorderseite war eine Mittelschublade, hinten waren gestaffelte Regale und Schrankfächer. Manchmal war zwischen den Beinen noch ein Bord. Erlebte Mitte des 19. Jahrhunderts in Frankreich und England eine zweite Blüte.

Bosse Kleines Metallornament in Form eines runden oder ovalen Knaufs oder Buckels, oft über den Fugen im Leistenwerk.

Boulle-Arbeit Eine Art **Marketerie** mit Schildpatt und Metall, meist Messing. Messing auf Schildpattgrund bildet die erste Partie (Première-partie), Schildpatt auf Messing die zweite oder Contrepartie. Bereits im 10. Jahrhundert in Italien praktiziert, wurde dies Verfahren von André-Charles Boule im 18. Jahrhundert in Frankreich perfektioniert. Populär vom ausgehenden 17. bis weit ins 19. Jahrhundert, als es durch maschinelle Methoden ersetzt wurde. In der englischen Möbelproduktion im 19. Jahrhundert als Buhlwork bezeichnet.

Bronze doré siehe **Or moulu**.

Breakfront Möbel mit gebrochener Vorderfront, meist mit vorspringendem senkrechten Mittelteil. Häufig an Bücherschränken und Kabinetten des 18. Jahrhunderts.

Buffet Büffett Seit dem Mittelalter zunächst als Wand- oder Serviertisch bekannt. Im 16. und 17. Jahrhundert in England gleichbedeutend mit Hofschrank. Gegen Ende des 18. Jahrhunderts im Eßzimmer von Anrichten ersetzt, bis das Buffet in der Neugotik des 19. Jahrhunderts wieder populär wurde.

Bugholzmöbel Durch Michael Thonet in Wien berühmt gewordenes Verfahren, Holz zu biegen, so daß Möbel nicht mehr aus vielen Einzelteilen zusammengesetzt werden müssen.

Buhl-Arbeit siehe **Boulle-Arbeit**.

Bureau Beliebtes Schreibmöbel in England und Frankreich im späten 17. Jahrhundert, gekennzeichnet durch die schräge Klappfront, die mit Scharnier versehen ist und nach dem Aufklappen auf ausziehbaren Stangen aufliegt. Das Unterteil enthielt meist Schubladen. In Amerika auch für Schlafzimmerkommoden verwendet.

Bureau-Kabinett Der untere Teil des Möbels dient als Schreibtrisch, der obere, abnehmbare Teil als

Schrank, Bücherschrank oder Vitrine. Beide Teile zeigen Schubladen oder Türen, meist verziert.

Bureau Mazarin Schreibtisch mit Knieöffnung auf geschwungenen Beinen, meist in **Boulle-Technik** verziert, die Seitenteile enthalten meist je drei Schubladen. Benannt nach Kardinal Mazarin, gebaut zur Zeit Louis' XIV.

Bureau plat Glatter, langer Schreibtisch mit zwei oder drei Schubladen unter der Platte. Ausziehplatten über den Schubladen, die zusätzlichen Platz boten, kamen auch vor.

Bureau du Roi Schreibtisch, von Oeben 1760 für Louis XV. entworfen, 1769 von Riesener angefertigt.

C- und S-Voluten Rankenornamente in Form der Buchstaben C oder S. Beliebtes Rokoko-Motiv.

C- und S-Voluten

Cabochon Kleines rundes oder ovales, gewölbtes Ornament in Flechtwerk des 16. Jahrhunderts oder im 18. Jahrhundert, umrandet von stilisierten **Akanthus**. Wurde in Verbindung mit Muschelwerk gern an georgianischen **Cabriole legs** verwendet.

Cabriole-leg Ausgestellte oder geschweifte Beinform ähnlich einem langgezogenen S, als Stilisierung des Tierhinterbeins. In ganz Europa im späten 18. und 19. Jahrhundert verbreitet.

Cabochon

Canapé, Kanapéee Typus des französischen Sofas des 18. Jahrhunderts.

Canterbury Niedriger Teewagen aus der Mitte des 18. Jahrhunderts, bekannter in seiner späteren Form Ende des 18. und im 19. Jahrhundert als Ständer mit vertikalen Fächern für Noten.

Caquetoire/Caqueteuse »Plaudersitz«, im 16. Jahrhundert französisches Modell eines Stuhls mit Armlehne und schmalem hohen Rücken und trapezförmigem Sitz.

Cartonnier Französischer Schranktyp des 18. Jahrhunderts.

Cassone Italienische Aussteuertruhe, oft mit kunstvoller Schnitzerei, Vergoldung, Intarsien oder Malerei verziert.

Cavetto-Stab Hohlleiste mit viertelkreisförmigem Querschnitt. Gegenteil vom **Eierstab**.

Cellaret Tiefe, verschließbare Kiste zur Lagerung von Weinflaschen, die aus dem 18. Jahrhundert stammt. Freistehend oder in eine Anrichte eingesetzt.

Chinoiserie Allgemeine Bezeichnung für die europäische Übernahme orientalischer Muster und Ornamente, die besonders gegen Ende des 17. Jahrhunderts, im Rokoko und Regency beliebt waren. Zu den zahlreichen Motiven zählen Pagoden, Mäander, Blätter, Kulis, Mandarine, Vögel, Landschaften und Flüsse.

Coquillage Muschelornament, das während des Barocks und Rokokos besonders beliebt war.

Cornucopia Klassisches Motiv in Form eines Ziegenhorns, aus dem Früchte, Gemüse und Blumen überquellen; beliebtes Barock- und Rokoko-Symbol für Fruchtbarkeit und Fülle, auch Füllhorn genannt.

Cyma siehe **Karnies**.

Davenport Schubladenkommode mit abgeschrägter Platte. Zunehmend populär seit 1830. Die Schubladen öffnen sich auf einer Seite, auf der andern sind sie als Scheinfront gestaltet.

Dreiblatt Ornamentform der Gotik, bestehend aus drei symmetrisch angeordneten Blättern. Beim **Vierblatt** sind es entsprechend vier Blätter (auch **Kleeblatt** genannt), beim **Fünfblatt** fünf. War in der Neugotik des 19. Jahrhunderts sehr beliebt. Lateinisch auch **Trifolium, Quadrifolium** usw.

Dreizehenfuß Fuß mit drei zehenähnlichen Vorsprüngen. Beliebt an frühen Philadelphia-Stühlen.

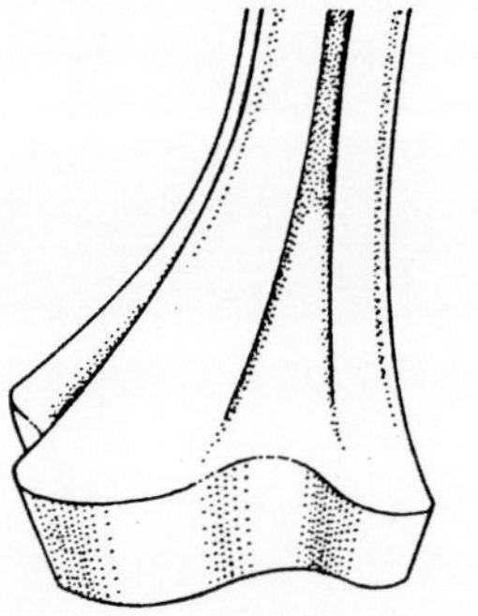

Dreifuß

Dübel Hölzerner Stift zur Befestigung von Nut- und Federverbindungen.

Ebenist Möbelbauer, der sich auf die **Furnierung** mit Edelhölzern wie Ebenholz spezialisierte.

Eckschrank Im späten 17. Jahrhundert auftauchendes Schrankmodell in Dreieckform für eine Zimmerecke, entweder als Hängeschrank oder freistehend.

Eierstab Ornamentmotiv klassischer Herkunft aus **Ovolo-** bzw. Eiformen im Wechsel mit Lanzettspitzen.

Eierstab

Encoignure Französischer Typ des stehenden Eckschrankes, häufig oben aus Marmor.

Etagère Freistehendes oder Wandregal zur Auslage von Zierrat. Manchmal auch mit Türen oder Schubladen versehen.

Fauteuil Französischer Stuhltyp bzw. Sessel mit offenen Armlehnen und gepolstertem Rücken und Sitz.

Faltenfüllung Schnitzornament in Form senkrechter Stoffalten. Vermutlich flämischen Ursprungs, war es im 15. und 16. Jahrhundert an Möbeln und Wandtäfelungen häufig.

Falzverbindung Häufige rechtwinklige Verbindung von zwei Holzbrettern, deren eines an der Stirnseite eine Falz, Nut oder Anschlagleiste hat, in die das andere Teil eingepaßt wird, entweder genagelt oder geleimt.

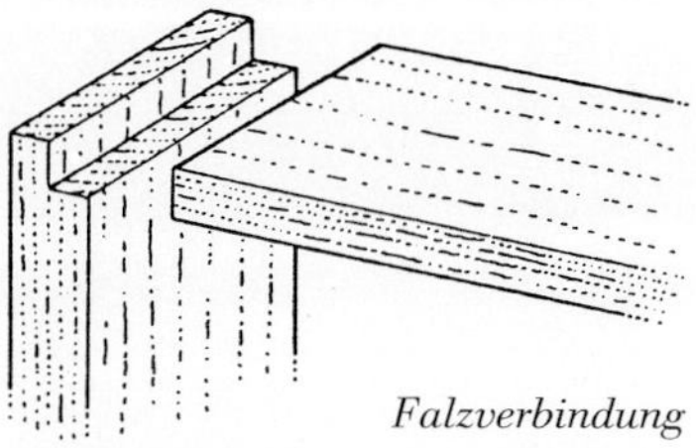

Falzverbindung

Feston Girlanden- oder Bandornament der Renaissance und des Klassizismus, meist in hängenden mit Früchten und Blüten besetzten Schlaufen.

Filigran Silber- oder Goldschmuckarbeit in Form fein verschlungener und vernetzter Ranken.

Füllhorn siehe **Cornucopia**.

Fünfblatt siehe **Dreiblatt**.

Furnier Dafür werden meist edle Hölzer benutzt, die in dünnen Schichten auf dem Blindholz angebracht werden, so daß der Eindruck entsteht, das ganze Stück sei aus edlem Holz gefertigt.

Garde du vin siehe **Cellaret**.

Gehrungsfuge Gehrungsschnitt. Eckverbindung, bei dem beide Holzteile diagonal zugeschnitten sind und zusammengefügt, entweder genagelt oder geleimt, einen rechten Winkel bilden. Seit dem 17. Jahrhundert verwendet.

Genre pittoresque siehe **Rocaille**.

Gesso Mischung aus Gips, Schichtleim, Schlämmkreide und Leinöl, als Untergrund für Vergoldung oder Malerei verwendet. Läßt sich in dicker Schicht gut schnitzen und reliefartig bearbeiten.

Girandole Kunstvoller Kandelaber im Rokoko- oder klassizistischen Stil. Bezeichnet auch reich geschnitzte oder vergoldete Wandleuchter oder Wandkonsolen mit Spiegelflächen, die das Kerzenlicht reflektieren.

Goldbronze siehe **Or moulu**.

Goût grecque siehe **à la grecque**.

Grecque siehe **Mäander**.

Grisaille Maltechnik in Abstufungen von Schwarz, Grau und Weiß, um Marmorrelief-Ornamente anzudeuten. Häufig an Möbeln der Renaissance und des Klassizismus zu finden.

Groteske Fantastisches Ornament, das eine Mischung aus Laubwerk, Urnen, Tieren, mythologischen Figuren und ähnlichem kombiniert. Abgeleitet von den römischen Wandgemälden aus Neros Goldenem Haus, deren Räume man bei der Ausgrabung um 1500 als »Grotten« bezeichnete.

Guéridon Französischer Rundtisch aus dem 17. oder 18. Jahrhundert für Kerzen oder Kandelaber, meist in Form einer Säule mit Fußsockel o.ä., die oben eine runde Platte trägt. Da der Ständer häufig von einem Mohren gebildet wurde, erhielt er den Namen Guéridon – so hieß ein in Volksliedern besungener maurischer Sklave.

Guilloche Klassisches architektonisches Ornament aus ineinander verschlungenen Linien in Form fortlaufender Achten. Zunehmend als Möbeldekoration vom 16. Jahrhundert an populär, besonders während der Neoklassik.

Blütenflechtwerk (Guilloche)

Hadley-Chest Meist kunstvoll geschnitzte längliche Aussteuertruhe mit Schubladen und Truhenaufsatz mit Deckel. Wurde in der Gegend von Hadley, Massachussetts, gebaut.

Highboy Kommodenaufsatz aus Schubfächern, der auf einem Unterteil, dem **Lowboy** ruht. Highboys, oft im Design auf den Lowboy abgestimmt, erfreuten sich in Amerika des 18. Jahrhunderts ausgesprochen großer Beliebtheit.

Hohlleiste siehe **Cavetto**.

Hunting Board Buffet oder Anrichte oder **Sideboard**, manchmal einfach in Form eines langgestreckten Tisches, das im amerikanischen Süden im 18. Jahrhundert entstand und ursprünglich dazu diente, den Jägern Drinks zu servieren.

Intarsie Einlegearbeit. Dekorationsform, bei der ursprünglich Holz, dann auch andere Materialien wie Elfenbein, Edelsteine, Perlmutt oder ähnliches in zuvor in Massivholz geschnittene Vertiefungen eingepaßt werden, um bildliche Darstellungen oder geometrische Muster zu formen. Der Unterschied zur **Marketerie** besteht darin, daß letztere aus Furnier besteht, also aufgelegt wird.

Japan-Ware Bezeichnung für westliche Arbeiten, die orientalische **Lackarbeiten** nachahmen. Von 1660 an wurden Möbel mit verschiedenen Arten von Lack zu Dekorationszwecken überzogen.

Jardinière Trog für Zimmerpflanzen in den verschiedensten Formen, meist aus geschnitztem Holz, selten aus Silber.

Kabinett Besonders kunstvoll gearbeiteter Schrank, der aus zwei Teilen bestehen kann, z.B. Kommode und Vitrine, in dem man wertvolle Dinge aufbewahrte.

Kanapée siehe **Canapé**.

Kannelierung Aus parallel verlaufenden Hohlrillen oder Furchen geformte Muster, an Möbeln seit dem 16. Jahrhundert vertreten.

Kapitell Kopf oder Bekrönung von Säulen oder **Pilastern**.

Karnies Wellenlinie an Simsen oder Friesen, in Form eines fortlaufenden S, daher auch als S-Bogen bezeichnet. Hogarth nannte ihn »die Linie der Schönheit«. Wenn sie oben konkav und unten konvex ist, heißt sie **Cyma recta**, umgekehrt, konvex oben und konkav unten **Cyma reversa**.

Kartusche Ornamentform mit geschwungenen oder gerollten Rändern, meist als Einfassung für Wappen oder Inschriften.

Kartusche

Karyatide Weibliche Figur als Säule oder Ständer, entlehnt aus der griechischen Architektur und seit der Raniassance höchst beliebt, ebenso im Rokoko und Klassizismus. Männliche Karyatiden sind weniger verbreitet und werden als Telamones bezeichnet.

Kastenmöbel Gattung von Möbeln für Aufbewahrungszwecke, im Gegensatz etwa zu Sitzmöbeln.

Kehlung Reliefartige Verzierung, aus dem Rundstab entwickelt, die aus einer Reihe parallel laufender Rundstäbe, konvex oder konkav (wenn konkav, heißt es **Kannelierung**) besteht. In England im spä-

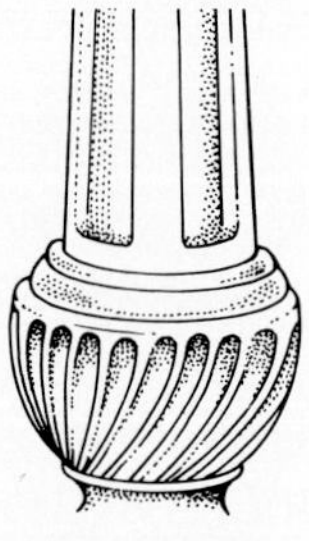

Kannelierung und Kehlung

ten 17. und in der zweiten Hälfte des 18. Jahrhunderts so beliebt, daß sie sich im 18. Jahrhundert auch in Amerika ausbreitete.

Klauen-Kugelfuß Fußform orientalischer Herkunft, die Klauen und Kugel verbindet. Die ursprünglichen Drachenklauen wurden in Europa durch Adlerklauen ersetzt.

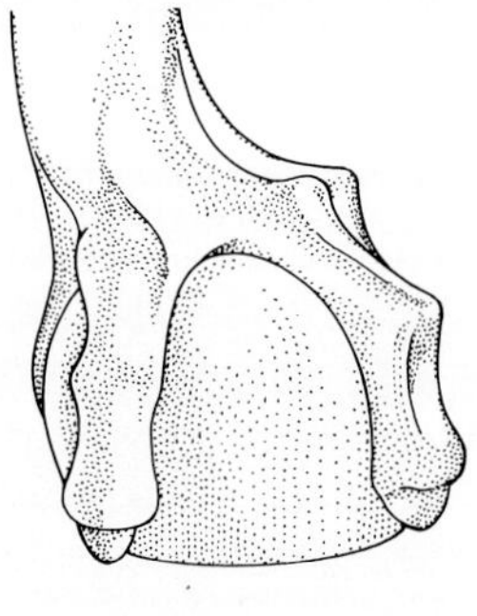

Klauen-Kugelfuß

Kline Der Diwan im antiken Griechenland, auf den man sich legte, um das Essen einzunehmen.

Klismos Klassisches griechisches Sitzmöbel mit **Säbelbeinen**, wobei die vorderen nach vorn und die hinteren nach hinten ausgestellt waren. Die Rückenlehne schloß oben in einer konkav gebogenen Leiste oder Platte ab, die an Längsstützen befestigt war. Wiederaufnahme im Klassizismus, populär in Europa und Amerika.

Kommode Französische Form des Halbschranks mit Schubfächern, die im 17. Jahrhundert ursprünglich ein Wohnzimmermöbel war. Im 18. Jahrhundert überaus populär. Seit dem 19. Jahrhundert wurde das Wort erweitert und umfaßt auch Schlafzimmermöbel.

Konsoltisch An der Wand stehender oder befestigter Tisch mit zwei Vorderbeinen.

Krabben Beliebtes gotisches Motiv in Form eines Blattes oder einer Blüte, die auf der Oberfläche von Stühlen oder Kastenmöbeln hervorstehen.

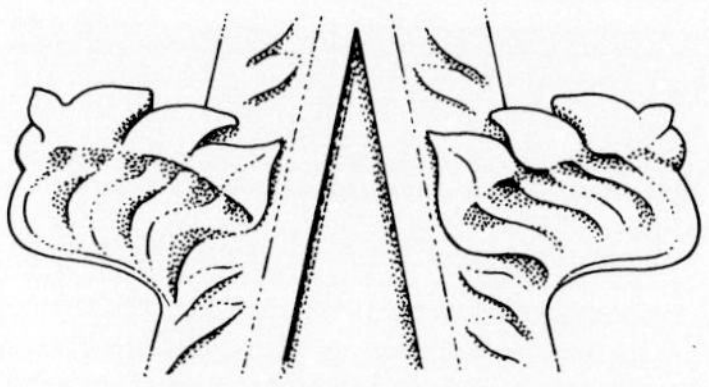

Krabbe

Kredenz Anrichte mit Türen und Schubladen. Häufige Bezeichnung für viktorianische Anrichten.

Lacca Italienischer Lack, der viel an den farbenfrohen, bemalten Möbeln aus dem Italien des 18. Jahrhunderts verwendet wurde. Es konnte sich entweder um echten Orientlack oder den für Imitationen genommenen Japan-Lack handeln. In billigeren Imitationen auch als **Lacca contrafatta** oder **Arte povera**.

Lack Orientlack aus Baumharz. Sein hoher Glanz war in Europa im 17. Jahrhundert äußerst beliebt. Perlmutt, Koralle und Metalle wurden oft für Einlegearbeiten in den Lackgrund benutzt, um die Dekoration abwechslungsreicher zu gestalten.

Lambrequin Girlandenähnliches Ornament, das einen Stoffbehang mit Fransen oder Quasten darstellt. Ursprünglich bezeichnet das Wort ein von den Rittern am Helm getragene Schärpe.

Lehnenstuhl Stuhl- bzw. Schemelform mit Rückenlehne, die sich im späten 16. Jahrhundert entwickelte. Gegen Mitte des 16. Jahrhunderts hatte sie sich zum Einzelstuhl entwickelt.

Lowboy siehe **Highboy**.

Löwentatzenfuß siehe **Tatzenfuß**.

Lünette Halbkreis- oder halbmondförmiges Ornament als Fries, oft mit Schnitzwerk gefüllt. Geschnitzte Lünetten kamen erstmals im 17. Jahrhundert auf und erlebten in der Zeit Jakobs I. eine zweite Blüte.

Lünette

Mäander Ornamentband aus fortlaufenden geometrischen Mustern, auch **Grecque** genannt, aus dem antiken Griechenland, meist rechtwinklig gebrochen oder wellenförmig (laufender Hund). An Möbeln meist aus dünnem Holz geschnitten bzw. gesägt und entweder offen als durchbrochenes Ornament oder auf kontrastierendem Untergrund geschlossen verwendet.

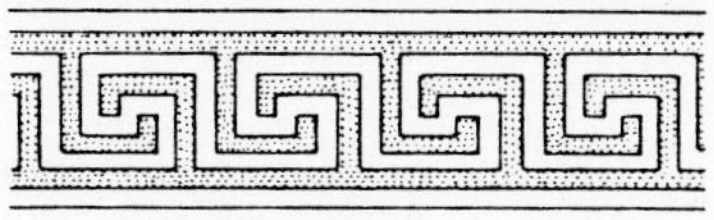

Mäander

Marketerie Dekortechnik mit **Furnier**hölzern, die zu Mosaiken oder puzzleartig zu Blumen, Landschaften, Arabesken und ähnlichem zusammengesetzt sind. Geometrische Muster werden gelegentlich als Parketerie bezeichnet. Marketerie unterscheidet sich von Einlegearbeiten bzw. Intarsien, bei denen die Ornamentteile in zuvor in Massivholz geschnittene Vertiefungen eingelegt werden.

Maser Seit dem 17. Jahrhundert beliebtes Furnierholz aus dem Schwellwuchs verschiedener Hölzer (insbesondere Walnuß), das meist ungewöhnliche, aber reizvolle Maserung hat.

Menuisier Kunstschreiner, der sich auf Schnitzerei spezialisiert, gewöhnlich Bezeichnung französischer Handwerker im 18. und 19. Jahrhundert.

Monopodium Klassischer Sockelständer mit Tierkopf und einem Bein. Im frühen 19. Jahrhundert sehr verbreitet.

Nut- und Federverbindung Verbindung zweier Holzteile, bei dem das eine eine Vertiefung oder Nut und das andere eine dazu passende Feder hat. Entweder geleimt oder mit Holzdübeln befestigt. Seit dem 16. Jahrhundert in Gebrauch.

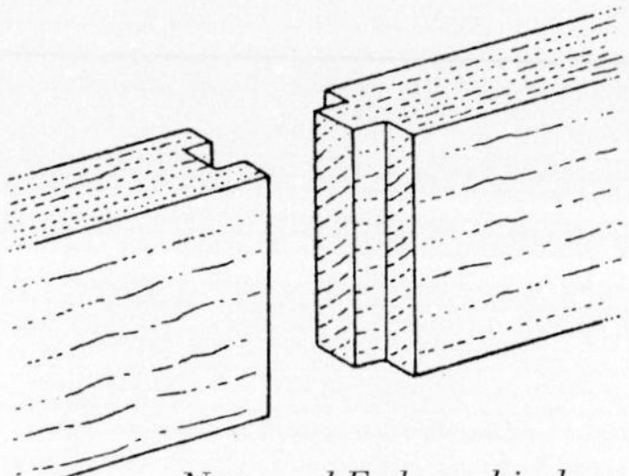

Nut- und Federverbindung

Nut- und Zapfenverbindung In das eine Stück Holz wird ein Nut geschnitten, in das der dafür vorgesehene Zapfen eingesetzt wird. Mitunter wird zur Verstärkung der Verbindung noch Leim oder ein Dübel benutzt. Seit dem 16. Jahrhundert üblich.

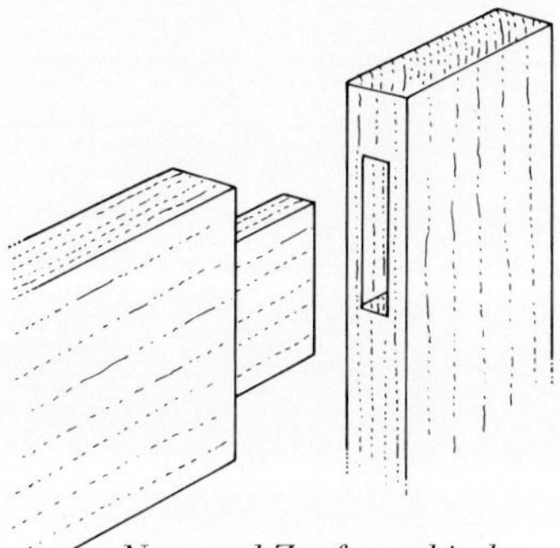

Nut- und Zapfenverbindung

Ogive Spitzbogenfenster der Gotik.

Or moulu Aus französisch **Or moulu** oder gemahlendes Gold, auch als Goldbronze, **Bronze doré**, Malergold oder Muschelgold bezeichnet, diente es vielfach zur Quecksilber-Vergoldung von Möbelbeschlägen aus Bronze.

Palmette Fächerförmiges Ornament, entlehnt von der Form einer Palme. Klassizistisch.

Papiermaché oder **Pappmaché** Aus Zellstoffbrei, Sand, Kalk und Leim hergestellte formbare Masse, die im trockenen Zustand hart und fest wird. Populäres Material auch in der Möbelherstellung, in Europa und Amerika üblich.

Parketerie siehe **Marketerie**.

Pfeilerspiegel siehe **Trumeau**.

Pietra dura Dekoration mit Halbedelsteinen, um 1600 in Italien vervollkommnet. Wenn nur eine Steinsorte verwendet wird, ist die korrekte Bezeichnung **Pietra dura**. Da diese Methode so kostspielig war, entstanden billigere Imitationen, die als **Scagliola** bekannt wurden.

Pilaster Architekturbegriff für eine Halbsäule. Bezeichnet abgeflachte Säulen an Fassaden, die eher ornamentale Funktion haben und im strengen Sinne keine tragenden Stützen sind.

Prie-dieu Ende des 18. Jahrhunderts entstandene und im 19. Jahrhundert verbreitete Betbank oder Betstuhl mit niedrigem Sitz, hoher Lehne und breiter Ablage für das Gebetbuch. Manchmal mit Berliner Arbeit gepolstert.

Pyramidenfurnier Geschnitten aus der Astgabel des Mahagoni-Baumes, war wegen seiner federigen, marmorierten Struktur sehr beliebt.

Quadrifolium siehe **Dreiblatt**.

Querstrebe Waagerecht verlaufende Stange oder Schiene.

Rautengitter Gitterwerk aus fortlaufenden Karos oder Rauten, die gelegentlich mit Schnitzornamenten gefüllt sind.

Blütengitter

Relief Erhaben gearbeitete Ornamente oder Bilder, entweder geschnitzt oder modelliert. Je nach Erhebung von der Grundfläche wird unterschieden zwischen **Hochrelief** (**Alto relievo**) und **Flachrelief** (**Bas-relief**).

Rocaille Rokoko-Ornament, bezeichnend für den **Genre pittoresque** mit abstraktem Muschel- und Felswerk.

Rosette Rundes oder ovales Medaillonornament, häufig mit Kannelierung, Laub oder Blütenblättern als Muster. Vielfach geschnitzt, aber auch gemalt oder als Einlegearbeit an neoklassizistischen Möbeln.

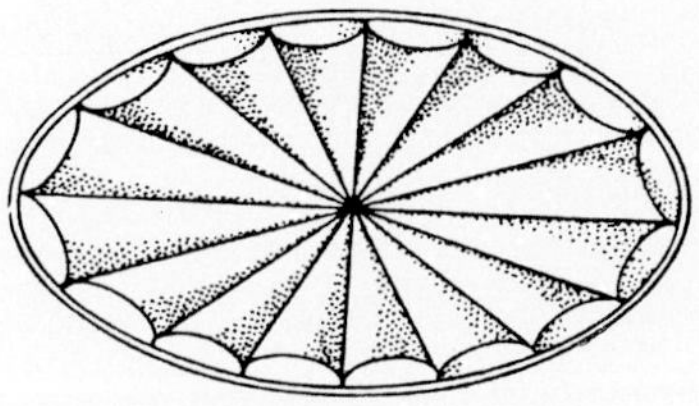

Rosette

Rundfuß Runde, gedrechselte und manchmal abgeplattete Fußform besonders an William- und Mary-Kastenmöbeln.

Rundstab Kleine halbrunde konvexe Profilleiste, die an Möbeln bei Verglasungen häufig vorkommt. Gegenteil der konkaven Kehlleiste und kleiner als der **Torus** (Ringwulst).

Scagliola siehe **Pietra dura**.

Schienen Zur Auflage von Tischplatten oder Schrankklappen ausziehbar.

Schloßbeschlag Metallschild als Beschlag um ein Schlüsselloch, zum Schutz und als Dekoration.

Schloßbeschlag, viktorianisch

Schmetterlingsscharnier Angel- oder Fischband mit zwei ausgestellten Flächen in Form von Schmetterlingsflügeln.

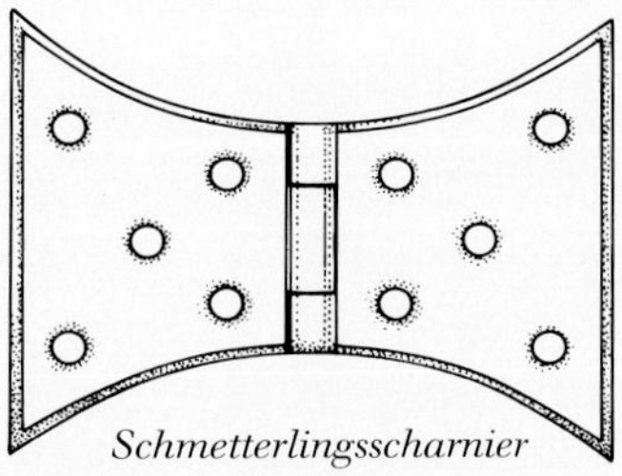

Schmetterlingsscharnier

Schmuckband Fries unter dem Sitz eines Stuhls oder **Canapés**. Wird auch unter den Schubladen oder Türen oder zwischen den Beinen von Kommoden verwendet.

Schwalbenschwanz Rechtwinklige Verbindung bzw. Verzinkung von ineinandergreifenden Zapfen. Seit dem 18. Jahrhundert wurde an hochwertigen Möbeln oft die verdeckte oder verborgene Verzinkung verwendet.

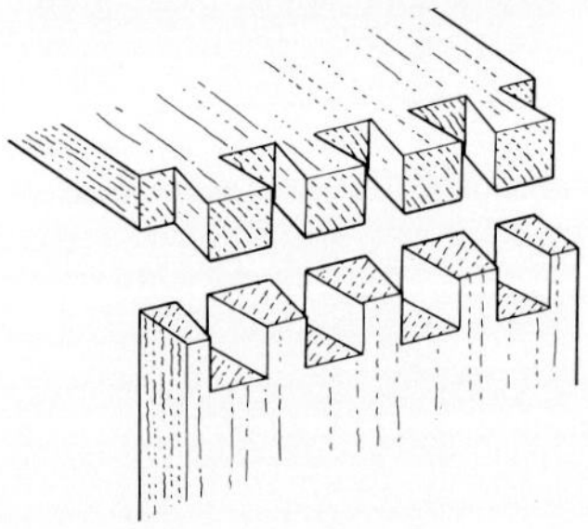

Schwalbenschwanz, maschinell hergestellt

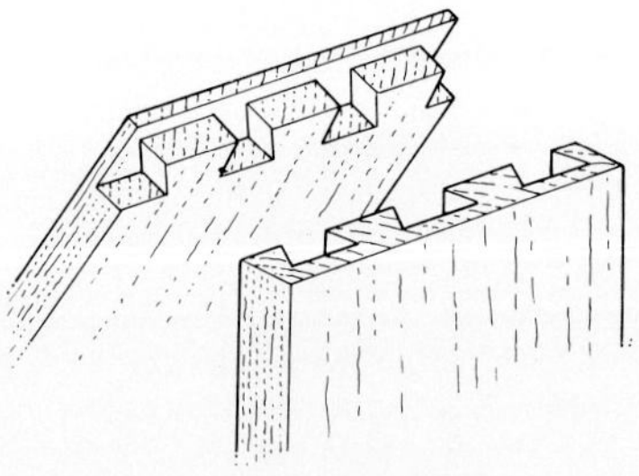

Schwalbenschwanz, überblattet

Sekretär Schreibtisch im 18. Jahrhundert mit hinter der Schreibfläche verborgenen Schubfächern.

Secrétaire a abattant Hoher französischer Klappsekretär, dessen Aufsatz einem **Armoire** ähnelt, unten mit einer Tür. Das Oberteil hat oft eine Klappfront, die nach Öffnen die Schreibfläche erweitert.

Sella curulis Klappstühle mit gekreuzten Beinen, Sitz der Konsuls bzw. des römischen Kaisers.

Settee Typisch englische Polsterbank für zwei Personen zum Plaudern.

Sideboard Niedrige, lange Anrichte im Eßzimmer, auf der man Geschirr abstellen und hinter deren Schubladen und Türen man Geschirr, Besteck und Tischwäsche aufbewahren kann.

Single chair oder **Side-chair** Einfacher Stuhl ohne Armlehne.

Slipperfuß Flach zulaufende verlängerte Fußform, die am Ende spitzer ist als der Schlangenfuß. Häufig an Queen-Anne-Möbeln.

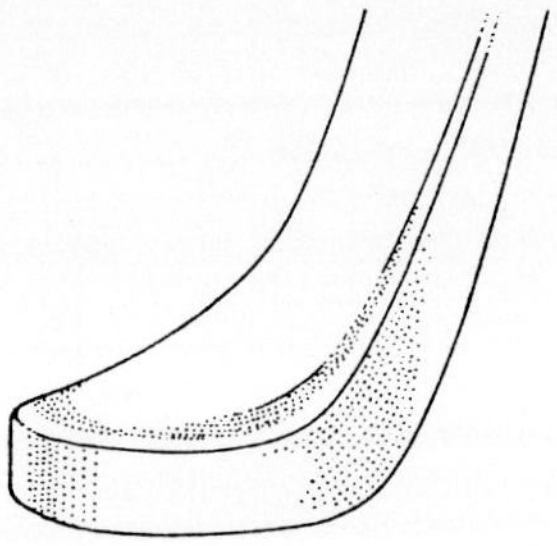

Slipperfuß

Spanischer Fuß Form eines leicht nach hinten gebogenen Fußes. Beliebt im späten 17. und in der ersten Hälfte des 18. Jahrhunderts. Auch unter der Bezeichnung Braganza-Fuß bekannt.

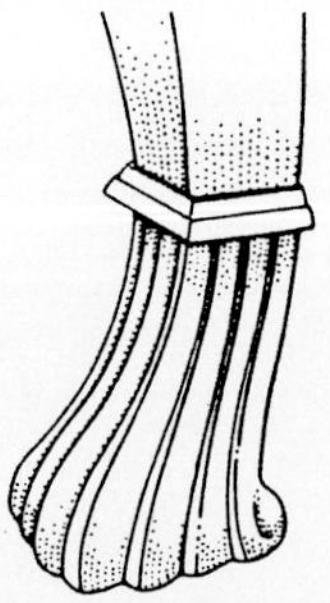

Spanischer (Braganza-)Fuß

Spitzenornament Hochstrebendes Spitzen-, Abschluß- oder Kronenornament, in so verschiedenen Formen wie Kugeln, Flammen, Blüten, Eckern, Ananas oder Vasen.

Style étrusque Neoklassischer Versuch der Neubelebung etruskischer Vasenmotive mit starken Kontrastfarben. Beliebt seit 1760 und noch einmal um 1840.

Tallboy Zwei große, aufeinandergesetzte Kommoden, die obere kann etwas kleiner sein als die untere.

Tatzenfuß Beinabschluß in Form eines Tierfußes. Ursprung im antiken Ägypten, weit verbreitet im klassischen Griechenland und Rom. Im 17. Jahrhundert Wiederaufnahme, behielt seine Beliebtheit bis zum Ende des 19. Jahrhunderts bei. Eine populäre Variante ist der haarige oder **Löwentatzen-Fuß**.

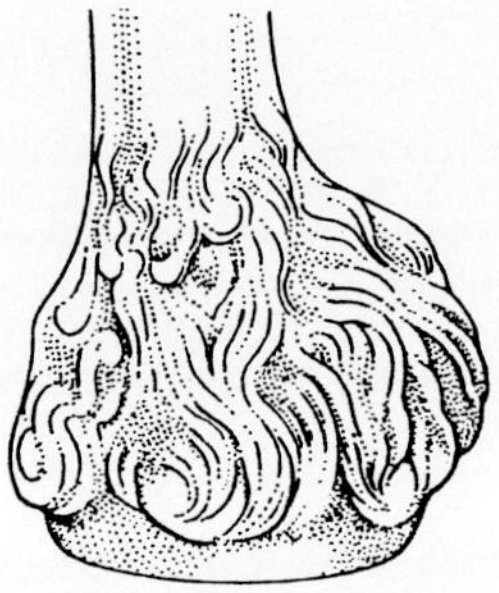

Tatzenfuß

Torchère Tragbarer Ständer für Lampe oder Kerzen, oft in Form eines hohen Tisches mit kleiner Platte.

Trifolium siehe **Dreiblatt**.

Trompe l'oeil Illusionsmalerei. Gemalte Dekoration, die »dem Auge etwas vortäuschen« soll, nämlich meist eine räumliche oder dreidimensionale Wirkung der gemalten Fläche.

Trumeau Pfeilerspiegel. Schlanker, schmaler Spiegel mit Rahmen, der an der Zwischenwand zwischen Fenstern plaziert wurde, um so das einströmende Licht zu verstärken. Häufig als Pendant zur Spiegelkommode oder Aufsatzkommode. Populär im 17. Jahrhundert.

Überblattung Rechtwinklige Verfugung von Hölzern, indem an jedem Teil die halbe Stärke ausgeschnitten wird.

Vargueño Typisch spanischer Klappsekretär, der auf einer Kommode oder einem offenen Untergestell ruht.

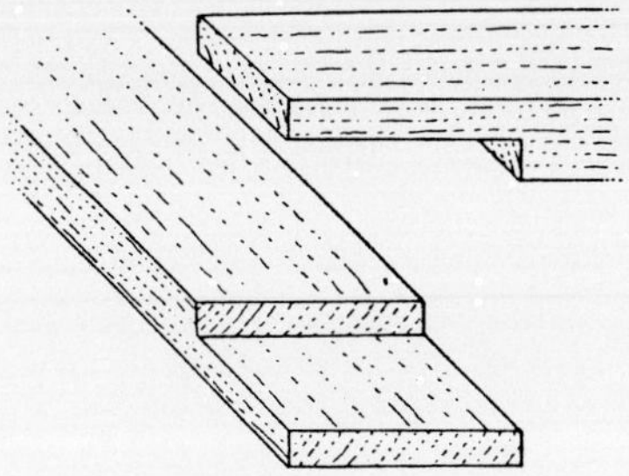

Überblattung

Vergoldung Beschichtung mit Blattgold oder Goldstaub, entweder für sich genommen oder in Kombination mit anderen Ornamentarten wie Email, z.B. zum Schmuck an Möbeln.

Vernis Martin Diffizile Lacktechnik, die um 1730 von den Brüdern Martin in Frankreich entwickelt wurde, um den Effekt ostasiatischer Lackarbeiten zu erzielen. Um die Mitte des 18. Jahrhunderts in Frankreich sehr beliebt.

Verre églomisé Dekorationstechnik für kunstvolle Spiegelarbeiten. Die Rückseite des Spiegelglases wurde mit Gold- oder Silberfolie überzogen, die anschließend mit der Nadel graviert wurde. Schwarz oder andere Farben dienten zur Kontrastbildung hinter der Folie. Das ganze wurde versiegelt mit einer zweiten Glasplatte oder einem Lacküberzug.

Vierblatt siehe **Dreiblatt**.

Volutenfuß Beinabschluß an Stühlen in Form einer eng gerollten Volute oder Schnecke. Populärer englischer Fuß im 18. Jahrhundert.

Volutenfuß

Winkelstück Rechtwinklig geformtes Stützholz unter einem waagrechten Brett.

Zickzackmuster Angelsächsischen Ursprungs, taucht oft an mittelalterlichen, neugotischen und Art-Deco-Stücken auf.

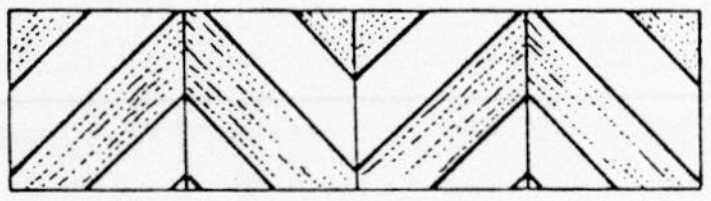

Zickzackfries

Zinnen Motiv der Burgenarchitektur, im 17. Jahrhundert häufig an Möbeln verwendet, in gleichmäßigem Abstand als Reihe von Würfeln oder Zahnblöcken.

Zylinderbureau Populär gegen Ende des 18. Jahrhunderts, mit zylinder- oder walzenförmigem Dekkel zum Auf- und Zurollen. Mitunter war der Zylinder in Tambourform, d.h. aus aneinandergereihten Holzleisten auf Leinwandrücken.

NEU-ELISABETHANISCHES BETT, CA. 1840

GEORGE-II.-STUHL, CA. 1755

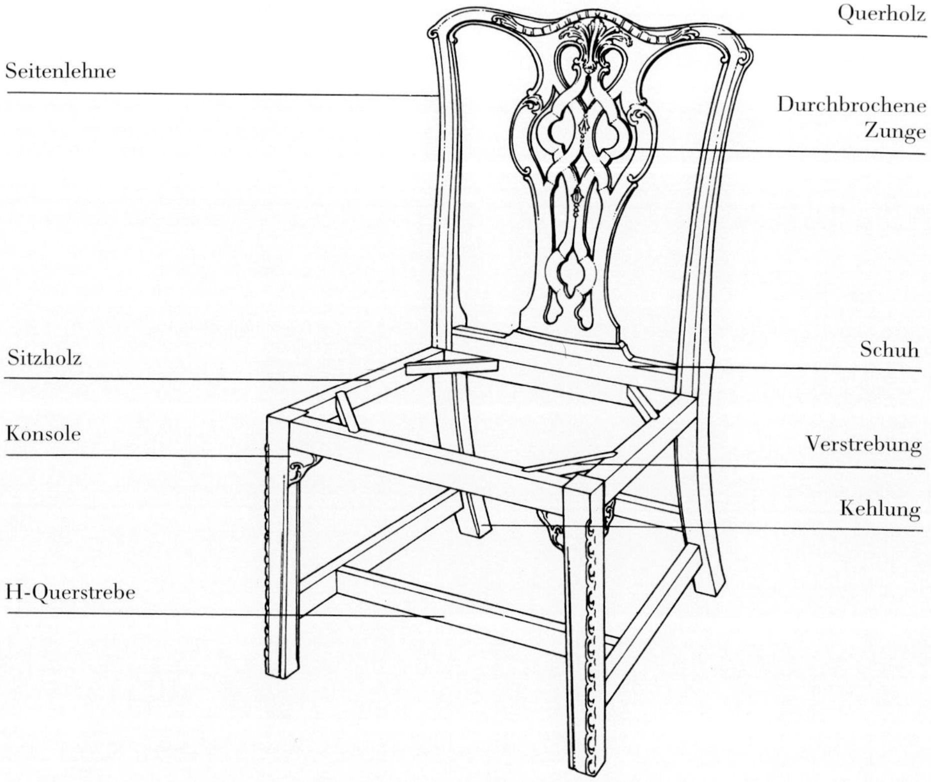

NEW-ORLEANS-FRISIERTISCH, CA. 1850

GEORGE-II.-DREIFUSSTISCH, CA. 1755

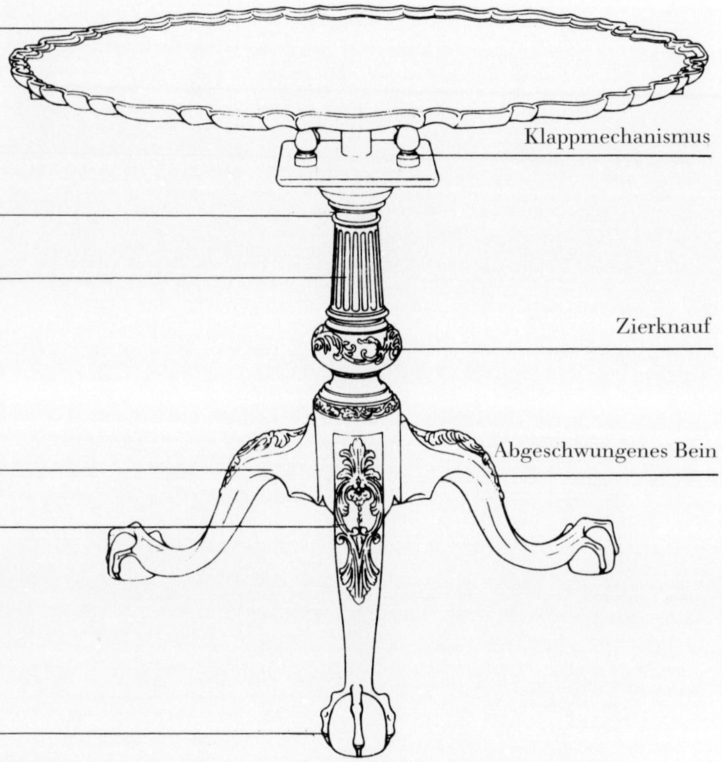

	Renaissance	Barock	Rokoko	Klassizismus
FRANKREICH	 ca. 1575	 ca. 1660	 ca. 1740	 ca. 1775
ENGLAND	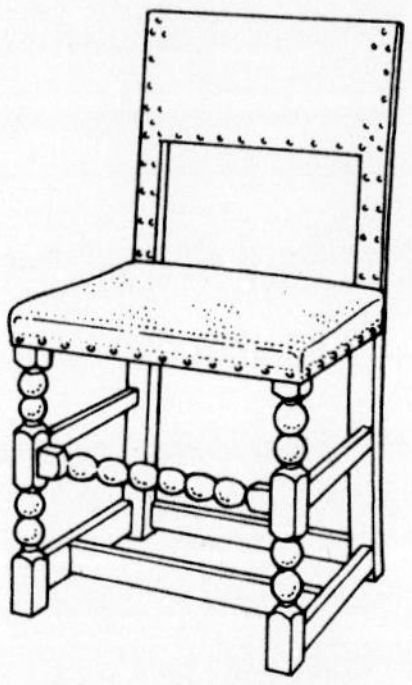 ca. 1650	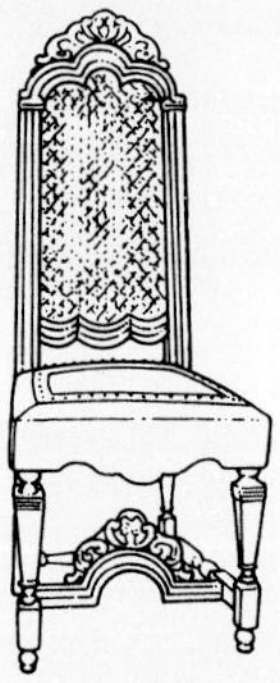 ca. 1685	 ca. 1755	 ca. 1780
VEREINIGTE STAATEN	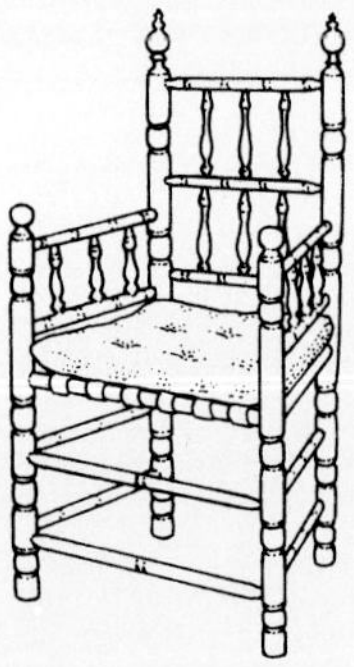 ca. 1650	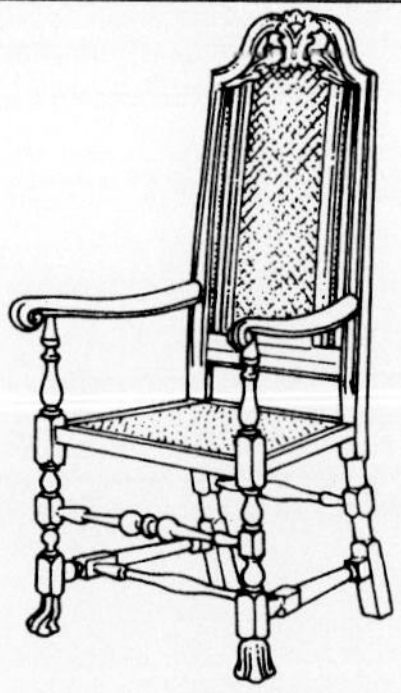 ca. 1700	 ca. 1770	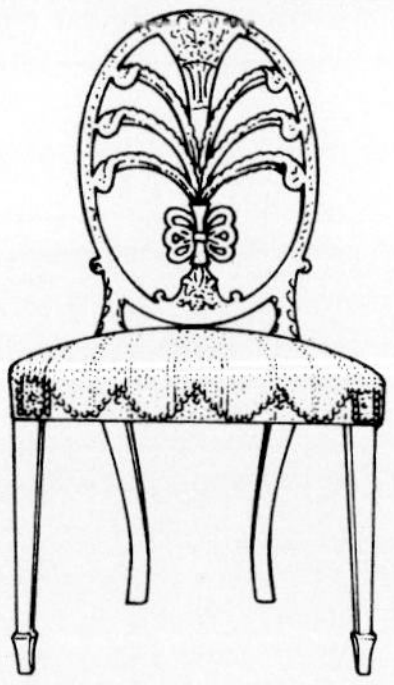 ca. 1800
ANDERE LÄNDER	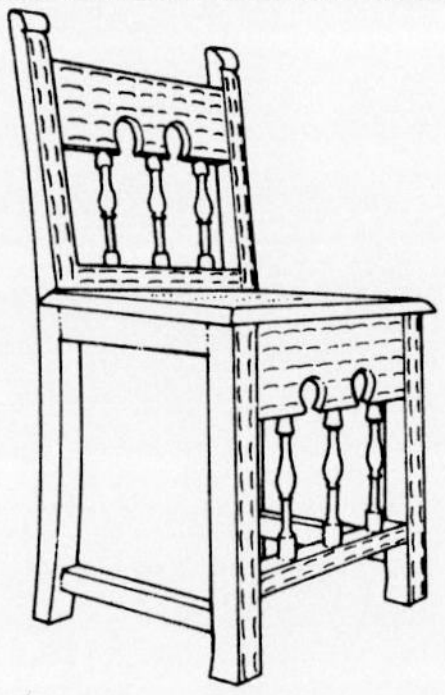 Spanien ca. 1650	 Niederlande ca. 1700	 Italien ca. 1730	 Österreich ca. 1820

Eklektizismus	Kunsthandwerk & Design	Maschinenzeitalter	Moderne	
 ca. 1850	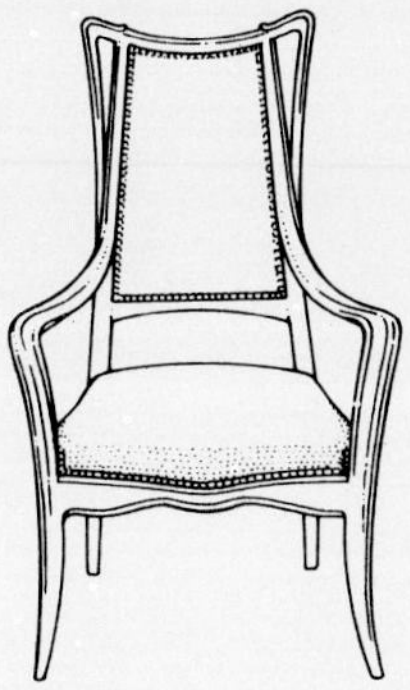 ca. 1900 *(L. Majorelle)*	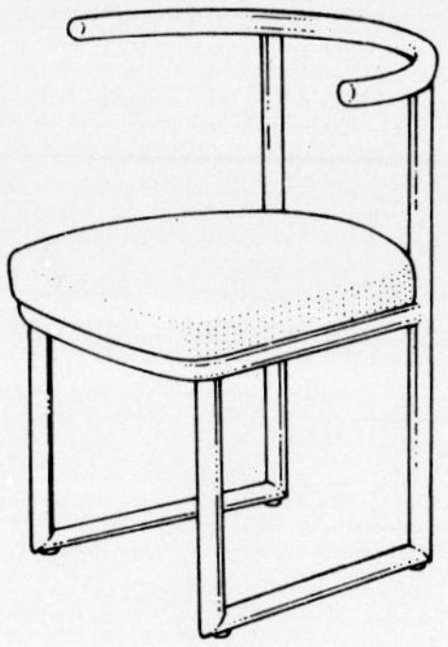 ca. 1925 *(R. Mallet-Stevens)*	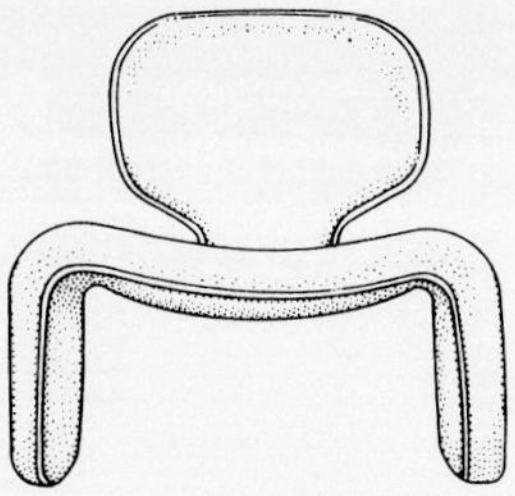 1965 *(O. Morgue)*	FRANKREICH
 ca. 1846 *(A.W.N. Pugin)*	 ca. 1880 *(W. Morris)*	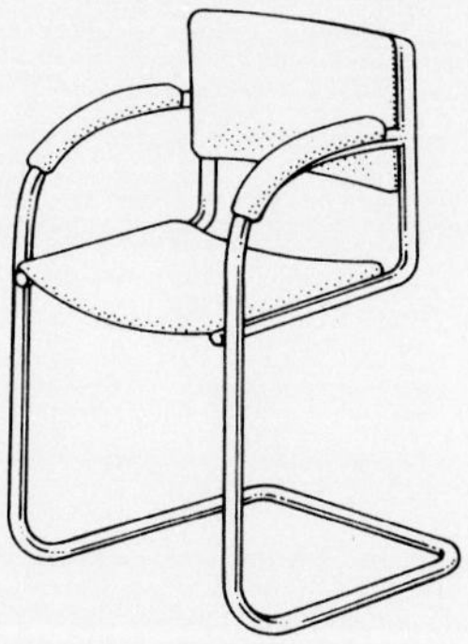 ca. 1930 *(PEL)*	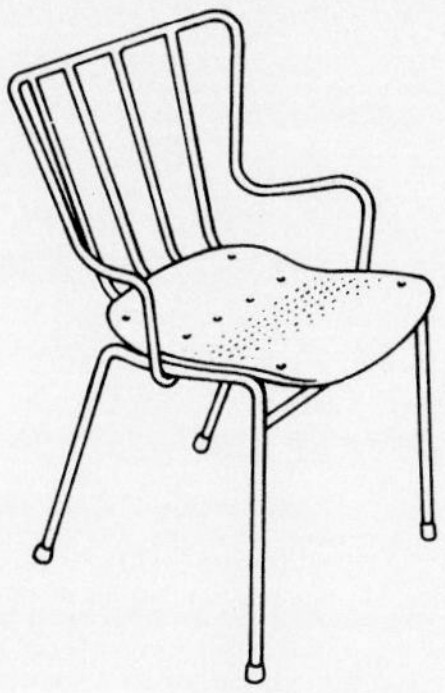 ca. 1951 *(E. Race)*	ENGLAND
 ca. 1860	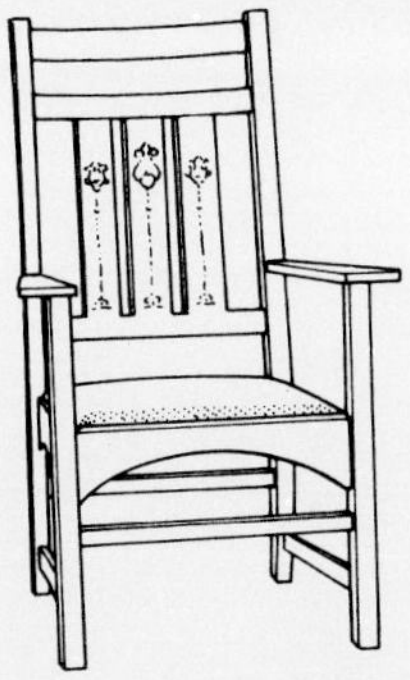 ca. 1903 *(G. Stickley)*	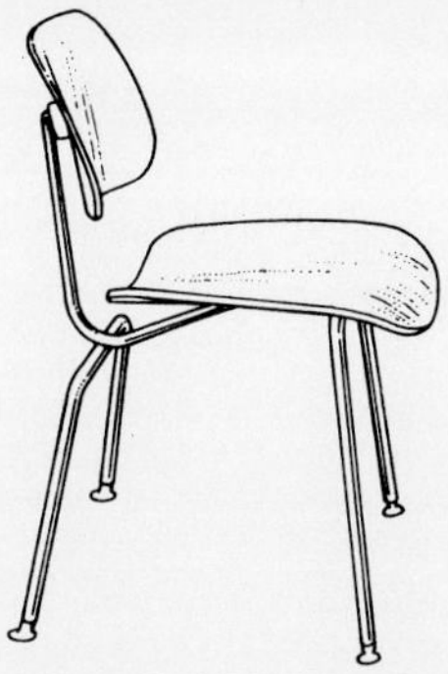 ca. 1946 *(C. Eames)*	 ca. 1953 *(E. Saarinen)*	VEREINIGTE STAATEN
 Deutschland ca. 1830 *(K.F. Schinkel)*	 Belgien 1906 *(H. van de Velde)*	 Deutschland 1928 *(M. Breuer)*	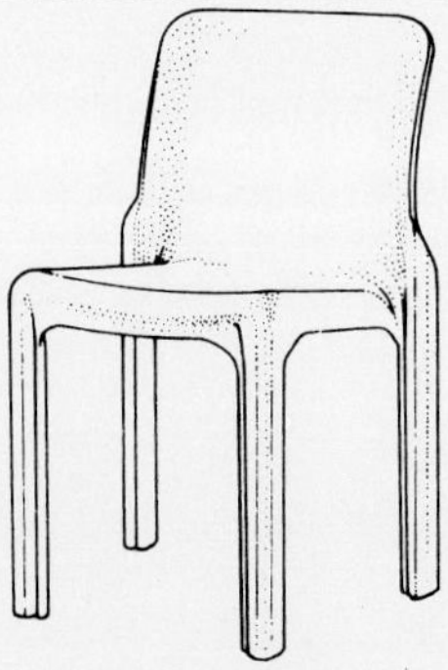 Italien 1968 *(V. Magistretti)*	ANDERE LÄNDER

REGISTER

Kursive Ziffern weisen auf Abbildungen hin

DANKSAGUNG

Der Verlag dankt den folgenden Fotografen und Institutionen für ihre Erlaubnis, die Fotos in diesem Buch zu veröffentlichen:

2 Balthazar Korab Ltd/Cranbrook Academy of Art Museum; **4–5** Angelo Hornak; **8** Ianthe Ruthven; **10** Bridgeman Art Library; **12** Robert Harding Picture Library; **14** Mitte Michael Holford/British Museum; **14** unten, **15** Courtesy of the Trustees of the British Museum; **16, 17** oben Michael Holford/ British Museum; **17** unten Bildarchiv Preußischer Kulturbesitz/Antikenmuseum, Berlin; **18** links Scala, Florenz/Museo Archivescovile, Ravenna; **18** rechts Robert Harding Picture Library/British Museum; **19** Museés Cantonaux, Sion/Photo H. Preisig; **20** oben und Mitte By courtesy of the Board of Trustees of the Victoria & Albert Museum; **20** unten Bayerisches Nationalmuseum, München; **21** By courtesy of the Board of Trustees of the Victoria & Albert Museum; **22** Germanisches Nationalmuseum, Nürnberg; **24** Angelo Hornak/Courtauld Institute Galleries, London (Lee Collection); **25** oben rechts Scala, Florenz/ Palazzo Ducale, Urbino; **25** unten Bridgeman Art Library/Galleria dell'Accademia, Venedig; **26** oben Giraudon/Louvre, Paris; **26** unten By courtesy of the Board of Trustees of the Victoria & Albert Museum; **27** links Louvre/Réunion des Musées Nationaux; **27** rechts, **28** links Germanisches Nationalmuseum, Nürnberg; **28** rechts Bayerische Verwaltung der Staatlichen Schlösser, Gärten und Seen/Residenz, München; **29** By courtesy of the Board of Trustees of the Victoria & Albert Museum; **30** links Schweizer National Museum, Zürich; **31** unten links National Trust Photo Library/John Bethell; **32** unten Ashmolean Museum, Oxford; **33** Bridgeman Art Library/Victoria & Albert Museum; **34** Peter Baistow; **36** Megan Aldrich; **37** links By courtesy of the Board of Trustees of the Victoria & Albert Museum; **37** rechts Angelo Hornak; **39** unten links By courtesy of the Board of Trustees of the Victoria & Albert Museum; **39** rechts Rijksmuseum, Amsterdam; **40** oben Megan Aldrich; **40** unten Bridgeman Art Library/Harold Samuel Collection, Corporation of London; **41** links Rijksmuseum, Amsterdam; **41** rechts By courtesy of the Board of Trustees of the Victoria & Albert Museum; **42** Bayerische Verwaltung der Staatlichen Schlösser, Gärten und Seen, München; **43** unten links Schloß Charlottenburg/ Photo JP Anders; **43** oben rechts The Royal Collections, Stockholm; **44** Christie's, New York; **45** oben links By courtesy of the Board of Trustees of the Victoria & Albert Museum; **45** unten Scala, Florenz; **46** Bridgeman Art Library; **47** oben In the collection of the Duke of Buccleuch & Queensberry, KT; **47** Bridgeman Art Library/Victoria & Albert Museum; **47** unten rechts Courtesy of the Trustees of the British Museum; **48** oben Louvre/ Réunion des Musées Nationaux; **48** unten Versailles/Réunion des Musées Nationaux; **49** unten links Courtesy of 'Printed Furniture Designs before 1650' by Simon Jervis; **51** unten links The National Trust Photo Library; **54** links Octopus Group Picture Library/Victoria & Albert Museum; **54** rechts Reproduced by Gracious Permission of Her Majesty The Queen; **56** links Bridgeman Art Library/Winterthur Museum, Delaware; **56** The Carnegie Museum of Art. Museum Purchase: John Berdan Memorial Fund, Richard King Mellon Foundation Grant and Bequest of Myrtle Hoey Burns, by exchange, 1976; **58** Reproduced by courtesy of the Trustees, The National Gallery, London; **61** links British Library; **61** rechts Top Agence/Rosine Mazine; **63** oben links Reproduced by permission of the Trustees, Wallace Collection, London; **63** oben rechts By courtesy of the Board of Trustees of the Victoria & Albert Museum; **63** unten rechts Bridgeman Art Library/ Victoria & Albert Museum; **64** links Bridgeman Art Library; **65** (c) Christie's, London; **66** Scala Florenz/Palazzo Reale, Turin; **67** Mitte Bernheimer Fine Arts Ltd; **69** links Angelo Hornak/Victoria & Albert Museum; **69** oben rechts By courtesy of the Board of Trustees of the Victoria & Albert Museum; **69** unten rechts (c) Christie's, London; **71** oben Bridgeman Art Library; **72** Bridgeman Art Library/National Trust; **73** links und unten rechts British Library; **74** links Leeds City Art Galleries; **74** oben und unten rechts Bridgeman Art Library; **75** oben Bridgeman Art Library/Victoria & Albert Museum; **75** unten Bridgeman Art Library; **76** rechts The Metropolitan Museum of Art, New York; **77** Macdonald/Aldus Archive/Winterthur Museum, Delaware; **78** The Metropolitan Museum of Art, New York; **79** oben The Metropolitan Museum of Art, New York. Gift of Mrs Russel Square; **79** unten rechts Dietrich American Foundation, Philadelphia, PA/Photo Will Brown, Philadelphia, PA; **80** Fritz von der Schulenburg; **82** links The British Architectural Library, RIBA, London; **82** rechts Top Agence/Catherine Bibollet; **85** links Bridgeman Art Library; **85** oben rechts Top Agence/Rosine Mazin; **85** unten rechts Windsor Castle Royal Library (c) 1989. Her Majesty The Queen; **86** Michael Holford; **88** Stylograph/JF Jaussard; **89** Mitte Collection du Musée des Arts Décoratifs, Paris/MAD/Sully-Jaulmes; **90** oben Angelo Hornak/Victoria & Albert Museum; **91** Octopus Group Picture Library/Bibliothéque Nationale, Paris; **92** Bridgeman Art Library/Kenwood House; **93** links National Trust; **93** oben rechts By courtesy of the Board of Trustees of the Victoria & Albert Museum; **93** unten rechts Bridgeman Art Library/Harewood House; **94** oben links Courtesy of 'The Cabinet Maker' by Thomas Sheraton; **95** British Library; **96** unten Bridgeman Art Library; **97** unten rechts Angelo Hornak; **98** links Bridgeman Art Library; **100** oben Derry Moore; **101** oben Angelo Hornak; **105** Fritz von der Schulenburg; **107** oben links Maryland Historical Society, Baltimore; **107** oben rechts Macdonald/Aldus Archive/Winterthur Museum, Delaware; **107** unten Bridgeman Art Library/American Museum in Britain, Bath; **110** James Mortimer/World of Interiors; **113** links By courtesy of the Board of Trusters of the Victoria & Albert Museum; **113** rechts (c) Christie's, London; **114** By courtesy of the Board of Trustees of the Victoria & Albert Museum; **118** Macdonald/Aldus Archive; **122** oben und unten links By courtesy of the Board of Trustees of the Victoria & Albert Museum; **122** unten rechts Yu-Chee Chong; **123** By courtesy of the Board of Trustees of the Victoria & Albert Museum; **124** links Courtesy of Christopher Payne; **124** rechts Musée d'Orsay/Réunion des Musées Nationaux; **125** rechts By courtesy of the Board of Trustees of the Victoria & Albert Museum; **127** rechts Robert Harding Picture Library; **128** Macdonald/Aldus Archive; **129** oben Bridgeman Art Library/Victoria & Albert Museum; **129** unten Macdonald/Aldus Archive; **130** Angelo Hornak/National Trust; **131** oben Mary Evans Picture Library; **132** rechts Bridgeman Art Library; **133** links Clive Corless/Octopus Group Picture Library; **133** oben rechts Leeds City Art Galleries; **133** unten links Bridgeman Art Library; **136** Macdonald/Aldus Archive; **137** links By courtesy of the Board of Trustees of the Victoria & Albert Museum; **137** rechts Bridgeman Art Library/Victoria & Albert Museum; **138** unten RCHM, England; **138** The Mansell Collection; **139** By courtesy of the Board of Trustees of the Victoria & Albert Museum; **140** Greg Hursley; **141** oben The Brooklyn Museum, 40.93 CMN, Gift of Sarah Milligan Rand, Kate Milligan Brill & the Dick S. Ramsay Fund; **141** unten The Brooklyn Museum, 39.30, Gift of Mrs Ernest Vielor; **142** rechts Collection of The Newark Museum, Gift of Miss Florence Sullivan, 1934; **143** Mitte Courtesy of 'Classic Wicker Furniture, 1898–1899, The Complete Illustrated Catalogue'; **143** rechts Macdonald/Aldus Archive; **144** Bastin & Evrard, Brüssel; **147** links Bridgeman Art Library/Victoria & Albert Museum; **148** links Derry Moore; **148** rechts The Wiliam Morris Gallery, Walthamstow, London; **149** oben By courtesy of the Board of Trustees of the Victoria & Albert Museum; **149** unten Macdonald/Aldus Archive; **151** links Ianthe Ruthven; **153** oben The Metropolitan Museum of Art, New York; **153** unten Octopus Group Picture Library/Chicago Architecture Foundation; **154** links (c) 1989 The Art Institute of Chicago, Gift of Mrs Philip Wrigley, 1973.772; **154** rechts Malden Public Library, Massachusetts; **155** rechts Elizabeth Whiting Associates /Tim Street-Porter; **156** oben Cathers & Demrovsky, New York; **158** Collection du Musée des Arts Décoratifs, Paris/MAD/Sully-Jaulmes; **160** rechts Musée d'Orsay/Réunion des Musée Nationaux; **162** Bastin & Evrard, Brussels; **163** oben Musée d'Orsay/Réunion des Musée Nationaux; **163** unten Virginia Museum of Fine Arts, Richmond. Gift of Sydney & Frances Lewis. Photo by Katherine Wetzel; **164** links Musée d'Orsay/Réunion des Musées Nationaux; **165** Virginia Museum of Fine Arts, Richmond. Gift of Sydney & Frances Lewis. Photo by Katherine Wetzel; **166** Eileen Tweedy/Conran Octopus; **167** unten AISA, Barcelona; **168** Fritz von der Schulenburg; **171** Simon Brown/Conran Octopus (c) DACS, 1989; **174** oben und unten rechts Connaissance des Arts/Edimedia/Roger Guillemot (c) DACS, 1989; **175** links Stylograph/S. Cossu (c) DACS, 1989; **175** rechts Virginia Museum of Fine Arts, Richmond. Gift of Sydney & Frances Lewis. Photo Ann Hutchison; **176** rechts Top Agence/Pascal Hinous; **177** oben links Macdonald/Aldus Archive; **178** links 'Cassina the Masters' Collection; **178** rechts Fritz von der Schulenburg; **179** Angelo Hornak/ Victoria & Albert Museum; **180** Arcaid/Richard Bryant; **181** oben Balthazar Korab Ltd/Cranbrook Academy of Art Museum; **182** Aldo Ballo; **184** links John Makepeace, Parnham; **184** rechts Collection du Musée des Arts Décoratifs, Paris/MAD/Sully-Jaulmes; **185** links Cassina; **185** oben rechts Stylograph/J.P. Godeaut; **186** links Top Agence/J.PH. Charbonnier; **187** Top Agence/G. Ehrmann; **188** Knoll International, New York; **189** oben links Museum of Fine Arts, Boston. Funded by the National Endowment for the Arts and the Deborah M. Noonan Foundation; **189** Mitte By courtesy of the Board of Trustees of the Victoria & Albert Museum; **189** oben rechts Octopus Group Picture Library/Victoria & Albert Museum; **189** unten rechts Top Agence/J.PH. Charbonnier; **190** oben links By courtesy of the Board of Trustees of the Victoria & Albert Museum; **190** oben rechts Hille International Ltd, **191** links Clive Corless/Conran Octopus; **191** rechts One-Off, London; **192** oben Jean Nouvel et Associés, Paris; **192** unten Aldo Ballo;

Sotheby's London **1, 6, 25** oben links, **38** links, **38** rechts, **39** oben links, **43** oben rechts, **45** oben rechts, **49** oben, **50** links, **50** rechts, **51** oben links, **51** unten rechts, **52** oben, **52** unten, **64** rechts, **67** unten, **68, 70, 71** unten, **73** oben rechts, **83–84, 87** oben, **87** unten, **89** links, **89** rechts, **90** unten, **94** rechts, **96** oben, **97** oben, **97** unten links, **98** rechts, **99, 100** unten, **101** unten, **102–104, 113** oben, **113** unten, **116,117 oben, 117** unten, **119, 120, 121, 125** links, **126, 127** links, **134, 135** oben Mitte, **135** unten rechts, **150, 151** rechts, **157, 159** links, **159** rechts, **160** links, **161** oben, **167** oben, ((c) DACS, 1989) **172, 174** unten links, **177** Mitte.

Sotheby's Monaco **14** oben, **49** unten rechts, **161** unten, **164** Mitte, **164** rechts, **176** links, **181** unten, **186** rechts.

Sotheby's New York **55, 57** links, **57** rechts, **63** unten links, **67** oben, **76** links, **79** Mitte rechts, **108–9, 142** links, **155** links, **156** unten, **173** oben links, **177** oben rechts, **177** unten, **185** unten rechts.

Spezialaufnahmen von Martin Trelawny für Conran Octopus: **30** rechts, **31** oben, **31** unten rechts, **32** oben, **51** oben rechts, **53, 132** links, **147** oben rechts (The Trustees, The Cecil Higgins Art Gallery, Bedford) **133** rechts, **143** links, **147** unten rechts (Authentics, London) **173** oben rechts, **173** unten, **174** oben links.